[場面別]

中国語
会話表現
4800

DAILY CHINESE CONVERSATION

蘇 紅―著

MP3
CD-ROM

［音声DL可能］
収録時間：266分

ベレ出版

● 音声のダウンロード方法

　付属の MP3 CD-ROM と同じ音声を、ホームページよりパソコンでダウンロードできます(スマートフォン、タブレットではダウンロードできません)。

1　「ベレ出版」ホームページ内、『場面別中国語会話表現 4800』の詳細ページにある「音声ダウンロード」ボタンをクリック。
　　(URL は http://www.beret.co.jp/books/detail/590)
2　8 ケタのコードを入力してダウンロード。
　　ダウンロードコード HIQ41gf0

なお、付属の MP3 CD-ROM の再生方法については p.444 をご覧ください。

まえがき

　本書は、会話の場面を18に分類して、そのそれぞれに「基礎編」「発展編」「実践編」を設けた全18課からなります。日常よく使う表現から旅行やビジネスで用いる表現まで、それぞれの場面に応じた4800あまりのセンテンスを網羅した中国語表現集です。さらに、関連する単語も収録してあります。中国語会話の学習に、また、旅や仕事で中国語を使いたい人に最適の書です。

【基礎編】 まず、最もよく用いる基本文型と例文を示してあります。次に、最も基本的な、実用的な表現を挙げました。これさえできれば、日常の基本会話は十分に行えます。したがって、まずは基礎編の文を声に出して「丸覚え」することが望ましいでしょう。

【発展編】 内容や表現パターンなどをさらに広げて、初級から中級に至るまで、日常のコミュニケーションに必要な表現を網羅的に収録しました。内容的にも、常用的かつ実用的な表現から近年流行っている表現まで、ありとあらゆるものを貪欲に並べてあります。これらをすべて使いこなせれば申し分ないと言いたいのですが、そうでなくても、何度も聴き印象に残った例文や文型だけでも声に出して練習すれば、いろいろな場面で大いに活用できることと確信します。

【実践編】 場面ごとに中国人が実際に行っている会話をそのまま、できるだけ盛りだくさん収録しました。これらの会話は、中国にいれば

いつでもどこでも聞こえてきそうなものばかりです。このような会話の学習を通して、中国人独特の表現を学ぶことに加えて、中国の風俗・習慣、また文化の一面を覗くこともできるに違いありません。

【アドバイス】語学を勉強する過程は水泳を習うのと似ています。泳げるようになるために重要なのは、やはり自らプールに入って、基本動作から繰り返して練習することでしょう。こうして繰り返し練習しているうちに、量から質への変化が起こり、いつの間にか泳げるようになるのです。そうです、泳げる「筋肉」が作られたのです。それは、頭ではなく、体の筋肉が泳げるコツをつかんだということなのです。中国語を勉強する時も同じで、CDを繰り返して聞き、リピートやシャドゥイングで復唱し暗記した上で、MP3のナレーターとロールプレーするとか、または、一人二役で繰り返し会話するとか、そうすることによって、自ずからさまざまな表現に応用できるようになるはずです。なかでも、声に出して繰り返して練習することは最も重要で、水泳で言えば、プールに入って繰り返し練習することに相当します。プールに入らず、イメージトレーニングするだけでは永遠に泳げません。まずは中国語を繰り返し繰り返し口に出してみましょう。そのうち、中国語を話す「筋肉」ができ、中国語が話せるようになります。継続は力なりです。この本に収録された表現を確実に修得すれば、「文法的には正しいし、意味もちゃんと通じる、だけどネイティブはそう言わない」という壁を乗り越えられるかもしれません。

2015 年 10 月

蘇　紅

目次 CONTENTS

まえがき

1. あいさつ

基本文型
　　　（1）こんにちは（会った時）…24　　（2）それじゃまた（別れる時）…24

基礎編
　1. 初対面のあいさつ ………………………………………………… 26
　2. 旧知のあいさつ …………………………………………………… 26
　3. 別れのあいさつ …………………………………………………… 27

発展編
　1. 初対面のあいさつ ………………………………………………… 28
　2. 旧知のあいさつ …………………………………………………… 29
　3. 別れのあいさつ …………………………………………………… 31
　4. 恋人同士なら、こんなことばも ………………………………… 34
　5. 旅立つ人への祝福のことば ……………………………………… 34
　6. 見舞いのあいさつことば ………………………………………… 35
　7. あいさつことばに続けて、こんなことばも …………………… 35
　　　（1）相手をほめる…35　　（2）ほめられたら…38
　　　（3）質問と紹介…39

実践編
　❶ 日中よく用いるあいさつ（1）……………………………………… 43
　❷ よく用いるあいさつ（2）…………………………………………… 44
　❸ 久しぶりに会った時のあいさつ…………………………………… 45
　❹ お見舞いをする時の、病人に対するあいさつ ………………… 48
　❺ はるばるやってきた客に対するあいさつ ……………………… 49
　❻ 第三者へのあいさつを伝えてもらう……………………………… 50
　❼ 時候のあいさつ …………………………………………………… 51

2. 感謝・謝罪

[基本文型]

　　（1）〜を感謝します…52　　（2）〜してすみません…52

[基礎編]

　1. 感謝の基本表現 …………………………………………… 53
　2. 感謝されたら ……………………………………………… 53
　3. 謝罪の基本表現 …………………………………………… 54
　4. 謝罪されたら ……………………………………………… 55

[発展編]

　❶ 公式の場面で …………………………………………… 56
　1. 感謝の表現 ………………………………………………… 56
　2. 書きことばによく用いる感謝の表現 …………………… 57
　❷ 非公式の場合 …………………………………………… 58
　1. 感謝の表現 ………………………………………………… 58
　2. 感謝されたら ……………………………………………… 61
　3. 謝罪の表現 ………………………………………………… 62
　4. 謝罪されたら ……………………………………………… 65

[実践編]

　❶ 公式の場でスピーチする時 …………………………… 67
　❷ 非公式の場面で ………………………………………… 67
　1. 知らない人に助けられた時……………………………… 67
　2. 旧知の間柄に用いる感謝の表現 ………………………… 68

3. 印象や気持ちを伝える

　❶ 性格・外見の表現 ……………………………………… 71
　1. 性格 ………………………………………………………… 71
　2. 外見 ………………………………………………………… 74
　❷ 気持ちと態度の表現 …………………………………… 77
　1. うれしい気持ち …………………………………………… 77
　2. 悲しい気持ち ……………………………………………… 78

- 3. さびしい気持ち ……………………………………………… 79
- 4. 悔しい気持ち ……………………………………………… 80
- 5. 驚きの気持ち ……………………………………………… 81
- 6. 怒りの気持ち ……………………………………………… 82
- 7. 励ましの気持ち …………………………………………… 85
- 8. 賛成・承諾の気持ち ……………………………………… 87
- 9. 反対・反駁の気持ち ……………………………………… 88
- 10. 拒否の気持ち …………………………………………… 90
- 11. お祝いの気持ち ………………………………………… 91

4. 日本から中国へ

基本文型

　　（1）～は何ですか…94　　（2）～は何時ですか…94

基礎編

- 1. 機内で ……………………………………………………… 94
- 2. 空港に到着する …………………………………………… 95
- 3. 空港からホテルへ ………………………………………… 96

発展編

- 1. 機内で ……………………………………………………… 97
  - （1）座席について…97　　（2）機内設備について…97
  - （3）機内食および飲み物について…98　　（4）機内販売について…99
  - （5）機内での体調について…100　　（6）飛行時間や到着時刻について…100
- 2. 空港に到着する …………………………………………… 101
  - （1）荷物を取る…101　　（2）入国審査・税関検査…102
  - （3）両替する…103　　（4）乗り換え便を探す…104
- 3. 空港からホテルへ ………………………………………… 105
  - （1）インフォメーションで尋ねる…105　　（2）交通の便を聞く…105
  - （3）発車時刻を尋ねる…106　　（4）切符を買う…107
  - （5）タクシーに乗って目的地を告げる…107　　（6）タクシー代を払う…107

[実践編]

- ❶ 機内で ……………………………………………………………… 108
- ❷ 出迎える …………………………………………………………… 109

5. 宿泊する

[基本文型]

　　（1）〜がありますか…111　　（2）〜してください…111

　　（3）〜してもいいですか…111

[基礎編]

1. 予約する ……………………………………………………………… 112
2. チェックインする …………………………………………………… 112
3. 設備を尋ねる ………………………………………………………… 113
　　（1）部屋について…113　　（2）館内施設について…113
4. 電話で交換などを頼む ……………………………………………… 114
5. チェックアウト ……………………………………………………… 115
6. トラブル時の表現 …………………………………………………… 115
　　（1）設備のトラブル…115　　（2）トイレ・水回りのトラブル…116

[発展編]

1. 予約する ……………………………………………………………… 117
　　（1）部屋の種類を決める…117　　（2）近くのことについて尋ねる…119
　　（3）交通について尋ねる…119
2. チェックインする …………………………………………………… 119
3. 設備を尋ねる ………………………………………………………… 122
　　（1）部屋について…122　　（2）館内施設について…123
4. 電話でフロントに連絡する ………………………………………… 124
5. オプションツアーを頼む …………………………………………… 125
6. チェックアウトする ………………………………………………… 126
7. トラブル時の表現 …………………………………………………… 127

実践編

① 電話で予約する ……………………………………………… 129
② チェックインする …………………………………………… 130
③ 室内設備を尋ねる …………………………………………… 132
④ 電話でフロントに尋ねる …………………………………… 133
⑤ チェックアウトする ………………………………………… 134
⑥ トラブルが発生した時 ……………………………………… 135

6. 外出する

基本文型

（1）〜はどこですか…136　（2）〜へはどのように行きますか…136
（3）〜までお願いします（行き先を指示する）…136

基礎編

1. 場所・道などを尋ねる………………………………………… 137
2. タクシーに乗る ……………………………………………… 137
3. バス・地下鉄に乗る ………………………………………… 139
4. 列車に乗る …………………………………………………… 140
5. 飛行機に乗る ………………………………………………… 141
6. レンタカーを借りる ………………………………………… 142

発展編

1. 場所・道などを尋ねる………………………………………… 142
2. タクシーに乗る ……………………………………………… 143
   （1）目的地を告げる…143　（2）時間やコースなどを話す…144
   （3）乗車中のトラブル…145　（4）降車する…146
   （5）タクシー代を支払う…147
3. バス・地下鉄に乗る ………………………………………… 148
4. 列車に乗る …………………………………………………… 149
5. 飛行機に乗る ………………………………………………… 150
6. レンタカーを借りる ………………………………………… 150

実践編

- ❶ 道を尋ねる① ……………………………………………………… 152
- ❷ 道を尋ねる② ……………………………………………………… 152
- ❸ 道を尋ねる③ ……………………………………………………… 153
- ❹ 道を尋ねる④ ……………………………………………………… 154
- ❺ ホテルの前でタクシーに乗る ………………………………… 154
- ❻ タクシーの中① …………………………………………………… 155
- ❼ タクシーの中② …………………………………………………… 156
- ❽ バスに乗る ………………………………………………………… 157
- ❾ 列車の切符を買う ………………………………………………… 158
- ❿ プラットホームで ………………………………………………… 159
- ⓫ 搭乗手続きをする ………………………………………………… 159
- ⓬ 安全検査 …………………………………………………………… 161
- ⓭ 手荷物検査 ………………………………………………………… 162
- ⓮ 機内で ……………………………………………………………… 162
- ⓯ レンタカーを借りる……………………………………………… 163

7. 食事をとる

基本文型

　　（1）〜を食べたいです…165　　（2）〜をください（料理を注文する時）…165

基礎編

- 1. 食事の前 …………………………………………………………… 166
- 2. 注文する …………………………………………………………… 166
- 3. 食事中 ……………………………………………………………… 167
- 4. 勘定を支払う ……………………………………………………… 168

発展編

- 1. 食事前 ……………………………………………………………… 168
  - （1）食べたいものを言う…168　　（2）レストランを探す…171
  - （3）営業時間を尋ねる…171　　（4）何名かを告げる…172
  - （5）席について話す…172　　（6）個室について尋ねる…173
  - （7）待ち時間を告げられたら…174　（8）席に座って店員を呼ぶ…174
  - （9）テーブルの片付けを頼む…174

2. 注文する ……………………………………………………… 175
　　（1）料理や飲み物などを尋ねる…175　　（2）飲み物を注文する…175
　　（3）料理を注文する…177　　（4）味つけを頼む…178
　　（5）催促する…179
　3. 食事中 …………………………………………………………… 179
　　（1）味を表現する…180　　（2）交換などを頼む…181
　　（3）間違えて料理が運ばれたら…182
　4. 食事が終わって ……………………………………………… 182
　　（1）勘定を支払う…183　　（2）持ち帰りを頼む…183
　　（3）礼を言う…184　　（4）レストランを出る…184
　5. ファストフード店で ………………………………………… 185
　6. 屋台で ………………………………………………………… 186

 実践編

　❶ 食べに行こう ………………………………………………… 188
　❷ レストランの入り口で……………………………………… 188
　❸ 注文する① …………………………………………………… 189
　❹ 注文する② …………………………………………………… 190
　❺ 注文する③ …………………………………………………… 191
　❻ 注文する④ …………………………………………………… 192
　❼ 食事中 ………………………………………………………… 193
　❽ 勘定を支払う① ……………………………………………… 194
　❾ 勘定を支払う② ……………………………………………… 195
　❿ 電話で席を予約する ………………………………………… 195

8. 買物する

 基本文型

　　（1）　～がほしいです、～してほしいです…197
　　（2）　～はどこで売っていますか…197
　　（3）　～はいくらですか（値段を尋ねる）…198

 基礎編

　1. スーパーで …………………………………………………… 198

2. 自由市場で ……………………………………………… 199
　　3. デパートで ……………………………………………… 200

発展編

　　1. 営業時間などを尋ねる ………………………………… 201
　　2. 売り場を探す …………………………………………… 202
　　3. 品物について尋ねる …………………………………… 203
　　4. 色などを尋ねる ………………………………………… 204
　　5. サイズを尋ねる ………………………………………… 205
　　6. 品質を尋ねる …………………………………………… 206
　　7. 値段を尋ねる …………………………………………… 206
　　8. 値引き交渉をする ……………………………………… 207
　　9. 包装を頼む ……………………………………………… 208
　　10. チャイナドレスを注文する …………………………… 209
　　11. 試着する ………………………………………………… 211
　　12. 他のものを注文する …………………………………… 212
　　13. 代金を支払う …………………………………………… 213
　　14. 返品・交換をする ……………………………………… 214

実践編

　　❶ スーパーで① …………………………………………… 215
　　❷ スーパーで② …………………………………………… 215
　　❸ スーパーで③ …………………………………………… 216
　　❹ スーパーで④ …………………………………………… 216
　　❺ 自由市場で① …………………………………………… 217
　　❻ 自由市場で② …………………………………………… 217
　　❼ 自由市場で③ …………………………………………… 218
　　❽ 自由市場で④ …………………………………………… 218
　　❾ 自由市場で⑤ …………………………………………… 220
　　❿ 自由市場で⑥ …………………………………………… 221
　　⓫ デパートで① …………………………………………… 222
　　⓬ デパートで② …………………………………………… 223
　　⓭ デパートで③ …………………………………………… 224
　　⓮ デパートで④ …………………………………………… 226
　　⓯ デパートで⑤ …………………………………………… 227
　　⓰ デパートで⑥ …………………………………………… 228

9. 娯楽・レジャー

基本文型

（1）～が好きです…229　　（2）～しましょう…229

基礎編

1. 音楽を聴く ……………………………………………… 230
2. コンサートを聴く ……………………………………… 230
3. カラオケで歌う ………………………………………… 231
4. テレビを見る …………………………………………… 231
5. 映画を見る ……………………………………………… 232
6. カフェで ………………………………………………… 233
7. バーで …………………………………………………… 234
8. 運動する ………………………………………………… 234
9. ダイエットする ………………………………………… 235
10. 写真を撮る ……………………………………………… 236

発展編

1. 音楽を聴く ……………………………………………… 236
2. コンサートを聴く ……………………………………… 238
3. カラオケで歌う ………………………………………… 239
4. テレビを見る …………………………………………… 240
5. 映画を見る ……………………………………………… 242
6. 雑技を見る ……………………………………………… 243
7. 京劇を見る ……………………………………………… 244
8. 展覧会を見る …………………………………………… 245
9. 試合を見る ……………………………………………… 245
10. カフェで ………………………………………………… 245
11. 茶館で …………………………………………………… 246
12. バーで …………………………………………………… 247
13. 運動する ………………………………………………… 248
14. ダイエットする ………………………………………… 251
15. 写真を撮る ……………………………………………… 253

実践編

- ❶ コンサートに行く ……………………………………………… 254
- ❷ カラオケボックスの受付で ……………………………………… 254
- ❸ カラオケで歌う① ……………………………………………… 255
- ❹ カラオケで歌う② ……………………………………………… 256
- ❺ テレビを見る …………………………………………………… 257
- ❻ 映画を見る① …………………………………………………… 258
- ❼ 映画を見る② …………………………………………………… 258
- ❽ カフェで ………………………………………………………… 259
- ❾ バーで …………………………………………………………… 260
- ❿ 運動場で ………………………………………………………… 261
- ⓫ フィットネスクラブで ………………………………………… 262
- ⓬ 写真を撮る ……………………………………………………… 263

10. 訪問する

基本文型

(1) ～はお暇ですか、～は都合がいいですか…265
(2) ～に招待したいです、～に来てほしいです…265

基礎編

1. 誘う ………………………………………………………………… 266
   (1)相手の都合を聞く…266   (2)相手を誘う…266
   (3)誘いを受ける…267   (4)誘いを断る…268

2. 出迎えを受ける ……………………………………………………… 269
   (1)訪問のあいさつ…269   (2)お土産を差し出す…269

3. 接待される …………………………………………………………… 270
   (1)座って、飲み物を出される…270   (2)食事する…270

4. 部屋を見て回る ……………………………………………………… 271
5. おいとまする ………………………………………………………… 272

発展編

1. 誘う ………………………………………………………………… 273
   (1)相手の都合を聞く…273   (2)相手を誘う…274
   (3)誘いを受ける…275   (4)誘いを断る…276

2. 出迎えを受ける ……………………………………………………… 277
　（1）訪問のあいさつ…277　　（2）お土産を差し出す…278
3. 接待される ……………………………………………………… 278
　（1）座って、飲み物を出される…278　　（2）食事する…279
4. 部屋を見て回る ………………………………………………… 282
5. おいとまする …………………………………………………… 284
　（1）別れのあいさつ…284　　（2）見送られる…285

[実践編]

❶ 誘う① ……………………………………………………………… 286
❷ 誘う② ……………………………………………………………… 287
❸ 出迎えを受ける① ………………………………………………… 287
❹ 出迎えを受ける② ………………………………………………… 288
❺ 接待される ………………………………………………………… 288
❻ 部屋を見て回る …………………………………………………… 290
❼ おいとまする① …………………………………………………… 292
❽ おいとまする② …………………………………………………… 292
❾ 珍客が到来する …………………………………………………… 293

11. 電話する

[基本文型]

　（1）電話番号は何番ですか…295　　（2）～を教えてください…295
　（3）～してください…295

[基礎編]

1. 電話番号を尋ねる ……………………………………………… 296
2. 呼びかけのあいさつ …………………………………………… 296
3. 電話口に出る …………………………………………………… 297
4. 用件を伝える …………………………………………………… 297
5. 聞き返す ………………………………………………………… 298

[発展編]

1. 電話番号を尋ねる ……………………………………………… 298

15

2. 相手を呼び出す …………………………………………………… 299
   (1) 呼びかけのあいさつ…299　(2) 会社に電話する…300
   (3) 内線の接続を頼む…301

3. 電話口に出る ……………………………………………………… 302
   (1) 応答のあいさつ…302　(2) 間違い電話…302
   (3) 留守電で応答する…303

4. 用件を伝える ……………………………………………………… 303
   (1) 相手の都合を尋ねる…303　(2) 不在とその理由などを伝える…304
   (3) 伝言を頼む…305　(4) メールでのやり取りを伝える…306

5. 長距離電話・国際電話をかける ………………………………… 307
6. 聞き返す …………………………………………………………… 308

[実践編]

❶ 電話番号を尋ねる① ……………………………………………… 309
❷ 電話番号を尋ねる② ……………………………………………… 309
❸ 友人に電話する① ………………………………………………… 310
❹ 友人に電話する② ………………………………………………… 310
❺ 先生に電話する …………………………………………………… 311
❻ 会社に電話する① ………………………………………………… 312
❼ 会社に電話する② ………………………………………………… 312
❽ 間違い電話 ………………………………………………………… 314

12. 郵便局で

[基本文型]

(1) ～したいです…315
(2) ～だとどれくらいかかりますか（所要時間を尋ねる時）…315
(3) ～だ／するといくらですか…315

[基礎編]

1. 手紙を出す ………………………………………………………… 316
2. 小包を送る ………………………………………………………… 316
3. 小包を引き取る …………………………………………………… 317
4. 送金する …………………………………………………………… 317

発展編

1. 手紙を出す …………………………………… 318
2. 小包を出す …………………………………… 318
3. 小包を引き取る ……………………………… 320
4. 送金する ……………………………………… 320

実践編

❶ 切手を買う …………………………………… 321
❷ 手紙を出す …………………………………… 321
❸ 小包を送る …………………………………… 322
❹ 小包を引き取る ……………………………… 325
❺ 送金する ……………………………………… 326

13. 銀行で

基本文型

（1）…、それとも～（選択する時）…327　（2）…を～に両替する…327

基礎編

1. 口座を開く …………………………………… 327
2. お金を預ける ………………………………… 328
3. お金を引き出す ……………………………… 329
4. 両替する ……………………………………… 329
5. 送金する ……………………………………… 330
6. 口座を解約する ……………………………… 330

発展編

1. 口座を開く …………………………………… 331
2. お金を預ける ………………………………… 332
3. お金を引き出す ……………………………… 333
4. 両替する ……………………………………… 334
5. お金をくずす ………………………………… 336
6. トラブルが発生した時 ……………………… 337

実践編

❶ 口座を開く ……………………………………………… 338
❷ 用紙に記入する ………………………………………… 338
❸ お金を預ける …………………………………………… 339
❹ 暗証番号を入力する …………………………………… 340
❺ お金を引き出す ………………………………………… 340
❻ 両替する① ……………………………………………… 341
❼ 両替する② ……………………………………………… 342
❽ 送金する① ……………………………………………… 343
❾ 送金する② ……………………………………………… 344

14. 理髪店・美容院で

基本文型

(1)ちょっと~する（動作的に言い表す時）…345
(2)少し~する（量的に言い表す時）…345

基礎編

1. カットする ……………………………………………… 346
2. パーマをかける ………………………………………… 347
3. カラーリングをする …………………………………… 348

発展編

1. カットする ……………………………………………… 348
   (1)全体の髪型について…348　　(2)前髪について…350
   (3)両側の髪について…350　　(4)後ろ髪について…351
   (5)ひげ剃りなど…351

2. パーマをかける ………………………………………… 351
3. カラーリングする ……………………………………… 352
4. 美容師がよく使う表現 ………………………………… 352

実践編

❶ カットする① …………………………………………… 355
❷ カットする② …………………………………………… 355

❸ カットする③ ……………………………………… 356
　❹ カットする④ ……………………………………… 357
　❺ カットする⑤ ……………………………………… 358
　❻ パーマをかける① ………………………………… 359
　❼ パーマをかける② ………………………………… 360
　❽ カラーリングする ………………………………… 363

15. マッサージ・マニキュア・エステ

基本文型

　（1）〜をお願いします（マッサージしたい部分を言う時）…365
　（2）…回〜する（頻度を言い表す時）…365

基礎編

　1. マッサージ …………………………………………… 366
　2. マニキュア …………………………………………… 367
　3. エステ ………………………………………………… 367

発展編

　1. マッサージ …………………………………………… 368
　2. マニキュア …………………………………………… 370
　3. エステ ………………………………………………… 370

実践編

　❶ マッサージの店で ………………………………… 373
　❷ マニキュアサロンで ……………………………… 374
　❸ エステサロンで …………………………………… 376
　❹ 休憩時間に ………………………………………… 378

16. 部屋探し・引越し・クリーニング

基本文型

　（1）〜がいいです…380　　（2）〜する予定です…380

19

[基礎編]

1. 部屋探し ……………………………………………………… 381
2. 引越し ………………………………………………………… 382
3. クリーニング ………………………………………………… 382

[発展編]

1. 部屋探し ……………………………………………………… 383
   (1)住みたい場所を告げる…383　(2)希望の広さや家賃を告げる…384
   (3)具体的な要望を告げる…384　　(4)交通の便を尋ねる…385
   (5)部屋の設備を尋ねる…385　(6)契約や家賃について尋ねる…386
   (7)これで決まり&やめる…387　(8)引越しの時間を確認する…387

2. 引越し ………………………………………………………… 388
3. クリーニング ………………………………………………… 388

[実践編]

❶ 部屋探し① ……………………………………………………… 390
❷ 部屋探し② ……………………………………………………… 391
❸ 不動産屋で ……………………………………………………… 392
❹ 引越し業者に電話する ………………………………………… 394
❺ クリーニング屋で① …………………………………………… 395
❻ クリーニング屋で② …………………………………………… 395

17. 病院・薬局で

[基本文型]

(1)ちょっと〜します / です(好ましくない出来事を言う時)…397
(2)すごく〜します / です(症状がひどい時)…397

[基礎編]

1. 受付で ………………………………………………………… 398
2. 内科で ………………………………………………………… 398
   (1)受診する…398　　(2)症状を伝える…399

3. 外科で ………………………………………………………… 401
4. 胃腸科で ……………………………………………………… 402

20

5. 目などの痛みや体質を告げる……………………………………… 402
　　6. 薬局で ……………………………………………………………… 403

発展編

　　1. 診察を勧める ……………………………………………………… 404
　　2. 受付で ……………………………………………………………… 404
　　3. 内科で ……………………………………………………………… 406
　　　（1）受診する…406　　（2）症状を伝える…408
　　4. 外科で ……………………………………………………………… 410
　　5. 胃腸科で …………………………………………………………… 412
　　6. 検査を受ける ……………………………………………………… 412
　　7. 入院・見舞い ……………………………………………………… 413
　　8. 回復する …………………………………………………………… 415
　　9. 薬局で ……………………………………………………………… 415
　　　（1）病院の薬局で…415　　（2）市中の薬局で…416

実践編

　　❶ 診察を勧める ……………………………………………………… 418
　　❷ 受付で ……………………………………………………………… 418
　　❸ 内科で ……………………………………………………………… 419
　　❹ 外科で ……………………………………………………………… 420
　　❺ 胃腸科で …………………………………………………………… 421
　　❻ 診察室で …………………………………………………………… 422
　　❼ 漢方医学院の診察室で …………………………………………… 423
　　❽ 病室で① …………………………………………………………… 424
　　❾ 病室で② …………………………………………………………… 426
　　❿ 薬局で ……………………………………………………………… 428

18. トラブルに遭う

基本文型

　　（1）〜された（被害を受けた時の表現…429
　　（2）〜してもらえませんか…429

[基礎編]

1. 迷子になった ……………………………………………… 429
2. ことばが通じない………………………………………… 430
3. 忘れ物・落し物をした…………………………………… 430
4. 援助を頼む ………………………………………………… 430
5. 緊急の時、大きな声で叫ぶ……………………………… 431
6. 援助を申し出る …………………………………………… 431

[発展編]

1. 迷子になった ……………………………………………… 432
2. ことばが通じない………………………………………… 433
3. 忘れ物・落し物をした…………………………………… 433
4. 援助を頼む ………………………………………………… 436
5. 緊急の時、大きな声で叫ぼう!………………………… 437
 (1)事件に遭ったら…437　(2)交通事故に出くわしたら…438
 (3)泥棒・痴漢に遭ったら…438　(4)災害が起こったら…439
6. 援助を申し出る …………………………………………… 439

[実践編]

❶ デパートの休憩所で …………………………………… 441
❷ 交番で①………………………………………………… 441
❸ 交番で②………………………………………………… 442

● 関連単語
　・人の外見…76　　　　　　　・中国元の言い方…104
　・ホテル用…122　　　　　　・北京・上海の名所…144
　・交通用…147　　　　　　　・中華料理の言い方…170
　・レストランの種類…171　　・飲み物…177
　・味の表現…181　　　　　　・中国で買いたいものリスト…203
　・色の言い方…205　　　　　・服装の生地の言い方…211
　・楽器の名前…238　　　　　・音楽のジャンル…240
　・カクテルの言い方…248　　・スポーツ用…251
　・時間を表すことば…274　　・家庭によくある飲み物…279
　・お酒の種類…282　　　　　・緊急の電話番号…299
　・理髪店・美容院で用いる単語集…353　・時間量の言い方…368

- エステで使う単語集…372
- 病気の種類…410
- 検査の用語…413
- 病院の診療料…405
- 体の語彙…411
- 忘れ物リスト…436

1 あいさつ

问候　wènhòu

中国語には、日本語のような定型なあいさつことばはありません。いつも臨機応変に対応します。ただ、中国語を母語としない方々は、次のようなあいさつことばが言えれば、いいスタートをきれたと思ってけっこうです。

基本文型

(1) こんにちは（会った時）
「～＋好」（～は、主に2人称代名詞、または「苗字＋肩書き」）

Track 1

こんにちは。　　　　　　　你 好。
　　　　　　　　　　　　　Nǐ hǎo.

李社長、こんにちは！　　　李 经理 好！
　　　　　　　　　　　　　Lǐ jīnglǐ hǎo!

(2) それじゃまた（別れる時）
「～＋见」（～は、主に時間詞と場所語）

6時に会いましょう。　　　六 点 见。
　　　　　　　　　　　　　Liù diǎn jiàn.

明日また。　　　　　　　　明天 见。
　　　　　　　　　　　　　Míngtiān jiàn.

東京で会いましょう。　　　东京 见。
　　　　　　　　　　　　　Dōngjīng jiàn.

来年東京で会いましょう。　明年 东京 见。
　　　　　　　　　　　　　Míngnián Dōngjīng jiàn.

基礎編

Track 2

あいさつに用いる基礎表現を押さえておきましょう。

あいさつことばと言っても千差万別ですが、最も基本的な、どこでも使えそうなものをあげますと、次の通りです。"您"は"你"の敬語です。

●一般的に

おはようございます。	你 早。 Nǐ zǎo.
こんにちは。	你 好。 Nǐ hǎo.
おはようございます。	您 早。 Nín zǎo.
こんにちは。	您 好。 Nín hǎo.
張先生、こんにちは。	张 老师 好。 Zhāng lǎoshī hǎo.
李社長、こんにちは!	李 经理 好! Lǐ jīnglǐ hǎo!
劉院長、おはようございます。	刘 院长 早。 Liú yuànzhǎng zǎo.
社長、こんにちは。	经理, 您 好。 Jīnglǐ, nín hǎo.
みなさん、こんにちは。	大家 好。 Dàjiā hǎo.
今晩は。	晚上 好。 Wǎnshang hǎo.
お休みなさい。	晚安。 Wǎn'ān.

▶1. 初対面のあいさつ　　　　　　　　　　　　　　　Track 3

　初対面でも"**你好**"を用いることができます。そのあとに続けて、自分の名前を言ってください。"**初次见面**"（はじめまして）"**请多关照**"（どうぞよろしく）は日本語を直訳したあいさつことばです。どれでもかまいませんが、積極的に声に出すことが大切です。

こんにちは。	你 好。 Nǐ hǎo.
はじめまして。	初次 见面。 Chūcì jiànmiàn.
高橋と申します。	我 姓 高桥。 Wǒ xìng Gāoqiáo.
小林恵子と申します。	我 叫 小林 惠子。 Wǒ jiào Xiǎolín　Huìzǐ.
お名前は何とおっしゃいますか。	您 贵姓？ Nín guìxìng?
お名前は何と言いますか。	你 叫 什么 名字？ Nǐ jiào shénme míngzi?
どうぞよろしくお願いします。	请 多 关照。 Qǐng duō guānzhào.
あなたと知り合ってうれしいです。	认识 你，很 高兴。 Rènshi nǐ,　hěn gāoxìng.
私もうれしいです。	我 也 很 高兴。 Wǒ yě hěn gāoxìng.

▶2. 旧知のあいさつ　　　　　　　　　　　　　　　Track 4

お久しぶりです。	好久 不 见。 Hǎojiǔ bú jiàn.
お久しぶりです。	好久 没 见。 Hǎojiǔ méi jiàn.
また会えましたね。	我们 又 见面 了。 Wǒmen yòu jiànmiàn　le.

お元気ですか。	你好吗？ Nǐ hǎo ma?
お元気ですか。	你 身体 好 吗？ Nǐ shēntǐ hǎo ma?
最近はいかがですか。	最近 怎么样？ Zuìjìn zěnmeyàng?
元気です。	我 很 好。 Wǒ hěn hǎo.
お仕事はお忙しいですか。	工作 忙 不 忙？ Gōngzuò máng bu máng?
まあまあです。	还 行 吧。 Hái xíng ba.
さっぱりです。	不 怎么样。 Bù zěnmeyàng.

▶ 3. 別れのあいさつ　　　　　　　　　　　Track 5

"再见"はいつでも使えます。あとに「時間詞＋见」または「場所詞＋见」を続けて言いましょう。

さようなら。	再见。 Zàijiàn.
では、後でね。	一会儿 见。 Yíhuìr jiàn.
明日また。	明天 见。 Míngtiān jiàn.
日を改めてまた。	改天 见。 Gǎitiān jiàn.
6時に会いましょう。	六 点 见。 Liù diǎn jiàn.
来週また。	下 星期 见。 Xià xīngqī jiàn.

来週の水曜日にまた。	下 星期三 见。 Xià xīngqīsān jiàn.
来年また会いましょう。	明年 见。 Míngnián jiàn.
北京で会いましょう。	北京 见。 Běijīng jiàn.
日本で会いましょう。	日本 见。 Rìběn jiàn.
東京で会いましょう。	东京 见。 Dōngjīng jiàn.
劇場の前で会いましょう。	剧场 门口 见。 Jùchǎng ménkǒu jiàn.
お体に気をつけて。	多 注意 身体。 Duō zhùyì shēntǐ.
お大事に。	多 保重。 Duō bǎozhòng.
お母さんによろしく。	向 你 妈妈 问好。 Xiàng nǐ māma wènhǎo.

発展編　Track 6

あいさつに用いる言い方をもっと知っておきましょう。

　中国語は日本語のように敬語が発達していないので、主に"你"を"您"に代えて敬意を表します。男性語・女性語の区別もほとんどないので、あいさつことばを一つ覚えれば、いろいろな場面で用いることができます。

▶1. 初対面のあいさつ

なんとお呼びすればいいですか。	怎么 称呼 您？ Zěnme chēnghu nín?
お名前はかねがね伺っております。	久仰 大 名。 Jiǔyǎng dà míng.

ご高名はかねがね承っております。	久仰，久仰。 Jiǔyǎng, jiǔyǎng.	
お目にかかれて光栄です。	能 见到 您 太 荣幸 了。 Néng jiàndào nín tài róngxìng le.	
お会いできて光栄です。	非常 荣幸 能 见到 您。 Fēicháng róngxìng néng jiàndào nín.	

▶ 2. 旧知のあいさつ　　　　　　　　　　　　　　　Track 7

お久しぶりです。	好久 不 见 了。 Hǎojiǔ bú jiàn le.
お久しぶりですね。	好久 没 见 了 啊。 Hǎojiǔ méi jiàn le a.
ご無沙汰しております。	好久 没 见到 您 了。 Hǎojiǔ méi jiàndào nín le.
またお会いできて、うれしいです。	很 高兴 又 见到 你 了。 Hěn gāoxìng yòu jiàndào nǐ le.
あなたは全然変わっていませんね。	你 一点儿 都 没 变。 Nǐ yìdiǎnr dōu méi biàn.
あなたはあまり変わっていませんね。	你 没 怎么 变。 Nǐ méi zěnme biàn.
あなたも変わっていません。	你 也 没 变。 Nǐ yě méi biàn.
あなたは変わりましたね。	你 变样 了。 Nǐ biànyàng le.
あなたは大きくなりましたね。	你 长大 了。 Nǐ zhǎngdà le.
あなたはお元気そうですね。	你 看上去 不错。 Nǐ kànshàngqu búcuò.
あなたもそうですよ。	你 也 一样。 Nǐ yě yíyàng.
あなたはどうですか。	你 感觉 怎么样？ Nǐ gǎnjué zěnmeyàng?

いい感じです。	我 感觉 很 好。 Wǒ gǎnjué hěn hǎo.
ええ、まあまあです。	还 不错。 Hái búcuò.
最近痩せたんじゃない？	最近 你 是 不 是 瘦 了？ Zuìjìn nǐ shì bu shì shòu le?
ええ、そうみたい。	好像 是 吧。 Hǎoxiàng shì ba.
最近太っていない？	最近 你 是 不 是 胖 了？ Zuìjìn nǐ shì bu shì pàng le?
まったくお見それしました。	我 都 认不出 您 来 了。 Wǒ dōu rènbuchū nín lái le.
しばらくでした。	有 段 时间 没 见到 你 了。 Yǒu duàn shíjiān méi jiàndào nǐ le.
相変わらずお忙しいですか。	还是 那么 忙 吗？ Háishi nàme máng ma?
前よりも若くなりましたね。	你 比 以前 更 年轻 了。 Nǐ bǐ yǐqián gèng niánqīng le.
近頃、お仕事は順調ですか。	您 最近 工作 顺利 吗？ Nín zuìjìn gōngzuò shùnlì ma?
この頃何をやっているの？	最近 都 在 忙 些 什么？ Zuìjìn dōu zài máng xiē shénme?
皆が会いたがっているよ。	大家 都 很 想念 你。 Dàjiā dōu hěn xiǎngniàn nǐ.
ご家族の皆様はお元気ですか。	您 家人 都 好 吗？ Nín jiārén dōu hǎo ma?
ご主人はお元気ですか。	您 先生 身体 好 吗？ Nín xiānsheng shēntǐ hǎo ma?
奥様はお元気ですか。	您 夫人 身体 好 吗？ Nín fūren shēntǐ hǎo ma?
皆さんお変わりございませんか。	大家 都 好 吗？ Dàjiā dōu hǎo ma?

おかげさまで元気です。	托您的福,很好。 Tuō nín de fú, hěn hǎo.
ありがとうございます、元気です。	谢谢,很好。 Xièxie, hěn hǎo.
ええ、おかげさまで。	啊,很好。 A, hěn hǎo.
この頃はいかがですか。	您近来可好? Nín jìnlái kě hǎo?
あいかわらずです。	还是老样子。 Háishi lǎo yàngzi.
まあまあです。	还好。 Hái hǎo.
おかげさまで、元気です。	托您的福,我很好。 Tuō nín de fú, wǒ hěn hǎo.
今日はいいお天気ですね。	今天天气真好啊。 Jīntiān tiānqì zhēn hǎo a.
こんなところで会うとはね。	没想到会在这儿碰到你。 Méi xiǎngdào huì zài zhèr pèngdào nǐ.
ここであなたに会えるなんて、夢にも思わなかった。	做梦都没想到会在这儿遇到你。 Zuòmèng dōu méi xiǎngdào huì zài zhèr yùdào nǐ.
この間の旅行はいかがでしたか。	前些时间您去旅游了吧,怎么样? Qián xiē shíjiān nín qù lǚyóu le ba, zěnmeyàng?

▶ 3. 別れのあいさつ

Track 8

またね。	回头见。 Huítóu jiàn.
では、またね。	以后见。 Yǐhòu jiàn.

では、また後で。	过会儿见。 Guò huìr jiàn.
じゃあ、またその時に。	好了，到时侯再见。 Hǎo le, dào shíhòu zàijiàn.
またそのうちにお会いできると思います。	不久还会和您再见面的。 Bùjiǔ hái huì hé nín zài jiànmiàn de.
どうぞ、お体を大切に。	请保重身体。 Qǐng bǎozhòng shēntǐ.
先に失礼します。	我先告辞了。 Wǒ xiān gàocí le.
お大事に。	保重啊。 Bǎozhòng a.
じゃ、行ってきます。	我去了啊。 Wǒ qù le a.
そろそろ失礼します。	我得告辞了。 Wǒ děi gàocí le.
週末を楽しく過ごせますように。	祝你周末愉快。 Zhù nǐ zhōumò yúkuài.
楽しい休みになりますように。	祝你假期愉快。 Zhù nǐ jiàqī yúkuài.
頑張ってね。幸運を祈ります。	加油啊！祝你好运。 Jiāyóu a! Zhù nǐ hǎo yùn.
行きましょう！	走吧！ Zǒu ba!
今のようにこれからも頑張り通してください。	就这样，坚持下去。 Jiù zhèyàng, jiānchíxiaqu.
離れたくないです。	真舍不得走。 Zhēn shěbude zǒu.
また来てくださいね。	再来啊。 Zài lái a.
はい、きっと来ます。	我会来的。 Wǒ huì lái de.

何かお土産を忘れないでください。	别忘了给我带点儿什么。 Bié wàngle gěi wǒ dài diǎnr shénme.	あいさつ
大丈夫ですよ。忘れるはずがありません。	放心吧，忘不了。 Fàngxīn ba, wángbuliǎo.	
すぐにも会えるように祈っています。	希望不久能见到你。 Xīwàng bùjiǔ néng jiàndào nǐ.	
電話をくださいね。	给我打电话。 Gěi wǒ dǎ diànhuà.	
お体に気をつけてね。	你自己多保重。 Nǐ zìjǐ duō bǎozhòng.	
私のことは心配しないで。	别担心我。 Bié dānxīn wǒ.	
また来ます。	我还会来的。 Wǒ hái huì lái de.	
ご家族の皆さんによろしく伝えてください。	请代我向你的家人问好。 Qǐng dài wǒ xiàng nǐ de jiārén wènhǎo.	
はい、必ず伝えます。	我一定带到。 Wǒ yídìng dàidào.	
みなさんによろしくお伝えください。	请给大家代个好。 Qǐng gěi dàjiā dài ge hǎo.	
お母さんによろしく。	问你妈妈好。 Wèn nǐ māma hǎo.	
暇だったら、電話をください。	有空给我打电话。 Yǒu kòng gěi wǒ dǎ diànhuà.	
またいつか会いましょうね。	我们什么时候再聚吧。 Wǒmen shénme shíhou zài jù ba.	
連絡をとり合いましょうね。	保持联系。 Bǎochí liánxì.	
はい、いいですよ。	好的。 Hǎo de.	

▶ 4. 恋人同士なら、こんなことばも　　　　　　　　　Track 9

きっとあなたのことを思うでしょう。	我 会 想 你 的。 Wǒ huì xiǎng nǐ de.
私も。	我 也 会 想 你 的。 Wǒ yě huì xiǎng nǐ de.
本当にあなたと一緒にいたい。	我 真 希望 能 和你 在 一起。 Wǒ zhēn xīwàng néng hé nǐ zài yìqǐ.
私も。	我 也 是。 Wǒ yě shì.
メールを書くのを忘れないでね。	别 忘 了 发 邮件。 Bié wàngle fā yóujiàn.
忘れないから。	忘不了。 Wàngbuliǎo.
手紙を書いてね。	请 给 我 写信。 Qǐng gěi wǒ xiěxìn.
手紙を書くね。	我 会 给 你 写信 的。 Wǒ huì gěi nǐ xiěxìn de.
最近、天気がよく変わるから、 体には気をつけてね。	最近 天气 多 变，注意 身体。 Zuìjìn tiānqì duō biàn, zhùyì shēntǐ.
あなたも気をつけて。	你 也 一样。 Nǐ yě yíyàng.

▶ 5. 旅立つ人への祝福のことば　　　　　　　　　Track 10

　いろいろありますが、飛行機で出かける人には "**一路顺风** yílù shùnfēng" は避けましょう。

楽しんでください。	祝 你 玩得 开心。 Zhù nǐ wánde kāixīn.
道中ご無事で。	祝 你 一路 平安。 Zhù nǐ yílù píng'ān.
ご旅行が順調でありますように。	祝 你 一路 顺风。 Zhù nǐ yílù shùnfēng.

楽しいご旅行を。	祝 你 旅途 愉快。 Zhù nǐ lǚtú yúkuài.
よい成果をあげられますように。	祝 你 满载 而归。 Zhù nǐ mǎnzài érguī.

▶ 6. 見舞いのあいさつことば　　　　　　　　　　　Track 11

早くご健康を回復されますように。	祝 你 早日 康复。 Zhù nǐ zǎorì kāngfù.
早くご病気から回復されますように。	祝 你 早日 痊愈。 Zhù nǐ zǎorì quányù.

▶ 7. あいさつことばに続けて、こんなことばも　　Track 12

(1) 相手をほめる

誰でもほめられるとうれしいものですね。惜しまずにほめましょう。

もう、最高！	太 棒 了！ Tài bàng le!
いいですね！	不 坏 嘛！ Bú huài ma!
いいじゃん！	不 错 嘛！ Búcuò ma!
よくできました！	干得 好，干得 好！ Gànde hǎo, gànde hǎo!
たいしたもんですね！	真 了不起！ Zhēn liǎobuqǐ!
お上手ですね！	真 棒！ Zhēn bàng!
すごいですね！/すげー！	真 厉害！ Zhēn lìhai!
すごいですね。	了不起。 Liǎobuqǐ.

すごいですね。	真 了不起。 Zhēn liǎobuqǐ.
すごいですね。	你 真 了不起。 Nǐ zhēn liǎobuqǐ.
すばらしいですね。	真 棒。 Zhēn bàng.
すばらしいですね。	精彩 绝伦。 Jīngcǎi juélún.
きれいですね。	你 真 漂亮。 Nǐ zhēn piàoliang.
素敵ですね。	好 漂亮 啊。 Hǎo piàoliang a.
イケメンですね。	你 真 帅。 Nǐ zhēn shuài.
マッチョですね。	你 真 魁梧。 Nǐ zhēn kuíwu.
男らしいですね。	真 是 个 男子汉。 Zhēn shì ge nánzǐhàn.
かっこいい。	好 潇洒。 Hǎo xiāosǎ.
セクシーですね。	很 性感。 Hěn xìnggǎn.
目がきれいですね。	眼睛 真 漂亮。 Yǎnjing zhēn piàoliang.
本当に若いですね。	你 真 年轻。 Nǐ zhēn niánqīng.
ご立派です。	堪称 典范。 Kānchēng diǎnfàn.
ご立派です。	真 气派。 Zhēn qìpài.
さすがです。	名不虚传。 Míngbùxūchuán.

お上手ですね。	真 不错。 Zhēn búcuò.
上手じゃないか。	干得 满 不错 嘛。 Gànde mǎn búcuò ma.
文句無し。	真 没的说 了。 Zhēn méideshuō le.
あなたと知り合って、うれしいです。	认识 你 很 高兴。 Rènshi nǐ hěn gāoxìng.
私の好きなタイプです。	我 喜欢 的 那 种 类型。 Wǒ xǐhuan de nà zhǒng lèixíng.
不思議ですね!	太 不可 思议 了! Tài bùkě sīyì le!
きれいなスカートですね。	你 的 裙子 真 漂亮。 Nǐ de qúnzi zhēn piàoliang.
このシャツはあなたにぴったりです。	你 穿 这 件 衬衫 正 合适。 Nǐ chuān zhè jiàn chènshān zhèng héshì.
あなたのネックレスが好きです。	我 喜欢 你 的 项链儿。 Wǒ xǐhuan nǐ de xiàngliànr.
あなたにぴったりです。	对 你 正 合适。 Duì nǐ zhèng héshì.
娘さんは本当にきれいですね。	你 女儿 真 好看。 Nǐ nǚ'ér zhēn hǎokàn.
息子さんは本当に可愛いですね。	你 儿子 真 可爱。 Nǐ érzi zhēn kě'ài.
若く見えますね。	您 看上去 很 年轻。 Nín kànshàngqu hěn niánqīng.
本当に羨ましいです。	真 羡慕 你。 Zhēn xiànmù nǐ.
彼らはあなたを高く評価しています。	他们 对 你 的 评价 很 高。 Tāmen duì nǐ de píngjià hěn gāo.
奥さん、なかなか美人じゃないか。	您 夫人 真 漂亮 啊。 Nín fūrén zhēn piàoliang a.
料理も、上手だって聞いたよ。	据说 还 会 做 一 手 好菜。 Jùshuō hái huì zuò yì shǒu hǎo cài.

1 あいさつ

新人にしては、なかなかいいんじゃないか。	作为 新手，已经 相当 不错 了。 Zuòwéi xīnshǒu, yǐjīng xiāngdāng búcuò le.
書道家だけあって、たいしたものだ。	到底 是 书法家，果然 与众 不同。 Dàodǐ shì shūfǎjiā, guǒrán yǔzhòng bùtóng.
さすがに見事なものだ。	真 是 精彩 绝伦。 Zhēn shì jīngcǎi juélún.
素人とは思えません、本当にお見事ですよ。	一点 也 不 像 外行，做得 真 漂亮。 Yìdiǎnr yě bú xiàng wàiháng, zuòde zhēn piàoliang.
さすが名人だ、腕が違うから出来栄えも違う。	不愧 是 行家，手艺 不 一样，做出来 的 东西 就是 不同。 Búkuì shì hángjiā, shǒuyì bù yíyàng, zuòchulai de dōngxi jiùshì bùtóng.

(2) ほめられたら

Track 13

そんなことありません。	哪里，哪里。 Nǎli, nǎli.
いいえ、たいしたことありません。	不，这 没 什么。 Bù, zhè méi shénme.
いいえ、まだまだです。	哪里，哪里，还 差得远。 Nǎli, nǎli, hái chàdeyuǎn.
いいえ、とんでもありません。	不，您 过奖 了。 Bù, nín guòjiǎng le.
いいえ、お恥ずかしい限りです。	哪里，献丑 了。 Nǎli, xiànchǒu le.
恐縮です。	您 过奖 了。 Nín guòjiǎng le.
恐れ入ります。	真 不 好意思。 Zhēn bù hǎoyìsi.

ただの道楽に過ぎません。	玩儿玩儿 罢了。 Wánrwanr bàle.
下手の横好きです。	自己 瞎 摆弄。 Zìjǐ xiā bǎinòng.
とても専門家といわれるほどではないんです。	谈不上 什么 专业 水平。 Tánbushàng shénme zhuānyè shuǐpíng.
そんなにほめられては恥ずかしいわ。	您 这么 夸 我 真 不 好意思。 Nín zhème kuā wǒ zhēn bù hǎoyìsi.
ほんの真似事にすぎないんです。	只 不过 是 学着 做 罢了。 Zhǐ búguò shì xuézhe zuò bàle.

(3) 質問と紹介

Track 14

あなたの名前は何ですか。	你 叫 什么 名字？ Nǐ jiào shénme míngzi?
お名前は？	您 是……？ Nín shì ……?
失礼ですが、あなたは？	对不起，您 是…？ Duìbuqǐ, nín shì…?
どちらにお勤めですか。	您 在 哪里 工作？ Nín zài nǎli gōngzuò?
どこで働いていますか。	你 在 哪里 上班？ Nǐ zài nǎli shàngbān?
専門は何ですか。	你 学 的 专业 是 什么？ Nǐ xué de zhuānyè shì shénme?
どういう仕事をしていますか。	你 是 做 什么 工作 的？ Nǐ shì zuò shénme gōngzuò de?
あなたは大学生ですか。	你 是 大学生 吗？ Nǐ shì dàxuéshēng ma?
私は日本大学の学生です。	我 是 日本 大学 的 学生。 Wǒ shì Rìběn dàxué de xuésheng.
私は去年入学しました。	我 是 去年 入学 的。 Wǒ shì qùnián rùxué de.

私は法律を勉強しています。	我 正在 读 法律。 Wǒ zhèngzài dú fǎlǜ.
私は銀行に勤めています。	我 在 银行 工作。 Wǒ zài yínháng gōngzuò.
私は運転手です。	我 是 司机。 Wǒ shì sījī.
今の仕事は何年になりましたか。	现在 的 工作 干了 几 年 了？ Xiànzài de gōngzuò gànle jǐ nián le?
就職して何年になりましたか。	工作 了 几 年？ Gōngzuò le jǐ nián?
私はまだ就職していません。	我 还 没有 工作。 Wǒ hái méiyǒu gōngzuò.
私はもう定年退職です。	我 已经 退休 了。 Wǒ yǐjīng tuìxiū le.
何歳ですか。（子どもに）	几 岁 了？ Jǐ suì le?
おいくつですか。（同年代の人に）	你 多 大 了？ Nǐ duō dà le?
おいくつですか。（年配の人に）	您 多 大 年纪？ Nín duō dà niánjì?
ご家族は何人ですか。	你 家 有 几 口 人？ Nǐ jiā yǒu jǐ kǒu rén?
どこの出身ですか。	你 是 哪里 人？ Nǐ shì nǎli rén?
私の出身は上海です。	我 出生 于 上海。 Wǒ chūshēng yú Shànghǎi.
京都から来ました。	我 来自 京都。 Wǒ láizì Jīngdū.
ご趣味は何ですか。	你 有 什么 爱好？ Nǐ yǒu shénme àihào?
あの方をご存じですか。	你 认识 那 位 先生 吗？ Nǐ rènshi nà wèi xiānsheng ma?

何かご用でしょうか。	您有什么事儿吗？ Nín yǒu shénme shìr ma?
誰にご用ですか。	你找谁？ Nǐ zhǎo shéi?
どちら様でしょうか。	您是哪位？ Nín shì nǎ wèi?
なにかお困りですか。	有什么事要帮忙吗？ Yǒu shénme shì yào bāngmáng ma?
すみません、ちょっとお尋ねしてもよろしいでしょうか。	劳驾,可以打听一下吗？ Láojià, kěyǐ dǎting yíxià ma?
日本語を話してもいいですか。	可以讲日语吗？ Kěyǐ jiǎng Rìyǔ ma?
どうしたの？	怎么了？ Zěnme le?
どうしたの？	出了什么事？ Chūle shénme shì?
どういう意味でしょうか。	您的意思是说… Nín de yìsi shì shuō…
何とおっしゃいましたか。	您说了什么… Nín shuōle shénme…
わかりましたか。	清楚吗？ Qīngchu ma?
おわかりいただけましたか。	您明白吗？ Nín míngbai ma?
これでいいですか。	这样可以吗？ Zhèyàng kěyǐ ma?
ご存じですか。	您知道吗？ Nín zhīdao ma?
ご両親はどんな仕事をなさっていますか。	你父母做什么工作？ Nǐ fùmǔ zuò shénme gōngzuò?
ご主人はどこにお勤めですか。	你丈夫在哪里工作？ Nǐ zhàngfu zài nǎli gōngzuò?

1 あいさつ

彼は駅で働いています。	他 在 车站 工作。 Tā zài chēzhàn gōngzuò.
彼は会社員です。	他 是 公司 职员。 Tā shì gōngsī zhíyuán.
私は去年から仕事をしています。	我 从 去年 开始 工作 的。 Wǒ cóng qùnián kāishǐ gōngzuò de.
私の弟は弁護士です。	我 弟弟 是 律师。 Wǒ dìdi shì lǜshī.
私の父は公務員です。	我 爸爸 是 公务员。 Wǒ bàba shì gōngwùyuán.
母は主婦です。	妈妈 是 家庭 主妇。 Māma shì jiātíng zhǔfù.

実践編

Track 15

場面を想定して実践しましょう。

1 日中よく用いるあいさつ（1）

中国語では、相手の行為や動作を観察して、それをあいさつとして言うことがよくあります。答えは同じ言い方が用いられます。

① 仕事に行く人に

A： 仕事に行くのですか。／
出勤ですか。

上班 去 呀？
Shàngbān qù ya?

B： 仕事に行きます。／出勤します。

上班 去。
Shàngbān qù.

② 学校に行く先生に

A： 授業をしに行くのですか。／
学校に行きますか。／学校ですか。

上课 去？
Shàngkè qù?

B： 授業をしに行きます。／
学校に行きます。／学校です。

上课 去。
Shàngkè qù.

③ 買い物に行こうとする人に

A： 買い物に行くのですか。／
買い物に行くの？

买 菜 去？
Mǎi cài qù?

B： 買い物に行きます。
あなたも行くのですか。

买 菜 去。你 也 去 呀？
Mǎi cài qù. Nǐ yě qù ya?

④ 出かけようとする人に

A： お出かけですか。

出去 呀？
Chūqù ya?

B： ちょっと出かけます。

出去 一下。
Chūqù yíxià.

⑤　外から帰ってきた人に

A：　お帰りなさい。

回来 了？
Huílai le?

B：　ただいま。

回来 了。
Huílai le.

⑥　食事前後

A1：食べましたか。

吃了 吗？
Chīle ma?

B1：済ませました。

吃过 了。
Chīguo le.

A2：食べましたか。（この"过"は「(動作や行為を)済ませる」ことを表す）

吃过 了 吗？
Chīguo le ma?

B2：まだです。

还 没 呢。
Hái méi ne.

2 よく用いるあいさつ(2)　　Track 16

相手の行為や動作を見て判断し、あいさつすることもよくあります。

① 相手を見て出かけるだろうと判断してあいさつする。
　　尋ねられたら、少し具体的に答えるのがルールです。

A：　どこへお出かけですか。

去 哪儿 呀？
Qù nǎr ya?

B1：ちょっと買い物に。

我 去 买 点儿 菜。
Wǒ qù mǎi diǎnr cài.

B2：ちょっと本を借りに行きます。

我 去 借 本 书。
Wǒ qù jiè běn shū.

B3：映画を見に行きます。

我 去 看 场 电影。
Wǒ qù kàn chǎng diànyǐng.

B4：コンサートを聴きに行きます。

去 听 音乐会。
Qù tīng yīnyuèhuì.

B5： サッカーの試合を見に行きます。	去看场足球赛。 Qù kàn chǎng zúqiúqiú sài.

② 相手が外から帰ってきたと判断してあいさつをする。
あいさつことばの"**去哪儿?**"や"**吃了吗?**"は、単なるあいさつのためのことばであって、相手の行く先や食べることについて本当に関心を持っているわけではありません。

A： どこへ行ってきたのですか。	去哪儿了? Qù nǎr le?
B1： 図書館に行ってきました。	去图书馆了。 Qù túshūguǎn le.
B2： 街をぶらぶらしてきました。	去街上逛了逛。 Qù jiēshang guàngleguàng.
B3： 街に行ってきました。	进城了。 Jìnchéng le.
B4： 友達の家へ遊びに行ってきました。	去朋友家玩儿了一会儿。 Qù péngyou jiā wánr le yíhuìr.
B5： 株式の取引に行ってきました。	去股市看了看。 Qù gǔshì kànlekàn.

Track 17

3 久しぶりに会った時のあいさつ（やさしい口調で話しましょう）

① 先生や目上の方に

A： 李先生、お元気ですか。	李老师,您好吗? Lǐ lǎoshī, nín hǎo ma?
B1： 元気ですよ。	好,好。 Hǎo, hǎo.
B2： まあ元気です。	还好。 Hái hǎo.

A：	王さん、お体の具合はどうですか。	王　先生，您 近来 身体 怎么样？ Wáng xiānsheng, nín jìnlái shēntǐ zěnmeyàng?
B1：	元気です。	挺　好。 Tǐng hǎo.
B2：	ぼちぼちだよ。	马马虎虎 吧。 Mǎmǎhūhū ba.
A：	劉社長は仕事がお忙しいですか。	刘 经理 工作 忙 吗？ Liú jīnglǐ gōngzuò máng ma?
B1：	とても忙しい。	忙得 很。 Mángde hěn.
B2：	そんなこと聞かないで、朝から晩まで忙しくて、てんてこ舞だ。	别 提 了，整天 忙得 团团转。 Bié tí le, zhěngtiān mángde tuántuánzhuàn.

② 親しい相手に

A1：	近頃〈調子は〉どう?	最近 怎么样？ Zuìjìn zěnmeyàng?
A2：	最近、生活はどうですか。	你 这些 日子 过得 怎么样？ Nǐ zhèxiē rìzi guòde zěnmeyàng?
B1：	まあまあだ。	还 好。 Hái hǎo.
B2：	まあまあだ。	还 可以。 Hái kěyǐ.
B3：	楽しく過ごしているよ。	我 过得 很 愉快。 Wǒ guòde hěn yúkuài.
A：	こちらの気候に慣れた？	对 这儿 的 气候 习惯 了 吗？ Duì zhèr de qìhòu xíguàn le ma?
B1：	もう慣れた。	已经 习惯 了。 Yǐjīng xíguàn le.

B2：	あまり慣れないね。こちらの気候はとても乾燥しすぎだね。	不太 习惯，这儿 的 气候 太 干燥 了。 Bú tài xíguàn, zhèr de qìhòu tài gānzào le.
A1：	お元気そうですね。	你 看上去 精神 不错。 Nǐ kànshàngqu jīngshen búcuò.
A2：	綺麗になりましたね。	你 变 漂亮 了。 Nǐ biàn piàoliang le.
B：	あなたも。	你 也 一样。 Nǐ yě yíyàng.
A：	太りましたね。	你 胖 了 吧？ Nǐ pàng le ba?
B：	そうなんですよ。どうしたらいいか悩んでいるところです。	我 也 觉得 是。正 发愁 该 怎么 办 呢？ Wǒ yě juéde shì. Zhèng fāchóu gāi zěnme bàn ne?
A1：	痩せたんじゃないですか。	你 是 不 是 瘦 了？ Nǐ shì bu shì shòu le?
B：	ほんとに？ 最近はよくヨガをやっているんです。	真 的？ 最近 常 去 做 瑜伽。 Zhēn de? Zuìjìn cháng qù zuò yújiā.
A1：	お変わりありませんね。	你 没 怎么 变。 Nǐ méi zěnme biàn.
A2：	全然変わっていませんね。	你 一点儿 都 没 变。 Nǐ yìdiǎnr dōu méi biàn.
A3：	昔のままですね。	你 还是 老 样子。 Nǐ háishi lǎo yàngzi.
B1：	あなたもそうですよ。	你 也 是 啊。 Nǐ yě shì a.

あいさつ

B2：そうですか、でも、あなたもお変わりありませんね。	是 吗？不过 你 也 一点儿 都 没 变。 Shì ma? Búguò nǐ yě yìdiǎnr dōu méi biàn.
A： こちらの料理は口に合う？	这儿 的 饭菜 吃得惯 吗？ Zhèr de fàncài chīdeguàn ma?
B1：合うよ。	吃得惯。 Chīdeguàn.
B2：こちらの料理にはなれないね、辛すぎて。	我 吃不惯 这儿 的 菜，太 辣 了。 Wǒ chībuguàn zhèr de cài, tài là le.
A： 昨晩よく眠れた？	昨晚 睡得 好 吗？ Zuówǎn shuìde hǎo ma?
B1：よく眠れた。	睡得 很 好。 Shuìde hěn hǎo.
B2：たぶん寝る前にコーヒーを飲んだせいで、夜中まで眠れなかった。	可能 因为 睡前 喝了 点儿 咖啡，半宿 没 睡着。 Kěnéng yīnwèi shuìqián hēle diǎnr kāfēi, bànxiǔ méi shuìzháo.
A： お父さん、お母さん、お元気ですか。	你爸爸 妈妈 好 吗？ Nǐ bàba māma hǎo ma?
B1：元気だよ。	很 好。 Hěn hǎo.
B2：元気、元気、心配しないで。	好，好，你 放心。 Hǎo, hǎo, nǐ fàngxīn.

4 お見舞いをする時の、病人に対するあいさつ　　Track 18

A： この2、3日お体の調子はどうですか。	这 两 天 怎么样？ Zhè liǎng tiān zěnmeyàng?

B1：	だいぶよくなりました / なったよ。	好多 了。 Hǎoduō le.
B2：	相変わらずです / だよ。	还是 老样子。 Háishi lǎoyàngzi.

A：	病状はよくなりましたか。	你 好 点儿 了 吗？ Nǐ hǎo diǎnr le ma?
B1：	だいぶよくなりました。	好多 了。 Hǎoduō le.
B2：	もうよくなりました。数日で退院できます。	已经 好 了，过 两天 就 可以 出院 了。 Yǐjīng hǎo le, guò liǎngtiān jiù kěyǐ chūyuàn le.

A1：	今お体の具合はいかがですか。	现在 觉得 怎么样？ Xiànzài juéde zěnmeyàng?
B1：	だいぶよくなりました。	好多 了。 Hǎoduō le.
B2：	まだあまりよくありません。	还是 不 太 好。 Háishi bú tài hǎo.

A：	頭はまだ痛みますか。	头 还 疼 吗？ Tóu hái téng ma?
B1：	まだ痛いです。とても痛いです。	还 疼，疼得 很 厉害。 Hái téng, téngde hěn lìhai.
B2：	ちっとも痛くありません。	一点儿 也 不 疼 了。 Yìdiǎnr yě bù téng le.

5 はるばるやってきた客に対するあいさつ　　Track 19

A：	すべてが順調でしたか。	一切 顺利 吧。 Yíqiè shùnlì ba.
B1：	順調でした。	很 顺利。 Hěn shùnlì.

B2： それがとんでもない話で、飛行機は丸々2時間半遅れてしまいましたよ。	别提了，飞机 整整 晚点了 两个半小时。 Bié tí le, fēijī zhěngzhěng wǎndiǎnle liǎng ge bàn xiǎoshí.
A： 道中お疲れさま。	一路 辛苦 了。 Yílù xīnkǔ le.
B： たいしたことではありません。	没 什么。 Méi shénme.

❻ 第三者へのあいさつを伝えてもらう　　　Track 20

A1： ご両親によろしくお伝えください。	请 代 我 问候 你 父母。 Qǐng dài wǒ wènhòu nǐ fùmǔ.
A2： 王先生によろしくお伝えください。	请 给 王 老师 带 个 好。 Qǐng gěi Wáng lǎoshī dài ge hǎo.
A3： 張さんによろしく。	请 代 问 老 张 好。 Qǐng dài wèn Lǎo Zhāng hǎo.
B： わかりました。	好 的。 Hǎo de.
A： 張さんによろしくお伝えください。	请 问 小 张 好。 Qǐng wèn Xiǎo Zhāng hǎo.
B1： 必ず伝えます。	一定。 Yídìng.
B2： わかりました。	好 嘞。 Hǎo lei.

兄弟に

A： 親父とお袋によろしく。	问 爸妈 好。 Wèn bàmā hǎo.
B1： わかった。	好。 Hǎo.

B2: 心配しないで。

放心 吧。
Fàngxīn ba.

7 時候のあいさつ　　　　　　　　　　　　　Track 21

あいづちとしてよく"**可不是**""**可不**"〈その通り、そうですね、そうね〉などが用いられます。

A： 今日は天気がいいですね。

今天 天气 真 不错。
Jīntiān tiānqì zhēn búcuò.

B1： 本当に、風がそよとも吹かないね。

可不是，一点儿 风 都 没有。
Kěbúshì, yìdiǎnr fēng dōu méiyǒu.

B2： そうね、暑くもなく寒くもなく、本当に気持ちがいいですね。

可不，不 冷 不 热，真 舒服。
Kěbù, bù lěng bú rè, zhēn shūfu.

A： こんな天気、本当に耐えられないね。

这 天气，真 让 人 受不了。
Zhè tiānqì, zhēn ràng rén shòubuliǎo.

B1： そうね、暑くて死にそう。

可不，热得 要死。
Kěbù, rède yàosǐ.

B2： そうね、寒くて死にそう。

可不，冷得 要命。
Kěbù, lěngde yàomìng.

B3： そうね、もう1週間も雨が降っているね。

可不，雨 已经 下了 一 个 星期 了。
Kěbù, yǔ yǐjīng xiàle yí ge xīngqī le.

B4： そうね、風ばかり吹いていて。

可不，净 刮 风。
Kěbù, jìng guā fēng.

A： お久しぶりです。

好久 不 见 了。
Hǎojiǔ bú jiàn le.

B： そうですね、1カ月ぶりですね。南の方へ出張に行っていました。

是 啊，有 一 个 月 了 吧，我
Shì a, yǒu yí ge yuè le ba, wǒ
去 南方 出差 了。
qù nánfāng chūchāi le.

2 感謝・謝罪
感谢 gǎnxiè・道歉 dàoqiàn

人に助けられたり、自分や身内の人に関心を示してくれたり、また、励ましてくれたり、祝福や同情などのことばを受けたりしたとき、感謝のことばを述べたくなりますよね。感謝の気持ちを表すときは気持ちを込めて言いましょう。

基本文型　　　　　　　　　　　　　　　Track 22

(1) ～を感謝します
　「"谢谢您/你"＋具体的な事」

お出迎え、ありがとうございます。	谢谢 您 来 接 我。 Xièxie nín lái jiē wǒ.
お世話をしてくれて、感謝します。	谢谢 你 对 我 的 照顾。 Xièxie nǐ duì wǒ de zhàogù.

(2) ～してすみません
　「"对不起"＋具体的な事」

遅刻してすみません。	对不起，我 迟到 了。 Duìbuqǐ, wǒ chídào le.
お待たせしましてすみません。	对不起，让 您 久 等 了。 Duìbuqǐ, ràng nín jiǔ děng le.

基礎編　　　　　　　　　　　　　　　Track 23

感謝・謝罪についての基礎表現を押さえておきましょう。

"谢谢"は最も基本的なお礼の表現です。さらに感謝の気持ちを表したい場合、次のように「"非常/十分/万分"＋感谢」と言えばいいでしょう。具

体的なことに対して感謝を述べたい時には、「谢谢你（的）＋具体的な行為」と表現しましょう。

▶ 1. 感謝の基本表現

ありがとうございます。	谢谢。（万能用語） Xièxie.
ありがとうございます。	多谢。（万能用語） Duōxiè.
いろいろありがとう。	非常 感谢。 Fēicháng gǎnxiè.
誠に感謝いたします。	十分 感谢。 Shífēn gǎnxiè.
大変、感謝しています。	万分 感谢。 Wànfēn gǎnxiè.
ご協力ありがとうございました。	谢谢 您 帮忙。 Xièxie nín bāngmáng.
お手伝い、ありがとうございます。	谢谢 你 的 帮助。 Xièxie nǐ de bāngzhù.

▶ 2. 感謝されたら

Track 24

どういたしまして。	不 客气。（万能用語） Bú kèqi.
どういたしまして。	不 谢。（万能用語） Bú xiè.
どういたしまして。	没 什么。 Méi shénme.
どういたしまして。	不 好意思。 Bù hǎoyìsi.
いいえ、どういたしまして。	不，不用 客气。 Bù, búyòng kèqi.
いいえ、こちらこそ、どうも。	不，我 该 谢谢 你。 Bù, wǒ gāi xièxie nǐ.

とんでもない。	哪里，哪里。（便利な一言） Nǎli, nǎli.
恐れ入ります。	不敢当。 Bùgǎndāng.
力になれて、たいへんうれしいです。	很高兴能帮助你。 Hěn gāoxìng néng bāngzhù nǐ.
当然のことをしたまでです。	这是我应该做的。 Zhè shì wǒ yīnggāi zuò de. （中国人が好きな表現）
とんでもない。当たり前のことですよ。	哪里，哪里，我应该的。 Nǎli, nǎli, wǒ yīnggāi de.
どういたしまして、当たり前のことです。	不用谢，应该的。 Búyòng xiè, yīnggāi de.
どういたしまして、遠慮なさらないで。	不用谢，您太客气了。 Búyòng xiè, nín tài kèqi le.
水くさいことを言わないで。	别见外。 Bié jiànwài.

▶ 3. 謝罪の基本表現　　　　　　　　　　　　Track 25

"对不起"や"抱歉"は最も一般的なお詫びのことばです。同じように、"对不起""抱歉"の前に程度副詞"非常 / 十分 / 万分"などを置き、お詫びの気持ちを深めることができます。近年"不好意思"という表現が若者の間に盛んに使われるようになりました。"不好意思"は"对不起"や"抱歉"に比べると、謝る語気がやや弱いです。また、"不好意思"は「決まりが悪い」ことも表せます。

すみません。	对不起。（万能用語） Duìbuqǐ.
ごめんなさい。	抱歉。（万能用語） Bàoqiàn.
お恥ずかしいですが。	不好意思。（万能用語） Bù hǎoyìsi.

本当にすみません。	真 对不起。 Zhēn duìbuqǐ.
大変申し訳ありませんでした。	非常 抱歉。 Fēicháng bàoqiàn.
お許しください。	请 原谅。 Qǐng yuánliàng.
実は恥ずかしいですが。	实在 不 好意思。 Shízài bù hǎoyìsi.
ご迷惑をおかけします。	麻烦 您 了。 Máfan nín le.
お邪魔しました。	打扰 您 了。 Dǎrǎo nín le.
お手数をかけました。	给 您 添 麻烦 了。 Gěi nín tiān máfan le.
みんな私のせいです。	都 是 我 不 好。 Dōu shì wǒ bù hǎo.
私が間違いました。	是 我 错 了。 Shì wǒ cuò le.
これからは注意します。	今后 一定 注意。 Jīnhòu yídìng zhùyì.

▶ 4. 謝罪されたら　　　　　　　　　　　　　　　Track 26

かまいません。	没 关系。（万能用語） Méi guānxi.
かまいません。	没 什么。（万能用語） Méi shénme.
大丈夫です。	没 事儿。（万能用語） Méi shìr.
気にしないで。	不 要紧。（万能用語） Bú yàojǐn.
あなたのせいではない。	这 不 怨 你。 Zhè bú yuàn nǐ.

今回は許してあげる。	这次 原谅 你。 Zhè cì yuánliàng nǐ.
これはあなたの間違いではないよ。	这 不 是 你 的 错。 Zhè bú shì nǐ de cuò.

発展編

Track 27

さらに具体的なことに対するお礼とお詫びの表現です。

1 公式の場面で

▶ 1. 感謝の表現

毎度ありがとうございました。	承蒙 光顾，非常 感谢。 Chéngméng guānggù, fēicháng gǎnxiè.
いろいろお世話になりました。	谢谢 您 给了 我 许多 照顾。 Xièxie nín gěile wǒ xǔduō zhàogù.
ご好意に心から厚くお礼申し上げます。	衷心 感谢 你们 的 盛情 厚意。 Zhōngxīn gǎnxiè nǐmen de shèngqíng hòuyì.
お礼の申しようもありません。	真 不 知道 怎么 感谢 您 才 好。 Zhēn bù zhīdao zěnme gǎnxiè nín cái hǎo.
毎度お世話になっております、なんとお礼を申し上げてよいかわかりません。	一直 受到 您 的 照顾，真 不 Yìzhí shòudào nín de zhàogù, zhēn bù 知道 怎样 感谢 您。 zhīdao zěnyàng gǎnxiè nín.
折に触れてご配慮いただきましたこと心から感謝しております。	衷心 感谢 您 对 我们 的 关心。 Zhōngxīn gǎnxiè nín duì wǒmen de guānxīn.
この度は暖かい励ましのおことばをいただき、感謝この上もございません。	承蒙 您 亲切 热忱 地 鼓励， Chéngméng nín qīnqiè rèchén de gǔlì, 万分 感激。 wànfēn gǎnjī.
至れり尽せりのおもてなし本当にありがとうございました。	受到 您 无微不至 的 款待， Shòudào nín wúwēibúzhì de kuǎndài, 非常 感谢。 fēicháng gǎnxiè.

お忙しいところをご出席くださいまして、感謝に堪えません。	百忙之中，承蒙出席，不胜感激。 Bǎimáng zhīzhōng, chéngméng chūxí, bú shèng gǎnjī.
わざわざおいでくださいまして誠に恐れ入ります。	让您特意来一趟，实在不敢当。 Ràng nín tèyì lái yí tàng, shízài bùgǎndāng.
今日はお招きいただき、ありがとうございました。	多谢您今天的盛情款待。 Duōxiè nín jīntiān de shèngqíng kuǎndài.
お招きありがとうございます。時間通りに参ります。	谢谢您的邀请，我会准时到的。 Xièxie nín de yāoqǐng, wǒ huì zhǔnshí dào de.
わざわざお出迎えいただき恐れ入ります。	让您特意来接、真过意不去。 Ràng nín tèyì lái jiē, zhēn guò yì bú qu.
わざわざ呼びにきてくださってありがとうございました。	你专程来叫我，真是谢谢了。 Nǐ zhuānchéng lái jiào wǒ, zhēn shì xièxie le.
どうも、わざわざお忙しいところ、お見送り恐れ入ります。	承蒙你在百忙中特意来送我们，实在不敢当。 Chéngméng nǐ zài bǎimáng zhōng tèyì lái sòng wǒmen, shízài bùgǎndāng.

▶ 2. 書きことばによく用いる感謝の表現　　　Track 28

誠に有難く存じます。	本人将十分感激。 Běnrén jiāng shífēn gǎnjī.
感謝の極みであります。	不胜感激之至。 Bú shèng gǎnjī zhī zhì.
心からの謝意を表します。	表示衷心的感谢。 Biǎoshì zhōngxīn de gǎnxiè.

追ってご拝顔の上御礼申し上げます。	本人 将 当面 致谢。 Běnrén jiāng dāngmiàn zhìxiè.
ご恩にはいずれお報いするつもりであります。	本人 将 另 有 报答。 Běnrén jiāng lìng yǒu bàodá.

2 非公式の場合　　　　　　　　　　　　Track 29

▶ 1. 感謝の表現

感謝いたします。	谢谢。 Xièxie.
本当にありがとうございました。	太 谢谢 您 了。 Tài xièxie nín le.
お礼を申し上げます。	多谢 您。 Duōxiè nín.
それはどうも。	那 谢谢 了。 Nà xièxie le.
何とお礼を言っていいかわかりません。	不 知 该 说 什么 好。 Bù zhī gāi shuō shénme hǎo.
恐れ入ります。	真 不 好意思。 Zhēn bù hǎoyìsi.
これはご親切に。	多谢 你 的 好意。 Duōxiè nǐ de hǎoyì.
お世話になりました。	承蒙 您 关照。 Chéngméng nín guānzhào.
お疲れさまでした。	您 辛苦 了。 Nín xīnkǔ le.
ご苦労様。	辛苦 了。 Xīnkǔ le.
先日はどうもありがとうございました。	那 天 太 谢谢 您 了。 Nà tiān tài xièxie nín le.
どうもごちそうさまでした。	谢谢 您 的 款待。 Xièxie nín de kuǎndài.

先日はどうも。	那天谢谢你。 Nà tiān xièxie nǐ.
この間はどうも。	那天谢谢你啦。 Nà tiān xièxie nǐ la.
先日は大変お世話になりました。	那天谢谢您的关照。 Nà tiān xièxie nín de guānzhào.
この間はどうもごちそうさまでした。	那天谢谢您请我吃饭。 Nà tiān xièxie nín qǐng wǒ chīfàn.
ご協力ありがとうございました。	谢谢合作。 Xièxie hézuò.
ご好意、ありがとうございます。	谢谢你的好意。 Xièxie nǐ de hǎoyì.
励ましてくれて、ありがとうございます。	谢谢你鼓励我。 Xièxie nǐ gǔlì wǒ.
お誘いどうもありがとうございます。	谢谢你邀请我。 Xièxie nǐ yāoqǐng wǒ.
ご招待、ありがとうございます。	谢谢你的招待。 Xièxie nǐ de zhāodài.
今日はお招きいただきましてありがとうございました。	谢谢您今天的邀请。 Xièxie nín jīntiān de yāoqǐng.
ご忠告、ありがとうございます。	谢谢你对我的忠告。 Xièxie nǐ duì wǒ de zhōnggào.
命を助けていただき、感謝します。	谢谢你救了我一命。 Xièxie nǐ jiùle wǒ yí mìng.
お世話をしてくれて、感謝します。	谢谢你对我的照顾。 Xièxie nǐ duì wǒ de zhàogù.
どうもいろいろお世話になりました。	谢谢你们的多方照顾。 Xièxie nǐmen de duōfāng zhàogù.
お出迎えありがとう。	谢谢您来接我。 Xièxie nín lái jiē wǒ.
わざわざ来てくれて感謝します。	谢谢你专程跑一趟。 Xièxie nǐ zhuānchéng pǎo yí tàng.

プレゼント、ありがとうございます。	谢谢你送给我的礼物。 Xièxie nǐ sòng gěi wǒ de lǐwù.
いろいろしてくれて、感謝します。	感谢你为我做的一切。 Gǎnxiè nǐ wèi wǒ zuò de yíqiè.
いろいろお世話になり、ありがとうございました。	谢谢您的多方关照。 Xièxie nín de duōfāng guānzhào.
なんと感謝したらいいかわかりません。	真不知如何感谢你。 Zhēn bù zhī rúhé gǎnxiè nǐ.
なんと言ったらいいのかよくわかりません。	真不知说什么才好。 Zhēn bù zhī shuō shénme cái hǎo.
ご配慮、本当に感謝しています。	真不知如何感谢你的关心。 Zhēn bù zhī rúhé gǎnxiè nǐ de guānxīn.
ご配慮、ありがとうございます。	非常感谢您的关怀。 Fēicháng gǎnxiè nín de guānhuái.
いつもお世話になっております。	总是承蒙您的关照。 Zǒngshì chéngméng nín de guǎnzhào.
なんと言っても、お礼を言わなくては。	不管怎样都要谢谢你。 Bùguǎn zěnyàng dōu yào xièxie nǐ.
遠いところをどうも。	远道来看我,谢谢你。 Yuǎndào lái kàn wǒ, xièxie nǐ.
お世話様でした、大変助かりました。	多谢您的帮助,太感谢了。 Duōxiè nín de bāngzhù, tài gǎnxiè le.
君のおかげで、助かりました。	你帮了我的大忙,谢谢。 Nǐ bāngle wǒ de dàmáng, xièxie.
あらためて厚くお礼申します。	让我再次向您表示深深的谢意。 Ràng wǒ zàicì xiàng nín biǎoshì shēnshēn de xièyì.

▶ 2. 感謝されたら　　　　　　　　　　　　　　　　　　　　Track 30

　感謝された場合、ことばでどう答えるか。"不谢"も、"不客气"も、その一言だけを相手に告げるのは、見知らぬ人に助けられたという場合に限られます。したがって、親しい目上の人に対しては"不谢"だけ、"不客气"だけで終わらず、さらにことばを補って言ったほうがいいでしょう。

どういたしまして、ご遠慮なさらずに。	不谢，请您不要客气。 Bú xiè, qǐng nín búyào kèqi.
どうぞ、ご遠慮なく。	不谢，请别客气。 Bú xiè, qǐng bié kèqi.
どうぞ、ご遠慮なく。	不谢，请您不必客气。 Bú xiè, qǐng nín búbì kèqi.
こちらこそお礼を言わなくては。	不客气，应该是我谢谢你。 Búkèqi, yīnggāi shì wǒ xièxie nǐ.
いや、ほんの気持ちだけで。	不，一点儿小意思而已。 Bù, yìdiǎnr xiǎo yìsi éryǐ.
私もいろいろ勉強させてもらいました。	我也学到了很多东西。 Wǒ yě xuédàole hěn duō dōngxi.
どういたしまして、こちらがお礼を言わなくては！	不客气，我才该说感谢呢！ Búkèqi, wǒ cái gāi shuō gǎnxiè ne!
やるべきことをやったに過ぎません。	都是我应该做的。 Dōu shì wǒ yīnggāi zuò de.
いいえ、こちらこそ。	哪里的话，彼此，彼此。 Nǎli de huà, bǐcǐ, bǐcǐ.
いや、何もできませんでした。	不，我并没有做什么。 Bù, wǒ bìng méiyǒu zuò shénme.
これぐらいの仕事は当然のことです。	这点儿工作是理所应当的。 Zhè diǎnr gōngzuò shì lǐsuǒyīngdāng de.
そうおっしゃられると決まりが悪くなります。	您那样说，我就太不好意思了。 Nín nàyàng shuō, wǒ jiù tài bù hǎoyìsi le.
ほんの気持ちだけです。	不过是我的一点儿心意。 Búguò shì wǒ de yìdiǎnr xīnyì.

おほめに預かりまして恐れ入ります。	承蒙 夸奖，实在 不敢当。 Chéngméng kuājiǎng, shízài bùgǎndāng.
遠慮しすぎです、用事があればいつでも呼んで。	您 太 客气 了，有 事 您 尽管 叫 我！ Nín tài kèqi le, yǒu shì nín jǐnguǎn jiào wǒ!
これらすべては私のするべきことです、遠慮なさらないで。	这 都 是 我 应该 做 的，您 不用 这么 客气。 Zhè dōu shì wǒ yīnggāi zuò de, nín búyòng zhème kèqi.

▶ 3. 謝罪の表現

Track 31

謝ります。	抱歉。 Bàoqiàn.
ごめんね。	对不起。 Duìbuqǐ.
恐れ入ります。	不 好意思。 Bù hǎoyìsi.
すみません。	对不起。 Duìbuqǐ.
悪いですね。	不 好意思。 Bù hǎoyìsi.
申し訳ない。	抱歉。 Bàoqiàn.
失礼しました。	失礼 了。 Shīlǐ le.
どうもすみませんでした。	真 是 不 好意思。 Zhēn shì bù hǎoyìsi.
申し訳ありません。	真 过 意 不 去。 Zhēn guò yì bú qù.
申し訳ございません。	真 抱歉。 Zhēn bàoqiàn.

本当に申し訳ありません。	真 对不起。 Zhēn duìbuqǐ.
私が間違っていました。	我 错 了。 Wǒ cuò le.
私が悪かったです。	是 我 不对。 Shì wǒ búduì.
私がいけなかったです。	是 我 不好。 Shì wǒ bù hǎo.
私がばかでした。	是 我 做了 蠢事。 Shì wǒ zuòle chǔnshì.
ごめんなさい。私がやりすぎでした。	对不起，是 我 太 过分 了。 Duìbuqǐ, shì wǒ tài guòfèn le.
遅くなってすみません。	对不起，我 来晚 了。 Duìbuqǐ, wǒ láiwǎn le.
遅刻してすみません。	对不起，我 迟到 了。 Duìbuqǐ, wǒ chídào le.
お待たせしましてすみません。	对不起，让 您 久 等 了。 Duìbuqǐ, ràng nín jiǔ děng le.
時間を間違えてすみません。	对不起，我 把 时间 弄错 了。 Duìbuqǐ, wǒ bǎ shíjiān nòngcuò le.
間違いました、申し訳ありません。	对不起，我 弄错 了。 Duìbuqǐ, wǒ nòngcuò le.
お許しください。	请 原谅 我。 Qǐng yuánliàng wǒ.
あの書類をなくしてしまい、申し訳ありません。	对不起，我 把 那个 文件 弄丢 了。 Duìbuqǐ, wǒ bǎ nàge wénjiàn nòngdiū le.
電話をするのを忘れてしまい、すみません。	真 抱歉，我 忘了 给 您 打 电话 了。 Zhēn bàoqiàn, wǒ wàngle gěi nín dǎ diànhuà le.
すみません、財布を忘れてしまいました。	不 好意思，我 忘 带 钱包 了。 Bù hǎoyìsi, wǒ wàng dài qiánbāo le.
何の役にも立たなくて、どうもすみませんでした。	很 抱歉 没 帮上 你 什么 忙。 Hěn bàoqiàn méi bāngshang nǐ shénme máng.

2 感謝・謝罪

面倒なことを頼んで、ごめんなさい。	对不起,让你为难了。 Duìbuqǐ, ràng nǐ wéinán le.
すみません、本当にだめなんです。	对不起,真的不行。 Duìbuqǐ, zhēn de bùxíng.
今回は勘弁してください。	请您原谅我这一次。 Qǐng nín yuánliàng wǒ zhè yí cì.
お詫びします。	请您原谅。 Qǐng nín yuánliàng.
私に誤りがあります。	我有错。 Wǒ yǒu cuò.
お手数をおかけします。	给您添麻烦了。 Gěi nín tiān máfan le.
お手数をかけまして申し訳ございません。	给您添麻烦了,真不好意思。 Gěi nín tiān máfan le, zhēn bù hǎoyìsi.
昨日はご迷惑をおかけしました。	昨天给你添麻烦了。 Zuótiān gěi nǐ tiān máfan le.
いつもお手数をかけて、すみません。	总是给你添麻烦,真对不起。 Zǒngshì gěi nǐ tiān máfan, zhēn duìbuqǐ.
こんなにお手数をかけて、 どうもすみません。	给你添了这么多麻烦,真是 Gěi nǐ tiānle zhème duō máfan, zhēn shì 对不起。 duìbuqǐ.
すみません。 わざとやったわけではありません。	对不起,我不是故意的。 Duìbuqǐ, wǒ bú shì gùyì de.
今日は行き届いたおもてなしも できず、失礼しました。	今天招待不周,很抱歉。 Jīntiān zhāodài bù zhōu, hěn bàoqiàn.
お世話が行き届かず、 申し訳ありません。	照顾不周,请多多担待。 Zhàogù bù zhōu, qǐng duōduō dāndài.

主に書きことばに用いる謝罪の表現   Track 32

お許しください。	请你宽恕。 Qǐng nǐ kuānshù.

お詫び申し上げます。	敬请 您 谅解。 Jìngqǐng nín liàngjiě.
心よりお詫びします。	深 表 歉意。 Shēn biǎo qiànyì.
幾重にもお詫び申し上げます。	万分 抱歉。 Wànfēn bàoqiàn.
あしからずご了承ください。	请 不要 见怪，多多 原谅。 Qǐng búyào jiànguài, duōduō yuánliàng.
久しくご無沙汰いたしましたこと、 深くお詫び申し上げます。	久 未 通信，深 表 歉意。 Jiǔ wèi tōngxìn, shēn biǎo qiànyì.
お忙しいところをお邪魔し、 まことに申し訳ございません。	百忙 之中 打搅 您，实在 抱歉。 Bǎimáng zhīzhōng dǎjiǎo nín, shízài bàoqiàn.
まことにお手数をおかけしました。	实在 是 给 您 添 麻烦 了。 Shízài shì gěi nín tiān máfan le.
お電話も差し上げず、 深くお詫び申し上げます。	也 没 给 您 打 个 电话，实在 抱歉。 Yě méi gěi nín dǎ ge diànhuà, shízài bàoqiàn.
ご愛用の花瓶を割ってしまい、 心よりお詫び申し上げます。	把 您 珍爱 的 花瓶 打碎 了， Bǎ nín zhēn'ài de huāpíng dǎsuì le, 实在 对不起。 shízài duìbuqǐ.
なにとぞご容赦くださいますよう、 重ねてお詫び申し上げます。	万分 抱歉，务 请 宽恕。 Wànfēn bàoqiàn, wù qǐng kuānshù.

▶ 4. 謝罪されたら

Track 33

気にしないで。	别 介意。 Bié jièyì.
心配ない。	没 关系。 Méi guānxi.
とんでもありません。	没事儿。 Méishìr.
いや、大丈夫ですよ。	没 关系，不要紧。 Méi guānxi, búyàojǐn.

お詫びには及びません。	用不着 道歉。 Yòngbuzháo dàoqiàn.
どうもご丁寧に。	您 太 客气 了。 Nín tài kèqi le.
いや、なんでもありません。	哪里 的 话，没事儿。 Nǎli de huà, méishìr.
いいえ、こちらこそ。	哪里，哪里，我 也 不对。 Nǎli, nǎli, wǒ yě búduì.
どうか、お気になさらないで。	请 不要 这么 介意。 Qǐng búyào zhème jièyì.
こちらこそお詫びしなければ。	我 也 做得 不对。 Wǒ yě zuòde búduì.
もう怒ってないよね。	别 生气 了。 Bié shēngqì le.
君のせいじゃないよ。	那 不 是 你 的 错。 Nà bú shì nǐ de cuò.
どうぞご心配なさらないで。	请 您 不必 担心。 Qǐng nín búbì dānxīn.
いや、心配しなくてもいいよ。	不用 那么 耿耿于怀 啦。 Búyòng nàme gěnggěngyúhuái la.
大丈夫です。 気にしなくてもいいですよ。	没 关系，不要紧 的。 Méi guānxi, búyàojǐn de.
これから気をつけろよ。	今后 注意 点儿。 Jīnhòu zhùyì diǎnr.
二度と犯さないように。	不要 再 重 犯 了。 Búyào zài chóng fàn le.
今回は許してあげるが、 次はわからないよ。	这 次 原谅 你，下 次 就 不 Zhè cì yuánliàng nǐ, xià cì jiù bù 好说 了。 hǎoshuō le.
帰ってしっかり反省しなさい。	回去 好好儿 反省 吧。 Huíqu hǎohāor fǎnxing ba.

実践編　　　　　　　　　　　　　　　　　　　Track 34

場面を想定して実践してみましょう。

① 公式の場でスピーチする時

ここで、私は弊社を代表して
日本運輸会社の田中様に心より
感謝の意を申し上げます。

在 这里，请 允许 我 代表 本
Zài zhèli, qǐng yǔnxǔ wǒ dàibiǎo běn
公司 向 日本 运输公司 的 田中
gōngsī xiàng Rìběn yùnshūgōngsī de Tiánzhōng
先生 表示 衷心 的 感谢。
xiānsheng biǎoshì zhōngxīn de gǎnxiè.

② 非公式の場面で　　　　　　　　　　　　　Track 35

▶ 1. 知らない人に助けられた時（AとBは組み合せが自由）

A1：ありがとうございました。

谢谢 您。
Xièxie nín.

A2：ありがとうございます。

多谢 了。
Duōxiè le.

A3：いろいろありがとう。

非常 感谢。
Fēicháng gǎnxiè.

A4：本当にありがとうございました。

太 谢谢 您 了。
Tài xièxie nín le.

B1：どういたしまして。

不客气。
Búkèqi.

B2：どういたしまして。

不 谢。
Bú xiè.

B3：どういたしまして。

没 什么。
Méi shénme.

B4：どういたしまして。

不用 谢。
Búyòng xiè.

▶ 2. 旧知の間柄に用いる感謝の表現　　　　　　　Track 36

（A・Bは普通の友達）

A: 大変助かりました。ありがとうございました。

你 帮了 大忙 了，谢谢 你。
Nǐ bāngle dàmáng le, xièxie nǐ.

B: とんでもない。あなたは遠慮しすぎです。

哪里。你 太 客气 了。
Nǎli. Nǐ tài kèqi le.

（Aは病人、Bは医者）

A: 李先生、命が助かりました。
本当にどう感謝したらいいのか、よくわかりません。

李 大夫，您 救了 我 一 命。
Lǐ dàifu, nín jiùle wǒ yí mìng.
真 不 知道 怎么 感谢 您 才 好。
Zhēn bù zhīdao zěnme gǎnxiè nín cái hǎo.

B: 気を遣わないで。
病気がよくなれば何よりです。

不必 客气。你 病 好 了，比
Búbì kèqi. Nǐ bìng hǎo le, bǐ
什么 都 强。
shénme dōu qiáng.

（AはBの後輩または目下）

A: 先日はどうもありがとうございました。

那 天 太 谢谢 您 了。
Nà tiān tài xièxie nín le.

B: いいえ、おやすい御用です。

没 什么，举手 之 劳。
Méi shénme, jǔshǒu zhī láo.

（AはBの上司または目上）

A: どうもありがとう。ご苦労さまでした。

谢谢，有劳 了。
Xièxie, yǒuláo le.

B1: 私がするべきことです。
遠慮なんかしないでください。

应该 的，您 太 客气 了。
Yīnggāi de, nín tài kèqi le.

B2: とんでもありません。それは私がするべきことですから。

哪里，哪里，我 应该 的。
Nǎli, nǎli, wǒ yīnggāi de.

（Aは先生または上司、Bは学生）

A： ご苦労さまでした。

辛苦 了。
Xīnkǔ le.

B1： どういたしまして。お力になれて、たいへんうれしいです。

不 辛苦，很 高兴 能 帮上 您
Bú xīnkǔ, hěn gāoxìng néng bāngshang nín
的 忙。
de máng.

B2： どういたしまして。これは当然私のするべきことです。これからも用事のある時はいつでもどうぞ。

没事儿，是 我 应该 做 的，您
Méishìr, shì wǒ yīnggāi zuò de, nín
以后 有 什么 事 还 可以 找 我。
yǐhòu yǒu shénme shì hái kěyǐ zhǎo wǒ.

（AとBは仲良し友達）

A： お手数をおかけしました。

麻烦 了。
Máfan le.

B： 二人の仲じゃない、「ありがとう」なんて水臭いよ。

咱俩 谁 跟 谁 啊，见外 了。
Zán liǎ shéi gēn shéi a, jiànwài le.

（AとBは同輩または対等の仲）

A： ありがとうございました。

谢谢 你。
Xièxie nǐ.

B： たいしたことはない。

小 意思。
Xiǎo yìsi.

（Aは近所のおばさんやお婆ちゃん、または身体の弱い人）

A： ありがとうございました。

谢谢 你。
Xièxie nǐ.

B： こんなことは、これからは私にやらせてください。

这 种 事情 以后 就 叫 我 来
Zhè zhǒng shìqíng yǐhòu jiù jiào wǒ lái
做 吧。
zuò ba.

感謝・謝罪

（Bは同輩・同僚または恋人で、よく「厚かましい」要求を言い出す）

A： ありがとうね。

谢谢 啦。
Xièxie la.

B： 「ありがとう」の一言で終わり？
他に感謝の示し方はないの？

说 声 "谢谢" 就 完 啦？没有
Shuō shēng "xièxie" jiù wán la? Méiyǒu
点儿 其他 表示 吗？
diǎnr qítā biǎoshì ma?

（Aは男性、Bは仲のいい女友達）

A： ありがとうございました。

谢谢 你。
Xièxie nǐ.

B： ねぇ、どのように私に感謝したいのか言いなさい。

说,你 想 怎么 谢 我 啊?!
Shuō, nǐ xiǎng zěnme xiè wǒ a?!

（AとBは親友、または心の友）

A： ありがとうございました。

谢谢 你。
Xièxie nǐ.

B： 私とあなたの仲でしょ、「ありがとう」って言う必要がある？

我 和 你 之间 还 需要 说 谢谢
Wǒ hé nǐ zhījiān hái xūyào shuō xièxie
吗？
ma?

（AとBは家族付き合いの友達で、Aは年上）

A： ありがとうございました。

谢谢 你。
Xièxie nǐ.

B： 家族みたいなもんですから、これらはすべて後輩の私のするべきことです。

都 是 一家人，这 都 是 我 当
Dōu shì yìjiārén, zhè dōu shì wǒ dāng
晚辈 的 应该 做 的。
wǎnbèi de yīnggāi zuò de.

3 印象や気持ちを伝える

表达印象・心情　biǎodá yìnxiàng・xīnqíng

1 性格・外見の表現　　　　　　　　　　　Track 37

▶ 1. 性格

あの男の人はあっさりした性格でいいですね。	他 性格 坦率，真 不错。 Tā xìnggé tǎnshuài, zhēn búcuò.
彼は性格が明るいです。	他 性格 开朗。 Tā xìnggé kāilǎng.
彼は社交的能力を持っています。	他 很 善于 交际。 Tā hěn shànyú jiāojì.
彼は思いやりがある人だ。	他 很 会 体谅 人、关心 人。 Tā hěn huì tǐliàng rén、guānxīn rén.
彼は協調性のある人だ。	他 善于 与 人 协调 合作。 Tā shànyú yǔ rén xiétiáo hézuò.
	是 个 有 合作 精神 的 人。 Shì ge yǒu hézuò jīngshén de rén.
彼は几帳面な人だ。	他 是 一 个 严守 规矩，一丝 不苟 的 人。 Tā shì yí ge yánshǒu guīju, yìsī bùgǒu de rén.
真面目な人だ。	很 认真 的 人。 Hěn rènzhēn de rén.
彼は根気がある人だ。	他 很 有 耐性。 Tā hěn yǒu nàixìng.
彼はくよくよしない人だ。	他 做事 想得开。 Tā zuòshì xiǎngdekāi.
さっぱりしている人だ。	是 个 干脆 利落 的 人。 Shì ge gāncuì lìluo de rén.

71

彼はさっぱりした性格の持ち主だ。	他是一个坦诚爽快的人。 Tā shì yí ge tǎnchéng shuǎngkuài de rén.
さっぱりしていない人だ。	是一个拖泥带水，一点儿也不干脆的人。 Shì yí ge tuōní dàishuǐ, yìdiǎnr yě bù gāncuì de rén.
彼は楽天的な人だ。	他是个乐天派。 Tā shì ge lètiānpài.
彼は負けず嫌いな人だ。	他是个不认输的人。 Tā shì ge bú rènshū de rén.
彼は消極的で意見を出さない。	他态度消极，不提意见。 Tā tàidu xiāojí, bù tí yìjiàn.
彼は積極的な性格の人だ。	他是个敢说敢干的人。 Tā shì ge gǎn shuō gǎn gàn de rén.
あいつはまったく優柔不断だ。	那个家伙真是优柔寡断。 Nàge jiāhuo zhēn shì yōuróuguǎduàn.
彼はあわて者だ。	他是个冒失鬼。 Tā shì ge màoshiguǐ.
彼は相当なあわて者だ。	是个马大哈。 Shì ge mǎdàhā.
彼は子供っぽいところがある。	他有点儿小孩子气。 Tā yǒu diǎnr xiǎoháiziqì.
彼はすこし物ごとに臆病なところがある。	他有点儿胆小怕事。 Tā yǒudiǎnr dǎnxiǎo pàshì.
彼は気が短い。	他性子很急。 Tā xìngzi hěn jí.
彼女は気が長い。	她性子很慢。 Tā xìngzi hěn màn.
仕事がルーズだ。	工作吊儿郎当。 Gōngzuò diào'erlángdāng.
我が儘な人はだれからも嫌われる。	任性的人谁都讨厌。 Rènxìng de rén shéi dōu tǎoyàn.

彼は非常に頑固で忠告を受け入れない。	他很固执，不肯接受劝告。 Tā hěn gùzhi, bù kěn jiēshòu quàngào.
彼は恥ずかしがり屋だ。	他容易害羞。 Tā róngyì hàixiū.
彼はどんな人ですか。	他是个什么样的人？ Tā shì ge shénmeyàng de rén?
彼はやさしい人です。	他是个和气的人。 Tā shì ge héqì de rén.
愛想のいい人だ。	和蔼可亲的人。 Hé'ǎi kěqīn de rén.
彼はまじめで、仕事もよくできます。	他很认真，也很能干。 Tā hěn rènzhēn, yě hěn nénggàn.
手は遅いけど、実に丁寧に仕事をする。	做事喜欢慢工出细活。 Zuòshì xǐhuan màngōng chū xìhuó.
彼は親切な人です。	他待人很热情。 Tā dàirén hěn rèqíng.
いつも笑っている、とにかく明るい人なんだ。	总是笑容可掬，很开朗的人。 Zǒngshì xiàoróng kějū, hěn kāilǎng de rén.
あまり細かいことにこだわらないよね。	不拘小节。 Bù jū xiǎojié.
まるで竹を割ったような性格だ。	一竿子捅到底，性格直爽。 Yì gānzi tǒngdàodǐ, xìnggé zhíshuǎng.
男らしい人だ。	是个男子汉。 Shì ge nánzǐhàn.
好奇心が強いから、趣味が多い。	好奇心强，爱好广泛。 Hàoqíxīn qiáng, àihào guǎngfàn.
あきっぽいので、何をやらせても長続きはしない。	见异思迁，干什么都没长性。 Jiànyì sīqiān, gàn shénme dōu méi chángxìng.
活動的でスポーツをするのが好きなんだ。	好动，喜欢体育运动。 Hàodòng, xǐhuan tǐyù yùndòng.
好き嫌いが激しい人なので、敵が多い。	爱憎分明，树敌不少。 Àizēng fēnmíng, shù dí bù shǎo.

3 印象や気持ちを伝える

いつも穏やかで、怒った顔を見たことがない。	性格 温和 稳重，从 不 发 怒。 Xìnggé wēnhé wěnzhòng, cóng bù fā nù.
だまされやすいくらいに素直なんだ。	老实 巴交，容易 上当。 Lǎoshi bājiāo, róngyì shàngdàng.
冷たい人だ。	是 个 冷漠 的 人。 Shì ge lěngmò de rén.
あんなおしゃべりは見たことがない。	没 见过 那么 爱 说话 的 人。 Méi jiànguo nàme ài shuōhuà de rén.
礼儀正しくて、実に上品なご婦人だ。	是 位 十分 文雅 高贵 的 夫人。 Shì wèi shífēn wényǎ gāoguì de fūren.
君は明るくて活発だね。	你 真 活泼 外向。 Nǐ zhēn huópo wàixiàng.
彼女は物静かで内向的な人だ。	她 是 个 安静 内向 的 人。 Tā shì ge ānjìng nèixiàng de rén.
僕は明るくて活発なのに、姉は物静かで内向的だ。	我 开朗 外向，姐姐 却 文静 内向。 Wǒ kāilǎng wàixiàng, jiějie què wénjìng nèixiàng.

▶ 2. 外見

Track 38

彼は背がとても高い。	他 个子 很 高。 Tā gèzi hěn gāo.
とても細い。	非常 瘦。 Fēicháng shòu.
痩せていない。	不 瘦。 Bú shòu.
痩せているのではなく、どちらかと言えば、スマートだ。	说不上 瘦，但 比较 苗条。 Shuōbushàng shòu, dàn bǐjiào miáotiao.
額が禿げ上がっている。	头顶 秃 了。 Tóudǐng tū le.
髪の毛が薄い。	头发 稀少。 Tóufa xīshǎo.

顔がちょっと角張っている。	脸庞 轮廓 分明。 Liǎnpáng lúnkuò fēnmíng.
丸い顔をしている。	圆 脸。 Yuán liǎn.
目が大きい。	大 眼睛。 Dà yǎnjing.
肩ががっしりしている。	肩膀 宽厚。 Jiānbǎng kuānhòu.
お腹が出ている。	大腹便便。 Dàfùpiánpián.
太目の体型だ。	富态 的 体型。 Fùtai de tǐxíng.
体は肥満気味だ。	身材 肥胖。 Shēncái féipàng.
小柄だけど筋肉質だ。	个子 不 高，但 肌肉 结实。 Gèzi bù gāo, dàn jīròu jiēshi.
整った顔をしている。	五官 端正。 Wǔguān duānzhèng.
夫婦とも世話好きなんだ。	两口子 都 是 热心肠。 Liǎngkǒuzi dōu shì rèxīncháng.
客商売に向いている。	适于 做 与 客户 打交道 的 工作。 Shìyú zuò yǔ kèhù dǎjiāodào de gōngzuò.
彼女は話すのが苦手で、絵や文学が好きなの。	她 不 爱说话，喜欢 绘画 和 文学。 Tā bú ài shuōhuà, xǐhuan huìhuà hé wénxué.
美人だけど、ちょっと険があるので近寄りがたい。	人 倒是 长得 漂亮，但 表情 冷峻，难以 接近。 Rén dàoshi zhǎngde piàoliang, dàn biǎoqíng lěngjùn, nányǐ jiējìn.

3 印象や気持ちを伝える

Track 39

関連単語 語彙を増やしましょう。（人の外見）

のっぽ	细高挑儿 xìgāotiǎor	ずんぐり	矮胖子 / ǎi pàngzi
長身	大高个儿 dàgāogèr	ずんぐり	胖墩儿 pàngdūnr
均整のとれたスタイル	标准 的 女性 biāozhǔn de nǚxing	太っちょ	大胖子 / 胖子 dà pàngzi pàngzi
	匀称 的 身材 yúnchèn de shēncái	でぶ	胖子 pàngzi
すらりとしている	身材 苗条 shēncái miáotiao	ぽちゃぽちゃ	胖乎乎 的 pànghūhū de
スリムだ	苗条 miáotiao	痩せっぽち	小瘦子 xiǎoshòuzi
スマート	苗条 miáotiao	たいこ腹	大肚子 dà dùzi
小柄	身材 矮小 / shēncái ǎixiǎo	怒り肩	端肩 duānjiān
小柄	小矮个儿 xiǎoǎigèr	なで肩	溜肩 liūjiān
大柄	身体 魁梧 / shēntǐ kuíwu	猫背	驼背 tuóbèi
大柄	大个子 dàgèzi	やなぎ腰	柳腰 liǔyāo
ちび	小矬子 / xiǎocuózi	がに股	罗圈腿 luóquāntuǐ
ちび	小矮个儿 xiǎoǎigèr	内股	内八字 nèibāzì
ちんちくりん	小 个子 / 矬子 xiǎo gèzi cuózi	ブス	丑女人 chǒunǚrén
		愛苦しい顔	招人疼 的 脸 zhāorénténg de liǎn

2 気持ちと態度の表現　　　　　　　　　　　　Track 40

▶ 1. うれしい気持ち

いいですね。	太好了。 Tài hǎo le.
それはすばらしい。	那太好了。 Nà tài hǎo le.
それはよかったですね。	那太好了。 Nà tài hǎo le.
それはいいことですね。	那是件好事。 Nà shì jiàn hǎoshì.
それはうれしい知らせです。	那是个喜讯。 Nà shì ge xǐxùn.
それはめでたいことです。	那是件喜事。 Nà shì jiàn xǐshì.
そうですか、本当にうれしいです。	是吗？我真高兴。 Shì ma? Wǒ zhēn gāoxìng.
本当にうれしいことですね。	太叫人高兴了。 Tài jiào rén gāoxìng le.
本当によかったですね。	真是太好了。 Zhēn shì tài hǎo le.
すごい！	真棒。 Zhēn bàng.
わあ、うれしい。	哎呀，太高兴了。 Āiya, tài gāoxìng le.
やったね！	你真行。 Nǐ zhēn xíng.
うまくいったね！	妙极了。 Miàojí le.
絶好調だ！	状态很棒！ Zhuàngtài hěn bàng!
最高！	棒极了。 Bàngjí le.

うれしい！	真 开心！ Zhēn kāixīn!
喜んでいます。	非常 高兴。 Fēicháng gāoxìng.
もうけもんだ。	真 是 意外 的 收获。 Zhēn shì yìwài de shōuhuò.
今日は気持ちがいいです。	今天 的 心情 很 好。 Jīntiān de xīnqíng hěn hǎo.
気分がいいです。	舒服极 了。 Shūfují le.
これ以上の喜びはありません。	没有 比 这 更 让 人 高兴 的 了。 Méiyǒu bǐ zhè gèng ràng rén gāoxìng de le.
今日はうれしそうですね。	今天 你 看上去 很 高兴 啊！ Jīntiān nǐ kànshàngqu hěn gāoxìng a!
今日はついています。	今天 的 运气 真 好。 Jīntiān de yùnqi zhēn hǎo.
神様に感謝です。	谢天 谢地。 Xiètiān xièdì.
運がいいですね。	你 真 走运。 Nǐ zhēn zǒuyùn.
本当にラッキーですね。	真 幸运 啊！ Zhēn xìngyùn a!
夢が実現した！	美梦 成 真！ Měimèng chéng zhēn!

▶2. 悲しい気持ち　　　　　　　　　　　　　Track 41

泣きたい！	想 哭！ Xiǎng kū!
もう涙も出尽くした。	眼泪 已经 流尽 了。 Yǎnlèi yǐjīng liújìn le.

一日中泣き暮らします。	终日 以 泪 洗 面 啊。 Zhōngrì yǐ lèi xǐ miàn a.
今は何も考えたくない。	现在 什么 都 不 想 想。 Xiànzài shénme dōu bù xiǎng xiǎng.
どうして、こんなことに！	为什么 会 变成 这样！ Wèishénme huì biànchéng zhèyàng!
もう、これ以上の悲しみはたくさんだ。	悲伤 已经 太 多 了。 Bēishāng yǐjīng tài duō le.
頼むから、そっとしといてよ。	拜托，让 我 一 个 人 静 一下。 Bàituō, ràng wǒ yí ge rén jìng yíxià.
これ以上耐えられない。	我 无法 再 承受 了。 Wǒ wúfǎ zài chéngshòu le.
これ以上の不幸はない。	再 没有 比 这 更 不幸 的 了。 Zài méiyǒu bǐ zhè gèng búxìng de le.
谷底に落ちた気分。	心情 跌入 谷底。 Xīnqíng diērù gǔdǐ.
地獄の底に落ちたみたいだ。	如同 掉进 地狱 深渊 一般。 Rútóng diàojìn dìyù shēnyuān yìbān.

▶ 3. さびしい気持ち　　　　　　　　　　Track 42

私は寂しいです。	我 感到 很 寂寞。 Wǒ gǎndào hěn jìmò.
孤独は嫌い。	我 讨厌 孤独。 Wǒ tǎoyàn gūdú.
私は孤独を気にしない。	我 不 在乎 孤独。 Wǒ bú zàihu gūdú.
あなたのことを思っている。	我 想念 你。 Wǒ xiǎngniàn nǐ.
あなたに会いたい。	我 想 你。 Wǒ xiǎng nǐ.
あなたがいないと、心細い。	没有 你，我 感到 无 助。 Méiyǒu nǐ, wǒ gǎndào wú zhù.

不幸だね。 真 是 太 不幸 了。
Zhēn shì tài búxìng le.

私の生活は虚しいです。 我 的 生活 很 空虚。
Wǒ de shēnghuó hěn kōngxū.

結局、私一人しか残っていない。 最终 只 剩下 我 一 个 人 了。
Zuìzhōng zhǐ shèngxia wǒ yí ge rén le.

▶ 4. 悔しい気持ち　　　　　　　　　　　Track 43

本当にくやしい。 我 真 后悔。
Wǒ zhēn hòuhuǐ.

ああするべきではなかった。 我 真 不 该 那样。
Wǒ zhēn bù gāi nàyàng.

私のせいで、だめになった。 我 给 搞砸 了。
Wǒ gěi gǎozá le.

あんなこと言わなかったらよかったのに。 我 要是 不 说 那些 话 就 好 了。
Wǒ yàoshi bù shuō nàxiē huà jiù hǎo le.

彼に聞けばよかったのに。 我 要是 问 一下 他 就 好 了。
Wǒ yàoshi wèn yíxià tā jiù hǎo le.

もっと努力していたらよかったのに。 我 要是 再 用 点儿 功 就 好 了。
Wǒ yàoshi zài yòng diǎnr gōng jiù hǎo le.

私はあまりにもそそっかしかった。 我 太 粗心大意 了。
Wǒ tài cūxīndàyì le.

うっかりして忘れてしまった。 我 一 不 小心 给 忘 了。
Wǒ yí bù xiǎoxīn gěi wàng le.

すっかり忘れてしまった。 被 我 忘得 一 干 二 净。
Bèi wǒ wàngde yì gā èr jìng.

今になって後悔してももう遅いよ。 现在 后悔 也 晚 了。
Xiànzài hòuhuǐ yě wǎn le.

知っていたら来なかったのに。 早 知道 就 不 来 了！
Zǎo zhīdao jiù bù lái le!

もう何回も教えてあげたのに！ 我 告诉 你 多少 回 了！
Wǒ gàosu nǐ duōshao huí le!

いったいだれのせい？	到底是谁的错？ Dàodǐ shì shéi de cuò?
やめてよ！	别这样！ Bié zhèyàng!
ぼくのせいにするな？	难道你怪我不成？ Nándào nǐ guài wǒ bùchéng?

▶5. 驚きの気持ち　　　　　　　　　Track 44

まさか！	怎么会？ Zěnme huì?
えっ？本当ですか。	是真的吗？ Shì zhēn de ma?
思いがけませんでした。	真没想到。 Zhēn méi xiǎngdào.
思いもかけないことです。	不可思议。 Bùkě sīyì.
それは意外でした。	太意外了。 Tài yìwài le.
まったく意外だ。	真没料到。 Zhēn méi liàodào.
考えられないことです。	无法想像的事。 Wúfǎ xiǎngxiàng de shì.
一体どういうことなんでしょう？	到底是怎么回事啊？ Dàodǐ shì zěnme huí shì a?
まさか、そんなことがあるなんて？	真的？这怎么可能呢？ Zhēn de? Zhè zěnme kěnéng ne?
とても信じられない。	真不敢相信。 Zhēn bù gǎn xiāngxìn.
冗談でしょう！	不是开玩笑吧！ Bú shì kāi wánxiào ba!
うそみたい。	简直是开玩笑。 Jiǎnzhí shì kāi wánxiào.

うそ！	你 撒谎！ Nǐ sāhuǎng!
ええっ、何だって？	什么？你 说 什么？ Shénme? Nǐ shuō shénme?
びっくりした！	吓 我 一 跳！ Xà wǒ yí tiào!
まあ、おどろいた。	嘿，真 吓人。 Hēi, zhēn xiàrén.
まさか、本当ですか。	难道 是 真 的？ Nándào shì zhēn de?
間違いありません。	没错。 Méicuò.
どうしてそんなことが！	怎么 会 这样 呢？ Zěnme huì zhèyàng ne?
彼がそういうことをするなんて、思いもしませんでした。	真 没 想到 他 会 那样 做。 Zhēn méi xiǎngdào tā huì nàyàng zuò.

▶ 6. 怒りの気持ち　　　　　　　　　　　Track 45

本当に腹が立つ！	真 气人！ Zhēn qìrén!
ついていないですね。	真 倒霉。 Zhēn dǎoméi.
嫌です。	真 讨厌。 Zhēn tǎoyàn.
しつこいなあ！	真 烦人！ Zhēn fánrén!
冷たいね！	真 无情！ Zhēn wúqíng!
話にならない。	太 不像话 了。 Tài búxiànghuà le.
怪しからん！	岂有此理！ Qǐyǒucǐlǐ!

今日は運がよくないです。	今天 运气 不 好。 Jīntiān yùnqi bù hǎo.
あんまりだ。/ひどすぎます。	太 过分 了。 Tài guòfèn le.
あまり気に入りません。	不 太 满意。 Bú tài mǎnyì.
サービスが悪すぎます。	服务 太 差 了。 Fúwù tài chà le.
不満です。	很 有 意见。 Hěn yǒu yìjiàn.
たいへん失望しました。	太 失望 了。 Hài shīwàng le.
困りますよ。	我 很 为难 的。 Wǒ hěn wéinán de.
もういい！	够 了！ Gòu le!
知らない！	我 不管！ Wǒ bùguǎn!
何様のつもりだ！	你 以为 你 是 谁！ Nǐ yǐwéi nǐ shì shéi!
それはいけませんよ。	那 是 不行 的。 Nà shì bùxíng de.
そんなことではだめですよ？	这 怎么 行 呢？ Zhè zěnme xíng ne?
あまりにもいい加減です。	太 不 认真 了。 Tài bú rènzhēn le.
いいかげんにしなさい。	请 你 适可 而止。 Qǐng nǐ shìkě érzhǐ.
これはあまりにも無責任です。	这 太 不 负 责任 了。 Zhè tài bú fù zérèn le.
そんなことをされたら私が困ります。	你 这样 会 令 我 难堪 的。 Nǐ zhèyàng huì lìng wǒ nánkān de.

印象や気持ちを伝える

今後気をつけてください。	请你以后注意点儿。 Qǐng nǐ yǐhòu zhùyì diǎnr.
もう我慢できません。	简直让人无法忍受。 Jiǎnzhí ràng rén wúfǎ rěnshòu.
失礼じゃないですか！	太过分了！ Tài guòfèn le!
冗談じゃない！	开什么玩笑！ Kāi shénme wánxiào!
黙ってくれ！	闭嘴！ Bì zuǐ!
一体どういうつもりなんですか。	你到底想怎么样？ Nǐ dàodǐ xiǎng zěnmeyàng?
そんな馬鹿な！	荒唐！ Huāngtáng!
馬鹿みたい。/おかしいんじゃない。	神经病。 Shénjīngbìng.
バカヤロー！	混蛋！ Húndàn!
畜生！	畜生！ Chùsheng!
ずるい。	滑头。 Huátóu.
汚い。	卑鄙、无耻。 Bēibǐ, wúchǐ.
しつこい。	烦人。 Fánrén.
うるさい。	吵死了。 Chǎosǐ le.
いやらしい。	差劲。 Chàjìn.
うそつき！	骗子！ Piànzi!
まったく怪しからん！	太不像话了！ Tài búxiànghuà le!

大きなお世話だよ。	多管闲事。 Duō guǎn xián shì.
いたずらをやめなさい！	别对我恶作剧！ Bié duì wǒ èzuòjù!
馬鹿にするな！	别把我当傻瓜！ Bié bǎ wǒ dāng shǎguā!
あなたなんか大嫌い。	像你这种人我最讨厌了。 Xiàng nǐ zhè zhǒng rén wǒ zuì tǎoyàn le.
ふざけるな。人を馬鹿にして。	别开玩笑了，少戏弄我。 Bié kāi wánxiào le, shǎo xìnòng wǒ.
馬鹿にしないで。	少开玩笑，别耍我。 Shǎo kāi wánxiào, bié shuǎ wǒ.
よく言うよ。	这种话也说得出口。 Zhè zhǒng huà yě shuōdechū kǒu.
みっともない。	不像话。 Búxiànghuà.
なまいきだ。	狂妄，臭美。 Kuángwàng, chòuměi.
嘘つき！	你撒谎！ Nǐ sāhuǎng!
感違いするんじゃないよ。	有没有搞错呀！ Yǒu méiyǒu gǎocuò ya!
何をしようと、私の勝手でしょう。	该做什么是我的事。 Gāi zuò shénme shì wǒ de shì.
あなたには関係ないだろう。	与你无关。 Yǔ nǐ wú guān.

▶7. 励ましの気持ち　　　　　　　　　　　Track 46

どうしたんですか。	你怎么了？ Nǐ zěnme le?
元気がなさそうですね。	你看起来很没精神。 Nǐ kànqilai hěn méi jīngshen.

いったいどうしたの？	到底 怎么 了？ Dàodǐ zěnme le?
何かあったんですか。	出了 什么 事 吗？ Chūle shénme shì ma?
がっかりしないでください！	别 失望！ Bié shīwàng!
元気を出してね！	打起 精神 来！ Dǎqǐ jīngshen lái!
心配しないでください。	别 担心 了。 Bié dānxīn le.
残念ですね！	太 可惜 了！ Tài kěxī le!
気にしないでください。	别 放在 心上。 Bié fàngzài xīnshang.
悲しまないでください！	别 难过 了！ Bié nánguò le!
しっかりしてよ！	振作起来 吧！ Zhènzuòqǐlai ba!
くよくよするな。	别 想不开 了。 Bié xiǎngbukāi le.
平気、平気！	没 事，没 事！ Méi shì, méi shì!
たいしたことありませんよ。	没 什么 大不了 的。 Méi shénme dàbuliǎo de.
気にしない。	不要 介意。 Búyào jièyì.
大丈夫、大丈夫。	没 关系，没 关系。 Méi guānxi, méi guānxi.
私、応援しますよ。	我 会 给 你 加油 的。 Wǒ huì gěi nǐ jiāyóu de.
来年がんばればいいよ。	明年 再 努力 干吧。 Míngnián zài nǔlì gàn ba.

辞めるなんて言わないで。	别说那些放弃的话。 Bié shuō nàxiē fàngqì de huà.
次のチャンスを狙えばいいことだよ。	抓住下次机会就行了。 Zhuāzhù xià cì jīhuì jiù xíng le.
参加することに意義がありますよ。	本来就是重在参与嘛。 Běnlái jiù shì zhòngzài cānyù ma.
一からやり直せばいいじゃないですか。	从头再来又何妨呢。 Cóngtóu zài lái yòu héfáng ne.
人生いろんなことがあるよ。	人生本来就是这样，变幻莫测。 Rénshēng běnlái jiù shì zhèyàng, biànhuàn mòcè.
私があなたのためにできることは？	我能为你帮些什么忙呢？ Wǒ néng wèi nǐ bāng xiē shénme máng ne?
この次、がんばればいいじゃないか。	下次好好努力。 Xià cì hǎohāor nǔlì.

▶8. 賛成・承諾の気持ち　　　　　　　Track 47

賛成です。	我赞成。 Wǒ zànchéng.
よし！	太好了！ Tài hǎo le!
いいじゃん。	不错嘛。 Búcuò ma.
わかりました。	我知道了。 Wǒ zhīdao le.
ええ、私もそう思います。	嗯，我也这么想。 Ng, wǒ yě zhème xiǎng.
はい、わかりました。	是，我懂了。 Shì, wǒ dǒng le.
あなたの言いたいことがわかります。	我懂你的意思。 Wǒ dǒng nǐ de yìsi.

まったくその通りだ。	就是那样的。 Jiùshì nàyàng de.
なるほど。	确实是。 Quèshí shì.
いいですよ。	行啊。 Xíng a.
まったくおっしゃった通りです。	就是你说的那样。 Jiù shì nǐ shuō de nàyàng.
そうしましょう。	那就这样做吧。 Nà jiù zhèyàng zuò ba.
問題ないです。	没问题！ Méi wèntí!
バッチリです。	正好，没问题。 Zhènghǎo, méi wèntí.
いいアイディアですね。	真是个好主意。 Zhēn shì ge hǎo zhǔyi.
そうしましょう。	就这么说定了。 Jiù zhème shuōdìng le.
任せてください。	交给我吧。 Jiāogěi wǒ ba.
真剣に考えます。	我会认真考虑的。 Wǒ huì rènzhēn kǎolǜ de.

▶9. 反対・反駁の気持ち

Track 48

反対します。	我反对。 Wǒ fǎnduì.
そうとは思いません。	我不认为是这样。 Wǒ bú rènwéi shì zhèyàng.
そうでもないよ。	不见得。 Bú jiànde.
そうは思いません。	我不那样觉得。 Wǒ bú nàyàng juéde.

あれはちょっと賛成できませんね。	我 不 太 同意。 Wǒ bú tài tóngyì.
あなたが間違えました。	你 错 了。 Nǐ cuò le.
あなたが間違ったと思います。	我 觉得 你 错 了。 Wǒ juéde nǐ cuò le.
確かに間違えました。	肯定 错 了。 Kěndìng cuò le.
冗談じゃん。	开 玩笑 吧。 Kāi wánxiào ba.
それはいただけない意見です。	我 不能 接受 那样 的 意见。 Wǒ bùnéng jiēshòu nàyàng de yìjiàn.
あなたはポイントをはずしている。	你 没 说到 点子 上。 Nǐ méi shuōdào diǎnzi shang.
勝手にしなさい。	随 你 的 便。 Suí nǐ de biàn.
自分で決めて。	你 自己 决定。 Nǐ zìjǐ juédìng.
すぐやってくれ！	你 马上 去 做！ Nǐ mǎshàng qù zuò!
わざとじゃないですよ。	我 不 是 故意 的。 Wǒ bú shì gùyì de.
どうして私にやらせるのですか。	为 什么 叫 我 弄？ Wèi shénme jiào wǒ nòng?
どうしてだめなの？	为 什么 不 可以？ Wèi shénme bù kěyǐ?
ぼくじゃないよ。	不 是 我。 Bú shì wǒ.
私、やってません。	不 是 我 干 的。 Bú shì wǒ gàn de.

3 印象や気持ちを伝える

89

▶10. 拒否の気持ち　　　　　　　　　　Track 49

いいえ、けっこうです。

不了,不用了。
Bù le, búyòng le.

そんなこと考えるな！

你别想！
Nǐ bié xiǎng!

無理ですよ！

不行哦！
Bùxíng ò!

なに、それ？

干嘛？
Gàn ma?

どうしようもないね。

我没办法啊。
Wǒ méi bànfǎ a.

やっぱりやらないほうがいいと思います。

还是不做的好。
Háishi bú zuò de hǎo.

たぶんだめだと思います。

可能不行。
Kěnéng bùxíng.

ほんとうに笑える。

真可笑。
Zhēn kěxiào.

馬鹿なことをするな。

别傻了。
Bié shǎ le.

よくないだろう。

那不太好吧。
Nà bú tài hǎo ba.

そんな風に言わなくてもいいのに。

你不该那么说的。
Nǐ bù gāi nàme shuō de.

そんなこと、私にはできません。

这对我来说太难了。
Zhè duì wǒ lái shuō tài nán le.

すみませんが、今手が離せないんです。

抱歉,我没空。
Bàoqiàn, wǒ méi kòng.

今、ちょっと忙しいので。

真抱歉,我现在很忙。
Zhēn bàoqiàn, wǒ xiànzài hěn máng.

たぶんお役に立てないと思います。

我可能帮不上忙。
Wǒ kěnéng bāngbushàng máng.

申し訳ございませんが、 ほかの用事がありまして。	真 对不起，我 还 有 别 的 事。 Zhēn duìbuqǐ, wǒ hái yǒu bié de shì.
どうでもいいですよ。	我 无所谓 啦！ Wǒ wúsuǒwèi la!

▶11. お祝いの気持ち　　　　　　　　　　　　　　Track 50

おめでとう！	恭喜 啊！ Gōngxǐ a!
おめでとうございます！	恭喜，恭喜！ Gōngxǐ, gōngxǐ!
ありがとうございます！	谢谢！ Xièxie!
大学合格おめでとう。	恭喜 你 考上 大学。 Gōngxǐ nǐ kǎoshàng dàxué.
お子さんが東大にパスされたそうで、本当におめでとうございます。	听说 你 儿子 考上 东大 了， Tīngshuō nǐ érzi kǎoshàng Dōngdà le, 可喜 可贺 呀。 kěxǐ kěhè ya.
卒業おめでとう。	祝贺 你 毕业。 Zhùhè nǐ bìyè.
結婚おめでとう。	新婚 快乐！ Xīnhūn kuàilè!
ご結婚なさったそうで、おめでとうございます。	听说 你 结婚 了，恭喜 恭喜。 Tīngshuō nǐ jiéhūn le, gōngxǐ gōngxǐ.
お嬢さんが最近結婚されたそうですね。式はいつでしたか。	听说 您 女儿 最近 结婚 了。 Tīngshuō nín nǚ'ér zuìjìn jiéhūn le. 什么 时候 举行 的 婚礼 啊？ Shénme shíhou jǔxíng de hūnlǐ a?
就職おめでとう。	恭喜 你 找到了 工作。 Gōngxǐ nǐ zhǎodàole gōngzuò.
ご栄転おめでとうございます。	恭喜 您 高升。 Gōngxǐ nín gāoshēng.

ご成功おめでとうございます。	祝贺 你 成功。 Zhùhè nǐ chénggōng.
ご全快おめでとうございます。	祝福 你 康复 了。 Zhùfú nǐ kāngfù le.
金賞入賞まことにおめでとうございます。	祝贺 您 荣获 金奖。 Zhùhè nín rónghuò jīnjiǎng.
英語能力試験に合格したそうで、 おめでとうございます。	听说 你 通过了 英语 能力 Tīngshuō nǐ tōngguòle Yīngyǔ nénglì 考试，恭喜 恭喜。 kǎoshì, gōngxi gōngxi.
男の赤ちゃん、お誕生おめでとう。	祝贺 你 喜 得 贵子。 Zhùhè nǐ xǐ dé guìzǐ.
女の子お誕生おめでとう。	祝贺 你 喜 得 千金。 Zhùhè nǐ xǐ dé qiānjīn.
奥さんがおめでただそうで、 おめでとうございます。	听说 您 夫人 有 喜 了，恭喜 Tīngshuō nín fūrén yǒu xǐ le, gōngxi 恭喜！ gōngxi!
ご開店を心よりお祝い申し上げます。	衷心 祝贺 贵店 开张 大吉。 Zhōngxīn zhùhè guìdiàn kāizhāng dàjí.
明けましておめでとうございます。	新年 好！ Xīnnián hǎo!
新年おめでとう。	新年 快乐！ Xīnnián kuàilè!
お誕生日おめでとう。	生日 快乐！ Shēngrì kuàilè!
クリスマスおめでとう。	圣诞节 快乐。 Shèngdànjié kuàilè.
一言お祝い申し上げます。	说 几 句 祝贺 的。 Shuō jǐ jù zhùhè de.
みんなを代表してお祝いの意を 表します。	我 代表 大家 向 你 祝贺。 Wǒ dàibiǎo dàjiā xiàng nǐ zhùhè.
新たな発展を祝って乾杯。	为 新 的 发展 干杯。 Wèi xīn de fāzhǎn gānbēi.

今後の発展をお祈りします。	祝愿 今后 更 上 一 层 楼。 Zhùyuàn jīnhòu gèng shàng yì céng lóu.
にこにこしているけど、何かいいことでもあったの？	看 你 笑眯眯 的, 有 什么 好事儿 吗？ Kàn nǐ xiàomīmī de, yǒu shénme hǎoshìr ma?
素晴らしい、みんなでお祝いしなくちゃ。	好极 了, 我们 该 好好 庆祝 一下。 Hǎojí le, wǒmen gāi hǎohāor qìngzhù yíxià.
正月からおめでた続きですね。	从 正月 开始 就 喜事 不断 啊。 Cóng zhēngyuè kāishǐ jiù xǐshì búduàn a.

4 日本から中国へ

从日本到中国　cóng Rìběn dào Zhōngguó

基本文型
Track 51

(1) ～は何ですか
　　「～是什么？」

これは何ですか。
这 是 什么？
Zhè shì shénme?

旅行の目的は何ですか。
旅行 目的 是 什么？
Lǚxíng mùdì shì shénme?

(2) ～は何時ですか
　　「～几点？」

今、何時ですか。
现在 几 点？
Xiànzài jǐ diǎn?

上海到着は何時ですか。
到 上海 几 点？
Dào Shànghǎi jǐ diǎn?

基礎編
Track 52

移動に用いる基礎表現を押さえておきましょう。

▶1. 機内で

　覚えた文は必ず実際に使ってみましょう。中国に行く飛行機に乗った時から、中国語の実践的なコミュニケーションは始まります。実践が何よりの上達の早道、言ったもの勝ちです。人にものを頼む時には、"**对不对** duìbuqǐ"、"**不好意思** bù hǎoyìsi"、（すみません）や"**麻烦您** máfan nín"（お願いします）などは万能の表現です。

通してください。	请 让 我 过 一下。 Qǐng ràng wǒ guò yíxià.
水を一杯ください。	我 要 一 杯 水。 Wǒ yào yì bēi shuǐ.
毛布、お願いします。	给 我 一 条 毛毯。 Gěi wǒ yì tiáo máotǎn.
コーヒーをお願いします。	要 一 杯 咖啡。 Yào yì bēi kāfēi.
このライトはどのようにして点けるのですか。	这个 灯 怎么 打开 啊？ Zhège dēng zěnme dǎkāi a?
このリクライニングはどのようにして倒すのですか。	这个 椅背 怎样 放倒？ Zhège yǐbèi zěnyàng fàngdǎo?
ボールペンを貸してください。	借用 一下 圆珠笔。 Jièyòng yíxià yuánzhūbǐ.
今、何時ですか。	现在 几 点？ Xiànzài jǐ diǎn?
上海到着は何時ですか。	到 上海 是 几 点？ Dào Shànghǎi shì jǐ diǎn?
気分が悪いです。	我 有点儿 不 舒服。 Wǒ yǒudiǎnr bù shūfu.

▶ 2. 空港に到着する　　　　　　　　　　　Track 53

あれは私のスーツケースです。	那个 是 我 的 箱子。 Nàge shì wǒ de xiāngzi.
スーツケースが壊れてしまいました。	行李箱 破 了。 Xínglixiāng pò le.
荷物はまだ出てきません。	行李 还 没 出来。 Xíngli hái méi chūlai.
5日間滞在します。	呆 五 天。 Dāi wǔ tiān.

私は日本円を両替したいです。	我 换 日元。 Wǒ huàn rìyuán.

（上の"**日元** rìyuán"をドル"**美元** měiyuán"、
ユーロ"**欧元** ōuyuán"に入れ替えて応用もできますね。）

5万円両替してください。	我 换 五 万 日元。 Wǒ huàn wǔ wàn rìyuán.
10元のものがほしいです。	要 十 元 的。 Yào shí yuán de.

▶ 3. 空港からホテルへ　　　　　　　　　Track 54

王府井まで1枚ください。	买 一 张 到 王府井 的。 Mǎi yì zhāng dào Wángfǔjǐng de.
次のバスは何時ですか。	下 一 趟 是 几 点？ Xià yí tàng shì jǐ diǎn?
タクシー乗り場はどこですか。	在 哪儿 打的？ Zài nǎr dǎdī?
車のトランクを開けてください。	请 打开 后备箱。 Qǐng dǎkāi hòubèixiāng.
友誼賓館までお願いします。	到 友谊 宾馆。 Dào Yǒuyì bīnguǎn.
〈書いたもの、または名刺を見せて〉	
この場所までお願いします。	到 这个 地方。 Dào zhège dìfang.
ホテルまでどれぐらい時間がかかりますか？	到 饭店 得 要 多 长 时间？ Dào fàndiàn děi yào duō cháng shíjiān?
おつりをください。	请 找 零钱。 Qǐng zhǎo língqián.
すみませんが、細かいお金がありません。	对不起, 没有 零钱。 Duìbuqǐ, méiyǒu língqián.
領収書をください。	给 我 发票。 Gěi wǒ fāpiào.

ありがとうございました。　　　　谢谢，再见。
さようなら。　　　　　　　　　　Xièxie, zàijiàn.

発展編　　　　　　　　　　　　　　　　　　Track 55

外出するときに使える言い方をもっと知っておきましょう。

▶ 1. 機内で

(1) 座席について

すみません、通してください。	不好意思，请让我过一下。 Bù hǎoyìsi, qǐng ràng wǒ guò yíxià.
すみません、そこは私の席なんですけど。	不好意思，那是我的座位。 Bù hǎoyìsi, nà shì wǒ de zuòwèi.
この番号の座席はどこですか。	这个号的座位在哪儿？ Zhège hào de zuòwèi zài nǎr?
席を替えてくださいますか。	能换一下座位吗？ Néng huàn yíxià zuòwèi ma?
荷物をここに置いてもいいですか。	把行李放在这里可以吗？ Bǎ xíngli fàngzài zhèli kěyǐ ma?
座席を倒してもいいですか。	把椅背往后倒一下可以吗？ Bǎ yǐbèi wǎng hòu dǎo yíxià kěyǐ ma?
椅子を元の位置に戻してくださいますか。	麻烦您把椅背调直好吗？ Máfan nín bǎ yǐbèi tiáozhí hǎo ma?

(2) 機内設備について　　　　　　　　　　　　Track 56

トイレはどこですか。	厕所在哪儿？ Cèsuǒ zài nǎr?
このテレビはどのようにして点けるのですか。	这个视频怎么打开啊？ Zhège shìpín zěnme dǎkāi a?
ヘッドホンの調子が悪いのですが。	我的耳机有点儿不好。 Wǒ de ěrjī yǒudiǎnr bù hǎo.

私はちょっと寒いので、冷風を止めていただけますか。	我 有点儿 冷，能 把 冷风 关 一下 吗？ Wǒ yǒudiǎnr lěng, néng bǎ lěngfēng guān yíxià ma?
日本語のチャンネルはありますか。	有 日语 频道 吗？ Yǒu Rìyǔ píndào ma?

（3）機内食および飲み物について　　　　Track 57

機内食はいつ出るんですか。	什么 时候 供餐？ Shénme shíhou gōngcān?
ビーフをお願いします。	我 要 牛肉饭。 Wǒ yào niúròufàn.
チキンをお願いします。	我 要 鸡肉饭。 Wǒ yào jīròufàn.
すいません、飲み物をください。	对不起，我 想 喝 点儿 饮料。 Duìbuqǐ, wǒ xiǎng hē diǎnr yǐnliào.
⇒お飲み物は何になさいますか。	您 需要 什么 饮料？ Nín xūyào shénme yǐnliào?
飲み物は何があるんですか。	有些 什么 饮料 啊？ Yǒuxiē shénme yǐnliào a?
ワインはありますか。	有 葡萄酒 吗？ Yǒu pútaojiǔ ma?
赤ワインはありますか。	有 红酒 吗？ Yǒu hóngjiǔ ma?
白ワインはありますか。	有 白葡萄酒 吗？ Yǒu báipútaojiǔ ma?
日本茶はありますか。	有 日本茶 吗？ Yǒu Rìběnchá ma?
⇒お飲み物はいかがですか。	您 需要 点儿 饮料 吗？ Nín xūyào diǎnr yǐnliào ma?
ビールをお願いします。	我 想 要 点儿 啤酒。 Wǒ xiǎng yào diǎnr píjiǔ.

⇒コーヒーにしますか、それとも紅茶にしますか。	您要咖啡,还是红茶? Nín yào kāfēi, háishi hóngchá?
⇒砂糖とミルクはお入れになりますか。	您需要加白糖和牛奶吗? Nín xūyào jiā báitáng hé niúnǎi ma?
ええ、お願いします。	需要,麻烦了。 Xūyào, máfan le.
いいえ、けっこうです。	不用了,谢谢。 Bú yòng le, xièxie.
コーヒーをお願いします。	要一杯咖啡。 Yào yì bēi kāfēi.
砂糖だけ入れてください。	麻烦就加一点儿白糖。 Máfan jiù jiā yìdiǎnr báitáng.
ミルクだけ入れてください。	就加一点儿牛奶。 Jiù jiā yìdiǎnr niúnǎi.
(何も) 入れないでください。	什么都不要加。 Shénme dōu búyào jiā.
コーヒーのおかわりがもらえますか。	麻烦再给我来一杯咖啡。 Máfan zài gěi wǒ lái yì bēi kāfēi.
パン、もう1つもらえますか。	麻烦再给我一块面包。 Máfan zài gěi wǒ yí kuài miànbāo.

(4) 機内販売について　　　　　　　　　　Track 58

これをください。	要这个。 Yào zhège.
この銘柄の腕時計はありますか。	有这个牌子的手表吗? Yǒu zhège páizi de shǒubiǎo ma?
お酒と香水が買いたいんですけど。	我想买一些酒和香水。 Wǒ xiǎng mǎi yìxiē jiǔ hé xiāngshuǐ.
この口紅をください。	我要这个口红。 Wǒ yào zhège kǒuhóng.

タバコを2カートンください。	要 两 条 香烟。 Yào liǎng tiáo xiāngyān.
⇒すみません、タバコは売り切れです。	对不起，香烟 卖完 了。 Duìbuqǐ, xiāngyān màiwán le.

(5) 機内での体調について　　　　　　　　　　　Track 59

気分がとても悪いんですけど。	好 难受 啊。 Hǎo nánshòu a.
飛行機酔いみたいなんですけど。	好像 有点儿 晕机。 Hǎoxiàng yǒudiǎnr yūnjī.
頭が痛いんですけど。	头 有点儿 疼。 Tóu yǒudiǎnr téng.
吐き気がするんですけど。	想 吐。 Xiǎng tù.
嘔吐袋、もらえますか。	能 给 我 个 呕吐 袋 吗？ Néng gěi wǒ ge ǒutù dài ma?
薬、もらえますか。	能 给 我 一些 药 吗？ Néng gěi wǒ yìxiē yào ma?
おかげさまで、よくなりました。	谢谢，我 感觉 好 一些 了。 Xièxie, wǒ gǎnjué hǎo yìxiē le.

(6) 飛行時間や到着時刻について　　　　　　　　Track 60

北京には何時に到着しますか。	北京 什么 时候 到？ Běijīng shénme shíhou dào?
今、どこを飛んでいるんですか。	现在 飞到 哪儿 了？ Xiànzài fēidào nǎr le?
定刻の到着ですか。	能 准时 到 吗？ Néng zhǔnshí dào ma?
到着は遅れるんですか。	会 晚点 吗？ Huì wǎndiǎn ma?
どれくらいの遅れになりそうですか。	得 晚 多 长 时间？ Děi wǎn duō cháng shíjiān?

| 今、トイレに行ってもいいですか。 | 现在 可以 去 洗手间 吗？
Xiànzài kěyǐ qù xǐshǒujiān ma? |

▶ 2. 空港に到着する　　　　　　　　　　　Track 61

　中国の空港はほとんど日本語が通じません。英語が通じるところもありますが、やはり中国語で会話をしてみましょう。また、北京も上海も、そして広州も大都市ですから、とにかく空港が広いです。荷物を取るところがわかりにくい場合もあります。自分の荷物がわからなかったら、尋ねてみましょう。

(1) 荷物を取る

どこで荷物を受け取りますか。	在 哪儿 取 行李？ Zài nǎr qǔ xíngli?
荷物はどこで受け取れますか。	行李 在 哪儿 取？ Xíngli zài nǎr qǔ?
JALからの荷物はどこですか。	日航 的 行李 在 哪儿？ Rìháng de xíngli zài nǎr?
⇒ 33番です。	在 三十三 号。 Zài sānshísān hào.
カバンが1つ少ないです。	少了 一 个 包。 Shǎole yí ge bāo.
スーツケースが凹んでいます。	行李箱 瘪 了。 Xínglixiāng biě le.
どうしてまだ出てこないですか。	怎么 还 不 出来？ Zěnme hái bù chūlai?
私の荷物が見つかりません。	找不到 我 的 行李 了。 Zhǎobudào wǒ de xíngli le.

(2) 入国審査・税関検査　　　　　　　　　　　　　　　Track 62

税関で質問されることは少ないですが、尋ねられたら、次のような表現で答えましょう。

私は旅行に来ました。	我 来 旅行。 Wǒ lái lǚxíng.
⇒旅行の目的は何ですか。	您 来 旅行 的 目的 是 什么？ Nín lái lǚxíng de mùdì shì shénme?
⇒商用ですか。観光ですか。	商务 还是 观光？ Shāngwù háishi guānguāng?
仕事で来ました。	是 商务。 Shì shāngwù.
⇒上海に何日間滞在しますか。	您 打算 在 上海 逗留 几 天？ Nín dǎsuan zài Shànghǎi dòuliú jǐ tiān?
3日間です。	三 天。 Sān tiān.
1週間です。	一 个 星期。 Yí ge xīngqī.
⇒このバッグを開けてください。	请 打开 这个 包。 Qǐng dǎkāi zhège bāo.
⇒これは何ですか。	这 是 什么？ Zhè shì shénme?
友達へのプレゼントです。	给 朋友 带 的 礼物。 Gěi péngyou dài de lǐwù.
これは日用品です。	这 是 随身 用品。 Zhè shì suíshēn yòngpǐn.
私は中国語がわかりません。	我 不 懂 汉语。 Wǒ bù dǒng Hànyǔ.
⇒申告するものはありますか。	有 没有 要 申报 的 东西？ Yǒu méiyǒu yào shēnbào de dōngxi?
1つあります。	有 一 件。 Yǒu yí jiàn.
ありません。	没有。 Méiyǒu.

(3) 両替する　　　　　　　　　　　　　　　　　　　　　　　Track 63

　中国での両替は、場所によってレートが少し違います。入国手続きしたあと、出口から出て、一階の銀行（中国銀行や中国工商銀行など）で両替した方が、レートがいいことが多いようです。勇気を出して、銀行で両替しましょう。まず初めに「お尋ねしますが」"请问、Qǐngwèn"を言いましょう。

すみませんが、銀行はどこですか。	请问，银行 在 哪儿？ Qǐngwèn, yínháng zài nǎr?
どこで両替できますか。	哪儿 可以 换钱？ Nǎr kěyǐ huànqián?
ここは両替できますか。	这儿 可以 换钱 吗？ Zhèr kěyǐ huànqián ma?
人民元に両替したいです。	我 想 换 人民币。 Wǒ xiǎng huàn rénmínbì.
パスポートを持っています。	我 有 护照。 Wǒ yǒu hùzhào.
お金をくずしてほしいのですが。	我 想 换 零钱。 Wǒ xiǎng huàn língqián.
3万円はいくらに両替できますか。	三 万 日元 换 多少？ Sān wàn rìyuán huàn duōshao?
日本円のレートはどれぐらいですか。	日元 牌价 是 多少？ Rìyuán páijià shì duōshao?
⇒ここにサインしてください。	在 这儿 签 个 名字。 Zài zhèr qiān ge míngzi.
はい、わかりました。	好 的。 Hǎo de.

関連単語 語彙を増やしましょう。（中国元の言い方）

1元	一 块 yí kuài
2元	两 块 liǎng kuài
10元	十 块 shí kuài
100元	一百 块 yìbǎi kuài
1000元	一千 块 yìqiān kuài
10000元	一万 块 yí wàn kuài

(4) 乗り換え便を探す　　Track 65

CAの乗り換えカウンターはどこですか。	CA 的 转乘 柜台 在 哪儿？ CA de zhuǎnchéng guìtái zài nǎr?
JALのカウンターはどこですか。	日航 柜台 在 哪儿？ Rìháng guìtái zài nǎr?
ここで乗り換えの手続きができますか。	这儿 办 转乘 手续 吗？ Zhèr bàn zhuǎnchéng shǒuxù ma?
CAの便に乗ります。	我 坐 的 是 CA 的 飞机。 Wǒ zuò de shì CA de fēijī.
搭乗口は何番ですか。	几 号 登机口？ Jǐ hào dēngjīkǒu?
何時に出発しますか。	几 点 出发？ Jǐ diǎn chūfā?
免税店はどこですか。	免税店 在 哪儿？ Miǎnshuìdiàn zài nǎr?

▶ 3. 空港からホテルへ

空港からの移動手段は、まずはリムジンバス（経済的で便利）。それから、タクシー（とても便利）などです。出口で親切そうに声をかける人の車には、絶対に乗ってはいけません。時間がかかっても、面倒でも、決められた場所で乗るようにしましょう。

(1) インフォメーションで尋ねる　　　　　　　　　　　Track 66

リムジンバスはどこですか。	机场 大巴 在 哪儿？ Jīchǎng dàbā zài nǎr?
リムジンバスはどこで乗りますか。	在 哪儿 坐 机场 大巴？ Zài nǎr zuò jīchǎng dàbā?
チケット売り場はどこですか。	票 在 哪儿 卖？ Piào zài nǎr mài?
王府井行きのバスはありますか。	有 没有 去 王府井 的 大巴？ Yǒu méiyǒu qù Wángfǔjǐng de dàbā?
天津へのバスはありますか。	有 去 天津 的 大巴 吗？ Yǒu qù Tiānjīn de dàbā ma?
市内へ地下鉄はありますか。	有 去 市内 的 地铁 吗？ Yǒu qù shìnèi de dìtiě ma?
長富宮飯店に行くにはどこで降りればいいですか。	到 长富宫 饭店 在 哪儿 下车？ Dào Chángfùgōng fàndiàn zài nǎr xiàchē?
友誼賓館で降ります。	我 在 友谊 宾馆 下车。 Wǒ zài Yǒuyì bīnguǎn xiàchē.

(2) 交通の便を聞く　　　　　　　　　　　Track 67

ホテルまでは主に、タクシー、リムジンバスで移動します。空港近くのホテルなら、送迎バスがあるはずです。

北京飯店に行きたいんですが。	我 要 去 北京 饭店。 Wǒ yào qù Běijīng fàndiàn.

一番安いのはどれですか。	坐 什么 车 最 便宜？ Zuò shénme chē zuì piányi?
最も早いのはどれですか。	哪个 最 快？ Nǎge zuì kuài?
バス乗り場はどこですか。	公交 车站 在 哪儿？ Gōngjiāo chēzhàn zài nǎr?
タクシーはどこで乗りますか。	在 哪儿 打的？ Zài nǎr dǎdī?
どれくらい時間がかかりますか。	要 多 长 时间？ Yào duō cháng shíjiān?
いくらぐらいですか。	大约 多少 钱？ Dàyuē duōshao qián?
ホテルから送迎の車がありますか。	饭店 来 车 接 吗？ Fàndiàn lái chē jiē ma?
ホテルの送迎バスはどこで待てばいいですか。	宾馆 的 车 在 哪儿 等？ Bīnguǎn de chē zài nǎr děng?

(3) 発車時刻を尋ねる

Track 68

バスは何時に出ますか。	大巴 几 点 开？ Dàbā jǐ diǎn kāi?
友誼賓館へのバスは何時ですか。	去 友谊 宾馆 的 大巴 几 点 开？ Qù Yǒuyì bīnguǎn de dàbā jǐ diǎn kāi?
次のバスは何時ですか。	下 一 趟 是 几 点？ Xià yí tàng shì jǐ diǎn?
最後のバスは何時ですか。	末班车 是 几 点？ Mòbānchē shì jǐ diǎn?
送迎バスは何時ですか。	接送 班车 是 几 点？ Jiēsòng bānchē shì jǐ diǎn?
北京飯店までどれぐらい時間がかかります？	到 北京 饭店 多 长 时间？ Dào Běijīng fàndiàn duō cháng shíjiān?
何時に迎えに来ますか。	几 点 来 接？ Jǐ diǎn lái jiē?

(4) 切符を買う　　　　　　　　　　　　　　　　　Track 69

切符売り場はどこですか。

售票处 在 哪儿？
Shòupiàochù zài nǎr?

リムジンバスの切符売り場はどこですか。

机场 大巴票 在 哪儿 卖？
Jīchǎng dàbāpiào zài nǎr mài?

北京駅まで1枚お願いします。

一 张 去 北京站 的。
Yì zhāng qù Běijīngzhàn de.

2枚ください。

要 两 张。
Yào liǎng zhāng.

(5) タクシーに乗って目的地を告げる　　　　　　Track 70

北京飯店までお願いします。

到 北京 饭店。
Dào Běijīng fàndiàn.

王府井に行ってください。

去 王府井。
Qù Wángfǔjǐng.

どれくらい時間がかかりますか。

要 多 长 时间？
Yào duō cháng shíjiān?

だいたいいくらですか。

大约 多少 钱？
Dàyuē duōshao qián?

お任せします。

走 哪 条 路 都 行。
Zǒu nǎ tiáo lù dōu xíng.

(6) タクシー代を払う　　　　　　　　　　　　　Track 71

はい、どうぞ。

给 你 钱。
Gěi nǐ qián.

おつりは結構です。

不用 找 了。
Búyòng zhǎo le.

おつりをお願いします。

你 找 吧。
Nǐ zhǎo ba.

あいにく小銭の持ち合わせがありません。

不巧 我 没有 零钱。
Bùqiǎo wǒ méiyǒu língqián.

領収書をください。

给 我 发票。
Gěi wǒ fāpiào.

実践編

場面を想定して実践してみましょう。

Track 72

1 〔機内で〕こちらが入国カードです（Aは搭乗客、Bはキャビンアテンダント）

B：こちらは入国カードです。ご記入ください。	这是入境卡，请填一下。 Zhè shì rùjìngkǎ, qǐng tián yíxià.
A：税関申告書もください。	再给我一份海关申报单。 Zài gěi wǒ yí fèn hǎiguān shēnbàodān.
B：はい、どうぞ。	好的，给您。 Hǎo de, gěi nín.
A：この欄、どう記入しますか。	这一栏该怎么填？ Zhè yì lán gāi zěnme tián?
B：その欄は記入しなくても結構です。	那一栏不用填。 Nà yì lán búyòng tián.
アナウンス：御搭乗の皆様、当機はただ今、気流の悪いところを通過しております。揺れる恐れがありますので、安全ベルトをしっかりとおしめください。お手洗いのご利用はしばらくお控えください。	广播：各位旅客，因空中 Guǎngbō: Gèwèi lǚkè, yīn kōngzhōng 气流的影响，飞机颠簸，请 qìliú de yǐngxiǎng, fēijī diānbǒ, qǐng 大家系好安全带坐好。卫生间 dàjiā jìhǎo ānquándài zuòhǎo. Wèishēngjiān 暂停使用。 zàntíng shǐyòng.
A：ちょっと具合が悪いので、薬はありますか。	我有点儿不舒服，有没有药？ Wǒ yǒudiǎnr bù shūfu, yǒu méiyǒu yào?
B：少々お待ちください、すぐにお持ちします。	请稍等，马上就来。 Qǐng shāo děng, mǎshàng jiù lái.

アナウンス：御搭乗の皆様、当機は20分後北京首都国際空港に到着する予定です。間もなく到着しますので、遮光板を開け、座席の背もたれは元の位置にお戻しください。安全ベルトをもう一度ご確認ください。お手洗いのご利用はお控えください。

广播：各位 旅客，我们 的 飞机
Guǎngbō Gèwèi lǚkè, wǒmen de fēijī
大约 在 20 分钟 后 到达 北京
dàyuē zài èrshí fēnzhōng hòu dàodá Běijīng
首都 国际 机场。飞机 马上 就
shǒudū guójì jīchǎng. Fēijī mǎshàng jiù
要 着陆 了。请 您 打开 遮光板，
yào zhuólù le. Qǐng nín dǎkāi zhēguāngbǎn,
调直 座椅 靠背，再次 确认
tiáozhí zuòyǐ kàobèi, zàicì quèrèn
安全带 是否 系好。卫生间 暂停
ānquándài shìfǒu jìhǎo. Wèishēngjiān zàntíng
使用。
shǐyòng.

Track 73

2 〔出迎える〕道中お疲れさま（Aは搭乗客、Bは出迎えの人。2人は面識がある）

アナウンス：お出迎えのお客様、東京からのCA926便は18時20分に到着いたします。

广播：迎接 旅客 的 各位 请
Guǎngbō Yíngjiē lǚkè de kèwèi qǐng
注意，由 东京 飞来 本站 的
zhùyì, yóu Dōngjīng fēilái běnzhàn de
CA926次 航班，将 于 18点
CA jiǔ'èrliù cì hángbān, jiāng yú shíbā diǎn
20 分 到达。 谢谢！
èrshí fēn dàodá. Xièxie!

B：こんにちは。道中お疲れさま。順調だった？

你 好！一路 辛苦 了。路上 顺利
Nǐ hǎo! Yílù xīnkǔ le. Lùshang shùnlì
吗？
ma?

A：順調だったよ。わざわざ出迎えに来てくれて、どうもありがとう。

挺 顺利。谢谢 您 专程 来 接
Tǐng shùnlì. Xièxie nín zhuānchéng lái jiē
我。
wǒ.

B：飛行機は定刻に離陸した？

飞机 正点 吗？
Fēijī zhèngdiǎn ma?

A：25分遅れた。

晚了 25 分钟。
Wǎnle èrshíwǔ fēnzhōng.

B：荷物は揃った？ 忘れ物のないように。

A：すべて持った。

B：行こう、外に車を待たせているから。さあ、荷物を持とう。

A：いいよ、重くないから。自分で持てるよ。

行李 都 带上 了 吗？别 忘了
Xíngli dōu dàishang le ma? Bié wàngle
什么 东西。
shénme dōngxi.

都 带上 了。
Dōu dàishang le.

我们 走 吧，车 在 外边儿 等着 呢。
Wǒmen zǒu ba, chē zài wàibiānr děngzhe ne.
来，我 来 拿 行李 吧。
Lái, wǒ lái ná xíngli ba.

不 用 了。不 太 重，我 自己 来。
Bú yòng le. Bú tài zhòng, wǒ zìjǐ lái.

5 宿泊する

住宿　zhùsù

基本文型

Track 74

(1) ～がありますか
「"有"＋物の名前＋"吗?"」

時刻表がありますか。　　　　　　　有 时刻表 吗？
　　　　　　　　　　　　　　　　　Yǒu shíkèbiǎo ma?

近くに銀行がありますか。　　　　　附近 有 银行 吗？
　　　　　　　　　　　　　　　　　Fùjìn yǒu yínháng ma?

(2) ～してください
「"请"＋動詞フレーズ」

ちょっと部屋に来てください。　　　请 来 房间 一 趟。
　　　　　　　　　　　　　　　　　Qǐng lái fángjiān yí tàng.

ベッドを1つ追加してください。　　请 加 一 张 床。
　　　　　　　　　　　　　　　　　Qǐng jiā yì zhāng chuáng.

(3) ～してもいいですか
「"可以"＋動詞フレーズ＋"吗?"」

カードで支払ってもいいですか。　　可以 刷卡 吗？
　　　　　　　　　　　　　　　　　Kěyǐ shuākǎ ma?

金庫を使ってもいいですか。　　　　保险柜 可以 用 吗？
　　　　　　　　　　　　　　　　　Bǎoxiǎnguì kěyǐ yòng ma?

基礎編　　　　　　　　　　　　　　　　　　　　　Track 75

宿泊についての基礎表現を押さえておきましょう。

▶1. 予約する

部屋を予約したいんですが。	我 想 预订 一 个 房间。 Wǒ xiǎng yùdìng yí ge fángjiān.
シングルを1部屋。	一 个 单人间。 Yí ge dānrénjiān.
スタンダードは一晩おいくらですか。	标准间 一 天 多少 钱？ Biāozhǔnjiān yì tiān duōshao qián?
⇒一晩 750 元です。	七百五十 块 一 天。 Qībǎiwǔshí kuài yì tiān.

▶2. チェックインする　　　　　　　　　　Track 76

私は佐藤剛です。	我 叫 佐藤 刚。 Wǒ jiào Zuǒténg Gāng.
部屋を1つ予約しました。	我 预定了 一 个 房间。 Wǒ yùdìngle yí ge fángjiān.
シングルの部屋を1つお願いします。	要 一 个 单人间。 Yào yí ge dānrénjiān.
ツインルームを2つお願いします。	要 两 个 双人间。 Yào liǎng ge shuāngrénjiān.
今日泊まります。	今天 入住。 Jīntiān rùzhù.
チェックインお願いします。	我 办 入住 手续。 Wǒ bàn rùzhù shǒuxù.
3泊します。	住 三 天。 Zhù sān tiān.
延長できますか。	可以 延长 吗？ Kěyǐ yáncháng ma?

チェックアウトは何時ですか。	几 点 退房？ Jǐ diǎn tuìfáng?
6時に起こしてください。	请 六 点 叫醒 我。 Qǐng liù diǎn jiàoxǐng wǒ.

●食事について

朝食は何時からですか。	早餐 几 点 开始？ Zǎocān jǐ diǎn kāishǐ?
バイキングですか。	是 自助餐 吗？ Shì zìzhùcān ma?
夕食は何時までですか。	晚餐 几 点 结束？ Wǎncān jǐ diǎn jiéshù?

▶3. 設備を尋ねる　　　　　　　　　　　　　　　　Track 77

(1) 部屋について

インターネットができますか。	可以 上网 吗？ Kěyǐ shàngwǎng ma?
無料ですか。	是 免费 吗？ Shì miǎnfèi ma?
金庫がありますか。	有 保险柜 吗？ Yǒu bǎoxiǎnguì ma?
クリーニングサービスがありますか。	有 洗衣 服务 吗？ Yǒu xǐyī fúwù ma?
湯沸かし（電気ケトル）がありますか。	有 电热壶 吗？ Yǒu diànrèhú ma?

(2) 館内施設について　　　　　　　　　　　　　Track 78

中国のホテルはサービス向上のために、娯楽施設も完備されつつあります。一度体験してはいかがでしょうか。

カラオケホールがありますか。	有 卡拉 OK 厅 吗？ Yǒu kǎlā ok tīng ma?

ゲーム機がありますか。	有 游戏机 吗？ Yǒu yóuxìjī ma?
ジムがありますか。	有 健身房 吗？ Yǒu jiànshēnfáng ma?
サウナがありますか。	有 桑拿浴 吗？ Yǒu sāngnáyù ma?
室内プールがありますか。	有 室内 游泳池 吗？ Yǒu shìnèi yóuyǒngchí ma?
マッサージサービスがありますか。	有 按摩 服务 吗？ Yǒu ànmó fúwù ma?
足裏マッサージがありますか。	有 足疗 吗？ Yǒu zúliáo ma?
何時に始まりますか。	几 点 开始？ Jǐ diǎn kāishǐ?
何時に終わりますか。	几 点 结束？ Jǐ diǎn jiéshù?
1時間いくらですか。	一 个 小时 多少 钱？ Yí ge xiǎoshí duōshao qián?

▶ 4. 電話で交換などを頼む　　　　　　　　　　　　Track 79

もしもし、フロントですか。	喂，前台 吗？ Wéi, qiántái ma?
もしもし、418号室のものですが、ちょっと部屋に来てください。	喂，我 是 418 房间 的。 Wéi, wǒ shì sìyāobā fángjiān de. 请 来 房间 一 趟。 Qǐng lái fángjiān yí tàng.
これを見てください。	你 看 这个。 Nǐ kàn zhège.
部屋を替えてください。	请 给 我 换 一 个 房间。 Qǐng gěi wǒ huàn yí ge fángjiān.
布団を変えてください。	请 换 一 床 被子。 Qǐng huàn yì chuáng bèizi.

シーツを変えてください。	请 换 一下 床单。 Qǐng huàn yíxià chuángdān.

▶ 5. チェックアウト　　　　　　　　　　　　Track 80

チェックアウトをお願いします。	我 退房。 Wǒ tuìfáng.
いくらですか。	多少 钱？ Duōshao qián?
カードでもいいですか。	可以 刷卡 吗？ Kěyǐ shuākǎ ma?
現金で払います。	我 付 现金。 Wǒ fù xiànjīn.
領収書をください。	开 一 张 发票。 Kāi yì zhāng fāpiào.
ちょっと荷物を預かってください。	存放 一下 行李。 Cúnfàng yíxià xíngli.
延長できますか。	可以 延长 吗？ Kěyǐ yáncháng ma?
また来ます。	下 次 还 住 这儿。 Xià cì hái zhù zhèr.

▶ 6. トラブル時の表現　　　　　　　　　　　Track 81

(1) 設備のトラブル

電気がつきません。	电灯 不 亮。 Diàndēng bú liàng.
部屋が暗すぎます。	房间 太 暗。 Fángjiān tài àn.
ドアの鍵がかかりません。	房门 锁不上。 Fángmén suǒbushàng.

5 宿泊する

エアコンがつきません。	空调 打不开。 Kōngtiáo dǎbukāi.
エアコンが寒すぎます。	空调 太 冷 了。 Kōngtiáo tài lěng le.
窓が開けられません。	窗户 打不开。 Chuānghu dǎbukāi.
窓が閉まりません。	窗户 关不上。 Chuānghu guānbushàng.
蛍光灯がチカチカしています。	日光灯 一 闪 一 闪 的。 Rìguāngdēng yì shǎn yì shǎn de.
インターネットが接続できません。	上不了 网。 Shàngbuliǎo wǎng.
電話がつながりません。	电话 接不通。 Diànhuà jiēbutōng.
隣の部屋はうるさいです。	隔壁 太 吵。 Gébì tài chǎo.
ゴキブリがいます。	有 蟑螂。 Yǒu zhāngláng.
この冷蔵庫、故障しました。	这个 冰箱 坏 了。 Zhège bīngxiāng huài le.
鍵が見あたりません。	钥匙 不 见 了。 Yàoshi bú jiàn le.

(2) トイレ・水回りのトラブル　　　　　　　　　　　Track 82

お湯が出ません。	没有 热水。 Méiyǒu rèshuǐ.
お湯が熱くありません。	热水 不 热。 Rèshuǐ bú rè.
シャワーが壊れています。	淋浴 坏 了。 Línyù huài le.
トイレが詰まりました。	马桶 堵 了。 Mǎtǒng dǔ le.

トイレの水が流れません。	厕所 冲不下去。 Cèsuǒ chōngbuxiàqù.
トイレットペーパーがありません。	没有 手纸。 Méiyǒu shǒuzhǐ.

発展編　　　　　　　　　　　　　　Track 83

宿泊についての言い方をもっと知っておきましょう。

▶ 1. 予約する

部屋を予約したいんですが。	我 想 预订 一 个 房间。 Wǒ xiǎng yùdìng yí ge fángjiān.
スタンダードを2部屋予約したいのですが。	我 想 预定 两 个 标准间。 Wǒ xiǎng yùdìng liǎng ge biāozhǔnjiān.

(1) 部屋の種類を決める

⇒どのような部屋をご希望ですか。	您 要 什么样 的 房间？ Nín yào shénmeyàng de fángjiān?
浴槽がついている部屋。	带 浴缸 的 房间。 Dài yùgāng de fángjiān.
シャワーがあればいいです。	有 淋浴 就 行。 Yǒu línyù jiù xíng.
少し広い（部屋）をお願いします。	大 一点儿 的。 Dà yìdiǎnr de.
いい部屋をお願いします。	好 一点儿 的。 Hǎo yìdiǎnr de.
南向きの（部屋）です。	朝 南 的。 Cháo nán de.
海側の部屋をお願いします。	面向 大海 的。 Miànxiàng dàhǎi de.

静かな（部屋）をお願いします。	要安静一点儿的。 Yào ānjìng yìdiǎnr de.
低い階でお願いします。	楼层低一点儿的。 Lóucéng dī yìdiǎnr de.
できれば8階以上の部屋を。	最好是八层以上的房间。 Zuìhǎo shì bā céng yǐshàng de fángjiān.
もう少し安いのがありませんか。	有没有更便宜的？ Yǒu méiyǒu gèng piányi de?
朝食付きですか。	房费包括早餐吗？ Fángfèi bāokuò zǎocān ma?

〈部屋代に朝食が含まれている場合が多いので、ちゃんと確かめるように〉

⇒何泊ですか。	您要住几天？ Nín yào zhù jǐ tiān?
1日だけです。	就一天。 Jiù yì tiān.
3日間です。	住三天。 Zhù sān tiān.
⇒何日から何日までですか。	从几号到几号？ Cóng jǐ hào dào jǐ hào?
割引サービスがありますか。	有优惠吗？ Yǒu yōuhuì ma?
もう少し安くしてくださいよ。	再优惠一点儿吧。 Zài yōuhuì yìdiǎnr ba.
ホテルは空港からどのぐらいですか。	饭店离机场有多远？ Fàndiàn lí jīchǎng yǒu duō yuǎn?
はっきり聞こえませんでした。	对不起，我没听清楚。 Duìbuqǐ, Wǒ méi tīngqīngchu.
もう一度話していただけますか。	你能再说一遍吗？ Nǐ néng zài shuō yí biàn ma?

(2) 近くのことについて尋ねる　　　　　　　　　　　Track 84

近くにスーパーがありますか。　　　附近 有 超市 吗？
　　　　　　　　　　　　　　　　　Fùjìn yǒu chāoshì ma?

コンビニがありますか。　　　　　　有 便利店 吗？
　　　　　　　　　　　　　　　　　Yǒu biànlìdiàn ma?

いいレストランがありますか。　　　有 好吃 的 饭店 吗？
　　　　　　　　　　　　　　　　　Yǒu hǎochī de fàndiàn ma?

近くにネットカフェはありますか。　这 附近 有 没有 网吧？
　　　　　　　　　　　　　　　　　Zhè fùjìn yǒu méiyǒu wǎngbā?

ここから遠いですか。　　　　　　　离 这儿 远 不 远？
　　　　　　　　　　　　　　　　　Lí zhèr yuǎn bu yuǎn?

(3) 交通について尋ねる　　　　　　　　　　　　Track 85

近くに地下鉄の駅がありますか。　　附近 有 地铁站 吗？
　　　　　　　　　　　　　　　　　Fùjìn yǒu dìtiězhàn ma?

空港行きのリムジンバスがありますか。　有 机场 大巴 吗？
　　　　　　　　　　　　　　　　　Yǒu jīchǎng dàbā ma?

時刻表がありますか。　　　　　　　有 时刻表 吗？
　　　　　　　　　　　　　　　　　Yǒu shíkèbiǎo ma?

私は西単に行きたいです。　　　　　我 想 去 西单。
　　　　　　　　　　　　　　　　　Wǒ xiǎng qù Xīdān.

タクシーを呼んでください。　　　　请 帮 我 叫 辆 出租车。
　　　　　　　　　　　　　　　　　Qǐng bāng wǒ jiào liàng chūzūchē.

北京駅へは何に乗れば一番いいですか。　去 北京站 坐 什么 车 最好？
　　　　　　　　　　　　　　　　　Qù Běijīngzhàn zuò shénme chē zuì hǎo?

▶ 2. チェックインする　　　　　　　　　　　　Track 86

チェックインしたいんですが。　　　我 要 开 间 房。
　　　　　　　　　　　　　　　　　Wǒ yào kāi jiān fáng.

山本太郎です。　　　　　　　　　　我 叫 山本 太郎。
　　　　　　　　　　　　　　　　　Wǒ jiào Shānběn Tàiláng.

チェックインの手続きをしたいんですが。	我要办入住手续。 Wǒ yào bàn rùzhù shǒuxù.
予約してあります。	我已经预约了房间。 Wǒ yǐjīng yùyuēle fángjiān.
インターネットで1部屋予約したのですが。	我在网上预定了一个房间。 Wǒ zài wǎngshang yùdìngle yí ge fángjiān.
スタンダードは1泊いくらですか。	标准间的价钱是多少？ Biāozhǔnjiān de jiàqián shì duōshao?
こちらのホテルは星いくつですか。	这是几星级的饭店？ Zhè shì jǐ xīngjí de fàndiàn?
⇒身分証をみせてください。	请您把证件给我看一下。 Qǐng nín bǎ zhèngjiàn gěi wǒ kàn yíxià.
⇒登録表に記入してください。	请填一下登记表。 Qǐng tián yíxià dēngjìbiǎo.
預かり金は必要ですか。	要交押金吗？ Yào jiāo yājīn ma?
部屋代に朝食の費用が入っていますか。	房费含早餐吗？ Fángfèi hán zǎocān ma?
レストランは何階ですか。	请问餐厅在几层？ Qǐngwèn cāntīng zài jǐ céng?
朝食は部屋まで届けてくれますか。	早餐能送到房间吗？ Zǎocān néng sòngdào fángjiān ma?
朝食は部屋までお願いします。	请把早餐送到我的房间来。 Qǐng bǎ zǎocān sòngdào wǒ de fángjiān lái.
3日間泊まるつもりです。	我打算住三天。 Wǒ dǎsuan zhù sān tiān.
6時に起こしてください。	请六点钟叫早。 Qǐng liù diǎnzhōng jiàozǎo.

⇒これが部屋のキーです。	这是房间的钥匙。 Zhè shì fángjiān de yàoshi.
⇒こちらは部屋のキーです。 　どうぞ。	这是您的房卡，请拿好。 Zhè shì nín de fángkǎ, qǐng náhǎo.
⇒エレベーターは左手にございます。	电梯在左边。 Diàntī zài zuǒbiān.
⇒ご用がございましたら、 　お電話ください。	有事请打电话。 Yǒu shì qǐng dǎ diànhuà.
⇒ここにサインをお願いします。	请在这里签名。 Qǐng zài zhèli qiānmíng.
荷物を2階に運んでください。	请把行李搬到二楼来。 Qǐng bǎ xíngli bāndào èr lóu lái.
⇒荷物はボーイが部屋まで 　お運びします。	服务员会把行李送到您的房间里去。 Fúwùyuán huì bǎ xíngli sòngdào nín de fángjiān li qù.

5 宿泊する

関連単語 語彙を増やしましょう（ホテル用）

チェックイン	入住 rùzhù	中華レストラン	中餐厅 zhōngcāntīng
チェックアウト	退房 tuìfáng	和食レストラン	日餐厅 rìcāntīng
サービスカウンター	服务台 fúwùtái	洋食レストラン	西餐厅 xīcāntīng
シングルルーム	单人间 dānrénjiān	コーヒーショップ	咖啡厅 kāfēitīng
ツインルーム	双人间 shuāngrénjiān	バー	酒吧 jiǔbā
スタンダードルーム	标准间 biāozhǔnjiān	ラウンジ	酒廊 jiǔláng
スイートルーム	套间 tàojiān	ケーキショップ	糕饼店 gāobǐngdiàn
デラックスルーム	豪华间 háohuájiān	ビジネスセンター	商务中心 shāngwù zhōngxīn
バスローブ	浴衣 yùyī	サービスセンター	客服中心 kèfú zhōngxīn
スリッパ	拖鞋 tuōxié	ジム	健身中心 jiànshēn zhōngxīn
ドライヤー	吹风机 chuīfēngjī	マッサージ	按摩 ànmó
サニタリーセット	卫浴用品 wèiyù yòngpǐn	足裏マッサージ	足疗 zúliáo
ルームサービス	送餐服务 sòngcān fúwù	売店	小卖部 xiǎomàibù
レストラン	餐厅 cāntīng	地下のスーパー	地下超市 dìxià chāoshì

▶3. 設備を尋ねる

Track 88

(1) 部屋について

部屋でインターネットができますか。　房间里能上网吗？
Fángjiān li néng shàngwǎng ma?

コンセントはどこですか。	电源 插座 在 哪儿？ Diànyuán chāzuò zài nǎr?
ここの電圧はどのぐらいですか。	这里 的 电压 是 多少？ Zhèli de diànyā shì duōshao?
これらの物は有料ですか。	请问 这些 东西 要 付费 吗？ Qǐngwèn zhèxiē dōngxi yào fùfèi ma?

(2) 館内施設について　　　　　　　　　　　Track 89

カフェはどこですか。	咖啡厅 在 哪儿？ Kāfēitīng zài nǎr?
サウナは何階にありますか。	桑拿 浴室 在 几 楼？ Sāngná yùshì zài jǐ lóu?
ビジネスセンターはどこですか。	商务 中心 在 哪儿？ Shāngwù zhōngxīn zài nǎr?
マッサージは何時までですか。	按摩 营业 到 几 点？ Ànmó yíngyè dào jǐ diǎn?
足裏マッサージの店がありますか。	附近 有 足疗店 吗？ Fùjìn yǒu zúliáodiàn ma?
ホテルには室内プールがありますか。	酒店 里 有 室内 游泳池 吗？ Jiǔdiàn li yǒu shìnèi yóuyǒngchí ma?
ホテルに郵便局がありますか。	酒店 里 有 邮局 吗？ Jiǔdiàn li yǒu yóujú ma?
インターネットバーはどこですか。	哪儿 有 网吧？ Nǎr yǒu wǎngbā?
どこでFAXを送ることができますか。	哪儿 可以 发 传真？ Nǎr kěyǐ fā chuánzhēn?
カラオケボックスがありますか。	有 卡拉OK 包厢 吗？ Yǒu kǎlā OK bāoxiāng ma?
ヨガセンターがありますか。	有 瑜伽 中心 吗？ Yǒu yújiā zhōngxīn ma?
部屋でのマッサージサービスがありますか。	能 到 房间 按摩 吗？ Néng dào fángjiān ànmó ma?

▶4. 電話でフロントに連絡する　　　　　Track 90

もしもし、721の部屋のものですが。
喂，我是 721 房间 的。
Wéi, wǒ shì qī'èryāo fángjiān de.

部屋に問題があります。
我 的 房间 有 点儿 问题。
Wǒ de fángjiān yǒu diǎnr wèntí.

部屋のドアを開けてください。
请 帮 我 开 一下 门。
Qǐng bāng wǒ kāi yíxià mén.

部屋から国際電話をかけるにはどうすればいいですか。
在 房间 里 怎么 打 国际 长途？
Zài fángjiān li zěnme dǎ guójì chángtú?

貴重品を預かってもらえますか。
可以 帮 我 保管 贵重 物品 吗？
Kěyǐ bāng wǒ bǎoguǎn guìzhòng wùpǐn ma?

私のお金は金庫に入れてもいいですか。
我 的 钱 存到 你们 的 保险柜
Wǒ de qián cúndào nǐmen de bǎoxiǎnguì
里 可以 吗？
li kěyǐ ma?

明日上海への航空券を2枚予約したいのですが。
请 帮 我 预定 两 张 明天 去
Qǐng bāng wǒ yùdìng liǎng zhāng míngtiān qù
上海 的 机票。
Shànghǎi de jīpiào.

●交換・追加を頼む

枕を変えてください。
请 换 一下 枕头。
Qǐng huàn yíxià zhěntou.

タオルを交換してほしい。
请 换 一 条 毛巾。
Qǐng huàn yì tiáo máojīn.

部屋を換えることができますか。
我 可以 换 一 个 房间 吗？
Wǒ kěyǐ huàn yí ge fángjiān ma?

静かな部屋がありますか。
有 安静 点儿 的 房间 吗？
Yǒu ānjìng diǎnr de fángjiān ma?

ベッドをもう1つ入れることができますか。
可 不 可以 加 床？
Kě bu kěyǐ jiā chuáng?

ベッド1つ追加してください。	请加一张 床。 Qǐng jiā yì zhāng chuáng.
毛布を1枚ください。	请给我加一条毛毯。 Qǐng gěi wǒ jiā yì tiáo máotǎn.
この背広にアイロンをかけてください。	这套西服请帮我烫一下。 Zhè tào xīfú qǐng bāng wǒ tàng yíxià.

▶5. オプションツアーを頼む　　　　　　　　　　Track 91

長城に行くコースはありますか。	有没有去 长城 的 路线？ Yǒu méiyǒu qù Chángchéng de lùxiàn?
雲南省に行くコースがありますか。	有没有去云南的路线？ Yǒu méiyǒu qù Yúnnán de lùxiàn?
ツアーに参加したいです。	我想参加旅行团。 Wǒ xiǎng cānjiā lǚxíngtuán.
ツアーのパンフレットはありますか。	有旅行团的小册子吗？ Yǒu lǚxíngtuán de xiǎocèzi ma?
お薦めのツアーは何ですか。	您推荐什么旅游路线？ Nín tuījiàn shénme lǚyóu lùxiàn?
⇒絶対に失望させませんから。	你们一定不会失望的。 Nǐmen yídìng bú huì shīwàng de.
日本語のツアーはありますか。	有日语旅行团吗？ Yǒu Rìyǔ lǚxíngtuán ma?
ツアーは何時間かかりますか。	大约用多长时间？ Dàyuē yòng duōcháng shíjiān?
出発は何時ですか。	几点出发？ Jǐ diǎn chūfā?
何時に戻りますか。	几点回来？ Jǐ diǎn huílai?
食事は付いていますか。	含午餐费吗？ Hán wǔcānfèi ma?
いくらですか。	多少钱？ Duōshao qián?

集合場所はどこですか。	集合 地点 是 哪儿？ Jíhé dìdiǎn shì nǎr?
⇒参加する人は何人ですか。	有 几 个 人 参加？ Yǒu jǐ ge rén cānjiā?
大人2人、子ども1人です。	两个 大人 一 个 小孩儿。 Liǎngge dàren yí ge xiǎoháir.
日程があまりきつくないことを望みます。	我 希望 日程 不要 太 紧。 Wǒ xīwàng rìchéng búyào tài jǐn.
多くの観光地に行きたいです。	我 想 多 去 些 地方。 Wǒ xiǎng duō qù xiē dìfang.
記念品はどこで売っていますか。	哪儿 卖 纪念品？ Nǎr mài jìniànpǐn?

▶6. チェックアウトする

Track 92

チェックアウトしたいのですが。	我 要 退房。 Wǒ yào tuìfáng.
⇒部屋番号をお願いいたします。	请问 您 是 几 号 房间？ Qǐngwèn nín shì jǐ hào fángjiān?
チェックアウトは何時までですか。	请问 几 点 退房？ Qǐngwèn jǐ diǎn tuìfáng?
私は現金で支払います。	我 用 现金 付。 Wǒ yòng xiànjīn fù.
クレジットカードでの支払いはできますか。	可以 用 信用卡 付 吗？ Kěyǐ yòng xìnyòngkǎ fù ma?
トラベラーズ・チェックは利用できますか。	可以 用 旅行 支票 吗？ Kěyǐ yòng lǚxíng zhīpiào ma?
⇒費用は現金で支払っていただきます。	费用 请 用 现金 支付。 Fèiyòng qǐng yòng xiànjīn zhīfù.
⇒ここでは人民元しかご使用になれません。	我们 这里 只 收 人民币。 Wǒmen zhèli zhǐ shōu rénmínbì.

⇒長距離電話を２回かけられましたね。	您 打了 两 个 长途 电话。 Nín dǎle liǎng ge chángtú diànhuà.
精算書を見せてください。	请 给 我 看 一下 账单。 Qǐng gěi wǒ kàn yíxià zhàngdān.
リムジンバスは何時に出発しますか。	机场 大巴 是 几 点？ Jīchǎng dàbā shì jǐ diǎn?
このバスは空港に行きますか。	这 趟 车 去 不 去 机场？ Zhè tàng chē qù bu qù jīchǎng?
明日の朝５時にタクシーを１台お願いします。	明天 早上 五 点 给 我 订 一 辆 车。 Míngtiān zǎoshang wǔ diǎn gěi wǒ dìng yí liàng chē.
サービスが行き届いていて、楽しく過ごせました。	你们 的 服务 很 好，我 住得 很 愉快。 Nǐmen de fúwù hěn hǎo, wǒ zhùde hěn yúkuài.
⇒またお越しください。	欢迎 再 次 光临。 Huānyíng zài cì guānglín.

▶ 7. トラブル時の表現

Track 93

キーを部屋の中に忘れてしまいました。	我 把 房卡 落在 房间 里 了。 Wǒ bǎ fángkǎ làzai fángjiān li le.
電話がつながりません。	电话 接不通。 Diànhuà jiēbutōng.
コンセントが見つかりません。	找不到 电源 插座。 Zhǎobudào diànyuán chāzuò.
スタンドがつかないのですが。	台灯 不 亮 了。 Táidēng bú liàng le.
部屋にスリッパがありません。	房间 里 没有 拖鞋。 Fángjiān li méiyǒu tuōxié.
カーテンがきちんとしまりません。	窗帘 拉不严。 Chuānglián lābuyán.

部屋には煙草の匂いがひどいです。	房间 烟味儿 太 重。 Fángjiān yānwèir tài zhòng.
床が汚れています。	地板 太 脏。 Dìbǎn tài zāng.
隣の部屋がうるさいです。	隔壁 太 吵。 Gébì tài chǎo.
上の階から足音が響きます。	楼上 的 脚步声 太 响。 Lóushang de jiǎobùshēng tài xiǎng.
部屋のトイレが流れません。	房间 里 的 厕所 堵 了。 Fángjiān li de cèsuǒ dǔ le.
トイレに紙がなくなりました。	卫生间 里 没有 卫生纸 了。 Wèishēngjiān li méiyǒu wèishēngzhǐ le.
トイレが壊れました。すぐに修理してください。	厕所 坏 了，请 马上 来 修理 一下。 Cèsuǒ huài le, qǐng mǎshàng lái xiūlǐ yíxià.
修理していただけませんか。	请 来 修 一下 好 吗？ Qǐng lái xiū yíxià hǎo ma?

実践編

Track 94

場面を想定して実践しましょう。

1 〔電話で予約する〕シングルを1部屋お願いします。（Aは客、Bは従業員）

B： もしもし、こんにちは。こちらは
王府ホテルです。どのようなご
用件でしょうか。

喂, 您好, 这里是王府饭店,
Wéi, nín hǎo, zhèli shì Wángfǔ fàndiàn,
很高兴为您服务。
hěn gāoxìng wèi nín fúwù.

A： もしもし、こんにちは。部屋を
予約したいのですが。

喂, 你好! 我想预定一个
Wéi, nǐ hǎo! Wǒ xiǎng yùdìng yí ge
房间。
fángjiān.

B： いつご利用ですか。

您几号入住?
Nín jǐ hào rùzhù?

A： 来週の火曜日です。

下周二。
Xiàzhōu'èr.

B： 来週の火曜日、18日ですね。
何泊のご利用でしょうか。

下周二是18号, 您打算住
Xiàzhōu'èr shì shíbā hào, Nín dǎsuan zhù
几天?
jǐ tiān?

A： 3泊お願いします。

我打算住三个晚上。
Wǒ dǎsuan zhù sān ge wǎnshang.

B： どのようなタイプのお部屋を
ご希望ですか。シングルですか、
それともツインですか。

您要什么样的房间?
Nín yào shénmeyàng de fángjiān?
单人房还是双人房?
Dānrénfáng háishi shuāngrénfáng?

A： シングルを1部屋お願いします。

我要一个单人房。
Wǒ yào yí ge dānrénfáng.

B： 承知しました。

好的。
Hǎo de.

A： お尋ねしますが、部屋はすべて
バスタブが付いていますか。

请问, 房间里都带浴缸吗?
Qǐngwèn, fángjiān li dōu dài yùgāng ma?

5 宿泊する

129

B：	付いている部屋と付いていない部屋がございます。どちらをお望みですか。	有的 带 有的 不 带，您要 哪 种？ Yǒude dài yǒude bú dài, nín yào nǎ zhǒng?
A：	バスタブが付いている部屋をお願いします。	我 要 带 浴缸 的。 Wǒ yào dài yùgāng de.
B：	かしこまりました。	好 的。 Hǎo de.
A：	首都空港への送迎バスがありますか。	你们 那儿 有 没有 到 首都 机场 接客 的 班车？ Nǐmen nàr yǒu méiyǒu dào Shǒudū jīchǎng jiēkè de bānchē?
B：	あります。毎日往復5便がございます。	有。每天 有 五 趟 接客 服务。 Yǒu. Měitiān yǒu wǔ tàng jiēkè fúwù.
A：	時刻を教えていただけますか。	能 不 能 把 时间 告诉 我？ Néng bu néng bǎ shíjiān gàosu wǒ?
B：	わかりました。メモをお願いします。	没 问题。请 您 记 一下。 Méi wèntí. Qǐng nín jì yíxià.

Track 95

2 〔チェックインする〕パスポートを見せてください（A は客、B は従業員）

B：	お泊まりですか。ご予約してますか。	要 开房 吗？ 预定 了 吗？ Yào kāifáng ma? Yùdìng le ma?
A：	予約してあります。田中大介の名前で予約したのですが。	预定 了。是 用 田中 大介 的 名字 预定 的。 Yùdìng le. Shì yòng Tiánzhōng Dàjiè de míngzi yùdìng de.
B：	パスポートを見せていただけますか。	请 出示 一下 您 的 护照。 Qǐng chūshì yíxià nín de hùzhào.
A：	はい。高い階の部屋がいいのですが。	好 的。我 想 要 一 个 楼层 比较 高 的 房间。 Hǎo de. Wǒ xiǎng yào yí ge lóucéng bǐjiào gāo de fángjiān.

B： かしこまりました。この宿泊者カードにご記入ください。パスポート番号は、こちらに記入してください。最後に、ここにサインをお願いします。

好的。请 填 一下 这 张
Hǎo de. Qǐng tián yíxià zhè zhāng
登记卡。请 把 护照号 填在
dēngjìkǎ.   Qǐng bǎ hùzhàohào tiánzài
这儿。最后 在 这儿 签 一下 名。
zhèr. Zuìhòu zài zhèr qiān yíxià míng.

A： 書き終えました。これでいいですか。

填好 了，你 看 这样 行 吗？
Tiánhǎo le, nǐ kàn zhèyàng xíng ma?

B： 結構です。預かり金として 600 元いただきます。

行。请 交 600 押金。
Xíng. Qǐng jiāo liùbǎi yājīn.

A： 朝食付きですか。

房费 含 早餐 吗？
Fángfèi hán zǎocān ma?

B： 朝食は付いておりません。朝食代は別払いでお願いします。

不 含，早餐 要 另 付费。
Bù hán, zǎocān yào lìng fùfèi.

A： 朝食は何時から何時までですか。

早餐 从 几 点 到 几 点？
Zǎocān cóng jǐ diǎn dào jǐ diǎn?

B： 午前 6 時 30 分から 10 時までです。バイキングでございます。

从 6 点 半 到 10 点。是
Cóng liù diǎn bàn dào shí diǎn. Shì
自助餐。
zìzhùcān.

A： わかりました。どうもありがとう。

知道 了。谢谢。
Zhīdao le.   Xièxiè.

B： こちらがお部屋のカードキーです。どうぞお受け取りください。

这 是 您 的 房卡，请 拿好。
Zhè shì nín de fáng kǎ, qǐng náhǎo.

A： エレベーターはどこですか。

电梯 在 哪儿？
Diàntī zài nǎr?

B： すぐ向かい側にございます。あとで、お荷物をお部屋までお持ちします。

电梯 就 在 对面。一会儿 我们
Diàntī jiù zài duìmiàn.   Yíhuìr wǒmen
会 叫 人 把 您 的 行李 送到
huì jiào rén bǎ nín de xínglǐ sòngdào
您 的 房间 里 去。
nín de fángjiān li qù.

131

A： 明日午前 6 時に起こしてください。

请 明天 早上 6 点 叫早。
Qǐng míngtiān zǎoshang liù diǎn jiàozǎo.

Track 96

3 〔室内設備を尋ねる〕いい部屋ですね（A は客、B は従業員）

A： いい部屋ですね。

房间 挺 不错。
Fángjiān tǐng búcuò.

B： お客様、お荷物は全部お揃いでしょうか。

先生，这 是 您 的 全部 行李。
Xiānsheng, zhè shì nín de quánbù xíngli.

A： ありがとう。夕食は何時からですか。

谢谢。晚饭 是 几 点？
Xièxie. Wǎnfàn shì jǐ diǎn?

B： 午後 5 時 30 分からです。

5 点 半 开始 供应 晚餐。
Wǔ diǎn bàn kāishǐ gōngyìng wǎncān.

A： この部屋にはポットがありますか。

房间 里 有 热水瓶 吗？
Fángjiān li yǒu rèshuǐpíng ma?

B： 湯沸かし（電気ケトル）がありますので、ご自分でお沸かしください。

有 烧水壶，您 可以 自己 烧。
Yǒu shāoshuǐhú, nín kěyǐ zìjǐ shāo.

A： この部屋はインターネット接続ができますか。

这里 可以 上网 吗？
Zhèli kěyǐ shàngwǎng ma?

B： できますが、1 時間 10 元です。

可以 上网。一 个 小时 十块 钱。
Kěyǐ shàngwǎng. Yí ge xiǎoshí shíkuài qián.

A： お金がかかるのですか。なら、いいです。

还 要 收费 呀，那 算了 吧。
Hái yào shōufèi ya, nà suànle ba.

B： ロビーにある備え付けのパソコンでは、インターネットがご利用になれます。そこは無料です。

您 可以 到 大厅 去 上网，那里 是 免费 的。
Nín kěyǐ dào dàtīng qù shàngwǎng, nàli shì miǎnfèi de.

4 〔電話でフロントに尋ねる〕掛け布団をもう１枚お願いします
（Ａは客、Ｂは従業員）

A： もしもし、フロントですか。

喂，是总台吗？
Wéi, shì zǒngtái ma?

B： そうです。何か御用でしょうか。

是的，请讲。
Shì de, qǐng jiǎng.

A： 掛け布団をもう１枚お願いします。

能不能再加一床被子。
Néng bu néng zài jiā yì chuáng bèizi.

B： かしこまりました。すぐにお部屋にお持ちします。

可以，马上送到您的房间。
Kěyǐ, mǎshàng sòngdào nín de fángjiān.

A： そして、もう一つお聞きしたいのですが、この近くにスーパーはありますか。

另外，请问这附近有超市吗？
Lìngwài, qǐngwèn zhè fùjìn yǒu chāoshì ma?

B： あります。ホテルを出て右に曲がれば、すぐです。

有。出了酒店大门往右拐就是。
Yǒu. Chūle jiǔdiàn dàmén wǎng yòu guǎi jiù shì.

A： ここからは遠いですか。

离这儿远吗？
Lí zhèr yuǎn ma?

B： 遠くありません。歩いて５分ぐらいです。

不远，步行5分钟左右就到。
Bù yuǎn, bùxíng wǔ fēnzhōng zuǒyòu jiù dào.

A： スーパーは何時に閉店しますか。

超市几点关门？
Chāoshì jǐ diǎn guānmén?

B： 夜10時に閉店します。

晚上10点关门。
Wǎnshang shí diǎn guānmén.

5 〔チェックアウトする〕クレジットカードでお願いします
（Aは客、Bは従業員）

A： すみませんが、明日早朝にホテルを出て行きたいのですが、いつチェックアウトをすればいいですか。

小姐，我们 明天 一早 离开，
Xiǎojie, wǒmen míngtiān yìzǎo líkāi,
什么 时候 可以 结帐？
shénme shíhou kěyǐ jiézhàng?

B： 明日の朝、ご精算ください。

请 您 明天 早上 结帐。
Qǐng nín míngtiān zǎoshang jiézhàng.

（朝になって）

A： すみません、チェックアウトをお願いします。

小姐，退房。
Xiǎojie, tuìfáng.

B： 何号室でしょうか。

您 住 哪个 房间？
Nín zhù nǎge fángjiān?

A： 3721 号室です。

3721 房间。
Sānqī'èryāo fángjiān.

B： （電話で指示する）3721 号室がチェックアウトをしますので、部屋を（有料品の使用状況を）チェックしてください。

(打电话)3721 退房，请 查房。
Sānqī'èryāo tuìfáng, qǐng cháfáng.

A： 早くお願いします。飛行機の時間がありますから。

请 快 一点儿。我们 要 赶
Qǐng kuài yìdiǎnr. Wǒmen yào gǎn
飞机。
fēijī.

B： すみました。こちらが明細書です。お支払いは現金ですか、それともクレジットカードですか。

好 了。这 是 您 的 清单。是
Hǎo le. Zhè shì nín de qīngdān. Shì
付 现金 还是 刷卡？
fù xiànjīn háishì shuākǎ?

A： クレジットカードでお願いします。

刷卡。
Shuākǎ.

B: かしこまりました。ここにサインをお願いします。

好的。请在这儿签上您
Hǎo de. Qǐng zài zhèr qiānshang nín
的 名字。
de míngzi.

Track 99

6 〔トラブルが発生した時〕部屋に問題があります（A は客、B は従業員）

A: もしもし、フロントですか。

喂，前台 吗？
Wéi, qiántái ma?

B: 何かご要望ですか。

请问 您 需要 什么 服务？
Qǐngwèn nín xūyào shénme fúwù?

A: 818 号室のものですが。部屋に問題があります。ちょっと来てくれますか。

我 是 818 房间 的。我 的
Wǒ shì bāyāobā fángjiān de. Wǒ de
房间 有 点儿 问题，能 来 给
fángjiān yǒu diǎnr wèntí, Néng lái gěi
看 一下 吗？
kàn yíxià ma?

B: かしこまりました。少々お待ちください、すぐに人を行かせますので。他に何かご要望がありますか。

好 的，请 稍 等，马上 派 人
Hǎo de, qǐng shāo děng, mǎshàng pài rén
过去。还 需要 什么 帮助 吗？
guòqu. Hái xūyào shénme bāngzhù ma?

A: トイレットペーパーがもうすぐなくなるので、1 つ持ってきてください。

卫生纸 快 用完 了，请 送 一
Wèishēngzhǐ kuài yòngwán le, qǐng sòng yì
卷 来。
juǎn lái.

B: かしこまりました。すぐにお持ちいたします。

知道 了。马上 给 您 送去。
Zhīdao le. Mǎshàng gěi nín sòngqu.

6 外出する

出行 chūxíng

基本文型

Track 100

(1) 〜はどこですか
「場所名＋"在哪儿?"」

スーパーはどこですか。　　　　　超市 在 哪儿?
　　　　　　　　　　　　　　　　Chāoshì zài nǎr?

トイレはどこですか。　　　　　　厕所 在 哪儿?
　　　　　　　　　　　　　　　　Cèsuǒ zài nǎr?

(2) 〜へはどのように行きますか
「"去"＋場所名＋"怎么走?"」

郵便局へはどのように行きますか。　　去 邮局 怎么 走?
　　　　　　　　　　　　　　　　　　Qù yóujú zěnme zǒu?

地下鉄の駅へはどのように行きますか。　去 地铁站 怎么 走?
　　　　　　　　　　　　　　　　　　　Qù dìtiězhàn zěnme zǒu?

(3) 〜までお願いします（行き先を指示する）
「"到"＋場所名」

北京飯店までお願いします。　　　到 北京 饭店。
　　　　　　　　　　　　　　　　Dào Běijīng fàndiàn.

空港までお願いします。　　　　　到 机场。
　　　　　　　　　　　　　　　　Dào jīchǎng.

基礎編　　　　　　　　　　　　　　　　　　　　Track 101

外出に用いる基礎表現を押さえておきましょう。

▶ 1. 場所・道などを尋ねる

人に尋ねたい時には、まず"请问 qǐngwèn"（日本語の「すみませんが」「お尋ねしますが」「お伺いしますが」に相当する）という万能のフレーズを言って、それから、尋ねましょう。

お尋ねしますが、お手洗いはどこですか。	请问，卫生间 在 哪儿？ Qǐngwèn, wèishēngjiān zài nǎr?
⇒すぐそこです。	就 在 那边。 Jiù zài nàbian.
銀行へはどのように行きますか。	去 银行 怎么 走？ Qù yínháng zěnme zǒu?
博物館へはどのように行きますか。	去 博物馆 怎么 走？ Qù bówùguǎn zěnme zǒu?
駅はここから遠いですか。	车站 离 这儿 远 不 远？ Chēzhàn lí zhèr yuǎn bu yuǎn?
すみません、はっきり聞こえませんでした。	对不起，我 没 听清楚。 Duìbuqǐ, wǒ méi tīngqīngchu.
もう一度話していただけますか。	你 能 再 说 一 遍 吗？ Nǐ néng zài shuō yí biàn ma?

▶ 2. タクシーに乗る　　　　　　　　　　Track 102

タクシーで行きましょう。	我们 打的 去 吧。 Wǒmen dǎdī qù ba.
どこでタクシーが拾えますか。	在 哪儿 可以 打到 出租车？ Zài nǎr kěyǐ dǎdào chūzūchē?

137

タクシーはどこで乗りますか。	在 哪儿 打的？ Zài nǎr dǎdī?
首都空港までお願いします。	到 首都 机场。 Dào Shǒudū jīchǎng.
運転手さん、空港までお願いします。	师傅，去 机场。 Shīfu, qù jīchǎng.
王府ホテルまでお願いします。	去 王府 酒店。 Qù Wángfǔ jiǔdiàn.
故宮博物館までお願いします。	到 故宫。 Dào Gùgōng.
どれくらい時間がかかりますか。	大概 要 多 长 时间？ Dàgài yào duō cháng shíjiān?
20分でそこに着けますか。	二十 分钟 能 到 那儿 吗？ Èrshí fēnzhōng néng dào nàr ma?
まっすぐに行ってください。	直 走。 Zhí zǒu.
その交差点を左へ曲がってください。	前面 路口 向 左 拐。 Qiánmiàn lùkǒu xiàng zuǒ guǎi.
右へ曲がってください。	向 右 拐。 Xiàng yòu guǎi.
反対側につけてください。	开 到 对面 去。 Kāi dào duìmiàn qù.
そこでUターンしてください。	前面 掉头。 Qiánmiàn diàotóu.
ここで止めてください。	就 在 这儿 停 吧。 Jiù zài zhèr tíng ba.
はい、こちらです。	对，就 停 这儿。 Duì, jiù tíng zhèr.
入り口のところで停めてください。	就 停在 门口 吧。 Jiù tíngzài ménkǒu ba.
領収書をください。	给 我 发票。 Gěi wǒ fāpiào.
いいです。そうしてください。	行，就 这样 吧。 Xíng, jiù zhèyàng ba.

〈書いたメモを見せながら、次のように言いましょう〉

ここに行きたいのですが。	我 去 这个 地方。 Wǒ qù zhège dìfang.
こちらが行きたいところです。	这 是 我 要 去 的 地方。 Zhè shì wǒ yào qù de dìfang.

▶ 3. バス・地下鉄に乗る　　　　　　　　　　　Track 103

まず初めに「お尋ねしますが」" 请问 Qǐngwèn" を言いましょう。

すみませんが、王府井までは何番のバスに乗りますか。	请问, 去 王府井 坐 几 路 车 ? Qǐngwèn, qù Wángfǔjǐng zuò jǐ lù chē?
乗り換える必要がありますか。	要 换车 吗 ? Yào huànchē ma?
どこで乗り換えたらいいですか。	在 哪儿 换车 ? Zài nǎr huànchē?
どこで地下鉄に乗り換えますか。	在 哪儿 换 地铁 ? Zài nǎr huàn dìtiě?
地下鉄の何番線に乗ればいいですか。	坐 地铁 几 号 线 ? Zuò dìtiě jǐ hào xiàn?
終電は何時ですか。	末班车 几 点 ? Mòbānchē jǐ diǎn?
このバスは王府井に行きますか。	这 路 车 到 王府井 吗 ? Zhè lù chē dào Wángfǔjǐng ma?
切符を1枚ください。	买 一 张 票。 Mǎi yì zhāng piào.
頤和園まで1枚ください。	买 一 张 到 颐和园 的。 Mǎi yì zhāng dào Yíhéyuán de.
汽車の駅までいくらですか。	到 火车站 多少 钱 ? Dào huǒchēzhàn duōshao qián?

次の駅は故宮ですか。	下一站是故宫吗？ Xià yí zhàn shì Gùgōng ma?
着いたら教えてください。	到了麻烦您告诉我一声。 Dào le máfan nín gàosu wǒ yì shēng.
どのバスに乗ればいいですか。	我应该坐什么车去？ Wǒ yīnggāi zuò shénme chē qù?
⇒道路の向こう側のバスに乗らなけばいけません。	你应该到马路对面坐车。 Nǐ yīnggāi dào mǎlù duìmiàn zuò chē.
わかりました。	我明白了。 Wǒ míngbai le.

▶ 4. 列車に乗る

Track 104

まず初めに「お尋ねしますが」" 请问 Qǐngwèn" を言いましょう。

すみませんが、切符売り場はどこですか。	请问，售票处在哪儿？ Qǐngwèn, Shòupiàochù zài nǎr?
二等寝台席の切符を2枚お願いします。	要两张硬卧票。 Yào liǎng zhāng yìngwòpiào.
西安までの切符。	去西安的。 Qù Xī'ān de.
新幹線の切符を1枚ください。	买一张动车票。 Mǎi yì zhāng dòngchēpiào.
どこで改札しますか。	在哪儿检票？ Zài nǎr jiǎnpiào?
T25は何番ホームですか。	T25次在第几站台？ T èrshíwǔ cì zài dì jǐ zhàntái?
食堂車は何号車ですか。	餐车在几号车厢？ Cānchē zài jǐ hào chēxiāng?
次の駅はどこですか。	下一站是哪儿？ Xià yí zhàn shì nǎr?

▶ 5. 飛行機に乗る　　　　　　　　　　　　　　　　　　Track 105

航空券を予約したいです。	我 想 订 一 张 机票。 Wǒ xiǎng dìng yì zhāng jīpiào.
北京行きの航空券です。	去 北京 的 机票。 Qù Běijīng de jīpiào.
格安チケットがありますか。	有 折扣 票 吗？ Yǒu zhékòu piào ma?
上海までの航空券。	去 上海 的。 Qù Shànghǎi de.
東京までの航空券。	去 东京 的。 Qù Dōngjīng de.
往復の航空券。	往返 票。 Wǎngfǎn piào.
片道の航空券。	单程 票。 Dānchéng piào.
エコノミークラスを1枚。	一 张 经济舱。 Yì zhāng jīngjìcāng.
搭乗手続きはどこですか。	在 哪儿 办 登机 手续？ Zài nǎr bàn dēngjī shǒuxù?
窓際の席がほしいです。	要 靠 窗 的 座位。 Yào kào chuāng de zuòwèi.
通路側の席。	通道 一 侧 的 座位。 Tōngdào yí cè de zuòwèi.
搭乗口はどこですか。	登机口 在 哪儿？ Dēngjīkǒu zài nǎr?
すみません、飲み物をください。	小姐，我 要 一 杯 饮料。 Xiǎojie, wǒ yào yì bēi yǐnliào.
ビーフ料理にします。	我 要 牛肉饭。 Wǒ yào niúròufàn.
毛布を1枚ください。	我 要 一 条 毯子。 Wǒ yào yì tiáo tǎnzi.
イヤホンをください。	请 给 我 一 个 耳机。 Qǐng gěi wǒ yí ge ěrjī.

6 外出する

▶6. レンタカーを借りる　　　　　　　　　　Track 106

レンタカーを借りたいです。	我想租辆车。 Wǒ xiǎng zū liàng chē.
3日間借りたいのですが。	我想租三天。 Wǒ xiǎng zū sān tiān.
レンタル料金はいくらですか。	租金是多少？ Zūjīn shì duōshao?
価額表はありますか。	有价格表吗？ Yǒu jiàgébiǎo ma?
⇒この車はいかがでしょうか。	这辆车怎么样？ Zhè liàng chē zěnmeyàng?
はい、この車にします。	好，我就租这辆。 Hǎo, wǒ jiù zū zhè liàng.
車を返しにきました。	我来还车。 Wǒ lái huán chē.
チェックをお願いします。	请检查一下吧。 Qǐng jiǎnchá yíxià ba.

発展編

外出するときに使える言い方をもっと知っておきましょう。

▶1. 場所・道などを尋ねる　　　　　　　　Track 107

お尋ねしますが、この近くに、レストランがありますか。	请问，这附近有饭馆吗？ Qǐngwèn, zhè fùjìn yǒu fànguǎn ma?
お尋ねしますが、郵便局はどこですか。	请问，邮局在哪儿？ Qǐngwèn, yóujú zài nǎr?
海浜公園へは、どうやって行きますか。	去海滨公园怎么走？ Qù Hǎibīn gōngyuán zěnme zǒu?

お手洗いはどこですか。	洗手间 在 什么 地方？ Xǐshǒujiān zài shénme dìfang?
どこにインターネットバーがありますか。	哪儿 有 网吧？ Nǎr yǒu wǎngbā?
どこでファックスが送れますか。	哪儿 可以 发 传真？ Nǎr kěyǐ fā chuánzhēn?
図書城へはどのように行きますか。	去 书城 怎么 走？ Qù Shūchéng zěnme zǒu?
この車は空港に行きますか。	这 趟 车 去 不 去 机场？ Zhè tàng chē qù bu qù jīchǎng?
⇒前を進んでください。	向 前 走。 Xiàng qián zǒu.
⇒左に曲がってください。	往 左 拐。 Wǎng zuǒ guǎi.
⇒道路の反対側に行って乗らなければなりません。	你 得 去 马路 对面 坐 车。 Nǐ děi qù mǎlù duìmiàn zuò chē.
ここはどこですか。	这 是 什么 地方？ Zhè shì shénme dìfang?
私たちは今、どこにいますか。	我们 现在 在 哪里？ Wǒmen xiànzài zài nǎli?
こちらですか、それともあちらですか。	这边 还是 那边？ Zhèbiān háishi nàbiān?
列車の駅へはどこで降りればいいですか。	去 火车站 在 哪儿 下车？ Qù huǒchēzhàn zài nǎr xiàchē?

外出する

▶ 2. タクシーに乗る   Track 108

（1）目的地を告げる

「**到/去**＋地名」で、行きたい場所を告げれば行けますよ。

北京飯店までお願いします。	到 北京 饭店。 Dào Běijīng fàndiàn.

143

王府井に行ってください。	去 王府井。 Qù Wángfǔjǐng.

〈書いたもの、または名刺を見せて〉

この場所までお願いします。	到 这个 地方。 Dào zhège dìfang.

Track 109

関連単語 語彙を増やしましょう。（北京・上海の名所）

北京の名所

故宮博物院	故宮 Gùgōng
頤和園	颐和园 Yíhéyuán
天壇公園	天坛 公园 Tiāntán gōngyuán
天安門	天安门 Tiān'ānmén
長城	长城 Chángchéng

上海の名所

豫園	豫园 Yùyuán
新天地	新天地 Xīntiāndì
バンド	外滩 Wàitān
南京路	南京路 Nánjīnglù
和平飯店	和平 饭店 Hépíng fàndiàn

（2）時間やコースなどを話す

Track 110

だいたいいくらですか。	大约 多少 钱？ Dàyuē duōshao qián?
どれくらい時間がかかりますか。	要 多 长 时间？ Yào duō cháng shíjiān?
あとどれぐらいで着きますか。	还 有 多 长 时间 能 到？ Hái yǒu duō cháng shíjiān néng dào?
次の観光スポットまであとどれぐらいですか。	下 一 个 景点 还 有 多 远？ Xià yí ge jǐngdiǎn hái yǒu duō yuǎn?

できるだけ速くお願いします。	尽量 快 点儿。 Jǐnliàng kuài diǎnr.
ゆっくり行ってください。	请 开慢 点儿。 Qǐng kāimàn diǎnr.
お任せします。	走哪 条 路 都 行。 Zǒu nǎ tiáo lù dōu xíng.
もう少しスピードを出せませんか。	您 能 不 能 再 快 一点。 Nín néng bu néng zài kuài yìdiǎn.
飛行機に遅れそうです。	我 要 赶 飞机。 Wǒ yào gǎn fēijī.
他に道がありますか。	还 有 别 的 路 吗？ Hái yǒu bié de lù ma?
空港直通の高速道路で行きます。	我们 走 机场 高速。 Wǒmen zǒu jīchǎng gāosù.
端に寄って、止めてください。	请 靠边儿 停 一下。 Qǐng kàobiānr tíng yíxià.
煙草を吸ってもいいですか。	可以 吸烟 吗？ Kěyǐ xīyān ma?

(3) 乗車中のトラブル　　　　　　　　　　　　　　　Track 111

この道で合っていますか。	这 条 路 对 吗？ Zhè tiáo lù duì ma?
メーターを倒していますか。	你 打表 了 吗？ Nǐ dǎbiǎo le ma?
遠回りしていませんか。	是 不 是 绕路 了？ Shì bu shì ràolù le?
私はここで降ります。	我 要 在 这儿 下车。 Wǒ yào zài zhèr xiàchē.

(4) 降車する　　　　　　　　　　　　　　　　　　　　　　　Track 112

注文を付けて、便利な場所で降ろしてもらえるように頑張って言いましょう。

前方でUターンしてください。	前面 掉头。 Qiánmiàn diàotóu.
反対側までお願いします。	请 开到 对面。 Qǐng kāidào duìmiàn.
まっすぐ行ってください。	直 走。 Zhí zǒu.
前方の交差点で左へ曲がってください。	前面 路口 左 拐。 Qiánmiàn lùkǒu zuǒ guǎi.
右に曲がってください。	往 右 拐。 Wǎng yòu guǎi.
もうすぐ着きますか。	快 到 了 吗？ Kuài dào le ma?
着きました。	到 了。 Dào le.
ここです。	就 这儿。 Jiù zhèr.
ここで止めてください。	在 这儿 停 吧。 Zài zhèr tíng ba.
ここで止めてください。	就 停 这儿 吧。 Jiù tíng zhèr ba.
ここは王府井ですか。	这儿 是 王府井 吗？ Zhèr shì Wángfǔjǐng ma?
後ろのトランクを開けてください。	请 开 一下 后备箱。 Qǐng kāi yíxià hòubèixiāng.

関連単語 語彙を増やしましょう（交通用）

青信号	绿灯 lǜdēng	横断歩道	人行 横道 rénxíng héngdào
赤信号	红灯 hóngdēng	陸橋	天桥 tiānqiáo
歩道	人行道 rénxíngdào	立体交差橋	立交桥 lìjiāoqiáo
一方通行	单行线 dānxíngxiàn	高架道路	高架路 gāojiàlù
交差点	十字 路口 shízì lùkǒu	路地、横町	胡同 hútòng

(5) タクシー代を支払う

はい、どうぞ。	给你钱。 Gěi nǐ qián.
おつりは結構です。	不用 找 了。 Búyòng zhǎo le.
おつりをお願いします。	请 找 零钱。 Qǐng zhǎo língqián.
すみませんが、細かいお金がありません。	对不起，没 带 零钱。 Duìbuqǐ, méi dài língqián.
お釣りをください。	你 找 我 吧。 Nǐ zhǎo wǒ ba.
領収書をください。	给 我 发票。 Gěi wǒ fāpiào.
領収書をお願いします。	开 一 张 发票。 Kāi yì zhāng fāpiào.
ありがとうございました。さようなら。	谢谢，再见。 Xièxie, zàijiàn.

▶3. バス・地下鉄に乗る　　　　　　　　　　　Track 115

●交通の便を聞く

チケット売り場はどこですか。	票 在 哪儿 卖？ Piào zài nǎr mài?
北京駅まで1枚お願いします。	一 张 去 北京站 的。 Yì zhāng qù Běijīngzhàn de.
2枚ください。	要 两 张。 Yào liǎng zhāng.
北京飯店に行きたいんですが。	我 要 去 北京 饭店。 Wǒ yào qù Běijīng fàndiàn.
近くに地下鉄の駅がありますか。	附近 有 地铁站 吗？ Fùjìn yǒu dìtiězhàn ma?
バス乗り場はどこですか。	在 哪儿 坐车？ Zài nǎr zuòchē?
バス停はどこですか。	公交 车站 在 哪儿？ Gōngjiāo chēzhàn zài nǎr?
空港行きバスはどこで乗りますか。	在 哪儿 坐 机场 大巴？ Zài nǎr zuò jīchǎng dàbā?
一番安いのはどれですか。	坐 什么 车 最 便宜？ Zuò shénme chē zuì piányi?
王府井へはどこで降りますか。	去 王府井 在 哪儿 下车？ Qù Wángfǔjǐng zài nǎr xiàchē?
天津へのバスはありますか。	有 去 天津 的 大巴 吗？ Yǒu qù Tiānjīn de dàbā ma?
市内へ地下鉄はありますか。	有 去 市内 的 地铁 吗？ Yǒu qù shìnèi de dìtiě ma?
バスは何時に出ますか。	大巴 几 点 开？ Dàbā jǐ diǎn kāi?
友誼賓館へのバスは何時ですか。	去 友谊 宾馆 的 大巴 几 点 开？ Qù Yǒuyì bīnguǎn de dàbā jǐ diǎn kāi?
次のバスは何時ですか。	下 一 趟 是 几 点？ Xià yí tàng shì jǐ diǎn?

最後のバスは何時ですか。	末班车 是 几 点？ Mòbānchē shì jǐ diǎn?
最も早いのはどれですか。	哪个 最 快？ Nǎge zuì kuài?
そこまでは遠いですか。	离 这儿 远 不 远？ Lí zhèr yuǎn bu yuǎn?
どれくらい時間がかかりますか。	要 多 长 时间？ Yào duō cháng shíjiān?
ホテルまでどれぐらい時間がかかります？	到 饭店 要 多 长 时间？ Dào fàndiàn yào duō cháng shíjiān?
いくらぐらいですか。	大约 多少 钱？ Dàyuē duōshao qián?

▶ 4. 列車に乗る　　　　　　　　　　　　　Track 116

西安までの二等寝台席の切符を2枚お願いします。	要 两 张 去 西安 的 硬卧票。 Yào liǎng zhāng qù Xī'ān de yìngwòpiào.
上海までの新幹線の切符を2枚ください。	买 两 张 去 上海 的 动车票。 Mǎi liǎng zhāng qù Shànghǎi de dòngchēpiào.
この列車の西安到着は何時ですか。	火车 到达 西安 是 几 点？ Huǒchē dàodá Xī'ān shì jǐ diǎn?
この列車は特急ですか。	这 趟 火车 是 特快 吗？ Zhè tàng huǒchē shì tèkuài ma?
食堂車は何号車にありますか。	餐车 在 第 几 车厢？ Cānchē zài dì jǐ chēxiāng?
⇒食堂車は9号車にあります。	餐车 在 第 九 车厢。 Cānchē zài dì jiǔ chēxiāng.
今、どこを走っていますか。	现在 火车 到 哪儿 了？ Xiànzài huǒchē dào nǎr le?
この列車は遅れていますか。	火车 晚点 了 吗？ Huǒchē wǎndiǎn le ma?

6 外出する

▶ 5. 飛行機に乗る　　　　　　　　　　　　　　Track 117

三亜行きの航空券を1枚予約したいです。

订 一 张 去 三亚 的 机票。
Dìng yì zhāng qù Sānyà de jīpiào.

格安チケットがありますか。

有 没有 打折 机票？
Yǒu méiyǒu dǎzhé jīpiào?

ビジネスクラスを1枚予約したいんですが。

我 要 一 张 公务舱。
Wǒ yào yì zhāng gōngwùcāng.

ファーストクラスを予約したいんですが。

请 给 我 订 个 头等舱。
Qǐng gěi wǒ dìng ge tóuděngcāng.

北京ホテルの802号室に泊まっています。切符を届けてもらえますか。

我 住在 北京 饭店 806 房间。
Wǒ zhùzài Běijīng fàndiàn bālíngliù fángjiān.

你们 可以 送 票 吗？
Nǐmen kěyǐ sòng piào ma?

⇒託送荷物はありますか。

有 没有 要 托运 的 行李？
Yǒu méiyǒu yào tuōyùn de xíngli?

⇒荷物はいくつですか。

您 有 几 件 行李？
Nín yǒu jǐ jiàn xíngli?

⇒他に荷物がありますか。

还 有 其他 行李 吗？
Hái yǒu qítā xíngli ma?

このトランクは機内に持ち込めますか。

这个 箱子 能 带上 飞机 吗？
Zhège xiāngzi néng dàishang fēijī ma?

できれば窓際の席が望ましいのですが。

最好 是 靠 窗 的 座位。
Zuìhǎo shì kào chuāng de zuòwèi.

⇒お荷物は重量オーバーです。

您 的 行李 超重 了。
Nín de xíngli chāozhòng le.

▶ 6. レンタカーを借りる　　　　　　　　　　　Track 118

車を1台借りたいのですが。

我 想 租 一 辆 汽车。
Wǒ xiǎng zū yí liàng qìchē.

明後日に使います。

后天 用。
Hòutiān yòng.

どんな車種がありますか。	都有什么车型？ Dōu yǒu shénme chēxíng?
一般乗用車は1日いくらですか。	小卧车一天多少钱？ Xiǎowòchē yì tiān duōshao qián?
保険に入らなければならないですか。	要上保险吗？ Yào shàng bǎoxiǎn ma?
カーナビは付いていますか。	带电子导航仪吗？ Dài diànzǐ dǎohángyí ma?
⇒預かり金として2000元いただきます。	请交两千元押金。 Qǐng jiāo liǎng qiān yuán yājīn.
⇒パスポートをコピーさせていただきます。	我们要复印一下你的护照。 Wǒmen yào fùyìn yíxià nǐ de hùzhào.
⇒運転免許証を見せてください。	给我看一下你的驾驶证。 Gěi wǒ kàn yíxià nǐ de jiàshǐzhèng.
⇒保険に入られますか。	你要买保险吗？ Nǐ yào mǎi bǎoxiǎn ma?
⇒ちょっとチェックしてください。	请你检查一下。 Qǐng nǐ jiǎnchá yíxià.
⇒こちらの用紙にご記入をお願いします。	请你填一下这张单子。 Qǐng nǐ tián yíxià zhè zhāng dānzi.
もし何かあったら、どのように連絡を取ればいいですか。	如果有问题，怎么跟你们联系？ Rúguǒ yǒu wèntí, zěnme gēn nǐmen liánxì?
⇒これは私どもの名刺です。こちらにお電話をください。	这是我们的名片，请打这个电话。 Zhè shì wǒmen de míngpiàn, qǐng dǎ zhège diànhuà.
⇒時間をオーバーされた場合は、追加料金が必要となります。	超过时间要加钱。 Chāoguò shíjiān yào jiā qián.

実践編

場面を想定して実践してみましょう。

1 〔道を尋ねる①〕ここから遠いですか（A は観光客、B は現地の人）

A： すみません、ちょっとお尋ねしたいのですが、近くに地下鉄の駅がありますか。

对不起，请问 附近 有 地铁站 吗？
Duìbuqǐ, qǐngwèn fùjìn yǒu dìtiězhàn ma?

B： すぐ前にあります。

就 在 前面。
Jiù zài qiánmiàn.

A： ここから遠いですか。

离 这儿 远 不 远？
Lí zhèr yuǎn bu yuǎn?

B： あまり遠くありません。まっすぐ行って、交差点に出たら左に曲がってください、そこです。

不 太 远。一直 往 前 走，
Bú tài yuǎn. Yìzhí wǎng qián zǒu,
到了 十字 路口 往 左 拐
dàole shízì lùkǒu wǎng zuǒ guǎi
就 是。
jiù shì.

2 〔道を尋ねる②〕郵便局へはどう行けばいいでしょうか（A は観光客、B は現地の人）

A： ちょっとお尋ねしますが、郵便局へはどう行けばいいでしょうか。

打扰 一下，去 邮局 怎么 走？
Dǎrǎo yíxià, qù yóujú zěnme zǒu?

B： この道をあと 100 メートルくらい行ったら見えます。

沿着 这 条 马路 走 一百 米 就
Yánzhe zhè tiáo mǎlù zǒu yìbǎi mǐ jiù
能 看到。
néng kàndào.

A： わかりやすいですか。

好 找 吗？
Hǎo zhǎo ma?

B： すぐわかります。

好 找。
Hǎo zhǎo.

A： 地図を持っていますから、その場所をマークしてくださいますか。

我 有 地图，请 帮 我 标出来
Wǒ yǒu dìtú, qǐng bāng wǒ biāochulai
好 吗？
hǎo ma?

B： いいですよ。え〜と、ここです。

好 的。嗯，就 在 这儿。
Hǎo de. Ńg, jiù zài zhèr.

Track 121

3 〔道を尋ねる③〕この道でいいですか（Aは観光客、Bは現地の人）

A： すみませんが、北京図書館へはこの道でいいですか。

请问，去 北京 图书馆 走 这 条
Qǐngwèn, qù Běijīng túshūguǎn zǒu zhè tiáo
路 对 吗？
lù duì ma?

B： 違います。反対の方向です。

错 了，方向 反 了。
Cuò le, fāngxiàng fǎn le.

A： ここから北京図書館までは遠いですか。

从 这里 到 北图 有 多 远？
Cóng zhèli dào Běitú yǒu duō yuǎn?

B： 遠いです、バスに乗らなければ無理です。

挺 远 的，得 坐车。
Tǐng yuǎn de, děi zuòchē.

A： もし歩くと、どれぐらいかかりますか。

要是 走路 呢？走着 去 得 多
Yàoshi zǒulù ne? Zǒuzhe qù děi duō
长 时间？
cháng shíjiān?

B： 少なくとも4、50分かかります。

至少 得 四、五十 分钟 吧。
Zhìshǎo děi sì, wǔshí fēnzhōng ba.

A： えー？そんなに遠いですか。やっぱりおとなしくバスに乗ることにします。

啊？那么 远 呀。我 还是 乖乖
Á? Nàme yuǎn ya. Wǒ háishi guāiguāi
坐 公交车 吧。
zuò gōngjiāochē ba.

Track 122

4 〔道を尋ねる④〕迷子になったようです（A は観光客、B は現地の人）

A: すみません、迷子になったようです。ここはどこですか。

对不起，我 迷路 了，这 是 什么 地方？
Duìbuqǐ, wǒ mílù le, zhè shì shénme dìfang?

B: ここは前門大通りです。どこに行きたいんですか。

这 是 前门 大街。您 要 去 哪儿？
Zhè shì Qiánmén dàjiē. Nín yào qù nǎr?

A: 故宮に行きたいのです。

我 想 去 故宫。
Wǒ xiǎng qù Gùgōng.

B: それならここから真っすぐ進むと着きますよ。

那 你 从 这儿 一直 往 前 走 就 能 到。
Nà nǐ cóng zhèr yìzhí wǎng qián zǒu jiù néng dào.

A: 本当にどうもありがとうございました。

太 谢谢 您 了。
Tài xièxie nín le.

Track 123

5 〔ホテルの前でタクシーに乗る〕タクシーを呼んでください（A は宿泊客、B はドアボーイ）

A: タクシーを1台呼んでください。

请 帮 我 叫 辆 出租车。
Qǐng bāng wǒ jiào liàng chūzūchē.

B: すみませんが、どちらへ行かれるのですか。

请问，您 去 哪儿？
Qǐngwèn, nín qù nǎr?

A: 博物館に行きたいのですが。どれぐらいかかりますか。

我 要 去 博物馆。大概 要 多 长 时间？
Wǒ yào qù bówùguǎn. Dàgài yào duō cháng shíjiān?

B: 渋滞がなければ、20分ぐらいです。渋滞に巻き込まれると、ちょっとわかりません。

不 堵车 的话，20 分钟 左右。堵车 的话，就 不 好 说 了。
Bù dǔchē dehuà, èrshí fēnzhōng zuǒyòu. Dǔchē dehuà, jiù bù hǎo shuō le.

A: どうもありがとうございました。

谢谢。
Xièxie.

B: はい、タクシーが来ました。どうぞお乗りください。

小姐,车来了,请上车。
Xiǎojiě, chē lái le, qǐng shàngchē.

Track 124

6 〔タクシーの中①〕北京飯店までお願いします（Ａは乗客、Ｂはタクシー運転手）

A: 北京飯店までお願いします。

到北京饭店。
Dào Běijīng fàndiàn.

B: かしこまりました。安全ベルトをお締めください。

好的,请系好安全带。
Hǎo de, qǐng jìhǎo ānquándài.

A: すみませんが、もう少し急いでくださいませんか。ちょっと急な用事がありまして。

师傅,能不能开快点儿？我有点儿急事儿。
Shīfu, néng bu néng kāikuài diǎnr? Wǒ yǒu diǎnr jíshìr.

B: お客様、スピードを出したくないのではありません。ほら、ご覧ください、高速道路の上には至るところビデオが設置されていて、スピード違反をとられたら罰金されるんですよ。

小姐,不是我不愿意开快,你看,高速公路上到处都有摄像头,逮住了要罚款的。
Xiǎojiě, bú shì wǒ bú yuànyì kāikuài, nǐ kàn, gāosù gōnglù shang dàochù dōu yǒu shèxiàngtóu, dǎizhù le yào fákuǎn de.

A: そうですか。そんなに厳しいんですか。

是吗？那么严重？
Shì ma? Nàme yánzhòng?

B: そうです。何度も罰金を課されたことがあります。

可不,我已经被罚过好几次了。
Kěbù, wǒ yǐjīng bèi fáguo hǎojǐ cì le.

155

Track 125

7 〔タクシーの中②〕もう少し速くお願いします（Aは空港に行く乗客、Bはタクシー運転手）

A: 首都空港までお願いします。

到 首都 机场。
Dào Shǒudū jīchǎng.

B: 第2旅客ターミナルですか。第3旅客ターミナルですか。

二 号 航站楼，还是 三 号 航站楼？
Èr hào hángzhànlóu, háishi sān hào hángzhànlóu?

A: よくわかりません。

我 也 不 太 清楚。
Wǒ yě bú tài qīngchu.

B: 国際線に乗るのですか。
それとも国内線に乗るのですか。

您 坐 国际 航班 还是 国内 航班？
Nín zuò guójì hángbān háishi guónèi hángbān?

A: 国際線です。

国际 航班。
Guójì hángbān.

B: どの航空会社ですか。

哪个 航空 公司？
Nǎge hángkōng gōngsī?

A: CAです。

CA。
CA.

B: それなら第3旅客ターミナルです。

那 是 三 号 航站楼。
Nà shì sān hào hángzhànlóu.

A: どうもありがとう。すみませんが、もう少し速くお願いできますか。

谢谢。师傅，能 不 能 再 稍微 开快 点儿。
Xièxie. Shīfu, néng bu néng zài shāowēi kāikuài diǎnr.

B: 了解です。今は渋滞していないから、あなたの飛行機に遅れるようにはしませんから。

好 嘞。现在 不 堵车，不 会 耽误 您 乘机 的。
Hǎo lei. Xiànzài bù dǔchē, bú huì dānwu nín chéngjī de.

8 〔バスに乗る〕王府井まで1枚ください（Aは乗客、Bは車掌）

B： お乗りになったお客様は中ほどまでお詰め願います。切符をお持ちでないお客様は切符をお求めください。

上车 的 乘客 请 往 里 走。
Shàngchē de chéngkè qǐng wǎng lǐ zǒu.
没 票 的 乘客 请 买 票。
Méi piào de chéngkè qǐng mǎi piào.

A： 王府井まで1枚ください。

一 张 王府井。
Yì zhāng Wángfǔjǐng.

B： 2元です。

两 块。
Liǎng kuài.

A： 王府井までは何駅ですか。

到 王府井 要 坐 几 站？
Dào Wángfǔjǐng yào zuò jǐ zhàn?

B： 3駅です。切符を買われたお客様は中ほどまでお願いします。

三 站。买了 票 的 往 里 走。
Sān zhàn. Mǎile piào de wǎng lǐ zǒu.

A： 王府井に着いたら、声をかけてくださいますか。

到 王府井 请 叫 我 一 声。
Dào Wángfǔjǐng qǐng jiào wǒ yì shēng.

B： 次は王府井です。

下 一 站 就 是 王府井。
Xià yí zhàn jiù shì Wángfǔjǐng.

A： ありがとうございます。すみません、降りますから、通してください。

谢谢。劳驾，换 一下儿。我 要
Xièxie. Láojià, huàn yíxiàr. Wǒ yào
下车。
xiàchē.

⑨ 〔列車の切符を買う〕二等寝台席はもうありません（A は乗客、B は切符売り）

A: 明朝西安に着く寝台車の切符はありますか。

有 明天 早上 到 西安 的 卧铺 吗？
Yǒu míngtiān zǎoshang dào Xī'ān de wòpù ma?

B: 二等寝台席はもうありません。一等席ならまだ数枚あります。

硬卧 没有 了，软卧 还 有 几 张。
Yìngwò méiyǒu le, ruǎnwò hái yǒu jǐ zhāng.

A: では、明後日西安に着く二等寝台席はありますか。

那 后天 到 西安 的 硬卧 有 吗？
Nà hòutiān dào Xī'ān de yìngwò yǒu ma?

B: 少々お待ちください。ちょっと見てみます。ありません。1 枚もありません。一等席の切符はいかがですか。

请 稍 等，我 看 一下。没有 了。硬卧 一 张 也 没有 了。软卧票 要 吗？
Qǐng shāo děng, wǒ kàn yíxià. Méiyǒu le. Yìngwò yì zhāng yě méiyǒu le. Ruǎnwòpiào yào ma?

A: そうですか。家に帰って家族と相談してから、また買いに来ます。

我 回去 跟 家人 商量 一下 再 来 买。
Wǒ huíqu gēn jiārén shāngliang yíxià zài lái mǎi.

B: 急いでください、遅くなると、一等席もなくなりますから。

请 抓紧 时间，晚 了 软卧 也 没有 了。
Qǐng zhuājǐn shíjiān, wǎn le ruǎnwò yě méiyǒu le.

A: わかりました、ありがとうございました。

知道 了，谢谢。
Zhīdao le, xièxie.

10 〔プラットホームで〕K136 は何番線ですか（A は乗客、B は駅員）

Track 128

A：	すみませんが、K136 は何番線ですか。	请问 K136 次 在 几 站台？ Qǐngwèn K yāosānliù cì zài jǐ zhàntái?
B：	3番線です。	3 站台。 Sān zhàntái.
A：	二等寝台車に乗るためには、どこに並べばいいですか。	请问 硬卧 车厢 在 哪儿 排队？ Qǐngwèn yìngwò chēxiāng zài nǎr páiduì?
B：	寝台車は後ろのほうですから、後ろのほうへ行ってください。	卧铺 车厢 在 后边，往 后边 走。 Wòpù chēxiāng zài hòubian, wǎng hòubian zǒu.
A：	すみませんが、西安には何時に到着しますか。	请问 几 点 到 西安？ Qǐngwèn jǐ diǎn dào Xī'ān?
B：	明日の朝6時35分に到着する予定です。	明天 早上 6 点 35 分 到。 Míngtiān zǎoshang liù diǎn sānshíwǔ fēn dào.

11 〔搭乗手続きをする〕パスポートを見せてください（A は乗客、B は空港のスタッフ）

Track 129

A：	こんにちは！ 搭乗手続きをお願いします。	你 好！办 登机 手续。 Nǐ hǎo! Bàn dēngjī shǒuxù.
B：	かしこまりました。パスポートをお見せください。	好 的，请 出示 一下 您 的 护照。 Hǎo de, qǐng chūshì yíxià nín de hùzhào.
A：	はい。	给 您。 Gěi nín.
B：	お預けの荷物はいくつですか。	您 有 几 件 托运 行李？ Nín yǒu jǐ jiàn tuōyùn xínglǐ?

6 外出する

159

A： 2つです。

両 件。
Liǎng jiàn.

B： 荷物を上に載せてください、1つずつ置いてください。

请 把 行李 放上来, 一 件 一 件 放。
Qǐng bǎ xíngli fàngshanglai, yí jiàn yí jiàn fàng.

A： わかりました。

好 的。
Hǎo de.

B： お荷物は重量オーバーです。

您 的 行李 超重 了。
Nín de xíngli chāozhòng le.

A： では、どうしましょう。

那 怎么 办？
Nà zěnme bàn?

B： 重量オーバーの罰金を払っていただくか、または、トランクの中の物を一部出していただくか、どちらかです。

或者 缴纳 超重 罚金, 或者 拿出去 一些 东西。
Huòzhě jiǎonà chāozhòng fájīn, huòzhě náchuqu yìxiē dōngxi.

A： では、一部を出すことにします。

那 我 拿出 一些 东西 来 吧。
Nà wǒ náchu yìxiē dōngxi lái ba.

B： 席は窓際になさいますか、それとも通路側になさいますか。

座位 要 靠 窗 的 还是 要 过道 的？
Zuòwèi yào kào chuāng de háishi yào guòdào de?

A： 窓際にお願いします。

要 靠 窗 的。
Yào kào chuāng de.

B： 手続きはすべて終わりました。13時までにC-3搭乗口から御搭乗ください。

手续 都 办好 了, 请 在 13 点 之前 在 C3 登机口 登机。
Shǒuxù dōu bànhǎo le, qǐng zài shísān diǎn zhīqián zài C sān dēngjīkǒu dēngjī.

12 〔安全検査〕パソコンは持っていません（Aは乗客、Bは安全検査係）

B: パスポートを見せてください。

请 出示 护照。
Qǐng chūshì hùzhào.

A: どうぞ。

给。
Gěi.

B: すべての携帯品を籠の中に入れてください。

请 把 随身 物品 都 放进 篮子 里。
Qǐng bǎ suíshēn wùpǐn dōu fàngjin lánzi li.

A: わかりました。

好 的。
Hǎo de.

B: パソコンは持っていますか。上着も脱いで籠に入れてください。

有 没有 电脑？把 上衣 也 脱下
Yǒu méiyǒu diànnǎo? Bǎ shàngyī yě tuōxia
放在 筐里。
fàngzài kuānglǐ.

A: パソコンは持っていません。

没有 电脑。
Méiyǒu diànnǎo.

B: 水も持ち込み不可です。

水 也 不 准 带进来。
Shuǐ yě bù zhǔn dàijinlai.

A: では、飲み干します。

那 我 把 它 喝 了。
Nà wǒ bǎ tā hē le.

B: カバンの中を見せてください。

请 把 这个 包 打开。
Qǐng bǎ zhège bāo dǎkāi.

A: いいですよ。

没 问题。
Méi wèntí.

B: 手を広げて。はい、結構でした。

把 手臂 伸开。好 了，可以 了。
Bǎ shǒubì shēnkāi. Hǎo le, kěyǐ le.

Track 131

⓭ 〔手荷物検査〕このスーツケースを開けてください（A は乗客、B は税関職員）

B :	このスーツケースを開けてください。中は何ですか。	请 把 这个 箱子 打开。里面 是 什么 东西？ Qǐng bǎ zhège xiāngzi dǎkāi. Lǐmiàn shì shénme dōngxi?
A :	洋服と本などです。	都 是 一些 衣服 和 书籍。 Dōu shì yìxiē yīfu hé shūjí.
B :	この絵は外国へ持ち出すことはできません。また、こちらは課税されます。	这 张 画儿 不 能 带出境。这 件 要 上税。 Zhè zhāng huàr bù néng dàichū jìng. Zhè jiàn yào shàngshuì.
A :	どこで通関申告の手続きをしますか。	在 哪儿 办 报关 手续？ Zài nǎr bàn bàoguān shǒuxù?
B :	ほら、あそこです。	你 看，在 那儿。 Nǐ kàn, zài nàr.

Track 132

⓮ 〔機内で〕ビーフをください（A は乗客、B はキャビンアテンダント）

B :	お客様のお座席はこちらです。	您 的 座位 在 这儿。 Nín de zuòwèi zài zhèr.
A :	ありがとう。	谢谢！ Xièxie!
B :	安全ベルトをお閉めください。	请 系好 安全带。 Qǐng jìhǎo ānquándài.
A :	お水を一杯いただけますか。	麻烦 先 给 我 来 杯 水 好 吗？ Máfan xiān gěi wǒ lái bēi shuǐ hǎo ma?
B :	少々お待ちください。すみません、水をどうぞ。	请 稍 等。先生，您 的 水。 Qǐng shāo děng. Xiānsheng, nín de shuǐ.
A :	ありがとう。	谢谢。 Xièxie.

B：	これから昼食をお出しします、椅子の背もたれを元の位置にお戻しください。	现在 供应 午餐，请 把 椅背 调直。 Xiànzài gōngyìng wǔcān, qǐng bǎ yǐbèi tiáozhí.
A：	はい、わかりました。	欸，好 的。 Èi, hǎo de.
B：	ビーフになさいますか。それともチキンになさいますか。	您 要 牛肉饭，还是 鸡肉饭？ Nín yào niúròufàn, háishi jīròufàn?
A：	ビーフをください。	来 一 份 牛肉饭。 Lái yí fèn niúròufàn.
B：	飲み物は何になさいますか。	您 喝 点儿 什么？ Nín hē diǎnr shénme?
A：	ビールをください。	啤酒。 Píjiǔ.

Track 133

15 〔レンタカーを借りる〕車を借りたいのですが（Aは客、Bは店員）

A：	車を1台借りたいのですが。	我 想 租 一 辆 汽车。 Wǒ xiǎng zū yí liàng qìchē.
B：	いつご利用なさいますか。	什么 时候 用？ Shénme shíhou yòng?
A：	明後日です。どんな車種がありますか。	后天。都 有 什么 车型？ Hòutiān. Dōu yǒu shénme chēxíng?
B：	一般乗用車、マイクロバス、大型乗用車とトラックなどがあります。	有 小卧车、面包车、大轿车 和 卡车 等。 Yǒu xiǎowòchē、miànbāochē、dàjiàochē hé kāchē děng.
A：	一般乗用車は1日いくらですか。	小卧车 一 天 多少 钱？ Xiǎowòchē yì tiān duōshao qián?
B：	一番安いので150元、一番高いもので200元です。	最 便宜 的 一百 五十 块，最 贵 的 二百 块。 Zuì piányi de yìbǎi wǔshí kuài, zuì guì de èrbǎi kuài.

A： 保険に入らなければならないですか。

要 上 保险 吗？
Yào shàng bǎoxiǎn ma?

B： 必要ありません。私どもがすでにお客様のために保険をかけております。

不用。我们 已经 为 您 上好 了。
Búyòng. Wǒmen yǐjing wèi nín shànghǎo le.

A： カーナビは付いていますか。

带 电子 导航仪 吗？
Dài diànzǐ dǎohángyí ma?

B： はい、付いています。

带。
Dài.

A： ありがたいです。

太 好 了。
Tài hǎo le.

B： 返すときはガソリンを満タンにしてください。

还 车 的 时候 请 加满 油。
Huán chē de shíhòu qǐng jiāmǎn yóu.

A： はい、わかりました。では、どんな手続きが必要ですか。

好 的。租 车 需要 什么 手续？
Hǎo de. Zū chē xūyào shénme shǒuxù?

B： 身分証明書と運転免許証です。

身份证 和 驾照。
Shēnfènzhèng hé jiàzhào.

A： 身分証明書はパスポートでもいいですか。

身份证 用 护照 代替 可以 吗？
Shēnfènzhèng yòng hùzhào dàitì kěyǐ ma?

B： はい、けっこうです。

可以。
Kěyǐ.

7 食事をとる

就餐　jiùcān

中国語では、「いただきます」「ごちそう様でした」に相当するような表現はありません。

基本文型

Track 134

(1) ～を食べたいです
　　「"我想吃"＋料理名」

和食を食べたいです。　　　　　　我 想 吃 日本 料理。
　　　　　　　　　　　　　　　　Wǒ xiǎng chī Rìběn liàolǐ.

マーボー豆腐を食べたいです。　　我 想 吃 麻婆 豆腐。
　　　　　　　　　　　　　　　　Wǒ xiǎng chī mápó dòufu.

(2) ～をください（料理を注文する時）
　　「"来一个 / 要一个"＋料理名」

チンジャオロースーを1つください。　来 一 个 青椒 肉丝。
　　　　　　　　　　　　　　　　　　Lái yí ge qīngjiāo ròusī.

卵チャーハンを1つください。　　　　来 一 个 蛋炒饭。
　　　　　　　　　　　　　　　　　　Lái yí ge dànchǎofàn.

基礎編

Track 135

食事についての基礎表現を押さえておきましょう。

▶ 1. 食事の前

お腹がすきました。	我 饿 了。 Wǒ è le.
日本料理が食べたいです。	我 想 吃 日本 料理。 Wǒ xiǎng chī Rìběn liàolǐ.
外で食べましょうか。	我们 出去 吃 吧。 Wǒmen chūqu chī ba.
席がありますか。	有 位子 吗？ Yǒu wèizi ma?
奥に座りたいです。	我们 想 坐 里面。 Wǒmen xiǎng zuò lǐmiàn.
こっちに座ってもいいですか。	坐 这儿 可以 吗？ Zuò zhèr kěyǐ ma?

▶ 2. 注文する

Track 136

すみません。注文します。	服务员，点 菜。 Fúwùyuán, diǎn cài.
何かおいしいものありますか。	有 什么 好吃 的？ Yǒu shénme hǎochī de?
お勧めは何ですか。	这儿 的 招牌菜 是 什么？ Zhèr de zhāopáicài shì shénme?
いちばんおいしいものは？	这儿 什么 最 好吃？ Zhèr shénme zuì hǎochī?
ジュースがありますか。	有 果汁 吗？ Yǒu guǒzhī ma?
生ビールを２つください。	要 两 瓶 扎啤。 Yào liǎng píng zhāpí.

マーボー豆腐を１つください。	来一个麻婆豆腐。 Lái yí ge mápó dòufu.
チンジャオロースーを１つください。	要一个青椒肉丝。 Yào yí ge qīngjiāo ròusī.
⇒ほかに何かいかがでしょうか。	还要别的吗？ Hái yào bié de ma?
結構です。	不要了。 Bú yào le.
香菜(シャンツァイ)を入れないでください。	不要放香菜。 Búyào fàng xiāngcài.

▶3. 食事中　　　　　　　　　　　Track 137

いい香りですね。	好香啊。 Hǎo xiāng a.
味はどうですか。	味道怎么样？ Wèidao zěnmeyàng?
とても味がいいです。	味道好极了。 Wèidao hǎojí le.
とてもおいしいです。	很好吃！ Hěn hǎochī!
この料理は本当においしいです。	这个菜真好吃。 Zhège cài zhēn hǎochī.
おかわりをください。	再来一份。 Zài lái yí fèn.
このスープは少し辛すぎです。	这个汤有点儿咸。 Zhège tāng yǒudiǎnr xián.
水を一杯ください。	请给我一杯水。 Qǐng gěi wǒ yì bēi shuǐ.
早くしてくれませんか。	能快点儿吗？ Néng kuài diǎnr ma?

▶ 4. 勘定を支払う　　　　　　　　　　　　Track 138

勘定をお願いします。	服务员，结账。 Fúwùyuán, jiézhàng.
今日は私がおごります。	今天 我 请客。 Jīntiān wǒ qǐngkè.
やはり割り勘にしましょう。	还是 AA 制 吧。 Háishì AAzhì ba.
持ち帰りたいのですが。	服务员，打包。 Fúwùyuán, dǎbāo.
ご招待どうもありがとう。	谢谢 您 的 款待。 Xièxie nín de kuǎndài.

発展編　　　　　　　　　　　　　　　　　　Track 139

食事についての言い方をもっと知っておきましょう。

▶ 1. 食事前

お腹がすきました。	肚子 饿 了。 Dùzi è le.
とてもお腹がすいた。	快 饿死 我 了。 Kuài èsi wǒ le.
今日は外で食べたいです。	今天 想 在 外边 吃。 Jīntiān xiǎng zài wàibiān chī.

(1) 食べたいものを言う

広東料理を食べたいです。	我 想 吃 粤菜。 Wǒ xiǎng chī yuècài.
フランス料理を食べたいです。	我 想 吃 法国菜。 Wǒ xiǎng chī Fǎguócài.
北京ダックを食べたいです。	我 想 吃 北京 烤鸭。 Wǒ xiǎng chī Běijīng kǎoyā.

羊のしゃぶしゃぶを食べたいです。	我 想 吃 涮羊肉。 Wǒ xiǎng chī shuànyángròu.
ショーロンポーを食べたいです。	我 想 吃 小笼包。 Wǒ xiǎng chī xiǎolóngbāo.
上海ガニを食べたいです。	我 想 吃 大闸蟹。 Wǒ xiǎng chī dàzháxiè.
焼肉を食べたいです。	我 想 吃 烤肉。 Wǒ xiǎng chī kǎoròu.
ラーメンを食べたいです。	我 想 吃 拉面。 Wǒ xiǎng chī lāmiàn.
そばを食べたいです。	我 想 吃 荞麦面。 Wǒ xiǎng chī qiáomàimiàn.
簡単に何かを食べましょうか。	我们 随便 吃 点儿 吧。 Wǒmen suíbiàn chī diǎnr ba.
今日は何を食べてもいいです。	今天 吃 什么 都 行。 Jīntiān chī shénme dōu xíng.
あるものを食べましょう。	有 什么 吃 什么 吧。 Yǒu shénme chī shénme ba.

関連単語 語彙を増やしましょう（中華料理の言い方）

前菜	凉菜 liángcài	おこげ	锅巴 guōbā
前菜盛り合わせ	拼盘 pīnpán	水餃子	水饺 shuǐjiǎo
バンバンジー	怪味儿 鸡丝 guàiwèir jīsī	焼き餃子	锅贴 guōtiē
ピータン豆腐	皮蛋 豆腐 pídàn dòufu	タンメン	汤面 tāngmiàn
焼き豚	叉烧肉 chāshāoròu	ジャージャーメン	炸酱面 zhájiàngmiàn
細切り肉の甘辛いため	鱼香 肉丝 yúxiāng ròusī	五目チャーハン	什锦 炒饭 shíjǐn chǎofàn
鯉の甘酢あんかけ	糖醋 鲤鱼 tángcù lǐyú	揚州チャーハン	扬州 炒饭 yángzhōu chǎofàn
		ワンタン	馄饨 húntun
鶏肉角切りのトウガラシ炒め	宫保 鸡丁 gōngbǎo jīdīng	フカヒレスープ	鱼翅汤 yúchìtāng
		コーンスープ	粟米羹 sùmǐgēng
鶏肉カシューナッツ炒め	腰果 鸡丁 yāoguǒ jīdīng	杏仁豆腐	杏仁 豆腐 xìngrén dòufu
酢豚	咕咾肉 gūlǎoròu	タピオカミルク	西米露 xīmǐlù
トンポーロウ	东坡肉 dōngpōròu	エッグタルト	蛋挞 / 蛋塔 dàntà dàntǎ
トマトと卵の炒め物	西红柿 炒 鸡蛋 xīhóngshì chǎo jīdàn	マンゴープリン	芒果 布丁 mángguǒ bùdīng

(2) レストランを探す　　　　　　　　　　　　　　　　　Track 141

近くにいいレストランがありますか。	附近 有 好 的 饭馆 吗？ Fùjìn yǒu hǎo de fànguǎn ma?
この辺りに四川料理店はありますか。	这里 有 没有 川菜馆？ Zhèli yǒu méiyǒu chuāncàiguǎn?
近くに日本料理店があります。	附近 有 个 日本 料理店。 Fùjìn yǒu ge Rìběn liàolǐdiàn.
あそこに中華料理店があります。	那边 有 一 个 中国 菜馆。 Nàbian yǒu yí ge Zhōngguó càiguǎn.
ここはイタリア料理店です。	这里 是 意大利 餐厅。 Zhèli shì Yìdàlì cāntīng.
こちらはそば屋です。	这 是 荞麦面馆。 Zhè shì qiáomàimiànguǎn.

　　　　　　　　　　　　　　　　　　　　　　　　　　　　Track 142

関連単語　語彙を増やしましょう。（レストランの種類）

すし屋	寿司店 shòusīdiàn	ピザハット	必胜客 Bìshèngkè
ラーメン屋	拉面馆 lāmiànguǎn	吉野家	吉野家 Jíyějiā
定食屋	套餐店 tàocāndiàn	サブウェイ	赛百味 Sàibǎiwèi
韓国料理店	韩国 料理店 Hánguó liàolǐdiàn	モスバーガー	莫师 汉堡 Mòshī hànbǎo
マクドナルド	麦当劳 Màidāngláo	ハーゲンダッツ	哈根达斯 Hāgēndásī
ケンタッキー	肯德基 Kěndéjī		

(3) 営業時間を尋ねる　　　　　　　　　　　　　　　　Track 143

すみませんが、今、やっていますか。	请问，开始 营业 了 吗？ Qǐngwèn, kāishǐ yíngyè le ma?
何時から営業を始めますか。	几 点 开始 营业？ Jǐ diǎn kāishǐ yíngyè?

入ってもいいですか。	可以进了吗？ Kěyǐ jìn le ma?

（4）何名かを告げる　　　　　　　　　Track 144

⇒何名様でしょうか。	您几位？ Nín jǐ wèi?
2人です。	两位。 Liǎng wèi.
全部で4名です。	我们一共四位。 Wǒmen yígòng sì wèi.
⇒私に付いてきてください。	请跟我来。 Qǐng gēn wǒ lái.
⇒こちらへどうぞ。	这边请。 Zhè biān qǐng.
⇒奥へどうぞ。	里面请。 Lǐmiàn qǐng.

（5）席について話す（自分が好きな席を伝えましょう）　　Track 145

席がありますか。	有位子吗？ Yǒu wèizi ma?
席がありますか。	有座位吗？ Yǒu zuòwèi ma?
静かな席をお願いします。	要安静一点儿的位子。 Yào ānjìng yìdiǎnr de wèizi.
席を替えてください。	我想换一下座位。 Wǒ xiǎng huàn yíxià zuòwèi.
中に座ってもいいですか。	坐里边可以吗？ Zuò lǐbian kěyǐ ma?
禁煙席でお願いします。	我要禁烟席。 Wǒ yào jìnyānxí.
窓側でお願いします。	我要靠窗的座位。 Wǒ yào kào chuāng de zuòwèi.

⇒お好きな席にどうぞ。	请 随便 坐。 Qǐng suíbiàn zuò.
どちらの席でもかまいません。	坐 哪儿 都 行。 Zuò nǎr dōu xíng.
こちらでWiFiが使えますか。暗証番号は何番ですか。	这儿 有 WiFi 吗？密码 是 Zhèr yǒu WiFi ma? Mìmǎ shì 多少？ duōshao?
ここでネットができますか。	这儿 可以 上网 吗？ Zhèr kěyǐ shàngwǎng ma?
窓際の席がありますか。	有 靠 窗 的 座位 吗？ Yǒu kào chuāng de zuòwèi ma?
⇒すみません。今、席がありません。	对不起，现在 没 位子 了。 Duìbuqǐ, xiànzài méi wèizi le.
⇒ありません。お待ちになりますか。	没有 了，你们 要 等 吗？ Méiyǒu le, nǐmen yào děng ma?
⇒ただ2つだけあります。	就 剩下 两 个 位子 了。 Jiù shèngxià liǎng ge wèizi le.

(6) 個室について尋ねる　　　　　　　　　　Track 146

　中国のレストランはたいてい個室が用意されています。料金は無料ですから、選択肢の一つになります。部屋は自分で決められますから、積極的に要求しましょう。

個室はありますか。	有 包间 吗？ Yǒu bāojiān ma?
部屋が小さすぎます。	房间 太 小。 Fángjiān tài xiǎo.
部屋が暑すぎます。	房间 太 热。 Fángjiān tài rè.
ちょっと寒いです。	有点儿 冷。 Yǒudiǎnr lěng.
隣がうるさすぎます。	隔壁 太 吵。 Gébì tài chǎo.

椅子を1つ追加してください。	再加一把椅子。 Zài jiā yì bǎ yǐzi.

(7) 待ち時間を告げられたら　　　　　　　　　　　　　Track 147

わかりました。待ちます。	知道了，我们等。 Zhīdao le, wǒmen děng.
待ってもいいです。	我们可以等。 Wǒmen kěyǐ děng.
どれぐらい待ちますか。	要等多长时间？ Yào děng duō cháng shíjiān?
どれくらい待ちますか。	要等多久？ Yào děng duō jiǔ?
長く待たなければなりませんか。	要等很久吗？ Yào děng hěn jiǔ ma?
また来ます。	我们以后再来。 Wǒmen yǐhòu zài lái.

(8) 席に座って店員を呼ぶ（声高に呼んでも恥ずかしくないですよ）　　Track 148

〈最後の音を少し伸ばして言うのがコツです。〉

すみません～。	小姐～。 Xiǎojiě～.
すみません～。	服务员～。 Fúwùyuán～.

(9) テーブルの片付けを頼む　　　　　　　　　　　　Track 149

ここ、片付けてください。	请把这儿收拾一下。 Qǐng bǎ zhèr shōushi yíxià.
これ、片付けてください。	请把这个拿走。 Qǐng bǎ zhège názǒu.
ここを拭いてください。	请把这儿擦一下。 Qǐng bǎ zhèr cā yíxià.

▶ 2. 注文する　　　　　　　　　　　　　　Track 150

メニューはどこにありますか。	菜单 在 哪儿？ Càidān zài nǎr?
メニューを見せてください。	我 看 一下 菜单。 Wǒ kàn yíxià càidān.
メニューを見せてください。	请 给 我 看 一下 菜单。 Qǐng gěi wǒ kàn yíxià càidān.
メニューを持ってきてください。	把 菜单 拿过来。 Bǎ càidān náguolai.
日本語のメニューがありますか。	有 日文 菜单 吗？ Yǒu Rìwén càidān ma?

（1）料理や飲み物などを尋ねる

こちらの名物料理は何ですか。	你们 这儿 有 什么 特色菜？ Nǐmen zhèr yǒu shénme tèsècài?
あれは何ですか。	那 是 什么？ Nà shì shénme?
⇒何になさいますか。	你们 想 吃 点儿 什么？ Nǐmen xiǎng chī diǎnr shénme?
⇒どんなお酒にしますか。	要 什么 酒水？ Yào shénme jiǔshuǐ?
⇒どんな飲み物にしますか。	来 点 什么 饮料？ Lái diǎn shénme yǐnliào?
⇒何を飲みますか。	喝 点 什么？ Hē diǎn shénme?
飲み物は何がありますか。	有 什么 饮料？ Yǒu shénme yǐnliào?

（2）飲み物を注文する　　　　　　　　　　Track 151

注文してもいいですか。	可以 点 菜 了 吗？ Kěyǐ diǎn cài le ma?

これをください。	要 这个。 Yào zhège.
あれをください。	我 要 那个。 Wǒ yào nàge.
ビールを2本ください。	要 两 瓶 啤酒。 Yào liǎng píng píjiǔ.
青島ビールをください。	要 青岛 啤酒。 Yào Qīngdǎo píjiǔ.
冷えたのをお願いします。	要 冰 的。 Yào bīng de.

〈中国のレストランでは、要求しなければ今でも常温のビールを出されることがあります、特に冬は。注文するときは、上の一言を忘れずに。〉

紹興酒がありますか。	有 绍兴酒 吗? Yǒu Shàoxīngjiǔ ma?
赤ワインを1本ください。	要 一 瓶 干红。 Yào yì píng gānhóng.
もう1本ください。	再 来 一 瓶。 Zài lái yì píng.
白酒(パイチュウ)が好きですか、 それとも赤ワインが好きですか。	你 喜欢 喝 白酒, 还是 喝 Nǐ xǐhuan hē báijiǔ, háishi hē 红酒? hóngjiǔ?
できるだけお酒は控えてください。	你 最好 少 喝 酒。 Nǐ zuìhǎo shǎo hē jiǔ.

Track 152

関連単語 語彙を増やしましょう。（飲み物）

オレンジジュース	橙汁 chéngzhī	白酒 (バイチュウ)	白酒 báijiǔ
リンゴジュース	苹果汁 píngguǒzhī	ワイン	葡萄酒 pútaojiǔ
コカコーラ	可乐 kělè	白ワイン	白葡萄酒 báipútaojiǔ
スプライト	雪碧 xuěbì	赤ワイン	干红 / 红酒 gānhóng　hóngjiǔ
ジャスミン茶	花茶 huāchá	紅茶	红茶 hóngchá
烏龍茶	乌龙茶 wūlóngchá	コーヒー	咖啡 kāfēi
プアール茶	普洱茶 pǔ'ěrchá	ココア	可可 kěkě
緑茶	绿茶 lǜchá	ソフトドリンク	清凉 饮料 qīngliáng yǐnliào
ミネラルウォーター	矿泉水 kuàngquánshuǐ	冷たい飲み物	冰镇 饮料 bīngzhèn yǐnliào
生ビール	生啤 / 扎啤 shēngpí　zhāpí		

（3）料理を注文する　　　　　　　　　　　Track 153

日本では、中国四大料理は上海料理・北京料理・四川料理・広東料理ですが、中国では、四大料理は、広東料理・四川料理・山東料理・江蘇料理です。

すみません、注文します。	小姐，点 菜。 Xiǎojie, diǎn cài.
クラゲを1つください。	来 一 个 海蜇皮。 Lái yí ge hǎizhépí.
野菜を多めに注文しましょう。	多 点 几 个 青菜。 Duō diǎn jǐ ge qīngcài.
ほかに、野菜を1つ注文します。	再 点 一 个 青菜。 Zài diǎn yí ge qīngcài.

この料理は辛いですか。	这个 菜 辣 吗？ Zhège cài là ma?
あと、酸辣汤(サンラータン)ください。	再 来 一 碗 酸辣汤。 Zài lái yì wǎn suānlàtāng.
⇒主食は何にしますか。	主食 要 点儿 什么？ Zhǔshí yào diǎnr shénme?
主食は何がありますか。	主食 有 什么？ Zhǔshí yǒu shénme?
卵チャーハンをください。	来 一 份 蛋炒饭。 Lái yí fèn dànchǎofàn.
焼きそばをお願いします。	来 一 盘 炒面。 Lái yì pán chǎomiàn.
坦々麺を4杯ください。	来 四 碗 担担面。 Lái sì wǎn dàndànmiàn.
⇒デザートはいりますか。	要 甜点 吗？ Yào tiándiǎn ma?
もう十分です。	够 了。 Gòu le.
とりあえずこれくらいにします。	先 点 这些 吧。 Xiān diǎn zhèxiē ba.
待たなければなりませんか。	要 等 吗？ Yào děng ma?
ちょっとお茶ください。	上 点儿 茶水。 Shàng diǎnr cháshuǐ.

(4) 味つけを頼む　　　　　　　　　　　　　　Track 154

あっさり味にしてください。	味儿 要 淡 一点儿。 Wèir yào dàn yìdiǎnr.
塩を少なめにしてください。	少 放 点儿 盐。 Shǎo fàng diǎnr yán.
砂糖を少なめに。	少 放 点儿 糖。 Shǎo fàng diǎnr táng.

辛くしないでください。	不要太辣。 Bú yào tài là.
唐辛子はいりません。	不要辣椒。 Bú yào làjiāo.
唐辛子を入れないでください。	别放辣椒。 Bié fàng làjiāo.
大盛りでお願いします。	多盛一点儿。 Duō chéng yìdiǎnr.
少なめでお願いします。	少来一点儿。 Shǎo lái yìdiǎnr.

（5）催促する　　Track 155

ふつう中国のレストランでは、客がお酒を飲むか飲まないかにかかわらず、料理は一気に出されます。しかし、混んでいる時や、間違えた時には、なかなか注文した一品が出てきません。遠慮せずに催促しましょう。

早くお願いします。	菜上快一点儿。 Cài shàng kuài yìdiǎnr.
あと一品が出てきません。	还有一个菜没上。 Hái yǒu yí ge cài méi shàng.
回鍋肉がまだきていません。	回锅肉到现在还没上呢。 Huíguōròu dào xiànzài hái méi shàng ne.
ちょっと催促してくださいますか。	你帮我们催一下好吗？ Nǐ bāng wǒmen cuī yíxià hǎo ma?

▶3. 食事中　　Track 156

この料理はおいしそうに見えます。	这个菜看上去不错。 Zhège cài kànshàngqu búcuò.
この料理は非常においしいです。	这个菜非常好吃。 Zhège cài fēicháng hǎochī.
この料理はどのようにして食べますか。	这个菜怎么吃？ Zhège cài zěnme chī?

この料理はおいしいから、お代わりをお願いします。	这个菜不错,我们再要一份。 Zhège cài búcuò, wǒmen zài yào yí fèn.
遠慮しないで、たくさん食べてください。	别客气,多吃点儿。 Bié kèqi, duō chī diǎnr.
いりません。結構です。	不要了,够了。 Bú yào le, gòu le.
⇒ご注文の料理は揃いましたね。	你们点的菜都上齐了。 Nǐmen diǎn de cài dōu shàngqí le.
もう一度メニューを見せてください。	把菜单再给我看看。 Bǎ càidān zài gěi wǒ kànkan.

(1) 味を表現する

味がとてもいいです。	味道不错! Wèidao búcuò!
塩加減がちょうどいいです。	咸淡刚好。 Xiándàn gāng hǎo.
甘くて酸っぱいです。	酸酸的,甜甜的。 Suānsuān de, tiántián de.
酸っぱくて辛いです。	又酸又辣。 Yòu suān yòu là.
ちょっと辛いです。	有点儿辣。 Yǒudiǎnr là.
ちょっとしょっぱいです。	有点儿咸。 Yǒudiǎnr xián.
ちょっとあっさりすぎです。	有点儿淡。 Yǒudiǎnr dàn.
酸っぱすぎます。	太酸了。 Tài suān le.
甘すぎます。	太甜了。 Tài tián le.

関連単語 語彙を増やしましょう。（味の表現）

おいしい	好吃 hǎochī	味が薄い	味很淡 wèir hěn dàn
まずい	难吃 nánchī	脂っこい	很油腻 hěn yóunì
甘い	很甜 hěn tián	あっさりしている	很清淡 hěn qīngdàn
にがい	很苦 hěn kǔ	さっぱりしている	很爽口 hěn shuǎngkǒu
辛い	很辣 hěn là	カリカリしている	很脆 hěn cuì
塩辛い	很咸 hěn xián	柔らかい	很软 hěn ruǎn
ピリッと辛い	有点儿辣 yǒudiǎnr là	硬い	很硬 hěn yìng
酸っぱい	很酸 hěn suān	まろやかな味だ	味道醇和 wèidao chúnhé
甘酢っぱい	酸甜 suāntián	香りがよい	很香 hěn xiāng
渋い	很涩 hen sè	臭い	很臭 hěn chòu
味が濃い	味很浓 wèir hěn nóng	生臭い	很腥/很膻 hěn xīng / hěn shān

(2) 交換などを頼む

Track 158

これを換えてください。
把这个换一下。
Bǎ zhège huàn yíxià.

お箸を落としてしまいました。
筷子掉了。
Kuàizi diào le.

お箸を取り換えてください。
换一双筷子。
Huàn yì shuāng kuàizi.

水をこぼしてしまいました。
水洒了。
Shuǐ sǎ le.

コップを割ってしまいました。	杯子 打 了。 Bēizi dǎ le.
スプーンをください。	拿 一 个 勺子。 Ná yí ge sháozi.
お酢をください。	拿 点儿 醋。 Ná diǎnr cù.
醤油をください。	拿 点儿 酱油。 Ná diǎnr Jiàngyóu.
胡椒をください。	拿 点儿 胡椒。 Ná diǎnr hújiāo.
紙ナプキンをもう少しください。	再 拿 点儿 餐巾纸。 Zài ná diǎnr cānjīnzhǐ.

(3) 間違えて料理が運ばれたら　　　　　　　　　　　Track 159

これ、ここのではありません。	不 是 这儿 的。 Bú shì zhèr de.
これは頼んでいません。	我 没 要 这个。 Wǒ méi yào zhège.
この料理は頼んでいない。	这个 菜 没 点。 Zhège cài méi diǎn.
これは注文していません。	我们 没 点 这个。 Wǒmen méi diǎn zhège.
この料理はこっちのものではありません。	这个 菜 不 是 我们 的。 Zhège cài bú shì wǒmen de.
私たちのではありません。	这个 不 是 我们 的。 Zhège bú shì wǒmen de.

▶ 4. 食事が終わって

　中国では、テーブルでの支払いとなっています。店員が値段を告げ、客は金額を店員に渡して勘定をします。おつりとレシートを渡されて終了です。

(1) 勘定を支払う　　　　　　　　　　　　　　　　　Track 160

勘定、お願いします。	结账。 Jiézhàng.
お愛想お願いします。	服务员，买单。 Fúwùyuán, mǎidān.
勘定が合っていますか。	账 算对 了 吗？ Zhàng suànduì le ma?
今日は私がおごります。	今天 我 请客。 Jīntiān wǒ qǐngkè.
別々にしましょう。	咱们 各 付 各 的 吧。 Zánmen gè fù gè de ba.
割り勘にしましょう。	我们 AA 制 吧。 Wǒmen AAzhì ba.
レジはどこですか。	在 哪儿 结账？ Zài nǎr jiézhàng?
カードが使えますか。	能 刷卡 吗？ Néng shuākǎ ma?
クレジットカードで支払ってもいいですか。	可以 用 信用卡 结账 吗？ Kěyǐ yòng xìnyòngkǎ jiézhàng ma?
⇒ここでは現金でお願いします。	我们 这儿 只 能 付 现金。 Wǒmen zhèr zhǐ néng fù xiànjīn.
日本円を使えますか。	日元 可以 吗？ Rìyuán kěyǐ ma?
領収書をお願いします。	开 一 张 发票。 Kāi yì zhāng fāpiào.

(2) 持ち帰りを頼む　　　　　　　　　　　　　　　　Track 161

すみません、持ち帰りたいのですが。	服务员，打包。 Fúwùyuán, dǎbāo.
これ、ちょっと包んでください。	这个 打包。 Zhège dǎbāo.
これ、1つ持ち帰りでお願いします。	这个 带走 一 个。 Zhège dàizǒu yí ge.

183

もう1個注文して持ち帰ります。	我再点一个菜带走。 Wǒ zài diǎn yí ge cài dàizǒu.
袋を1つください。	给我一个袋子。 Gěi wǒ yí ge dàizi.

(3) 礼を言う　　　　　　　　　　　　　　　Track 162

十分いただきました。	我吃好了。 Wǒ chīhǎo le.
とてもおいしかったです。	非常好吃。 Fēicháng hǎochī.
最高でした。	好吃极了。 Hǎochījí le.
今日の料理はみんなおいしかった。	今天的菜都很好吃。 Jīntiān de cài dōu hěn hǎochī.
ご招待、どうもありがとうございました。	谢谢你的招待。 Xièxie nǐ de zhāodài.
おごってくれてどうもありがとう。	谢谢你请我吃饭。 Xièxie nǐ qǐng wǒ chīfàn.
今日はまたあなたに散財をさせてしまいました。	今天又让您破费了。 Jīntiān yòu ràng nín pòfèi le.

(4) レストランを出る　　　　　　　　　　　Track 163

⇒またのご来店をお待ちしております。	欢迎下次光临。 Huānyíng xià cì guānglín.
また、来ます。	我还会来的。 Wǒ hái huì lái de.
必ずまた来ます。	一定再来。 Yídìng zài lái.
さようなら。	再见。 Zàijiàn.

▶ 5. ファストフード店で　　　　　　　　　　　Track 164

マック（**麦当劳** Màidāngláo）やケンタッキー（**肯德基** Kěndéjī）などは、中国でも各地に支店があります。中国ならではの雰囲気もありますので、一度試してみてはいかがですか。

⇒次の方どうぞ。	下一位。 Xià yí wèi.
⇒何にいたしましょうか。	您要什么？ Nín yào shénme?
お勧めは？	您推荐什么？ Nín tuījiàn shénme?
⇒セットになさるとお得ですよ。	买套餐比较合算。 Mǎi tàocān bǐjiào hésuàn.
じゃあ、セットにしようかな。	那就来一份套餐。 Nà jiù lái yí fèn tàocān.
私はビックマックを1つください。	我要一个巨无霸。 Wǒ yào yí ge jùwúbà.
どれくらい待ちますか。	等多长时间？ Děng duō cháng shíjiān?
⇒すぐにできます。	马上就好。 Mǎshàng jiù hǎo.
⇒お持ち帰りですか。それともここで召し上がりますか。	带走还是在这儿吃？ Dàizǒu háishi zài zhèr chī?
ここでいただきます。	在这儿吃。 Zài zhèr chī.
テイクアウトしたいのですが。	我要带走。 Wǒ yào dàizǒu.
これ、持ち帰りします。	这个带回去。 Zhège dàihuiqu.
これを注文してはいません。	我没要这个。 Wǒ méi yào zhège.
私のではありません。	不是我的。 Bú shì wǒ de.

▶6. 屋台で　　　　　　　　　　　　　　　　　　　Track 165

中国の屋台は、一度は体験したいところです。安くておいしくて、それに現地の人と触れ合う最適な場所かもしれません。

人が多いですね。	人 真 多 啊。 Rén zhēn duō a.
彼らはみんな地元の人ですか。	他们 都 是 本地人 吗？ Tāmen dōu shì běndìrén ma?
⇒地方から来た人もいますよ。	也 有 从 外地 来 的。 Yě yǒu cóng wàidì lái de.
⇒ここが上海で有名な軽食街です。	这儿 是 上海 有名 的 小吃街。 Zhèr shì Shànghǎi yǒumíng de xiǎochījiē.
まず一回りしてみましょう。	咱们 先 转 一 圈 看看 吧。 Zánmen xiān zhuàn yì quān kànkan ba.
あっちに行ってみようよ。	先 去 那边儿 看看 吧。 Xiān qù nàbiānr kànkan ba.
ずいぶんたくさん軽食がありますね。	有 这么 多 种类 的 小吃 啊。 Yǒu zhème duō zhǒnglèi de xiǎochī a.
どれもおいしそうですね。	看起来 都 很 好吃。 Kànqǐlai dōu hěn hǎochī.
羊のシシカバブを食べたいな。	我 想 吃 羊肉串儿。 Wǒ xiǎng chī yángròuchuànr.
君は食べますか。	你 要 不 要？ Nǐ yào bu yào?
私が買いましょう。	我 来 买 吧。 Wǒ lái mǎi ba.
すいません、シシカバブを10本ください。	师傅，要 十 串儿 羊肉串儿。 Shīfu, yào shí chuànr yángròuchuànr.
あのパオズもおいしそうですね。	那 包子 看起来 也 很 好吃。 Nà bāozi kànqǐlai yě hěn hǎochī.
パオズをいくつか買って食べよう。	买 几 个 包子 尝尝 吧。 Mǎi jǐ ge bāozi chángchang ba.

歩きながら食べましょう。　　　咱们 边 走 边 吃 吧。
　　　　　　　　　　　　　　　Zánmen biān zǒu biān chī ba.

味はいかがですか。　　　　　　味道 怎么样？
　　　　　　　　　　　　　　　Wèidao zěnmeyàng?

どれもとてもおいしいですよ。　都 很 好吃。
　　　　　　　　　　　　　　　Dōu hěn hǎochī.

食事をとる

実践編

場面を想定して実践しましょう。

Track 166

1 〔食べに行こう〕お腹がすいた（AとBは友人）

A： ちょっと、お腹がすいたなあ。

我 有点儿 饿 了。
Wǒ yǒudiǎnr è le.

B： 何か食べたいものがある？

你 想 吃 点儿 什么？
Nǐ xiǎng chī diǎnr shénme?

A： 四川料理を食べたいな。

我 想 吃 川菜。
Wǒ xiǎng chī chuāncài.

B： ちょうど四川料理のレストランを一軒知っているよ。そこの料理はおいしいよ。

好，我 知道 一 个 川菜馆，
Hǎo, Wǒ zhīdao yí ge chuāncàiguǎn,
菜 做得 不错。
cài zuòde búcuò.

A： いいね。

太 好 了。
Tài hǎo le.

Track 167

2 〔レストランの入り口で〕何名様でしょうか（Aは客、Bはウェートレス）

B： いらっしゃいませ！
何名様でしょうか。

欢迎 光临！请问，几 位？
Huānyíng guānglín! Qǐngwèn, jǐ wèi?

A： 2人です。

两 位。
Liǎng wèi.

B： 予約されましたか。

请问 预约 了 吗？
Qǐngwèn yùyuē le ma?

A： いいえ、していません。

没有。
Méiyǒu.

B： では、こちらへどうぞ。

那 这 边 请。
Nà zhè biān qǐng.

A：	窓際の席がありますか。	有没有靠窗的座位？ Yǒu méiyǒu kào chuāng de zuòwèi?
B：	申し訳ありませんが、窓際の席はもう満席です。	对不起，靠窗的座位都坐 Duìbuqǐ, kào chuāng de zuòwèi dōu zuò 满了。 mǎn le.

Track 168

3 〔注文する①〕看板料理は何ですか（A は客、B はウェートレス）

B：	こちらがメニューです。飲み物は何にいたしますか。	这是菜单，两位喝点儿 Zhè shì càidān, liǎng wèi hē diǎnr 什么？ shénme?
A：	まず、ビールを1本ください。	先来一瓶啤酒。 Xiān lái yì píng píjiǔ.
B：	はい、わかりました。	好的。 Hǎo de.
A：	こちらの看板料理は何ですか。	你们这儿的招牌菜是什么？ Nǐmen zhèr de zhāopáicài shì shénme?
B：	ここは四川料理の店ですので、麻婆豆腐が一番人気です。	我们这儿是川菜馆，这里的 Wǒmen zhèr shì chuāncàiguǎn, zhèlǐ de 麻婆豆腐卖得最好。 mápó dòufu màide zuì hǎo.
A：	では、麻婆豆腐を1つください。それから、青椒肉糸1つ、回鍋肉1つ、そして、酸辣湯をお願いします。	那就先来一个麻婆豆腐。 Nà jiù xiān lái yí ge mápó dòufu. 再要一个青椒肉丝，一个 Zài yào yí ge qīngjiāo ròusī, yí ge 回锅肉，最后再来一个 huíguōròu, Zuìhòu zài lái yí ge 酸辣汤。 suānlàtāng.
B：	前菜はいかがですか。	要不要点一点儿凉菜？ Yào bu yào diǎn yìdiǎnr liángcài?

A: バンバンジーをください。まずはこれくらいにします。足りなければ、後で注文します。

要 一 个 怪味儿 鸡丝。就 先 要
Yào yí ge guàiwèir jīsī. Jiù xiān yào
这么 多 吧，不够 的话 再 点。
zhème duō ba, búgòu dehuà zài diǎn.

B: かしこまりました。少々お待ちくださいませ。

好 的，请 稍 等。
Hǎo de, qǐng shāo děng.

Track 169

4 〔注文する②〕豚肉は食べない（AとBは初めて一緒に食事をする同僚）

A: どんな料理が一番好き？

你 最 喜欢 吃 什么 菜？
Nǐ zuì xǐhuan chī shénme cài?

B: 海鮮料理が一番好きだが、君は？

我 最 喜欢 吃 海鲜。你 呢？
Wǒ zuì xǐhuan chī hǎixiān. Nǐ ne?

A: ちょっと辛いのが好きだな。たとえば、四川料理とか、湖南料理とか。

我 比较 喜欢 吃 辣 一点儿 的
Wǒ bǐjiào xǐhuan chī là yìdiǎnr de
菜，比如，四川菜 呀、湖南菜
cài, bǐrú, Sìchuāncài ya、Húnáncài
呀 什么 的。
ya shénme de.

B: 辛い料理なら食べられるけれど、たまに食べるだけで、広東料理のほうがもっと好きだな。

我 也 能 吃 辣 的。不过 是
Wǒ yě néng chī là de. Búguò shì
偶尔 吃 一 次。我 更 喜欢 吃
ǒu'ěr chī yí cì. Wǒ gèng xǐhuan chī
广东菜。
Guǎngdōngcài.

A: 日本料理は好き？

日本菜 你 喜欢 吗？
Rìběncài nǐ xǐhuan ma?

B: 大好きだ。日本料理はあっさりしていて、栄養価も高いから。ただ、ちょっと高いね。

太 喜欢 了。日本菜 清淡，营养
Tài xǐhuan le. Rìběncài qīngdàn, yíngyǎng
价值 又 高，就是 有点儿 贵。
jiàzhí yòu gāo, jiùshì yǒudiǎnr guì.

A: じゃ、食べられない料理は？

那 你 有 什么 忌口 的 吗？
Nà nǐ yǒu shénme jìkǒu de ma?

| B： | 豚肉は食べない。
イスラム教徒だから。 | 我 不 吃 猪肉，我 是 回民。
Wǒ bù chī zhūròu, wǒ shì huímín. |

Track 170

5 〔注文する③〕メイン料理は舌平目のムニエル（AとBは女性2人）

B：	またお会いできて、本当に嬉しく思います。	很 高兴 又 见到 你。 Hěn gāoxìng yòu jiàndào ni.
A：	私もうれしいです。たぶん1年間ぐらい会っていないでしょう。	我 也 很 高兴。我们 大概 有 Wǒ yě hěn gāoxìng. Wǒmen dàgài yǒu 一 年 没 见面 了 吧？ yì nián méi jiànmiàn le ba?
B：	そうですね。最近、いかがですか。	差不多 吧。你 最近 怎么样？ Chàbuduō ba. Nǐ zuìjìn zěnmeyàng?
A：	まあまあですが、忙しすぎてね、あなたは？ あなたはどうですか。	还 行 吧，就是 太 忙。你 呢？ Há xíng ba, jiùshì tài máng. Nǐ ne? 你 在 忙 什么 呢？ Nǐ zài máng shénme ne?
B：	相変わらずです。詳しい話はあとにして、まず飲み物は何にしますか。	还是 老 样子。详细 情况 Háishi lǎo yàngzi. Xiángxì qíngkuàng 一会儿 再 说，你 想 喝 点儿 yíhuìr zài shuō, nǐ xiǎng hē diǎnr 什么？ shénme?
A：	じゃ、まず生ビールにして、その後、赤ワインにしましょう。	那 先 来 一 杯 生啤 吧， Nà xiān lái yì bēi shēngpí ba, 一会儿 再 喝 红酒。 yíhuìr zài hē hóngjiǔ.
B：	そうしましょう。それでは、料理のほうはどうしますか？ メニューを見て、お好きなものを頼んでください。	好 的。那 吃点儿 什么 呢？ Hǎo de. Nà chī diǎnr shénme ne? 你 看 一下 菜单，点 一些 Nǐ kàn yíxià cài dān, diǎn yìxiē 自己 喜欢 吃 的。 zìjǐ xǐhuan chī de.

A：	では、メイン料理は舌平目のムニエルにして、スープはポタージュ、前菜はホタテ貝のマリネにしましょう。	我 主菜 想 要 法式 烤比目鱼、 Wǒ zhǔcài xiǎng yào fǎshì kǎobǐmùyú, 西式 浓汤，凉菜 要 扇贝 泡鱼。 xīshì nóngtāng, liángcài yào shànbèi pàoyú.
B：	わかりました。私はこのセットメニューにします。牛フィレ肉のステーキ、生ハムのサラダ、スープ、ご飯、そして、コーヒーにアイスクリームです。デザートはどうしますか。	好 的。我 呢，要 这个 套餐。 Hǎo de. Wǒ ne, yào zhège tàocān. 一 个 烤牛里脊、生火腿 沙拉、 Yí ge kǎoniúlǐjǐ, shēnghuǒtuǐ shālā, 汤、米饭。最后 还 有 咖啡 和 tāng, mǐfàn. Zuìhòu hái yǒu kāfēi hé 冰激凌。甜点 你 要 点儿 什么？ bīngjīlíng. Tiándiǎn nǐ yào diǎnr shénme?
A：	チーズケーキにします。	来 一 个 芝士 蛋糕 吧。 Lái yí ge zhīshì dàngāo ba.
B：	では、とりあえずそうすることにして、足りなければ、また注文することにしませんか。	好 的。就 先 这样，不 够 Hǎo de. Jiù xiān zhèyàng, bú gòu 一会儿 再点，好 吗？ yíhuìr zài diǎn, hǎo ma?
A：	いいですよ。	好 的。 Hǎo de.
B：	すみません、注文します。	服务员，点 菜。 Fúwùyuán, diǎn cài.

Track 171

6 〔注文する④〕ハンバーガー１つ（Ａは客、Ｂは店員）

B：	次の方どうぞ。何にいたしましょうか。	下 一 位。您 要 什么？ Xià yí wèi. Nín yào shénme?
A：	ハンバーガー１つと、アイコンチキンスナック１つと、フライドポテトの小を１つお願いします。	我 要 一 个 汉堡，一 个 Wǒ yào yí ge hànbǎo, yí ge 炸鸡块儿，一 个 小 薯条儿。 zhájīkuàir, yí ge xiǎo shǔtiáor.
B：	飲み物はいかがいたしましょうか。	饮料 要 什么？ Yǐnliào yào shénme?

192

A：	コーラをお願いします。	要一杯可乐。 Yào yì bēi kělè.
B：	どのサイズにしましょうか。	要哪种杯子？ Yào nǎ zhǒng bēizi?
A：	Mサイズでお願いします	要中杯。 Yào zhōng bēi.
B：	ほかにいかがですか。	还要别的吗？ Hái yào bié de ma?
A：	結構です。	不要了。 Bú yào le.
B：	ここで召し上がりますか、それともお持ち帰りですか。	是在这儿吃，还是带走？ Shì zài zhèr chī, háishi dàizǒu?
A：	ここで食べます。	在这儿吃。 Zài zhèr chī.

Track 172

7　〔食事中〕ご注文の料理はこれでよろしいでしょうか
（AとBは客、Cはウエートレス）

C：	ご注文の料理はこれでよろしいでしょうか？ では、どうぞごゆっくりお召し上がりください。	菜都上齐了，请慢用。 Cài dōu shàngqí le, qǐng màn yòng.
A：	熱いうちにどうぞ。遠慮しないでね。	快趁热吃吧，千万不要 Kuài chèn rè chī ba, qiānwàn búyào 客气。 kèqi.
B：	遠慮なんかしないよ。いいにおい。	我不会客气的。好香啊。 Wǒ bú huì kèqi de. Hǎo xiāng a.
A：	味がいいね。本場の四川料理だね。	味道挺不错，看来是正宗 Wèidao tǐng búcuò, kànlái shì zhèngzōng 的川菜。 de chuāncài.

C：	うちはリピーターが非常に多く、週末は、ちょっと遅く来店されると、かなり待たなければなりません。	我们 这儿 回头客 特别 多， Wǒmen zhèr huítóukè tèbié duō, 周末 来晚 了 都 得 等。 zhōumò láiwǎn le dōu děi děng.
B：	お酢をもってきてくれますか。	请 给 我 拿 点儿 醋。 Qǐng gěi wǒ ná diǎnr cù.
C：	かしこまりました。	好 的。 Hǎo de.
A：	すみません。このスープを私たちにとり分けてくれますか。	服务员，请 把 这个 汤 给 我们 Fúwùyuán, qǐng bǎ zhège tāng gěi wǒmen 分 一下。 fēn yíxià.
B：	すみません、お茶をいれてください。	服务员，再 加 点儿 茶水。 Fúwùyuán, zài jiā diǎnr cháshuǐ.
C：	かしこまりました。ただいま。	好 的。马上 就 来。 Hǎo de. Mǎshàng jiù lái.

Track 173

8 〔勘定を支払う①〕今日は僕がおごるよ（AとBは客、Cはウェートレス）

A：	お腹はいっぱいになった？	吃好 了 吗？ Chīhǎo le ma?
B：	もう、いっぱい。	吃好 了。 Chīhǎo le.
A：	すみません。お勘定をお願いします。	服务员，买单。 Fúwùyuán, mǎidān.
C：	はい、ただいま。	来 啦。 Lái la.
B：	今日は僕がおごるよ。	今天 我 请客。 Jīntiān wǒ qǐngkè.
A：	いや、今日は僕がおごるよ、次は君がおごって。	今天 我 来，下 次 你 再 请 吧。 Jīntiān wǒ lái, xià cì nǐ zài qǐng ba.
B：	じゃ、今日は君におごってもらうことにしよう。	那 今天 我 就 不 客气 了。 Nà jīntiān wǒ jiù bú kèqi le.

Track 174

9 〔勘定を支払う②〕領収書はいりますか（Aは客、Bはウェートレス）

B: 全部で289元です。領収書はいりますか。

一共 289 块钱。要 发票 吗？
Yígòng èrbǎi bāshíjiǔ kuài qián. Yào fāpiào ma?

A: お願いします。

请 开 一 张 发票。
Qǐng kāi yì zhāng fāpiào.

B: かしこまりました。300元をいただきました。少々お待ちください。

好 的。收 您300百。请 稍 等。
Hǎo de. Shōu nín sān bǎi. Qǐng shāo děng.

A: すみません、これを包んでください。

服务员，请 把 这个 菜 打包。
Fúwùyuán, qǐng bǎ zhège cài dǎbāo.

B: かしこまりました。これはおつりと領収書です。お持ちください。またのご来店をお待ちしております。

好 的。这 是 找给 您 的 零钱，
Hǎo de. Zhè shì zhǎogěi nín de língqián,
这 是 发票。请 拿好。
zhè shì fāpiào. Qǐng náhǎo.
欢迎 下次 光临。
Huānyíng xiàcì guānglín.

Track 175

10 〔電話で席を予約する〕席を予約したいのですが（Aは佐藤、Bは店員）

B: こんにちは。こちらは公明海鮮レストランです。

您 好，这里 是 公明 海鲜
Nín hǎo, zhèlǐ shì Gōngmíng hǎixiān
酒楼。
jiǔlóu.

A: こんにちは、席を予約したいのですが。

您 好，我 想 订 个 位子。
Nín hǎo, wǒ xiǎng dìng ge wèizi.

B: いつですか。

什么 时候 的？
Shénme shíhou de?

A: 今週の金曜日です。つまり、8日ですが。

这个 礼拜五，也 就 是 8 号 的。
Zhège lǐbàiwǔ, yě jiù shì bā hào de.

195

B：	かしこまりました。少々お待ちくださ い。予約リストを見てみます。 はい、予約できます。何名様でしょ うか。	好的，请稍等一下，我 Hǎo de, qǐng shāo děng yíxià, wǒ 查一下预约簿。嗯，没问题， chá yíxià yùyuēbù. Ňg, méi wèntí, 请问你们几位？ qǐngwèn nǐmen jǐ wèi?
A：	6人です。大人4人に子供が2 人です。	六位，四个大人两个小孩。 Liù wèi, sì ge dàrén liǎng ge xiǎoháir.
B：	すみませんが、何時にいらっしゃ いますか。	请问你们几点过来？ Qǐngwèn nǐmen jǐ diǎn guòlai?
A：	午後6時です。	下午六点。 Xiàwǔ liù diǎn.
B：	かしこまりました。では、ご連絡先 を教えてください。	好的，请留下一个联系方式。 Hǎo de, qǐng liúxià yí ge liánxì fāngshì.
A：	携帯電話の番号ですが、よろしい でしょうか。	请记一下我的手机号码。 Qǐng jì yíxià wǒ de shǒujī hàomǎ.
B：	結構です。どうぞお願いします。	好的。请讲。 Hǎo de. Qǐng jiǎng.
A：	13937102188です。	13937102188。 Yāo sān jiǔ sān qī yāo líng'èr yāo bā bā.
B：	13937102188ですね。お客様 のお名前は？	13937102188。　　小姐 Yāo sān jiǔ sān qī yāo líng'èr yāo bā bā. Xiǎojie 贵姓？ guìxìng?
A：	佐藤百合子です。	佐藤百合子。 Zuǒténg Bǎihézi.
B：	ありがとうございました。佐藤様の お名前で予約しておきます。では、 ご来店をお待ちしております。	好的，佐藤小姐。位子定好 Hǎo de, Zuǒténg xiǎojie. Wèizi dìnghǎo 了，期待您的光临。 le, qīdài nín de guānglín.

8 買物する

购物 gòuwù

デパートはもちろんのこと、庶民のよく行く自由市場、スーパーなど、さまざまな商品が並んでいる場所は、普段見慣れた風景とは違って、好奇心をかき立てられるものです。そこでの買物体験は心がわくわくするに違いありません。それは異文化に触れられる、刺激的な瞬間です。中国語で買物ができたなら、旅の楽しみも一層増すでしょう。

基本文型

Track 176

(1) ～がほしいです、～してほしいです
「"要"＋ほしいもの、したいこと」

| 赤いのがほしいです。 | 我 要 红色 的。
Wǒ yào hóngsè de. |
| 返品してほしいです。 | 我 要 退货。
Wǒ yào tuìhuò. |

(2) ～はどこで売っていますか
「ほしいもの＋"在哪儿卖?"」

| 婦人服はどこで売っていますか。 | 女装 在 哪儿 卖？
Nǚzhuāng zài nǎr mài? |
| 中国語の本はどこで売っていますか。 | 中文书 在 哪儿 卖？
Zhōngwénshū zài nǎr mài? |

(3) 〜はいくらですか（値段を尋ねる）

① 「数量詞＋名詞＋"多少钱？"」

これはいくらですか。	这个 多少 钱？ Zhège duōshao qián?
この服はいくらですか。	这 件 衣服 多少 钱？ Zhè jiàn yīfu duōshao qián?

② 「ほしいもの＋"怎么卖？"」

この玩具はいくらですか。	这个 玩具 怎么 卖？ Zhège wánjù zěnme mài?
トマトはいくらですか。	西红柿 怎么 卖？ Xīhóngshì zěnme mài?

基礎編

Track 177

買物についての基礎表現を押さえておきましょう。

▶ 1. スーパーで

歯ブラシを買いたいです。	你 好，我 想 买 牙刷。 Nǐ hǎo, wǒ xiǎng mǎi yáshuā.
バンドエイドを買いたいです。	我 想 买 创可贴。 Wǒ xiǎng mǎi chuāngkětiē.
紳士服はどこで売っていますか。	请问，男装 在 哪儿 卖？ Qǐngwèn, nánzhuāng zài nǎr mài?
日本語の本はどこに売っていますか。	请问，日文书 在 哪儿 卖？ Qǐngwèn, Rìwénshū zài nǎr mài?
袋を1つください。	给 我 一 个 袋子。 Gěi wǒ yí ge dàizi.

▶ 2. 自由市場で　　　　　　　　　　　　　　　Track 178

中国で買い物をするとき、ほとんどの商品は、値段の交渉ができます。個人経営の商店では普通、商品に値札を付けていません。先に売り手の言い値を聞いて、それから値段の交渉を始めます。ですから、できるだけ同じような商品を多く比較してから、交渉に取りかかったほうがいいでしょう。

いくらですか。	多少 钱？ Duōshao qián?
これはいくらですか。	这个 多少 钱？ Zhège duōshao qián?
1個いくらですか。	多少 钱 一 个？ Duōshao qián yí ge?
500グラムいくらですか。	多少 钱 一 斤？ Duōshao qián yì jīn?
500グラムいくらですか。	一 斤 多少 钱？ Yì jīn duōshao qián?
キュウリはいくらですか。（キュウリはどのように売っているのですか）	黄瓜 怎么 卖？ Huángguā zěnme mài?
全部でいくらですか。	一共 多少 钱？ Yígòng duōshao qián?

〈値切るときの決まり文句。値切ることはコミュニケーションであることを忘れずに。〉

高すぎます。少し安くしてください。	太 贵 了，便宜 点儿 吧。 Tài guì le, piányi diǎnr ba.
ちょっと安くしてくれませんか。	能 便宜 一点儿 吗？ Néng piányi yìdiǎnr ma?
じゃあ、要りません。 （この一言で、自分の言う値段まで応じてくれるかもしれません。）	那 我 不 要 了。 Nà wǒ bú yào le.
（本当にほしいなら、次のように言ってください。）じゃあ、これにします。	好 吧，我 要 了。 Hǎo ba, wǒ yào le.

▶3. デパートで　　　　　　　　　　　　　　Track 179

　大きなデパートでは、額面通りの値札を付けるのが一般的です。しかし、季節によって、バーゲンセールが行われることもあります。その場合、中国語と日本語では割引の言い方が異なります。たとえば、"9折"は10％引き、"8折"は20％引きのことです。

ちょっと見るだけです。	我 随便 看看。 Wǒ suíbiàn kànkan.
あの時計を見せてください。	我 想 看看 那 块 表。 Wǒ xiǎng kànkan nà kuài biǎo.
記念品を少し買いたいです。	我 想 买 一些 纪念品。 Wǒ xiǎng mǎi yìxiē jìniànpǐn.
これをください。	请 给 我 这个。 Qǐng gěi wǒ zhège.
試着してもいいですか。	可以 试穿 吗？ Kěyǐ shìchuān ma?
ほかの色がありますか。	有 别 的 颜色 吗？ Yǒu bié de yánsè ma?
もっといいものがありますか。	有 更 好 的 吗？ Yǒu gèng hǎo de ma?
ほかのデザインのものがありますか。	有 其他 式样 吗？ Yǒu qítā shìyàng ma?
色が少し濃いです。	颜色 太 深 了。 Yánsè tài shēn le.
ワンサイズ上のものがほしいです。	要 大 一 号 的。 Yào dà yí hào de.
少し小さいものがほしいです。	要 小 一点儿 的。 Yào xiǎo yìdiǎnr de.
ちょっと見せてください。	我 先 看 一下。 Wǒ xiān kàn yíxià.
試してみてもいいですか。	能 试 一 试 吗？ Néng shì yi shì ma?
紫色が好きです。	我 喜欢 紫色 的。 Wǒ xǐhuan zǐsè de.

ちょっと大きすぎます。	太大了。 Tài dà le.
もう少し小さいものがありますか。	有小一点儿的吗？ Yǒu xiǎo yìdiǎnr de ma?
まあまあですね。	还可以。 Hái kěyǐ.
割引がありますか。	打折吗？ Dǎzhé ma?
⇒2割引きです。	打八折。 Dǎ bā zhé.
では、こちらにします。	就要这件吧。 Jiù yào zhè jiàn ba.
支払いはどこですか。	在哪儿付钱？ Zài nǎr fùqián?
クレジットカードでもいいですか。	可以刷卡吗？ Kěyǐ shuākǎ ma?

発展編

Track 180

買物についての言い方をもっと知っておきましょう。

▶ 1. 営業時間などを尋ねる

中国の店は掛け値なしの「年中無休」です。公共の施設なども土曜日は営業しています。たとえば、銀行・郵便局など、午前8時から午後5時（または6時）まで開いていますから、便利です。営業時間を聞く時にまず"请问"Qǐngwèn から始めましょう。

お尋ねしますが、何時から営業を始めますか。	请问，几点开始营业？ Qǐngwèn, Jǐ diǎn kāishǐ yíngyè?

201

何時までやっていますか。	几点关门？ Jǐ diǎn guānmén?
明日営業しますか。	明天营业吗？ Míngtiān yíngyè ma?
月曜日も営業しますか。	星期天也营业吗？ Xīngqītiān yě yíngyè ma?
この近くにスーパーがありますか。	这附近有超市吗？ Zhè fùjìn yǒu chāoshì ma?
どこにショッピングカートがありますか。	请问，哪儿有购物车？ Qǐngwèn, nǎr yǒu gòuwùchē?
⇒パンは1個につき、もう1個サービスします。	面包买一送一。 Miànbāo mǎi yī sòng yī.
ちょっと量ってください。	请帮我秤一下。 Qǐng bāng wǒ chēng yíxià.

▶ 2. 売り場を探す

Track 181

中国のお土産では、シルク製品・陶器・掛け軸・中国茶・漢方薬などが好まれているようですね。その中の一つ、二つを手に入れれば、後悔なし。

紳士服は何階ですか。	男装在几楼？ Nánhuāng zài jǐ lóu?
子ども服売り場は何階ですか。	童装在几楼？ Tóngzhuāng zài jǐ lóu?
シルク売り場はどこですか。	丝绸专柜在哪儿？ Sīchóu zhuānguì zài nǎr?
チャイナドレスはどこで売っていますか。	旗袍在哪儿卖？ Qípáo zài nǎr mài?
お茶はどこで売っていますか。	茶叶在哪儿卖？ Cháyè zài nǎr mài?
通してください。	请让一下。 Qǐng ràng yíxià.

Track 182

関連単語 語彙を増やしましょう（中国で買いたいものリスト）

ヒスイ	翡翠 fěicuì	中国結び	中国结 zhōngguójié
ロイヤルゼリー	蜂王浆 fēngwángjiāng	中国のお酒	中国酒 zhōngguó jiǔ
筆	毛笔 máobǐ	チャイナ服	唐装 tángzhuāng
硯	砚台 yàntái	シルクのスカーフ	丝巾 sījīn
七宝焼	景泰蓝 jǐngtàilán	ズボン	裤子 kùzi
掛け軸	挂轴 guàzhóu	革靴	皮鞋 píxié

▶ 3. 品物について尋ねる　　　Track 183

品物はたくさんありますから、迷いますよね、その時は店員に尋ねましょう。

⇒何かお探しでしょうか。
您想买点儿什么？
Nín xiǎng mǎi diǎnr shénme?

ネクタイを買いたいのですが。
我想买条领带。
Wǒ xiǎng mǎi tiáo lǐngdài.

記念品を少し買いたいです。
我想买点儿纪念品。
Wǒ xiǎng mǎi diǎnr jìniànpǐn.

チャイナドレスを1着買いたいです。
我想买一件旗袍。
Wǒ xiǎng mǎi yí jiàn qípáo.

帽子を買いたいです。
我想买一顶帽子。
Wǒ xiǎng mǎi yì dǐng màozi.

何かいいものがありますか。
有什么好东西吗？
Yǒu shénme hǎo dōngxi ma?

ただ見るだけです。
我只是看看。
Wǒ zhǐshì kànkan.

気ままに見てみます。
我随便看看。
Wǒ suíbiàn kànkan.

▶ 4. 色などを尋ねる　　　　　　　　　　　　Track 184

中国人は、年齢に関係なく、鮮やかな色が好きです。日本人から見れば、少し派手好きかもしれませんね。

| 買うのをやめます。 | 我 不 买 东西。
Wǒ bù mǎi dōngxi. |

赤い色のものがありますか。	有 红色 的 吗? Yǒu hóngsè de ma?
茶色のものがありますか。	有 没有 咖啡色 的? Yǒu méiyǒu kāfēisè de?
他の色はありますか。	还 有 其他 颜色 吗? Hái yǒu qítā yánsè ma?
少し地味なものがほしいです。	要 素 一点儿 的。 Yào sù yìdiǎnr de.
もうすこし派手な服がいいです。	再 艳 一点儿。 Zài yàn yìdiǎnr.
色がちょっと濃すぎます。	颜色 太 深 了。 Yánsè tài shēn le.
色がちょっと薄すぎます。	颜色 太 浅 了。 Yánsè tài qiǎn le.
他のデザインはありませんか。	还 有 其他 样式 吗? Hái yǒu qítā yàngshì ma?
最近何がはやっていますか。	最近 流行 什么? Zuìjìn liúxíng shénme?
この色は私に似合いますか。	我 穿 这 种 颜色 好看 吗? Wǒ chuān zhè zhǒng yánsè hǎokàn ma?
薄い青色が好きです。	我 喜欢 浅 蓝色。 Wǒ xǐhuan qiǎn lánsè.

Track 185

関連単語	語彙を増やしましょう（色の言い方）		
赤色	红色 hóngsè	青色	蓝色 lánsè
ピンク	粉红色 fěnhóngsè	紺色	深蓝色 shēnlánsè
黄色	黄色 huángsè	紫色	紫色 zǐsè
オレンジ色	橙色 chéngsè	茶色	茶色 chásè
ベージュ	浅驼色 / qiǎntuósè	灰色	灰色 huīsè
ベージュ	米色 mǐsè	鮮やかな色	鲜艳的颜色 xiānyàn de yánsè
緑色	绿色 lǜsè	地味な色	素净的颜色 sùjìng de yánsè

▶5. サイズを尋ねる

Track 186

中国では、サイズの表現に2通りあります。"**大号・中号・小号**" と "**L号・M号・S号**" です。何サイズかわからない場合は、自分のウエストサイズを店員に告げればいいです。

ワンサイズ上のものがほしいです。	有大一点儿的吗？ Yǒu dà yìdiǎnr de ma?
少し小さいのがほしいです。	有小一点儿的吗？ Yǒu xiǎo yìdiǎnr de ma?
Mサイズをお願いします。	我要M号（/中号）。 Wǒ yào M hào /zhōng hào.
Lサイズ。	L号/大号。 L hào /dà hào.
Sサイズ。	S号/小号。 S hào /xiǎo hào.
こちらはちょうどいいです。	这个合适。 Zhège héshì.

私のウエストは63センチです。　　　　我 腰围 六十三 公分。
　　　　　　　　　　　　　　　　　　Wǒ yāowéi liùshísān gōngfēn.

▶ 6. 品質を尋ねる　　　　　　　　　　　　　　　Track 187

　自由市場で買ったものは、正直言って、質は期待できません。中国人はそれを承知で買っています。彼らが求めているのは、品質のいい長持ちするものではなく、安くて、今流行の物なのです。品質がよくないことを知りながら、わざと品質を尋ねるのも、交渉の一環にすぎません。少しでも安く手に入れることによって、達成感が味わえるのです。

このみかんは甘いですか。　　　　　这 橘子 甜 吗？
　　　　　　　　　　　　　　　　　Zhè júzi tián ma?

こちらの質はどうですか。　　　　　这个 质量 怎么样？
　　　　　　　　　　　　　　　　　Zhège zhìliàng zěnmeyàng?

これは本物ですか。　　　　　　　　这 是 真 东西 吗？
　　　　　　　　　　　　　　　　　Zhè shì zhēn dōngxi ma?

これは偽物ではありませんね。　　　这 不 是 假 的 吧？
　　　　　　　　　　　　　　　　　Zhè bú shì jiǎ de ba?

▶ 7. 値段を尋ねる　　　　　　　　　　　　　　　Track 188

1個いくらですか。　　　　　　　　多少 钱 一 个？
　　　　　　　　　　　　　　　　　Duōshao qián yí ge?

これはいくらですか。　　　　　　　这个 多少 钱？
　　　　　　　　　　　　　　　　　Zhège duōshao qián?

もっと安いのはありませんか。　　　有 没有 更 便宜 的？
　　　　　　　　　　　　　　　　　Yǒu méiyǒu gèng piányi de?

もっといいものはありませんか。　　有 没有 更 好 的？
　　　　　　　　　　　　　　　　　Yǒu méiyǒu gèng hǎo de?

全部でいくらですか。　　　　　　　一共 多少 钱？
　　　　　　　　　　　　　　　　　Yígòng duōshao qián?

⇒どれぐらいほしいですか。　　　　你 要 多少？
　　　　　　　　　　　　　　　　　Nǐ yào duōshao?

▶8. 値引き交渉をする　　　　　　　　　Track 189

　中国の市場で買い物をする場合、値切るのが常識です。それはコミュニケーションを取ることで、楽しんでもいるのです。逆に値切らずに、言われたままの値段を支払ったら、変に思われるか、頭がおかしいのではないかという印象を持たれると考えておいてください。恥ずかしがらず、頑張って値切りましょう。

割引がありますか。	打折 吗？ Dǎzhé ma?
高すぎます。	太 贵 了。 Tài guì le.
少し安くしてください。	便宜 点儿 吧。 Piányi diǎnr ba.
もう少し安くできませんか。	能 再 便宜 点儿 吗？ Néng zài piányi diǎnr ma?
どれくらいまで安くなりますか。	最 低价 是 多少？ Zuì dījià shì duōshao?
10元安くしてください。	便宜 十 块 钱 吧。 Piányi shí kuài qián ba.
100元で売ってください。	一百 块 卖给 我 吧。 Yìbǎi kuài màigěi wǒ ba.
100元ではまだ高いと思います。60元にしてください。	我 觉得 一百 还是 贵，六十 吧。 Wǒ juéde yìbǎi háishi guì, liùshí ba.
安ければ、たくさん買います。	便宜 的话，我 多 买 点儿。 Piányi dehuà, wǒ duō mǎi diǎnr.
安いなら、今度もまた来ます。	如果 便宜，下 次 我 还 来。 Rúguǒ piányi, xià cì wǒ hái lái.
⇒最低100元です。	最 少 一百。 Zuì shǎo yì bǎi.
⇒これ以上安くできません。	再 低 给不了。 Zài dī gěibuliǎo.
⇒もう十分安いでしょう。	已经 够 便宜 了。 Yǐjīng gòu piányi le.

⇒さらに安くしたら、我々は大損ですよ。	再便宜我们就赔了。 Zài piányi wǒmen jiù péi le.
私はお金がありません。	我没钱。 Wǒ méi qián.
日を改めてまた来ます。	我改天再来。 Wǒ gǎitiān zài lái.
もう少し回ってきます。	我再转转。 Wǒ zài zhuànzhuan.
もう少し考えさせて。	我再想想。 Wǒ zài xiǎngxiang.
じゃあ、要りません。	那我不要了。 Nà wǒ bú yào le.
じゃあ、これにします。	好吧，我要了。 Hǎo ba, wǒ yào le.

▶ 9. 包装を頼む　　　　　　　　　　　　Track 190

中国では、日本ほど包装に凝りません。デパートや、ちゃんとした土産物屋で買う時には、きれいに包んでくれるように要求してください。ただ、市場だと、ふつう包装しませんが……。

ちょっと包んでください。	请包装一下。 Qǐng bāozhuāng yíxià.
これはプレゼントです。	这个是礼物。 Zhège shì lǐwù.
男性へのプレゼントです。	给男士买的。 Gěi nánshì mǎi de.
女性へのプレゼントです。	给女士买的。 Gěi nǚshì mǎi de.
これでいいです。	这样可以。 Zhèyàng kěyǐ.
他の包み紙はありませんか。	有别的包装纸吗？ Yǒu bié de bāozhuāng zhǐ ma?

別々に包装してください。　　　　　　请 分开 包装。
　　　　　　　　　　　　　　　　　　Qǐng fēnkāi bāozhuāng.

▶10. チャイナドレスを注文する　　　　　　Track 191

チャイナドレスは女性のスタイルをきれいに見せてくれますから、最近は人気上昇中です。中国で作ってみるのも、値段が安くて、質もそれなりに保証されますからオススメです。女性のみなさん、一着オーダーメイドしてみてはいかが。

チャイナドレスをあつらえたいです。	我 想 订做 一 件 旗袍。 Wǒ xiǎng dìngzuò yí jiàn qípáo.
これは私がほしかったデザインです。	这 是 我 想 要 的 式样。 Zhè shì wǒ xiǎng yào de shìyàng.
これは何の生地ですか。	这 是 什么 料子 的？ Zhè shì shénme liàozi de?
この服の生地は何ですか。	这 件 衣服 是 什么 面料 的？ Zhè jiàn yīfu shì shénme miànliào de?
⇒シルクです。	真丝 的。 Zhēnsī de.
青色がいいですか、それとも黄色がいいですか。	蓝色 的 好 还是 黄色 的 好？ Lánsè de hǎo háishi huángsè de hǎo?
⇒青色のほうが似合っています。	蓝色 的 更 适合 你。 Lánsè de gèng shìhé nǐ.
ちょうどいいです（ぴったりです）。	很 合适。 Hěn héshì.
あまり似合わないみたいです。	好像 不 太 合适。 Hǎoxiàng bú tài héshì.
他に色がありますか。	还 有 别 的 颜色 吗？ Hái yǒu bié de yánsè ma?
試着はいつできますか。	哪 天 能 试穿？ Nǎ tiān néng shìchuān?

試着してもいいですか。	能 试试 吗？ Néng shìshi ma?
⇒どんなサイズをお召しになりますか。	您 穿 什么 号 的？ Nín chuān shénme hào de?
Mサイズです。	中 号 的。 Zhōng hào de.
私は何号サイズがいいでしょうか。	你 看 我 应该 穿 多 大 号 的？ Nǐ kàn wǒ yīnggāi chuān duō dà hào de?
ちょっと寸法を測ってくださいますか。	你 能 帮 我 量 一下 尺寸 吗？ Nǐ néng bāng wǒ liáng yíxià chǐcùn ma?
何日で受け取れますか。	几 天 可以 取？ Jǐ tiān kěyǐ qǔ?
もう少し早くできませんか。	能 不 能 快 一点儿？ Néng bu néng kuài yìdiǎnr?
明日できますか。	明天 能 做好 吗？ Míngtiān néng zuòhǎo ma?
郵送できますか。	能 邮寄 吗？ Néng yóujì ma?
明日取りにきます。	我 明天 来 取。 Wǒ míngtiān lái qǔ.
いくらですか。	多少 钱？ Duōshao qián?
高すぎます。	太 贵 了。 Tài guì le.
値引きはできますか。	能 打折 吗？ Néng dǎzhé ma?
少し安くできますか。	能 便宜 点儿 吗？ Néng piányi diǎnr ma?
もっと安くしてください。	再 便宜 一点儿 吧。 Zài piányi yìdiǎnr ba.
じゃあ、諦めます。	那 就 算了 吧。 Nà jiù suànle ba.

関連単語 語彙を増やしましょう（服装の生地の言い方）

木綿	纯棉 chúnmián	ウール100%	纯毛 chúnmáo
シルク	真丝 zhēnsī	カシミヤ	羊绒 yángróng
麻	亚麻 yàmá	化繊	化纤 huàxiān
混紡織物	混纺 hùnfǎng	蝋染め	蜡染 làrǎn

▶ 11. 試着する

試着室はどこですか。
试衣间 在 哪儿？
Shìyījiān zài nǎr?

試着してもいいですか。
可以 试穿 吗？
Kěyǐ shìchuān ma?

惜しいことに、ちょっときついです。
可惜 有点儿 紧。
Kěxī yǒudiǎn jǐn.

もう少し大きいサイズがありますか。
有 大 一 号 的 吗？
Yǒu dà yí hào de ma?

この服は似合っていますか。
这 件 怎么样？
Zhè jiàn zěnmeyàng?

着やせする服が好きなのですが。
我 喜欢 穿起来 显 瘦 的 衣服。
Wǒ xǐhuan chuānqilai xiǎn shòu de yīfu.

ちょっと見せてください。
给 我 看 一下。
Gěi wǒ kàn yíxià.

少し大きすぎます。
太 肥 了。
Tài féi le.

細すぎます。
太 瘦 了。
Tài shòu le.

きつすぎます。
太 紧 了。
Tài jǐn le.

色があまりよくありません。	颜色 不 太 好看。 Yánsè bú tài hǎokàn.
デザインが古すぎます。	样式 太 老。 Yàngshì tài lǎo.

▶ 12. 他のものを注文する　　Track 194

これがほしいです。	我 要 这个。 Wǒ yào zhège.
これらを全部ください。	这些 我 都 要 了。 Zhèxiē wǒ dōu yào le.
トマトを3斤ください。	来 三 斤 西红柿。 Lái sān jīn xīhóngshì.
もう少し新鮮なキュウリがありませんか。	黄瓜 有 没有 新鲜 点儿 的？ Huángguā yǒu méiyǒu xīnxiān diǎnr de?
このリンゴは今日仕入れたものですか。	这 苹果 是 今天 进 的 吗？ Zhè píngguǒ shì jīntiān jìn de ma?
⇒どれぐらいにしますか。	要 多少？ Yào duōshao?
10元ぐらいでお願いします。	来 十 块 钱 的。 Lái shí kuài qián de.
3斤（1500g）ください。	给 我 称 三 斤。 Gěi wǒ chēng sān jīn.
袋を1つください。	给 我 一 个 袋子。 Gěi wǒ yí ge dàizi.
さらに袋を2枚ください。	再 给 我 两 个 袋子。 Zài gěi wǒ liǎng ge dàizi.
これらは、支払いをすませています。	这些 已经 付过 钱 了。 Zhèxiē yǐjing fùguo qián le.
小銭が足りません。	零钱 不 够 了。 Língqián bú gòu le.
これはいりません。	这个 不 要 了。 Zhège bú yào le.

▶13. 代金を支払う　　　　　　　　　　　　　　　　Track 195

デパートではカードで支払えますが、市場だと現金に限られます。小銭を持っていたほうが、値切る時にも便利ですよ。

⇒会計のコーナーでお支払いください。	请 到 收银台 付款。 Qǐng dào shōuyíntái fùkuǎn.
どこで支払いますか。	在 哪儿 付款？ Zài nǎr fùkuǎn?
レジはどこですか。	收银台 在 哪儿？ Shōuyíntái zài nǎr?
100元払います、おつりをください。	这 是 一百，你 找 我 吧。 Zhè shì yìbǎi, nǐ zhǎo wǒ ba.
⇒細かいお金がありますか。	有 零钱 吗？ Yǒu língqián ma?
⇒1元ありますか。 　そうしたら、おつりは5元です。	有 一 块 零钱 吗？找 你 五 块。 Yǒu yí kuài língqián ma? Zhǎo nǐ wǔ kuài.
ちょうど1元札1枚があります。	刚好 有 一 张 一 块 的。 Gānghǎo yǒu yì zhāng yí kuài de.
細かいお金がありません。	我 没有 零钱。 Wǒ méiyǒu língqián.
カードが使えますか。	可以 刷卡 吗？ Kěyǐ shuākǎ ma?
現金で支払います。	我 付 现金。 Wǒ fù xiànjīn.
領収書を書いてください。	请 开 一 张 发票。 Qǐng kāi yì zhāng fāpiào.
⇒100元いただいて、36元のおつりです。	收 您 一百，找 您 三十六。 Shōu nín yìbǎi, zhǎo nín sānshíliù.
⇒レシートはきちんと保管しておいてください。	请 拿好 小票。 Qǐng náhǎo xiǎopiào.

8　買物する

213

▶ 14. 返品・交換をする　　　　　　　　　　　　　Track 196

デパートだと、返品にも交換にも応じてくれます。レシートや領収書を忘れずに。市場だと、交換はできますが、返品には応じてくれません。

返品したいのですが。	我 想 退货。 Wǒ xiǎng tuìhuò.
返品できますか。	可以 退货 吗？ Kěyǐ tuìhuò ma?
交換したいです。	我 想 换 一下。 Wǒ xiǎng huàn yíxià.
他のものと交換できますか。	可以 换 其他 东西 吗？ Kěyǐ huàn qítā dōngxi ma?
レシートを持っています。	发票 我 带来 了。 Fāpiào Wǒ dàilai le.
すみません、返品させてください。	麻烦 您 给 退 了 吧。 Máfan nín gěi tuì le ba.
こちらは昨日買ったものですが、別のものと交換してください。	这 是 我 昨天 买 的，想 换 一下。 Zhè shì wǒ zuótiān mǎi de, xiǎng huàn yíxià.

実践編

Track 197

場面を想定して実践しましょう。

1 〔スーパーで①〕文房具を買いたいのですが（Aは客、Bは店員）

A： 文房具を買いたいのですが。
我 想 买 文具。
Wǒ xiǎng mǎi wénjù.

B： 文房具は3階です。
文具 用品 在 三 楼。
Wénjù yòngpǐn zài sān lóu.

A： ありがとう。
谢谢。
Xièxie.

B： どういたしまして。
不 客气。
Bú kèqi.

Track 198

2 〔スーパーで②〕子供服は何階ですか（Aは客、Bは店員）

A： すみません、子供服は何階ですか。
请问，童装 在 几 楼？
Qǐngwèn, tóngzhuāng zài jǐ lóu?

B： 2階です。
二 楼。
Èr lóu.

A： 日常用品は？
日用品 呢？
Rìyòngpǐn ne?

B： 日常用品も2階です。
也 在 二 楼。
Yě zài èr lóu.

A： ありがとう。
谢谢。
Xièxie.

8 買物する

215

3 〔スーパーで③〕シャンプーはどこで売っていますか（Aは客、Bは店員）

Track 199

A： すみません、シャンプーはどこで売っていますか。

请问，洗发水 在 哪儿 卖？
Qǐngwèn, xǐfàshuǐ zài nǎr mài?

B： まっすぐに行って、突き当たりのところです。

直 走，一直 走到 头儿 就 是。
Zhí zǒu, yìzhí zǒudào tóur jiù shì.

A： ありがとう。

谢谢。
Xièxie.

4 〔スーパーで④〕袋を1つください（Aは客、Bはレジ係）

Track 200

中国のスーパーでは、レジ袋は有料です。欲しいと言わないと、くれません。必要な場合には、"请给我一个袋子／拿一个袋子／要一个袋子." qǐng gěi wǒ yí ge dàizi / ná yí ge dàizi / yào yí ge dàizi. と言いましょう。）

B： 全部で253元4角です。

一共 二百 五十三 块 四 毛。
Yígòng èrbǎi wǔshísān kuài sì máo.

A： 300元でお願いします。

给 你 三百。
Gěi nǐ sānbǎi.

B： 4角ありますか。

有 四 毛 零钱 吗？
Yǒu sì máo língqián ma?

A： 見てみます。ああ、5角があります。

我 看 一下。啊，有 一 个 5 毛 的。
Wǒ kàn yíxià. À, yǒu yí ge wǔ máo de.

B： ありがとうございます。300元5角いただいて、47元1角のおつりです。

谢谢。收 您 三百 零 五 毛。
Xièxie. Shōu nín sānbǎi líng wǔ máo.
找 您 四十七 块 一 毛。
Zhǎo nín sìshíqī kuài yì máo.

B： レジ袋はいりますか。

要 不 要 袋子？
Yào bu yào dàizi?

A： 袋を1つください。

给 我 一 个 袋子。
Gěi wǒ yí ge dàizi.

B： 1つ2角です。

一 个 袋子 两 毛 钱。
Yí ge dàizi liǎng máo qián.

Track 201

5 〔自由市場で①〕リンゴはいくらですか（Aは客、Bは果物売り）

　中国の野菜市場は量り売りです。買うときに、その分量を表現する場合、重さ（たとえば「3斤」）はもちろんのこと、お金（たとえば「20元」）の言い方もよく用いられます。ちなみに、メートル法の「キロ・グラム」という単位はあまり用いられません。

A：	リンゴはいくらですか。	苹果 怎么 卖？ Píngguǒ zěnme mài?
B：	1斤5元です。	五 块 钱 一 斤。 Wǔ kuài qián yì jīn.
A：	バナナは？	香蕉 呢？ Xiāngjiāo ne?
B：	1斤8元です。	八 块 钱 一 斤。 Bā kuài qián yì jīn.
A：	バナナ3斤とリンゴを10元ください。	来 三 斤 香蕉，再 来 十 块 钱 的 苹果。 Lái sān jīn xiāngjiāo, zài lái shí kuài qián de píngguǒ.
B：	バナナはもう少し多く買っていただけませんか。30元ではいかがですか。	香蕉 能 多 买 点儿 吗？来 三十 块 钱 的。 Xiāngjiāo néng duō mǎi diǎnr ma? Lái sānshí kuài qián de.
A：	いいでしょう。では、50元。	好 吧，给 你 五十 块 钱。 Hǎo ba, gěi nǐ wǔshí kuài qián.
B：	10元のお釣りです。	找 你 十 块。 Zhǎo nǐ shí kuài.

Track 202

6 〔自由市場で②〕少し安くしてください（Aは客、Bは果物売り）

B：	こんにちは。何をお探しですか。	您好！您 买 点儿 什么？ Nín hǎo! Nín mǎi diǎnr shénme?
A：	リンゴ1斤（500g）いくらですか。	苹果 多少 钱 一 斤？ Píngguǒ duōshao qián yì jīn?

217

B：	1斤5元です。	五块钱一斤。 Wǔ kuài qián yì jīn.
A：	高いですね、少し安くしてください。	太贵了，便宜点儿吧。 Tài guì le, piányi diǎnr ba.
B：	4.5元にしましょう。どれくらいほしいですか。	那四块五吧。要多少？ Nà sì kuài wǔ ba. Yào duōshao?
A：	2斤（1kg）ください。	来二斤吧。多少钱？ Lái èr jīn ba. Duōshao qián?
B：	9元です。	九块钱。 Jiǔ kuài qián.
A：	はい。10元。	给您十块。 Gěi nín shí kuài.
B：	1元のおつりです。	找您一块。 Zhǎo nín yí kuài.

Track 203

7 〔自由市場で③〕5斤10元でいいですか（Aは客、Bは野菜売り）

A：	すみません。キュウリはいくらですか。	师傅，黄瓜怎么卖？ Shīfu, huángguā zěnme mài?
B：	1斤（500g）2.5元です。	两块五一斤。 Liǎng kuài wǔ yì jīn.
A：	5斤（2.5kg）10元でいいですか。	十块钱五斤怎么样？ Shí kuài qián wǔ jīn zěnmeyàng?
B：	わかりました。いいでしょう。	行，卖给你了。 Xíng, màigěi nǐ le.

Track 204

8 〔自由市場で④〕新鮮なトマトですよ（Aは客、Bは野菜売り）

B：	トマト、トマト、新鮮なトマトですよ。	西红柿，西红柿，新鲜的 Xīhóngshì, xīhóngshì, xīnxiān de 西红柿。 xīhóngshì.

A： トマトは 1 斤（500g）いくらですか。

B： 1 斤で 3 元です。

A： そんなに高いんですか。
もう少し安くしてください。

B： 今は何でも値上がりしているから、
トマトも値上がりしないわけがな
いでしょう。

A： でも、もう少し安くしてくださいよ、
いつもあなたから野菜を買ってい
るんですから。

B： わかりますが、私も小商いですか
ら、そんなに儲からないんですよ。

A： でも、少し安くできない？
今日は多めに買うから。

B： わかりました。
なら、1 斤 2 元 8 角にしましょう。

A： 2 元 5 角にしてくださいよ。
5 斤買いますから。

B： 本当にお買い物上手ですね。
わかりました。そうしましょう。
これからもごひいきにね。

西红柿 怎么 卖 呀？
Xīhóngshì zěnme mài ya?

三 块 钱 一 斤。
Sān kuài qián yì jīn.

这么 贵 呀，便宜 点儿 吧。
Zhème guì ya, piányi diǎnr ba.

现在 什么 都 涨价 了，西红柿
Xiànzài shénme dōu zhǎngjià le, xīhóngshì
能 不 涨 吗？
néng bù zhǎng ma?

便宜 点儿 吧，我 经常 买 你
Piányi diǎnr ba, wǒ jīngcháng mǎi nǐ
的 菜。
de cài.

我 知道。我 是 小本 生意，
Wǒ zhīdao. Wǒ shì xiǎoběn shēngyi,
赚不了 几 个 钱。
zhuànbuliǎo jǐ ge qián.

便宜 点儿 吧，今天 多 买 几
Piányi diǎnr ba, jīntiān duō mǎi jǐ
斤。
jīn.

那 好 吧，两 块 八 一 斤 卖给
Nà hǎo ba, liǎng kuài bā yì jīn màigěi
您 了。
nín le.

两 块 五 吧。我 来 五 斤。
Liǎng kuài wǔ ba. Wǒ lái wǔ jīn.

您 真 会 买 东西。好 吧，卖给
Nín zhēn huì mǎi dōngxi. Hǎo ba, màigěi
您 了。以后 常 来 啊。
nín le. Yǐhòu cháng lái a.

A： ええ、もちろんですよ。全部でいくらですか。

欸，好的。一共 多少 钱？
Èi, hǎo de. Yígòng duōshao qián?

B： 1斤で2元5角ですから、5斤は12元5角。15元もらいましたから、2元5角のおつりです。

一 斤 两 块 五，五斤十二
Yì jīn liǎng kuài wǔ, wǔ jīn shí èr
块 五。收 您 十五 块，找 您
kuài wǔ. Shōu nín shíwǔ kuài, zhǎo nín
两 块 五。
liǎng kuài wǔ.

Track 205

❾ 〔自由市場で⑤〕赤いのがありますか（Aは若い女性客、Bは物売り）

A： あのセーターはいくらですか。

那 件 毛衣 怎么 卖？
Nà jiàn máoyī zěnme mài?

B： これは390元ですが、2割値引きできますよ。

三百 九十 块。可以 打 八 折。
Sānbǎi jiǔshí kuài. Kěyǐ dǎ bā zhé.

A： 2割ですか。もう少し安くしてくださいよ。

八 折？再 便宜 一点儿 吧。
Bā zhé? Zài piányi yìdiǎnr ba.

B： 最低280元です。

最 少 两 百 八。
Zuì shǎo liǎng bǎi bā.

A： 赤いのがありますか。

有 红 的 吗？
Yǒu hóng de ma?

B： あります。

有。
Yǒu.

A： 試着してもいいですか。

我 试试 行 吗？
Wǒ shìshi xíng ma?

B： はい、どうぞ。

行。给，你 试 吧。
Xíng. Gěi, nǐ shì ba.

A： これは小さすぎです。もっと大きいのはありますか。

这 件 毛衣 太 小 了，有 大 的
Zhè jiàn máoyī tài xiǎo le, yǒu dà de
吗？
ma?

B： こちらを試してください。

你 试试 这件。
Nǐ shìshi zhè jiàn.

A： こちらはちょうどいいです。

这件 正 好。
Zhè jiàn zhèng hǎo.

Track 206

10 〔自由市場で⑥〕じゃ、いりません（Aは若い女性客、Bは物売り）

A： このスカートはいくらですか。

这 条 裙子 多少 钱？
Zhè tiáo qúnzi duōshao qián?

B： 150元です。

一百 五。
Yìbǎi wǔ.

A： 高すぎますよ、もう少し安くできませんか。

太 贵 了, 能 便宜 点儿 吗？
Tài guì le, néng piányi diǎnr ma?

B： じゃあ、2割引きの120元でどうですか。

那 给 你 打 八 折 吧，一百 二。
Nà gěi nǐ dǎ bā zhé ba, yìbǎi èr.

A： やはり高すぎます。もっと安くして。

还是 太 贵 了，再 便宜 点儿。
Háishi tài guì le, zài piányi diǎnr.

B： 最低100元。

最 低 一百。
Zuì dī yìbǎi.

A： じゃ、いりません。

我 不 要 了。
Wǒ bú yào le.

B： ええ、待ってください。いくらなら買いますか。

欸，你 等等，你 给 多少？
Èi, nǐ děngdeng, nǐ gěi duōshao?

A： 80元。

八十。
Bāshí.

B： お嬢さん、もう少し高くなりませんか。スカート1着では、たいして儲からないんですよ。あと10元を足して、90元でどうですか。

姑娘，再 加 点儿 吧。一 条
Gūniang, zài jiā diǎnr ba. Yì tiáo
裙子 挣不了 多少 钱。你 再
qúnzi zhèngbuliǎo duōshao qián. Nǐ zài
加 十 块。九十 块 钱 给 你。
jiā shí kuài. Jiǔshí kuài qián gěi nǐ.

A： だめです。80元より1元多くても買いません。

不行。就八十。多一块我也不要。
Bùxíng. Jiù bāshí. Duō yí kuài wǒ yě bú yào.

B： お嬢さん、あなたは本当に買い物上手ですね。わかりました。80元でいいです。友達が1人増えたことにします。これからもよく来てくだされば助かりますが。

姑娘，你真会买东西。好吧。
Gūniang, nǐ zhēn huì mǎi dōngxi. Hǎo ba.
八十就八十。算我交了一
Bāshí jiù bāshí. Suàn wǒ jiāole yí
个朋友，以后常来就行了。
ge péngyou, yǐhòu cháng lái jiù xíng le.

A： 80元なら、十分ですよ。でも、この店の服は私に合っているので、これからもよく来ますから。さようなら。

我没少给你，以后我会
Wǒ méi shǎo gěi nǐ, yǐhòu wǒ huì
常来的。你的衣服挺符合
cháng lái de. Nǐ de yīfu tǐng fúhé
我的口味。再见。
wǒ de kǒuwèi. Zàijiàn.

B： お嬢さん、ぜひまた来てくださいね。数日後にはニュー・モデルが入りますから。

姑娘，一定常来啊。过几
Gūniang, yídìng cháng lái a. Guò jǐ
天就上新款了。
tiān jiù shàng xīnkuǎn le.

Track 207

11 〔デパートで①〕じゃ、これをください（Aは客、Bは店員）

A： このシルクのスカーフはいくらですか。

这条丝巾多少钱？
Zhè tiáo sījīn duōshao qián?

B： 480元です。

四百八十块。
Sìbǎi bāshí kuài.

A： 高すぎますよ。

太贵了。
Tài guì le.

B： 高くないですよ。こちらは中国で最高の絹織物ですから。

不贵，这是中国最好的
Bú guì, zhè shì Zhōngguó zuì hǎo de
丝绸。
sīchóu.

222

A：	少し安くできませんか。300元はどうですか。	能 便宜 一点儿 吗？三百 块，怎么样？ Néng piányi yìdiǎnr ma? Sānbǎi kuài, zěnmeyàng?
B：	できません。380元です。	不行，最 少 三百 八十 元。 Bùxíng, zuì shǎo sānbǎi bāshí kuài.
A1：	そうですか。じゃ、これをください。	好 吧，我 要 了。 Hǎo ba, wǒ yào le.
A2：	そうですか。じゃ、いりません。	对不起，我 不 要 了。 Duìbuqǐ, wǒ bú yào le.

Track 208

12 〔デパートで②〕すこし大きすぎます（Aは客、Bは店員）

A：	このズボンを試着してもいいですか。	这 条 裤子，我 可以 试试 吗？ Zhè tiáo kùzi, wǒ kěyǐ shìshi ma?
B：	どうぞ。何サイズですか。	可以，您 穿 多 大 号 的？ Kěyǐ, nín chuān duō dà hào de?
A：	Mサイズをお願いします。	我 穿 中 号 的。 Wǒ chuān zhōng hào de.
B：	こちらはMサイズです。 どうぞ、ご試着ください。	这 是 中 号，您 试试。 Zhè shì zhōng hào, nín shìshi.

（数分後）

B：	いかがですか。	可以 吗？ Kěyǐ ma?
A：	すこし大きすぎます。	有点儿 大。 Yǒudiǎnr dà.
B：	こちらのSサイズをお試しになってください。	试试 这 条 小 号 的。 Shìshi zhè tiáo xiǎo hào de.
A：	他の色はありますか。	还 有 别 的 颜色 吗？ Hái yǒu bié de yánsè ma?

223

B： 黒と青があります。

还有 黑色 和 蓝色 的。
Hái yǒu hēisè hé lánsè de.

A： 黒にします。割引がありますか。

我 要 黑色 的。打折 吗?
Wǒ yào hēisè de. Dǎzhé ma?

B： 1割引きですので、450元になります。

打 九 折, 四百 五十 块 钱。
Dǎ jiǔ zhé, sìbǎi wǔshí kuài qián.

Track 209

13 〔デパートで③〕着やせする服が好きなのですが（Aは客、Bは店員）

B： いらっしゃいませ。
ようこそ"鼎新服飾"へ。

欢迎 光临"鼎新 服饰"。
Huānyíng guānglín "Dǐngxīn fúshì".

A： ちょっと見せてください。

我 先 看 一下。
Wǒ xiān kàn yíxià.

B： お好きなものをご試着ください。
服は着てみないと、似合うかどう
かわかりませんから。

喜欢 的 可以 试穿。衣服 不
Xǐhuan de kěyǐ shìchuān. Yīfu bú
上 身 看不出 效果 的。
shàng shēn kànbuchū xiàoguǒ de.

A： この服を試着してもいいですか。

我 可以 试试 这 件 衣服 吗?
Wǒ kěyǐ shìshi zhè jiàn yīfu ma?

B： もちろん、どうぞ。
お客様のサイズは？

可以 可以。您 穿 什么 号?
Kěyǐ kěyǐ. Nín chuān shénme hào?

A： Mサイズです。

中 号。
Zhōng hào.

B： こちらがMサイズです。
試着室はあちらです。

给 您。试衣间 在 那边。
Gěi nín. Shìyījiān zài nàbian.

A： ちょっと小さいかも。

是 不 是 小 了 点儿?
Shì bu shì xiǎo le diǎnr?

B： 小さくありません。
お客様にぴったりです。

不 小。您 穿 正 合适。
Bù xiǎo. Nín chuān zhèng héshì.

A：	袖がきつくて、着心地がよくありません。	袖子 太 紧，穿着 不 舒服。 Xiùzi tài jǐn, chuānzhe bù shūfu.
B：	なら、Lサイズを持ってきましょうか。	那 我 给 您 拿 个 大 号 的 Nà wǒ gěi nín ná ge dà hào de 试试 吧。 shìshi ba.
A：	（Lサイズを試着して）袖はちょうどいいのですが、ウエストがちょっと大きすぎます。	袖子 挺 合适，不过 腰 太 肥 了。 Xiùzi tǐng héshì, búguò yāo tài féi le.
B：	こちらは韓国スタイルですので、腰まわりは絞らないのですよ。	这 是 韩版，都 不 束腰。 Zhè shì Hánbǎn, dōu bù shūyāo.
A：	着やせする服が好きなのですが。	我 喜欢 穿起来 显 瘦 的 衣服。 Wǒ xǐhuan chuānqilai xiǎn shòu de yīfu.
B：	それなら、こちらをご試着ください。やせて見えますよ。でも、お客様は全然太っていませんよ。	那 您 试试 这 件，保 您 Nà nín shìshi zhè jiàn, bǎo nín 穿起来 显 瘦。不过 您 一点儿 chuānqilai xiǎn shòu. Búguò nín yìdiǎnr 也 不 胖。 yě bú pàng.
A：	ありがとう。自分の体型は自分がよく知っていますから。	谢谢。我 知道 自己 的 身材。 Xièxie. Wǒ zhīdao zìjǐ de shēncái.
B：	いかがですか。こちらはいいでしょう。お客様は肌が白いので、この服がお似合いで、とても品よく見えます。	怎么样？这 件 可以 吧？ Zěnmeyàng? Zhè jiàn kěyǐ ba? 您 肤色 白，穿 这 件 特 显 Nín fūsè bái, chuān zhè jiàn tè xiǎn 气质。 qìzhì.
A：	まあまあですね。 では、こちらにします。	还 可以。我 就 要 这 件 吧。 Hái kěyǐ. Wǒ jiù yào zhè jiàn ba.

B:	当店の服は1つのデザインで1着しか作りません。ですから、この服を着て街へお出かけになっても、同じ服の方はいないことを保証します。こちらが伝票です。レジはあちらです。	我们 的 衣服 一 个 样式 就 有 Wǒmen de yīfu yí ge yàngshì jiù yǒu 一 件，保 您 穿出去 不 会 yí jiàn, bǎo nín chuānchuqu bú huì 满大街 都 是。给 您 小票， mǎndàjiē dōu shì. Gěi nín xiǎopiào, 收银台 在 那边。 shōuyíntái zài nàbian.

Track 210

14 〔デパートで④〕現金で支払います（Aは客、Bはレジ係）

中国のデパートは店員に伝票を書いてもらい、自分でその伝票を持って会計のコーナーに行って支払います。

B:	全部で865元です。現金でお支払いですか、それとも、クレジットカードでお支払いですか。	一共 是 八百 六十五 块。付 Yígòng shì bābǎi liùshíwǔ kuài. Fù 现金 还是 刷卡？ xiànjīn háishi shuākǎ?
A:	現金で支払います。	付 现金。 Fù xiànjīn.
B:	ポイントカードはお持ちですか。	有 积分卡 吗？ Yǒu jīfēnkǎ ma?
A:	持っていません。	没有。 Méiyǒu.
B:	一度に800元以上をお支払いの場合、ポイントカードを作ることができます。	一 次 消费 满 八百 元 可以 办 Yí cì xiāofèi mǎn bābǎi yuán kěyǐ bàn 一 个。 yí ge.
A:	いえ、けっこうです。ここには住んでいませんし、あまりこちらにも帰ってきませんから。	不用 了，我 在 外地，不 经常 Búyòng le, wǒ zài wàidì, bù jīngcháng 回来。 huílai.
B:	かしこまりました。では、900元いただいて、35元のおつりです。（お持ちください）ありがとうございました。	好 吧。那 收 您 九百，找 您 Hǎo ba. Nà shōu nín jiǔbǎi, zhǎo nín 三十五。请 拿好。 sānshíwǔ. Qǐng náhǎo.

15 〔デパートで⑤〕ワンサイズ上のものに換えていただけませんか
（Aは客、Bは店員）

交換は比較的簡単です。レシートがあれば、もちろん交換してくれますし、なくても、交換してくれる場合もあります。

A： 昨日午前中買った靴ですが、帰って一度はいてみたら、ちょっと小さかったのです。ワンサイズ上のものに換えていただけませんか。

昨天 我 买了 一 双 鞋，回去
Zuótiān wǒ mǎile yì shuāng xié, huíqu
又 试了 一下，有点儿 小，能
yòu shìle yíxià, yǒudiǎnr xiǎo, néng
不 能 换 一 双 大 一 号 的？
bu néng huàn yì Shuāng dà yí hào de?

B： かしこまりました。領収書はお持ちでしょうか。

好 的，您 的 发票 带来 了 吗？
Hǎo de, nín de fāpiào dàilai le ma?

A： 領収書はもうありません。捨ててしまいました。

发票 没有 了。我 给 扔 了。
Fāpiào méiyǒu le. Wǒ gěi rēng le.

B： 申し訳ありませんが、領収書がないと返品も交換もできません。

对不起，没有 发票 不 能 退换
Duìbuqǐ, méiyǒu fāpiào bù néng tuìhuàn
的。
de.

A： どうしましょう。

那 怎么 办 呢？
Nà zěnme bàn ne?

B： こうしましょう。まずお帰りになってもう一度よく探してみてください。万が一見つからなければ、また考えましょう。

这样 吧，您 回去 先 找找 看，
Zhèyàng ba, Nín huíqu xiān zhǎozhao kàn,
万一 找不到，再 想 办法，好
wànyī zhǎobudào, zài xiǎng bànfǎ, hǎo
吗？
ma?

16 〔デパートで⑥〕質が悪すぎますので、返品します（Aは客、Bは店員）

返品するときには、領収書が絶対に必要です。中国のデパートでは、品質に問題があるなら、1週間ないし1カ月以内であれば返品できます。遠慮せず、交渉してみてください。

A: このブラウスは先日ここで買ったのですが、まだ数日も経っていないのに、もう糸がほつれてしまいました。質が悪すぎますので、返品します。

这件上衣是前几天在这儿买的，没穿几天就脱线了，质量也太差了，我要退货。
Zhè jiàn shàngyī shì qián jǐ tiān zài zhèr mǎi de, méi chuān jǐ tiān jiù tuōxiàn le, zhìliàng yě tài chà le, wǒ yào tuìhuò.

B: かしこまりました。では、領収書を見せてください。

好的。请把发票给我看看。
Hǎo de. Qǐng bǎ fāpiào gěi wǒ kànkan.

A: はい。

给你。
Gěi nǐ.

B: はい、すぐにお金をお返しします。他に何かお買いになりたいものはありませんか。

好的。马上把钱退给你。你看还需要买什么东西吗？
Hǎo de. Mǎshàng bǎ qián tuìgěi nǐ. Nǐ kàn hái xūyào mǎi shénme dōngxi ma?

A: けっこうです。

不用了。
Búyòng le.

9 娯楽・レジャー

娱乐・休闲　yúlè・xiūxián

近年、健康志向で、レジャー・タイムを楽しむ中国人は増えつつあります。

基本文型　　　　　　　　　　　Track 213

(1) 〜が好きです
「"喜欢" +（好きなこと）」

クラシックが好きです。	我 喜欢 古典 音乐。 Wǒ xǐhuan gǔdiǎn yīnyuè.
音楽を聴くことが好きです。	我 喜欢 听 音乐。 Wǒ xǐhuan tīng yīnyuè.
どんなスポーツがお好きですか。	你 喜欢 什么 运动？ Nǐ xǐhuan shénme yùndòng?

(2) 〜しましょう
「〜"吧"」

コンサートに行きましょう。	去 听 演唱会 吧！ Qù tīng yǎnchànghuì ba!
一緒に歌いましょう。	咱们 一起 唱 吧。 Zánmen yìqǐ chàng ba.
散歩に行きましょう。	我们 去 散步 吧。 Wǒmen qù sànbù ba.

基礎編

娯楽・レジャーの基礎表現を押さえておきましょう。

Track 214

▶ 1. 音楽を聴く

音楽を聴くことが好きです。	我 喜欢 听 音乐。 Wǒ xǐhuan tīng yīnyuè.
どんな音楽が好き？	你 喜欢 什么 音乐？ Nǐ xǐhuan shénme yīnyuè?
クラシックが好きです。	喜欢 古典 音乐。 Xǐhuan gǔdiǎn yīnyuè.
生の演奏が大好きです。	超 喜欢 现场 演奏。 Chāo xǐhuan xiànchǎng yǎnzòu.
何か楽器を弾きますか。	你 会 弹 什么 乐器 吗？ Nǐ huì tán shénme yuèqì ma?
ピアノができます。	我 会 弹 钢琴。 Wǒ huì tán gāngqín.
ドラムができます。	我 会 打 架子鼓。 Wǒ huì dǎ jiàzigǔ.
ギターを弾きます。	我 弹 吉他。 Wǒ tán jítā.
トランペットが少しできます。	小号，我 会 吹 一点儿。 Xiǎohào, wǒ huì chuī yìdiǎnr.

▶ 2. コンサートを聴く

Track 215

コンサートに行きましょう。	去 听 演唱会 吧！ Qù tīng yǎnchànghuì ba!
いい席が取れましたよ。	拿到 好 座位 了。 Nádào hǎo zuòwèi le.
席はステージから遠いよ。	座位 离 舞台 很 远。 Zuòwèi lí wǔtái hěn yuǎn.

いいですね。	真 好。 Zhēn hǎo.
音響がすごくいい。	音响 很 棒。 Yīnxiǎng hěn bàng.
最高だ。	超 赞。 Chāo zàn.

▶ 3. カラオケで歌う　　　　　　　　　Track 216

カラオケが好きです。	我 喜欢 唱 卡拉 OK。 Wǒ xǐhuan chàng kǎlāOK.
私が一曲歌います。	我 来 唱 一 首。 Wǒ lái chàng yì shǒu.
あなたは本当に歌がうまいですね。	你 唱得 真 好听。 Nǐ chàngde zhēn hǎotīng.
私は歌えません。	我 不 会 唱。 Wǒ bú huì chàng.
私が一曲入れましょう。	我 来 点 首 歌。 Wǒ lái diǎn shǒu gē.
一緒に歌いましょう。	咱们 一起 唱 吧。 Zánmen yìqǐ chàng ba.
日本語の歌が歌えますか。	你 会 唱 日文歌 吗？ Nǐ huì chàng Rìwéngē ma?
歌を聴くのは好きです。	我 喜欢 听 歌。 Wǒ xǐhuan tīng gē.
歌うのはあまり好きじゃないです。	我 不 太 喜欢 唱歌。 Wǒ bú tài xǐhuan chànggē.

▶ 4. テレビを見る　　　　　　　　　Track 217

私は毎日テレビを見ます。	我 每天 都 看 电视。 Wǒ měitiān dōu kàn diànshì.
バラエティー番組が好きです。	我 喜欢 看 综艺 节目。 Wǒ xǐhuan kàn zōngyì jiémù.

娯楽・レジャー

私は毎日2時間テレビを見ます。　　　每天 看 两 个 小时 电视。
Měitiān kàn liǎng ge xiǎoshí diànshì.

チャンネルを変えましょう。　　　换 个 频道 吧。
Huàn ge píndào ba.

ニュース番組を見よう！　　　看 新闻 吧！
Kàn xīnwén ba!

それは何チャンネルですか。　　　那 是 第 几 频道？
Nà shì dì jǐ píndào?

テレビの音を下げて！　　　声音 小 一点儿！
Shēngyīn xiǎo yìdiǎnr!

テレビの音を上げて！　　　声音 大 一点儿！
Shēngyīn dà yìdiǎnr!

▶5. 映画を見る　　　Track 218

私は映画が好きです。　　　我 喜欢 看 电影。
Wǒ xǐhuan kàn diànyǐng.

ラブストーリーが好きです。　　　我 喜欢 看 言情片儿。
Wǒ xǐhuan kàn yánqíngpiānr.

あの映画はとても感動的でした。　　　那个 电影 很 感人。
Nàge diànyǐng hěn gǎnrén.

映画は何時に始まりますか。　　　电影 几 点 开演？
Diànyǐng jǐ diǎn kāiyǎn?

前売り券はありますか。　　　有 预售票 吗？
Yǒu yùshòupiào ma?

まだ席がありますか。　　　还 有 位子 吗？
Hái yǒu wèizi ma?

この席は空いていますか。　　　这个 座位 没 人。
Zhège zuòwèi méi rén.

この映画は字幕がないよ。　　　这 部 电影 没有 字幕。
Zhè bù diànyǐng méiyǒu zìmù.

感動しました。　　　好 感动。
Hǎo gǎndòng.

傑作ですね。	真 是 佳作。
	Zhēn shì jiāzuò.
つまらない映画ですね。	好 无聊 的 电影 啊。
	Hǎo wúliáo de diànyǐng a.
映画の監督は誰ですか。	电影 导演 是 谁？
	Diànyǐng dǎoyǎn shì shéi?
主役は誰ですか。	主角 是 谁？
	Zhǔjué shì shéi?

▶ 6. カフェで　　　　　　　　　　Track 219

コーヒーを一杯ください。	来 一 杯 咖啡。
	Lái yì bēi kāfēi.
Sカップをください。	要 小杯。
	Yào xiǎo bēi.
Mカップをください。	要 中杯。
	Yào zhōngbēi.
Lカップをください。	要 大杯。
	Yào dàbēi.
砂糖とミルクを入れてください。	请 加 糖 和 牛奶。
	Qǐng jiā táng hé niúnǎi.
砂糖は入れないでください。	不 加 糖。
	Bù jiā táng.
アイスコーヒーはありますか。	有 冰咖啡 吗？
	Yǒu bīngkāfēi ma?
どんなジュースがありますか。	你们 有 什么 果汁？
	Nǐmen yǒu shénme guǒzhī?
アメリカンコーヒーをお願いします。	来 一 杯 美式 咖啡。
	Lái yì bēi měishì kāfēi.
エスプレッソをお願いします。	来 一 杯 浓缩 咖啡。
	Lái yì bēi nóngsuō kāfēi.
カフェラテをお願いします。	来 一 杯 拿铁。
	Lái yì bēi nátiě.

カプチーノをお願いします。 来 一 杯 卡布奇诺。
Lái yì bēi kǎbùqínuò.

カフェモカをお願いします。 来 一 杯 摩卡。
Lái yì bēi mókǎ.

▶ 7. バーで　　　　　　　　　　　　　　Track 220

ウィスキーをお願いします。 来 一 杯 威士忌。
Lái yì bēi wēishìjì.

もう少し水を足してください。 再 加 一点儿 水。
Zài jiā yìdiǎnr shuǐ.

ビールはおいしいです。 啤酒 很 好喝。
Píjiǔ hěn hǎohē.

乾杯! 干杯!
Gānbēi!

もう飲めません。 喝不了 了。
Hēbuliǎo le.

もう酔っ払ってしまいました。 我 已经 喝醉 了。
Wǒ yǐjīng hēzuì le.

私はもうこれ以上飲めません。 我 不 能 再 喝 了。
Wǒ bù néng zài hē le.

トイレはどこですか。 洗手间 在 哪儿?
Xǐshǒujiān zài nǎr?

▶ 8. 運動する　　　　　　　　　　　　　Track 221

私は毎日ジョギングをしています。 我 每天 跑步。
Wǒ měitiān pǎobù.

散歩に行きましょう。 我们 去 散步 吧。
Wǒmen qù sànbù ba.

フィットネスクラブに行きましょう。 我们 去 健身 吧。
Wǒmen qù jiànshēn ba.

一緒に山登りに行きませんか。 我们 一起 去 爬山 吧。
Wǒmen yìqǐ qù páshān ba.

どんなスポーツがお好きですか。	你 喜欢 什么 运动？ Nǐ xǐhuan shénme yùndòng?
泳げますか。	你 会 游泳 吗？ Nǐ huì yóuyǒng ma?
バレーボールが好きです。	我 喜欢 打 排球。 Wǒ xǐhuan dǎ páiqiú.
登山が好きです。	我 喜欢 登山。 Wǒ xǐhuan dēngshān.
ゴルフは好きではないです。	我 不 喜欢 打 高尔夫。 Wǒ bù xǐhuan dǎ gāo'ěrfū.

▶ 9. ダイエットする

Track 222

ダイエットしたいです。	我 想 减肥。 Wǒ xiǎng jiǎnféi.
ダイエットしなければ。	我 必须 减肥。 Wǒ bìxū jiǎnféi.
ダイエット中です。	我 正在 减肥。 Wǒ zhèngzài jiǎnféi.
食べ過ぎをやめよう。	我 再 不 胡吃 海塞 了。 Wǒ zài bù húchī hǎisāi le.
飲み過ぎない。	不要 过度 饮酒。 Búyào guòdù yǐnjiǔ.
運動しないといけません。	不 能 不 运动。 Bù néng bú yùndòng.
メタボ予備軍です。	我 是 肥胖 预备军。 Wǒ shì féipàng yùbèijūn.
毎日2リットルの水を飲むこと。	每天 喝 两 升 水。 Měitiān hē liǎng shēng shuǐ.
たくさん汗をかきました。	出了 很 多 汗。 Chūle hěn duō hàn.
3キロ痩せました。	我 减了 三 公斤。 Wǒ jiǎnle sān gōngjīn.

9 娯楽・レジャー

今回のダイエットに失敗しました。	这次减肥失败了。 Zhè cì jiǎnféi shībài le.
どんな方法が最も効果的ですか。	什么方法最有效？ Shénme fāngfa zuì yǒuxiào?

▶ 10. 写真を撮る　　Track 223

一緒に写真を撮りましょう。	一起照张相吧。 Yìqǐ zhào zhāng xiàng ba.
一緒に写真を撮ってもいいですか。	能跟您合个影吗？ Néng gēn nín hé ge yǐng ma?
ここは写真を撮ってもいいですか。	这儿可以拍照吗？ Zhèr kěyǐ pāizhào ma?

発展編　　Track 224

娯楽・レジャーの言い方をもっと知っておきましょう。

▶ 1. 音楽を聴く

いつも音楽を聴いています。	我整天都听音乐。 Wǒ zhěngtiān dōu tīng yīnyuè.
古い歌が好きです。	我喜欢听老歌。 Wǒ xǐhuan tīng lǎogē.
中国の民族音楽を聴く時もあります。	我有时听听民歌。 Wǒ yǒushí tīngting míngē.
ポップスを聴く時もあります。	我有时听听流行歌曲。 Wǒ yǒushí tīngting liúxíng gēqǔ.
私はロックを聴くのが好きです。	我就爱听摇滚乐。 Wǒ jiù ài tīng yáogǔnyuè.
一番好きな歌手は誰ですか。	你最喜欢的歌手是谁？ Nǐ zuì xǐhuan de gēshǒu shì shéi?

普段どんな音楽を聴いていますか。	你 平时 喜欢 听 什么 音乐？ Nǐ píngshí xǐhuan tīng shénme yīnyuè?
この歌手はファンが多いです。	这 位 歌星 有 很 多 歌迷。 Zhè wèi gēxīng yǒu hěn duō gēmí.
この歌は最近とても流行しています。	这 首 歌 最近 特别 流行。 Zhè shǒu gē zuìjìn tèbié liúxíng.
CDをCDプレーヤーに入れて！	把 CD 放到 CD 播放机 里！ Bǎ CD fàngdào CD bōfàngjī li!
ヘッドホーンをつけて！	戴上 耳机！ Dàishang ěrjī!
音が大きすぎるよ！	声音 太 大 了！ Shēngyīn tài dà le!
ボリュームを調節したの？	你 调 音量 了 吗？ Nǐ tiáo yīnliàng le ma?
CDを替えようか。	换 一 张 CD 吧。 Huàn yì zhāng CD ba.
ダビングできる？	可以 录音 吗？ Kěyǐ lùyīn ma?
CDを取り出して。	把 CD 拿出来。 Bǎ CD náchulai.
ケースはどこ？	盒子 在 哪儿？ Hézi zài nǎr?

9 娯楽・レジャー

Track 225

関連単語 語彙を増やしましょう（楽器の名前）

オルガン	风琴 fēngqín	トランペット	小号 xiǎohào
シンセサイザー	电子 乐器 diànzǐ yuèqì	トロンボーン	长号 chánghào
バイオリン	小提琴 xiǎotíqín	サキソフォン	萨克斯管 sàkèsīguǎn
チェロ	大提琴 dàtíqín	アコーディオン	手风琴 shǒufēngqín
コントラバス	低音 大提琴 dīyīn dàtíqín	木琴	木琴 mùqín
ハープ	竖琴 shùqín	ドラム	架子鼓 jiàzigǔ
三味線	三弦琴 sānxiánqín	カスタネット	响板 xiǎngbǎn
琴	古琴 gǔqín	タンバリン	手鼓 shǒugǔ
クラリネット	单簧管 / dānhuángguǎn	トライアングル	三角铃 / sānjiǎolíng
クラリネット	黑管 hēiguǎn	トライアングル	三角铁 sānjiǎotiě
フルート	长笛 / 横笛 chángdí héngdí	マラカス	响葫芦 xiǎnghúlu

▶ 2. コンサートを聴く   Track 226

今晩コンサートに行きませんか。
今晚 去 听 演唱会 好 吗？
Jīnwǎn qù tīng yǎnchànghuì hǎo ma?

やっと、いい席が取れましたよ。
终于 拿到 好 座位 了。
Zhōngyú nádào hǎo zuòwèi le.

この席しか取れませんでした。
只 买到了 这个 座位。
Zhǐ mǎidàole zhège zuòwèi.

舞台に近くていいですね。
离 舞台 这么 近、真 好！
Lí wǔtái zhème jìn, zhēn hǎo!

席はステージから遠いですね。
座位 离 舞台 真 远。
Zuòwèi lí wǔtái zhēn yuǎn.

歌手の顔が見えませんね。	**看不到 歌手 的 脸。** Kànbudào gēshǒu de liǎn.
スクリーンから見ればいいです。	**可以 从 大屏幕 上 看。** Kěyǐ cóng dàpíngmù shang kàn.
今晩のコンサートは最高でした。	**今晚 的 演唱会 超 赞。** Jīnwǎn de yǎnchànghuì chāo zàn.
ファンたちの声はうるさかったなあ。	**歌迷 的 声音 太 吵 了。** Gēmí de shēngyīn tài chǎo le.

▶ 3. カラオケで歌う　　　　　　　　　　　　　Track 227

私たちはよく週末にカラオケに行きます。	**我们 周末 常 去 唱 卡拉 OK。** Wǒmen zhōumò cháng qù chàng kǎlāOK.
この部屋は何人用ですか。	**这个 包间 可以 坐 几 个 人？** Zhège bāojiān kěyǐ zuò jǐ ge rén?
中国語の歌を一曲歌います。	**我 唱 一 首 中文 歌曲 吧。** Wǒ chàng yì shǒu Zhōngwén gēqǔ ba.
この歌は歌えません。	**这 首 歌 我 不 会 唱。** Zhè shǒu gē wǒ bú huì chàng.
英語の歌を頼んだところです。	**我 刚 点了 一 首 英文 歌。** Wǒ gāng diǎnle yì shǒu Yīngwén gē.

関連単語 語彙を増やしましょう。（音楽のジャンル）

交響曲	交响曲 jiāoxiǎngqǔ	ポップス	流行 音乐 liúxíng yīnyuè
独奏曲	独奏曲 dúzòuqǔ	ソプラノ	女高音 nǚgāoyīn
弦楽曲	弦乐曲 xiányuè qǔ	アルト	女低音 nǚdīyīn
クラシック	古典 音乐 gǔdiǎn yīnyuè	テノール	男高音 nángāoyīn
オペラ	歌剧 gējù	バス	男低音 nándīyīn
ジャズ	爵士乐 juéshìyuè		

▶ 4. テレビを見る　　Track 229

バラエティー番組が一番好きです。	我 最 喜欢 看 综艺 节目。 Wǒ zuì xǐhuan kàn zōngyì jiémù.
毎晩、テレビの連続ドラマを見ます。	每天 晚上 看 电视 连续剧。 Měitiān wǎnshang kàn diànshì liánxùjù.
この司会者はユーモアに富んでいますね。	这个 主持人 真 幽默。 Zhège zhǔchírén zhēn yōumò.
テレビは広告が多すぎます。	电视 广告 太 多 了。 Diànshì guǎnggào tài duō le.
テレビをつけて！	打开 电视！ Dǎkāi diànshì!
テレビつけてくれる？	帮 我 打开 电视 好 吗？ Bāng wǒ dǎkāi diànshì hǎo ma?
テレビを消して！	把 电视 关掉！ Bǎ diànshì guāndiào!
少しさがって、見えない！	退后 一点儿！ Tuìhòu yìdiǎnr!
テレビのリモコンを取ってきて！	把 电视 的 遥控器 拿来！ Bǎ diànshì de yáokòngqì nálai!

テレビの音を下げて！	把电视声音调小一点！ Bǎ diànshì shēngyīn tiáoxiǎo yìdiǎn!
テレビの音を上げて！	把电视声音调大一点！ Bǎ diànshì shēngyīn tiáodà yìdiǎn!
チャンネルを替えてもいい？	可以换台吗？ Kěyǐ huàn tái ma?
何かおもしろい番組ある？	有没有什么有趣的节目？ Yǒu méiyǒu shénme yǒuqù de jiémù?
チャンネルを次々替えるのはやめてよ！	不要一直换台！ Búyào yìzhí huàn tái!
チャンネルを替えないで！	不要换频道！ Búyào huàn píndào!
邪魔なんだけど。	你挡住我了。 Nǐ dǎngzhù wǒ le.
どいてよ！	走开啦！ Zǒukāi la!
近すぎ！さがって！	太近了！往后退一点！ Tài jìn le! Wǎng hòu tuì yìdiǎn!
テレビをつけっぱなしにしないで！	不要开着电视不看！ Búyào kāizhe diànshì bú kàn!
つまらないなぁ〜。	真无聊。 Zhēn wúliáo.
別にいいよ！	随便！ Suíbiàn!
好きな番組を見て！	看你喜欢的电视节目吧！ Kàn nǐ xǐhuan de diànshì jiémù ba!
スポーツ番組を見ようか。	看体育节目吧。 Kàn tǐyù jiémù ba.
○○テレビの番組は視聴率が高いです。	○○台的节目收视率很高。 Mǒumǒu tái de jiémù shōushìlǜ hěn gāo.

〈「○○」は、中国語では"某某"というのが普通です〉
Mǒumǒu

9 娯楽・レジャー

▶ 5. 映画を見る

どんな映画が好きですか。	你 喜欢 什么样 的 电影？ Nǐ xǐhuan shénmeyàng de diànyǐng?
どの映画が一番好きですか。	你 最 喜欢 哪 部 电影？ Nǐ zuì xǐhuan nǎ bù diànyǐng?
ホラー映画が好きです。	我 喜欢 恐怖 电影。 Wǒ xǐhuan kǒngbù diànyǐng.
カンフー映画はあまり好きではない。	我 不 太 喜欢 看 武打片儿。 Wǒ bú tài xǐhuan kàn wǔdǎpiānr.
SF映画は一番嫌いです。	我 最 讨厌 看 恐怖片儿。 Wǒ zuì tǎoyàn kàn kǒngbùpiānr.
満員です。(看板用)	客满。 Kèmǎn.
一番前の席しか残っていません。	只 剩下 最 前面 的 位子 了。 Zhǐ shèngxià zuì qiánmiàn de wèizi le.
映画は何時から始まるの？	电影 几 点 开演？ Diànyǐng jǐ diǎn kāiyǎn?
次の上映時間は何時？	下 一 场 的 开演 时间 是 几 点？ Xià yì chǎng de kāiyǎn shíjiān shì jǐ diǎn?
上映時間はどれくらいですか。	演 多 长 时间？ Yǎn duō cháng shíjiān?
3時間ぐらいです。	三 个 小时 左右。 Sān ge xiǎoshí zuǒyòu.
何時に終わりますか。	几 点 结束 呢？ Jǐ diǎn jiéshù ne?
あの場面がよかったと思います。	我 觉得 那个 场景 很 好。 Wǒ juéde nàge chǎngjǐng hěn hǎo.
さすがアカデミー賞受賞の作品です。	不愧 是 奥斯卡奖 的 获奖 作品。 Búkuì shì Àosīkǎjiǎng de huòjiǎng zuòpǐn.
昨日の映画はとてもスリリングでした。	昨天 的 电影 太 惊险 了。 Zuótiān de diànyǐng tài jīngxiǎn le.
この映画は英語の字幕が付いています。	这个 电影 有 英文 字幕。 Zhège diànyǐng yǒu Yīngwén zìmù.

Track 230

この俳優は演技がうまいです。	这个 演员 演得 很 好。 Zhège yǎnyuán yǎnde hěn hǎo.
映画の物語はとても面白かったです。	它 的 情节 很 有趣。 Tā de qíngjié hěn yǒuqù.
この映画の興行収入はいいです。	这 部 电影 的 票房 不错。 Zhè bù diànyǐng de piàofáng búcuò.
映画は何時に始まりますか。	请问 电影 几 点 开演？ Qǐngwèn diànyǐng jǐ diǎn kāiyǎn?
携帯の電源を切りましょう。	咱们 把 手机 关 掉 吧。 Zánmen bǎ shǒujī guān diào ba.
この俳優は演技がへただね。	这个 演员 演得 不 怎么样。 Zhège yǎnyuán yǎnde bù zěnmeyàng.
この映画は賞を取ったことがあります。	这 部 电影 获过 奖。 Zhè bù diànyǐng huòguo jiǎng.
今は中国映画に夢中だ。	现在 我 对 中国 电影 入了 迷。 Xiànzài wǒ duì Zhōngguó diànyǐng rùle mí.

▶ 6. 雑技を見る

Track 231

私は雑技を見たいです。	我 想 看 杂技。 Wǒ xiǎng kàn zájì.
今晩の切符がありますか。	有 今晚 的 票 吗？ Yǒu jīnwǎn de piào ma?
7時のチケット2枚お願いします。	七 点 的 票，两 张。 Qī diǎn de piào, liǎng zhāng.
前の席をお願いします。	要 前面 的 座位。 Yào qiánmiàn de zuòwèi.
次の演出は何時からですか。	下 一 场 是 几 点？ Xià yì chǎng shì jǐ diǎn?
インターネットで、チケットの予約ができますか。	网上 可以 订票 吗？ Wǎngshang kěyǐ dìngpiào ma?
今、入ってもいいですか。	现在 可以 进场 吗？ Xiànzài kěyǐ jìnchǎng ma?

雑技は本当に素晴らしかったです。	杂技 真 精彩。 Zájì zhēn jīngcǎi.
すごかったです。	太 棒 了。 Tài bàng le.
とてもおもしろかったです。	很 好看。 Hěn hǎokàn.
今まで見たことがありません。	从 没 看过。 Cóng méi kànguo.
中国の雑技はレベルが世界一です。	中国 杂技 是 世界 一流 的。 Zhōngguó zájì shì shìjiè yīliú de.

▶ 7. 京劇を見る   Track 232

⇒京劇にご招待します。	我 请 你 去 看 京剧。 Wǒ qǐng nǐ qù kàn jīngjù.
本当ですか。	真 的 吗? Zhēn de ma?
いいですね!	太 好 了! Tài hǎo le!
いい考えですね。 (注:口語では"zhúyi"とも読む)	好 主意!(注) Hǎo zhǔyi!
私はまだ京劇を見たことがないんです。	我 还 没 看过 京剧 呢。 Wǒ hái méi kànguo jīngjù ne.
セリフがわかるかどうか心配です。	我 怕 听不懂。 Wǒ pà tīngbudǒng.
⇒きっと大丈夫です。	不 会 有 问题 的。 Bú huì yǒu wèntí de.
字幕はありますか。	有 没有 字幕? Yǒu méiyǒu zìmù?
なんときれいな顔の隈取でしょう!	多么 漂亮 的 脸谱! Duōme piàoliang de liǎnpǔ!

▶ 8. 展覧会を見る   Track 233

最近は何か新しい展覧会がありますか。

最近 有 什么 新 展览？
Zuìjìn yǒu shénme xīn zhǎnlǎn?

ここで写真を撮ってもいいですか。

这里 可以 拍照 吗？
Zhèli kěyǐ pāizhào ma?

⇒フラッシュは使わないでください。

请 不要 使用 闪光灯。
Qǐng búyào shǐyòng shǎnguāngdēng.

解説員はいますか。

有 讲解员 吗？
Yǒu jiǎngjiěyuán ma?

⇒30分ごとに1回解説があります。

每 半 个 小时 一 次。
Měi bàn ge xiǎoshí yí cì.

この博物館のホームページはありますか。

你们 博物馆 有 网站 吗？
Nǐmen bówùguǎn yǒu wǎngzhàn ma?

▶ 9. 試合を見る   Track 234

試合が始まった。

比赛 开始 了！
Bǐsài kāishǐ le!

誰対誰？

谁 和 谁 比？
Shéi hé shéi bǐ?

彼は上手ですね。

他 打得 真 好！
Tā dǎde zhēn hǎo!

ナイスボール！

好 球！
Hǎo qiú!

どっちに勝ってほしいですか。

你 希望 谁 赢？
Nǐ xīwàng shéi yíng?

▶ 10. カフェで   Track 235

カフェに入ってちょっと休みましょう。

我们 去 咖啡馆 坐坐 吧。
Wǒmen qù kāfēiguǎn zuòzuo ba.

⇒何にいたしましょうか。

您 喝 点儿 什么？
Nín hē diǎnr shénme?

バニララテを1杯ください。	来一杯香草拿铁。 Lái yì bēi xiāngcǎo nátiě.
キャラメルマキアートを1杯ください。	来一杯焦糖玛奇朵。 Lái yì bēi jiāotáng mǎqíduǒ.
アイスモカを1杯ください。	来一杯冰摩卡。 Lái yì bēi bīng mókǎ.
もう1杯いかがですか。	要不要再来一杯? Yào bu yào zài lái yì bēi?
喉が乾いたでしょう、お茶なんかどう。	渴了吧,来杯茶怎么样? Kě le ba, lái bēi chá zěnmeyàng?
あのカフェはインターネットもできます。	那家咖啡馆还可以上网。 Nà jiā kāfēiguǎn hái kěyǐ shàngwǎng.
あのカフェは情緒があります。	那家咖啡馆很有情调。 Nà jiā kāfēiguǎn hěn yǒu qíngdiào.
女の子にぴったりです。	非常适合女孩子。 Fēicháng shìhé nǚháizi.
今日はバレンタインデーです。	今天是情人节。 Jīntiān shì qíngrénjié.

▶11. 茶館で

Track 236

空いている席がありますか。	有空位吗? Yǒu kòngwèi ma?
入場券はいくらですか。	门票多少钱? Ménpiào duōshao qián?
お茶代が入っていますか。	包含茶水费吗? Bāohán cháshuǐfèi ma?
どんなお茶がありますか。	都有什么茶? Dōu yǒu shénme chá?
鉄観音をポットでください。	来一壶铁观音。 Lái yì hú tiěguānyīn.
一杯ください。	来一杯花茶。 Lái yì bēi huāchá.

スイカの種がありますか。	有 黑瓜子 吗？ Yǒu hēiguāzǐ ma?
果物がありますか。	有 水果 吗？ Yǒu shuǐguǒ ma?
ライブの効果は抜群ですね。	现场 表演 的 效果 真 棒。 Xiànchǎng biǎoyǎn de xiàoguǒ zhēn bàng.

▶ 12. バーで　　　　　　　　　　Track 237

私たちはバーで待ち合わせをしましょう。	我们 在 酒吧 见 吧。 Wǒmen zài jiǔbā jiàn ba.
このバーはちょっとうるさいですね。	这 家 酒吧 有点儿 吵。 Zhè jiā jiǔbā yǒudiǎnr chǎo.
もう一杯カクテルを飲もうよ。	咱们 再 要 一 杯 鸡尾酒 吧。 Zánmen zài yào yì bēi jīwěijiǔ ba.
⇒氷は要りますか。	要 加 冰块 吗？ Yào jiā bīngkuài ma?
ロックでお願いします。	加 冰块。 Jiā bīngkuài.
もう3杯も飲みました。	已经 喝了 三 杯 了。 Yǐjīng hēle sān bēi le.
青島ビールはおいしいです。	青岛 啤酒 很 好喝。 Qīngdǎo píjiǔ hěn hǎohē.
このカクテルは独特の味がします。	这 种 鸡尾酒 味道 很 独特。 Zhè zhǒng jīwěijiǔ wèidao hěn dútè.
試してみますか。	想 不 想 试试？ Xiǎng bu xiǎng shìshi?
私もこれ以上飲めません。	我 也 不 能 再 喝 了。 Wǒ yě bù néng zài hē le.
彼は酔っぱらったようです。	他 好像 喝醉 了。 Tā hǎoxiàng hēzuì le.
ここは外国人が多いですね。	这儿 外国人 真 不少。 Zhèr wàiguórén zhēn bùshǎo.

今日はどんなショーがありますか。	今天 有 什么 表演？ Jīntiān yǒu shénme biǎoyǎn?
イルミネーションがきれいですね。	这 一 带 的 彩灯 很 漂亮。 Zhè yí dài de cǎidēng hěn piàoliang.

Track 238

関連単語 語彙を増やしましょう。（カクテルの言い方）

ウイスキー	威士忌 wēishìjì	スクリュー・ドライバー	螺丝钻 luósīzuàn
ブランデー	白兰地 báilándì	マンハッタン	曼哈顿 mànhādùn
カクテル	鸡尾酒 jīwěijiǔ	ピンクレディー	红粉佳人 hóngfěnjiārén
ジントニック	金汤利 jīntānglì	マルガリータ	玛格丽特 mǎgélìtè
ジンライム	琴酒莱姆 qínjiǔláimǔ	ソルティドッグ	咸狗 xiángǒu
マティーニ	马丁尼 mǎdīngní	モスコミュール	莫斯科之驴 mòsīkēzhīlǘ
カシスオレンジ	卡西斯香橙 kǎxīsīxiāngchéng	サイドカー	边车 biānchē
カンパリソーダ	肯巴利苏打 kěnbālìsūdá		
シンガポール・スリング	新加坡司令 xīnjiāpōsīlìng		

▶ 13. 運動する

Track 239

よく運動しますか。	您 经常 锻炼 吗？ Nín jīngcháng duànliàn ma?
週に何回運動していますか。	您 一 个 星期 锻炼 几 次？ Nín yí ge xīngqī duànliàn jǐ cì?
会員カードを作るには、いくらかかりますか。	办 一 张 健身卡 多少 钱？ Bàn yì zhāng jiànshēnkǎ duōshao qián?

卓球が好きですか。	你 喜欢 打 乒乓球 吗？ Nǐ xǐhuān dǎ pīngpāngqiú ma?
ビーチバレーが好きです。	我 喜欢 打 沙滩 排球。 Wǒ xǐhuan dǎ shātān páiqiú.
私は背が低いですが、バスケットボールが大好きです。	我 个子 不 高，可是 我 喜欢 打 篮球。 Wǒ gèzi bù gāo, kěshì wǒ xǐhuan dǎ lánqiú.
私は毎週少なくとも2回テニスをします。	我 每 星期 打 两 次 网球。 Wǒ měi xīngqī dǎ liǎng cì wǎngqiú.
私は野球が下手です。	我 棒球 打得 不 好。 Wǒ bàngqiú dǎde bù hǎo.
あなたはローラースケートは上手ですね。	你 旱冰 滑得 真 好。 Nǐ hànbīng huáde zhēn hǎo.
毎週少なくとも1回ジムに行きます。	每周 至少 去 一 次 健身房。 Měizhōu zhìshǎo qù yí cì jiànshēnfáng.
私は専属コーチを付けたいです。	我 想 请 一 个 私人 教练。 Wǒ xiǎng qǐng yí ge sīrén jiàoliàn.
2時間散歩しました。	我 散了 两 个 小时 步。 Wǒ sànle liǎng ge xiǎoshí bù.
昨日1万歩を歩きました。	昨天 走了 一 万 步。 Zuótiān zǒule yí wàn bù.
ヨガを始めました。	我 开始 练 瑜伽 了。 Wǒ kāishǐ liàn yújiā le.
スポーツクラブに入会しました。	我 加入 体育 俱乐部 了。 Wǒ jiārù tǐyù jùlèbù le.
私は水泳教室に入りました。	我 参加了 一 个 游泳 训练班。 Wǒ cānjiāle yí ge yóuyǒng xùnliànbān.
明日から太極拳を習い始めます。	我 从 明天 开始 学 太极拳。 Wǒ cóng míngtiān kāishǐ xué tàijíquán.
私は毎日来ます。	我 天天 都 来。 Wǒ tiāntiān dōu lái.

9 娯楽・レジャー

トレーニングはまじめにやること！	训练 时 不 能 偷懒。 Xùnliàn shí bù néng tōulǎn.
運動は健康にいい。	运动 有益于 健康。 Yùndòng yǒuyìyú jiànkāng.
アウトドアスポーツは体にとてもいいです。	我 觉得 户外 运动 对 身体 最好。 Wǒ juéde hùwài yùndòng duì shēntǐ zuì hǎo.
体を動かしてください。 一日中坐りっぱなしですから。	活动活动 吧，坐了 一 天 了。 Huódònghuódòng ba, zuòle yì tiān le.
運動の時間だよ。	该 锻炼 了。 Gāi duànliàn le.
朝の空気はいいですね。	早上 的 空气 真 好！ Zǎoshang de kōngqì zhēn hǎo!
この週末、ゴルフをしに行きましょうか。	这个 周末 我们 去 打 高尔夫球 吧。 Zhège zhōumò wǒmen qù dǎ gāo'ěrfūqiú ba.
バドミントンを教えてくれませんか。	你 教 我 打 羽毛球 吧。 Nǐ jiāo wǒ dǎ yǔmáoqiú ba.
最近、仕事が多いです。	最近 事情 很 多。 Zuìjìn shìqing hěn duō.
ほとんど、運動する時間はありません。	几乎 没有 时间 锻炼。 Jīhū méiyǒu shíjiān duànliàn.
仕事が終わってからも忙しいです。	我 下班 以后 也 挺 忙 的。 Wǒ xiàbān yǐhòu yě tǐng máng de.

関連単語 語彙を増やしましょう。（スポーツ用）

運動をする	运动 yùndòng	野球	棒球 bàngqiú
ゴルフ	高尔夫球 gāo'ěrfūqiú	サッカー	足球 zúqiú
テニス	网球 wǎngqiú	バスケットボール	篮球 lánqiú
卓球	乒乓球 pīngpāngqiú	バレーボール	排球 páiqiú
バトミントン	羽毛球 yǔmáoqiú	レスリング	摔跤 shuāijiāo
ボウリング	保龄球 bǎolíngqiú	ボクシング	拳击 quánjī
ビリヤード	台球、桌球 táiqiú, zhuōqiú	スキー	滑雪 huáxuě
水泳	游泳 yóuyǒng	スケート	滑冰 huábīng
体操	体操 tǐcāo	フィギアスケート	花样滑冰 huāyànghuábīng
新体操	新体操 xīntǐcāo	ローラースケート	旱冰 hànbīng
柔道	柔道 róudào	サーフィン	冲浪 chōnglàng
太極拳	太极拳 tàijíquán	ジョギング	跑步 pǎobù
気功	气功 qìgōng		

▶ 14. ダイエットする

Track 241

今月、また太りました。
这个 月 又 胖 了。
Zhège yuè yòu pàng le.

5キロ減らさなければ。
我 必须 减掉 五 公斤。
Wǒ bìxū jiǎndiào wǔ gōngjīn.

バナナダイエット中です。
我 正在 尝试 香蕉 减肥法。
Wǒ zhèngzài chángshì xiāngjiāo jiǎnféifǎ.

体脂肪13パーセントです。	脂肪率 为 百分之 十三。 Zhīfánglǜ wéi bǎifēnzhī shísān.
体重45キロが目標です。	体重 目标 为 四十五 公斤。 Tǐzhòng mùbiāo wéi sìshíwǔ gōngjīn.
1カ月で4キロ太りました。	一 个 月 胖了 四 公斤。 Yí ge yuè pàngle sì gōngjīn.
お腹がでてきました。	肚子 出来 了。 Dùzi chūlai le.
ヒップが少したるんできました。	臀部 有点儿 松弛。 Túnbù yǒudiǎnr sōngchí.
1週間で3キロ痩せました。	一 个 星期 瘦了 三 公斤。 Yí ge xīngqī shòule sān gōngjīn.
あと2キロ痩せたいです。	还 想 再 瘦 两 公斤。 Hái xiǎng zài shòu liǎng gōngjīn.
体のめりはりをつけたいわ。	我 想 找回 身体 的 曲线。 Wǒ xiǎng zhǎohuí shēntǐ de qūxiàn.
脂肪を取らなきゃ。	我 非得 去掉 脂肪 不可。 Wǒ fēiděi qùdiào zhīfáng bùkě.
バランスの取れた食事を心がけている。	我 很 注意 饮食 平衡。 Wǒ hěn zhùyì yǐnshí pínghéng.
植物繊維を取るように。	要 多 摄取 植物 纤维。 Yào duō shèqǔ zhíwù xiānwéi.
食べ過ぎをやめよう。	我 要 停止 过多 进食。 Wǒ yào tíngzhǐ guòduō jìnshí.
夜更かしはやめることにしました。	我 决定 再 不 熬夜 了。 Wǒ juédìng zài bù áoyè le.
規則正しい生活をしましょう。	要 过 有 规律 的 生活。 Yào guò yǒu guīlǜ de shēnghuó.
塩分を控えなきゃ。	要 控制 盐分。 Yào kòngzhì yánfèn.
たばこをやめるべきだ	应该 戒烟。 Yīnggāi jièyān.

サプリメントが必要かな。	也许 需要 营养 补充剂。 Yěxǔ xūyào yíngyǎng bǔchōngjì.
ダイエットはただ食事を減らすだけではだめで、運動をしなければなりません。	减肥 不 能 只 靠 节食，要 多 运动。 Jiǎnféi bù néng zhǐ kào jiéshí, yào duō yùndòng.
ダイエットにチャレンジしてみたけれど、まったく効果がありませんでした。	我 曾 试着 减肥，但是 毫无 效果。 Wǒ céng shìzhe jiǎnféi, dànshì háowú xiàoguǒ.
寝る時間がとても少ないです。	睡得 太 少。 Shuìde tài shǎo.
人それぞれ、状況が違います。	每 个 人 的 情况 都 不 一样。 Měi ge rén de qíngkuàng dōu bù yíyàng.
最も大切なのは続けることです。	最 重要 的 是 坚持。 Zuì zhòngyào de shì jiānchí.

▶ 15. 写真を撮る　　　　　　　　　　Track 242

一緒に写真を撮ってもいいですか。	我 可以 跟 您 合 个 影 吗？ Wǒ kěyǐ gēn nín hé ge yǐng ma?
一緒に写真を撮ってもいいですか。	一起 拍 张 照，好 吗？ Yìqǐ pāi zhāng zhào, hǎo ma?
この写真は上海で撮りました。	照片 是 在 上海 照 的。 Zhàopiàn shì zài Shànghǎi zhào de.
メールアドレスを教えてください、写真を送りますから。	告诉 我 你 的 E-mail 地址，我 把 照片 发给 你。 Gàosu wǒ nǐ de E-mail dìzhǐ, wǒ bǎ zhàopiàn fāgěi nǐ.
ウィーチャットに入っていますか。	你 有 微信 吗？ Nǐ yǒu wēixìn ma?

実践編

Track 243

場面を想定して実践しましょう。

① 〔コンサートに行く〕いい席が取れましたよ（A・Bは友人）

A：	コンサートに行きましょう。	去 听 演唱会 吧！ Qù tīng yǎnchànghuì ba!
B：	生の演奏が大好きなの。	我 最 喜欢 现场 演奏 了。 Wǒ zuì xǐhuan xiànchǎng yǎnzòu le.
A：	じゃ、チケットを予約するね。	那 我 去 订票 了。 Nà wǒ qù dìngpiào le.
	（数日後）	
A：	いい席が2枚取れましたよ。	拿到了 两 张 好 位置。 Nádàole liǎng zhāng hǎo wèizhi.
B：	本当！よかった。	真 的？太 好 了。 Zhēn de? Tài hǎo le.
A：	でも、高いけどね。	可是，票 有点儿 贵。 Kěshì, piào yǒudiǎnr guì.

Track 244

② 〔カラオケボックスの受付で〕1時間いくらですか（Aは客、Bは店員）

A：	こんにちは！部屋は空いていますか。	你 好！请问，有 包间 吗？ Nǐ hǎo! Qǐngwèn, yǒu bāojiān ma?
B：	少々お待ちください。一部屋空いています。301号室をご利用ください。	请 稍 等。还 有 一 间，你们 Qǐng shāo děng. Hái yǒu yì jiān, nǐmen 去 301 吧。 qù sānlíngyāo ba.
A：	何人入れますか。	这个 包间 可以 坐 几 个 人？ Zhège bāojiān kěyǐ zuò jǐ ge rén?
B：	ご利用は何名様でしょうか。	请问，你们 几 位？ Qǐngwèn, nǐmen jǐ wèi?

254

A：	4名です。	四 位。 Sì wèi.
B：	問題ありません。この部屋は8名様までご利用になれます。	没 问题。这个 房间 最 多 可以 Méi wèntí. Zhège fángjiān zuì duō kěyǐ 坐 8 个 人。 zuò bā ge rén.
A：	1時間いくらですか。	唱 一 个 小时 多少 钱？ Chàng yí ge xiǎoshí duōshao qián?
B：	一部屋1時間につき100元です。こちらがマイクです。	一 个 房间 一 个 小时 100 块。 Yí ge fángjiān yí ge xiǎoshí yìbǎi kuài. 这 是 麦克。 Zhè shì màikè.

Track 245

3 〔カラオケで歌う①〕先に1曲歌います (A・B・C・Dはカラオケにきた友人)

A：	カラオケは好き？	你 喜欢 唱 卡啦OK 吗？ Nǐ xǐhuan chàng kǎlāOK ma?
B：	私たちは週末にはよくカラオケに行きます。では、先に一曲歌います。	我们 周末 常 去 KTV。我 先 Wǒmen zhōumò cháng qù KTV. Wǒ xiān 来 一 首。 lái yì shǒu.

（歌い終わって）

A：	本当に上手ですね。	你 唱得 真 好听！ Nǐ chàngde zhēn hǎotīng!
B：	ありがとう。 この歌は最近よくはやっています。	谢谢。这 首 歌 现在 挺 流行 的。 Xièxie. Zhè shǒu gē xiànzài tǐng liúxíng de.
C：	この歌は誰が入れたのですか。	这 首 歌 是 谁 点 的？ Zhè shǒu gē shì shéi diǎn de?
D：	私が入れました。英語の歌を一曲歌わせていただきます。	我 点 的。我 来 给 大家 唱 Wǒ diǎn de. Wǒ lái gěi dàjiā chàng 一 首 英文歌。 yì shǒu Yīngwéngē.

ABC：	いいですね。	好！ Hǎo!
A：	（Cに対して）あなたも一曲歌ってください。	你也 唱 一 首 吧。 Nǐ yě chàng yì shǒu ba.
A：	（Bに対して）マイクを彼女に渡してください。	把 话筒 递给 她。 Bǎ huàtǒng dìgěi tā.
C：	私はだめです。私は音痴ですから。	我 不行，我 唱歌 跑调儿。 Wǒ bùxíng, wǒ chànggē pǎodiàor.
A：	大丈夫ですよ、歌えば楽しいですから。	没 关系，玩玩儿 嘛。 Méi guānxi, wánwanr ma.
C：	だめです。本当にできないんです。私は歌を聴くのが好きですから。	不行。我 真 的 不 会。我 Bùxíng. Wǒ zhēn de bú huì. Wǒ 喜欢 听 你们 唱。 xǐhuan tīng nǐmen chàng.
A：	（Dに対して）それなら、あなたが歌ってください。	那你 唱 吧。 Nà nǐ chàng ba.
D：	この歌は私も歌えません。	这 首 歌 我 也 不 会 唱。 Zhè shǒu gē wǒ yě bú huì chàng.
B：	では、私が歌います。キーが高いので、高音が出ません。一つ下げてください。	那 我 来 吧。调儿 太 高 了， Nà wǒ lái ba. Diàor tài gāo le, 我 唱不上去。请 帮 我 降 一 wǒ chàngbushàngqù. Qǐng bāng wǒ jiàng yí 个 调。 ge diào.

Track 246

4 〔カラオケで歌う②〕本当に楽しく歌いましたね (A・B は友人)

A：	今日は本当に楽しく歌いましたね。	今天 唱得 真 带劲儿。 Jīntiān chàngde zhēn dàijìnr.

256

B： 今日は歌うことで、カロリーをたくさん消耗しました。エネルギー補給をしませんか。

今天 唱歌 消耗了 不少 热量。
Jīntiān chànggē xiāohàole bùshǎo rèliàng.
咱们 去 补充 点儿 能量 吧。
Zánmen qù bǔchōng diǎnr néngliàng ba.

A： いいアイデアですね。では、韓国焼肉料理を食べに行きましょうか。

这个 主意 好。那 我们 去 吃
Zhège zhǔyi hǎo. Nà wǒmen qù chī
韩国 烤肉 怎么样？
Hánguó kǎoròu zěnmeyàng?

B： いいですね。

好！
Hǎo!

Track 247

5 〔テレビを見る〕ドラマが一番好きです（AとBは友人）

A： どんなテレビ番組がお好きですか。

你 喜欢 看 什么 电视 节目？
Nǐ xǐhuan kàn shénme diànshì jiémù?

B： 私はドラマが一番好きです。時にはスポーツ番組も見ます。

我 最 喜欢 看 电视剧。有时侯
Wǒ zuì xǐhuan kàn diànshìjù. Yǒushíhòu
也 看 一些 体育 节目。
yě kàn yìxiē tǐyù jiémù.

A： でも、ドラマの途中に広告が多すぎますね。

可是 电视剧 中间 广告 太 多 了。
Kěshì diànshìjù zhōngjiān guǎnggào tài duō le.

B： いい広告を見るのも楽しいですよ。

看 好 的 广告 也 是 一种
Kàn hǎo de guǎnggào yě shì yìzhǒng
享受 啊。
xiǎngshòu a.

A： それもそうですが、しかし、もっとも盛り上がってきた時に広告を入れられると、本当に嫌ですね。

那 倒 也 是。不过，在 最 精彩
Nà dào yě shì. Búguò, zài zuì jīngcǎi
的 时候 插入 广告，真 让 人
de shíhòu chārù guǎnggào, zhēn ràng rén
受不了。
shòubuliǎo.

B： しかし、広告の収入がないと、ドラマの制作ができませんから。

可是 没有 广告 的 收入，拿
Kěshì méiyǒu guǎnggào de shōurù, ná
什么 拍 电视剧 呀。
shénme pāi diànshìjù ya.

257

6 〔映画を見る①〕傑作ですね（AとBは友人） Track 248

A: どんな映画が好き？

你 喜欢 看 什么 电影？
Nǐ xǐhuan kàn shénme diànyǐng?

B: ホラー映画が好き。

我 喜欢 看 恐怖片儿。
Wǒ xǐhuan kàn kǒngbùpiānr.

A: 怖いね。私はそれが大嫌いなの。
　　私はアニメが好きなの。

好 可怕！我 最 讨厌 恐怖片儿
Hǎo kěpà! Wǒ zuì tǎoyàn kǒngbùpiānr
了，我 喜欢 看 动画片儿。
le, wǒ xǐhuan kàn dònghuàpiānr.

B: じゃ、アニメを見よう！

那么 我们 就 看 动画片儿 吧！
Nàme wǒmen jiù kàn dònghuàpiānr ba!

（映画の後）

A: 感動しました。

好 感动。
Hǎo gǎndòng.

B: 傑作ですね。

真 是 佳作。
Zhēn shì jiāzuò.

7 〔映画を見る②〕もう待ちきれないです（AとBは友人） Track 249

A: 週末に映画を見に行きましょうよ。

周末 我们 去 看 电影 吧。
Zhōumò wǒmen qù kàn diànyǐng ba.

B: いいですよ。どんな映画ですか。

好 啊。有 什么 好 电影？
Hǎo a. Yǒu shénme hǎo diànyǐng?

A: アカデミー賞を取ったアメリカ映画です。

一 部 获 奥斯卡 奖 的 美国
Yí bù huò Àosīkǎ jiǎng de Měiguó
大片儿。
dàpiānr.

B: アメリカ映画は一番好きです。

我 最 喜欢 看 美国 电影 了。
Wǒ zuì xǐhuan kàn Měiguó diànyǐng le.

A: 監督はスピルバーグです。

导演 是 斯皮尔伯格。
Dǎoyǎn shì Sīpí'ěrbógé.

B：	彼が監督した映画はほとんど見ました。	他 导演 的 电影 我 几乎 都 看过。 Tā dǎoyǎn de diànyǐng wǒ jīhū dōu kànguo.
A：	俳優たちもなかなかいいですね。	演员 阵容 也 很 棒。 Yǎnyuán zhènróng yě hěn bàng.
B：	ああ、もう待ちきれないです。	啊, 我 都 等不及 了。 A, wǒ dōu děngbují le.
A：	土曜日の6時半、映画館の前で待ち合わせをしましょう。	好 了, 周末 六 点 半, 电影院 门口 见。 Hǎo le, zhōumò liù diǎn bàn, diànyǐngyuàn ménkǒu jiàn.
B：	はい。じゃ、そのときにまた。	好, 不见不散。 Hǎo, bú jiàn bú sàn.

Track 250

8 〔カフェで〕ブルーマウンテンをお願いします（Aはお客さんで、Bは店員）

A：	ここに座ってもいいですか。	坐 这儿 行 吗？ Zuò zhèr xíng ma?
B：	何になさいますか。	您 喝 点儿 什么？ Nín hē diǎnr shénme?
A：	ブルーマウンテンをお願いします。	来 一 杯 蓝山 咖啡。 Lái yì bēi Lánshān kāfēi.
B：	砂糖とミルクはいかがなさいますか。	要 加 糖 和 咖啡 伴侣 吗？ Yào jiā táng hé kāfēi bànlǚ ma?
A：	結構です。どうもありがとう。	不用, 谢谢。 Búyòng, xièxie.
B：	お待たせしました。コーヒーをどうぞ。	让 您 久 等 了。您 的 咖啡。 Ràng nín jiǔ děng le. Nín de kāfēi.
A：	水のお変わりをお願いします。	再 来 一 杯 水。 Zài lái yì bēi shuǐ.

B： 水はセルフサービスです。あちらのほうに置いてあります。

在 那边儿，您 可以 自己 去 拿。
Zài nàbiānr, nín kěyǐ zìjǐ qù ná.

Track 251

⑨ 〔バーで〕お酒をまだ注文していないわ（A・B は古くからの友人）

A： 今日は本当にお綺麗ですよ。

你 今天 打扮得 真 漂亮。
Nǐ jīntiān dǎbande zhēn piàoliang.

B： ありがとう。お久しぶりね。

谢谢。我们 好久 没 见面 了 吧。
Xièxie. Wǒmen hǎojiǔ méi jiànmiàn le ba.

A： 半年ぶりかな。最近はどう？

有 半年 了 吧。最近 好 吗？
Yǒu bànnián le ba. Zuìjìn hǎo ma?

B： 相変わらずよ。毎日忙しくてね。あなたは？ 最近どう。

还是 老 样子，整天 瞎 忙 呗。
Háishì lǎo yàngzi, zhěngtiān xiā máng bei.
你 怎么样？最近 忙 什么 呢？
Nǐ zěnmeyàng? Nuìjìn máng shénme ne?

A： 最近、会社で、あるプロジェクトを担当していて、責任者をしているの。

最近 公司 搞 一 个 项目，我 是 负责人。
Zuìjìn gōngsī gǎo yí ge xiàngmù, Wǒ shì fùzérén.

B： 昇進したの？ おめでとう。

你 高升 了，祝贺 你 呀。
Nǐ gāoshēng le, zhùhè nǐ ya.

A： たいしたことないよ。ただ、責任が重くなったって感じ。

也 没 什么，只是 责任 更 重 了。
Yě méi shénme, zhǐshì zérèn gèng zhòng le.

B： おしゃべりばかりしていて、お酒をまだ注文していないわ。

我们 光 顾 聊天 了，还 没 点 酒 呢。
Wǒmen guāng gù liáotiān le, hái méi diǎn jiǔ ne.

A： そうね、ごめん。じゃ、あなたは何にする？

对、对，真 不 好意思。你 想 喝 点儿 什么？
Duì, duì, zhēn bù hǎoyìsi. Nǐ xiǎng hē diǎnr shénme?

260

B： ワインクーラーにする。

我 来 一 杯 冰镇 白葡萄酒。
Wǒ lái yì bēi bīngzhèn báipútaojiǔ.

A： 私はウィスキーのオンザロック。

我 来 一 杯 威士忌 加 冰。
Wǒ lái yì bēi wēishìjì jiā bīng.

B： こんな雰囲気がとても好き、ロマンチックで。

我 挺 喜欢 这样 的 气氛，好 浪漫。
Wǒ tǐng xīhuan zhèyàng de qìfen, hǎo làngmàn.

A： なら、これからもまた来ようね。

那 以后 我们 就 多 来 几 次。
Nà yǐhòu wǒmen jiù duō lái jǐ cì.

B： 約束よ。

一 言 为 定。
Yì yán wéi dìng.

A： 約束する。

一 言 为 定。
Yì yán wéi dìng.

Track 252

10 〔運動場で〕週に２回ぐらいです（Ａ・Ｂは初対面）

A： 毎朝、太極拳をしに来るのですか。

您 每天 早上 都 来 打 太极拳 吗？
Nín měitiān zǎoshng dōu lái dǎ tàijíquán ma?

B： はい。もう数年続けています。あなたもよく運動しますか。

对，已经 坚持了 好几 年 了。
Duì, yǐjīng jiānchíle hǎojǐ nián le.
你 也 经常 锻炼 吗？
Nǐ yě jīngcháng duànliàn ma?

A： 週に２回ぐらいです。

一 个 星期 两 次。
Yí ge xīngqī liǎng cì.

B： 健康でいたければ、たくさん運動しなければなりませんね。

要 想 身体 好，就 得 多 运动 啊。
Yào xiǎng shēntǐ hǎo, jiù děi duō yùndòng a.

A： まったくおっしゃる通りです。健康な体が何よりですからね。

您 说得 太 对 了。什么 也 没有 健康 的 身体 重要。
Nín shuōde tài duì le. Shénme yě méiyǒu jiànkāng de shēntǐ zhòngyào.

| B： | そうですね。身に染みてよくわかります。お金も、地位も名誉もむなしいものにすぎません。 | 是啊，我太有体会了。
Shì a, wǒ tài yǒu tǐhuì le.
金钱、地位、名誉都是身外
Jīnqián, dìwèi, míngyù dōu shì shēnwài
之物。
zhī wù. |

Track 253

11 〔フィットネスクラブで〕ちょうど8キロ痩せたの（A・Bは古くからの友人）

A：	最近、少し痩せたんじゃない？顔が一回り小さくなった感じがする。	你最近是不是瘦了，脸小 Nǐ zuìjìn shì bu shì shòu le, liǎn xiǎo 了一圈。 le yì quān.
B：	そう見える。本当のことを言うと、まるまる8キロ痩せたの。	你看出来了，实话告诉你， Nǐ kànchulai le, shíhuà gàosu nǐ, 我整整瘦了8公斤。 wǒ zhěngzhěng shòule bā gōngjīn.
A：	今の体重はどれぐらい。	那你现在的体重是多少？ Nà nǐ xiànzài de tǐzhòng shì duōshao?
B：	45キロ。	45公斤。 Sìshíwǔ gōngjīn.
A：	マジで？ええ、どうやって痩せたの？食事制限したの？	不会吧。欸，你是怎么减肥 Bú huì ba. Èi, nǐ shì zěnme jiǎnféi 的？是节食吗？ de? Shì jiéshí ma?
B：	違うよ。わかるでしょう？私はお腹一杯食べないとダメなの。	不是。你知道，不吃饱我可 Bú shì. Nǐ zhīdao, bù chībǎo wǒ kě 受不了。 shòubuliǎo.
A：	それじゃ、薬がきいたの？	那，是减肥药起作用了？ Nà, shì jiǎnféiyào qǐ zuòyòng le?
B：	飲むのはもうずっと前にやめた。今は主にトレーニングしているの。	我早已停用了。我现在 Wǒ zǎoyǐ tíng yòng le. Wǒ xiànzài 主要是锻炼。 zhǔyào shì duànliàn.

A：	どうやって？	怎么 锻炼？ Zěnme duànliàn?
B：	主に筋トレね。効果大よ。専属コーチに付いてもらっているの。	主要 是 肌肉 锻炼。效果 Zhǔyào shì jīròu duànliàn. Xiàoguǒ 很 明显。我 请了 一 个 私人 hěn míngxiǎn. Wǒ qǐngle yí ge sīrén 教练。 jiàoliàn.
A：	なるほどね。私もそろそろ始めないとね。	怪不得 呢。看来 我 也 该 Guàibude ne. Kànlái wǒ yě gāi 行动起来 了。 xíngdòngqǐlai le.

Track 254

12 〔写真を撮る〕全身ですか、上半身だけですか（AとBは友人、Cは旅行中に出会った人）

A：	ここで写真を撮らない？	我们 在 这儿 照 张 相 吧。 Wǒmen zài zhèr zhào zhāng xiàng ba.
B：	そうしよう。誰かに撮ってもらおうよ。えーと、あそこに人がいる。	行。找 个 人 帮 我们 照 吧。 Xíng. Zhǎo ge rén bāng wǒmen zhào ba. 欸，那边儿 有 一 个 人。 Éi, nàbiānr yǒu yí ge rén.
B：	ちょっと写真を撮っていただけませんか。	请 您 帮 我们 拍 张 照片， Qǐng nín bāng wǒmen pāi zhāng zhàopiàn, 好 吗？ hǎo ma?
C：	いいですよ。全身ですか、上半身だけですか。	好 的。要 全身 还是 要 半身？ Hǎo de. Yào quánshēn háishi yào bànshēn?
B：	上半身だけでいいです。後ろのタワーも入れてください。	要 半身 的，把 后面 的 塔 照 Yào bànshēn de, bǎ hòumian de tǎ zhào 进去。 jìnqu.

C： わかりました。撮りますよ。1、2、3、チーズ。

好的。照了啊。一、二、三、
Hǎo de. Zhào le a. Yī、 èr、 sān、
茄子。
qiézi.

B： ありがとうございました。

谢谢。
Xièxie.

C： どういたしまして。いいかどうか確かめてください。

不客气。您看一下行不行？
Bú kèqi. Nín kàn yíxià xíng bu xíng?

B： はい、よく撮れています。

行，照得挺好。
Xíng, zhàode tǐng hǎo.

A： これが私のメールアドレス。帰ったら写真を送ってね。

这是我的E-mail地址，
Zhè shì wǒ de E-mail dìzhǐ,
回去把照片发给我。
huíqu bǎ zhàopiàn fāgěi wǒ.

B： あなたはlineに入っている。

你有LINE吗?
Nǐ yǒu LINE ma?

A： 入っていない。

没有。
Méiyǒu.

B： わかった、帰ったらすぐに送るね。

没问题。我一回去就给你
Méi wèntí. Wǒ yì huíqu jiù gěi nǐ
发。
fā.

A： 向こうへ行って見ようよ。

我们到那边看看吧。
Wǒmen dào nàbian kànkan ba.

B： そうね、行こう。

走吧。
Zǒu ba.

10 訪問する

作客・聚会　zuòkè・jùhuì

基本文型　　　　　　　　　　　　　　　　　Track 255

(1) ～はお暇ですか、～は都合がいいですか
「時間詞＋"有空儿吗？"/"有时间吗？"/"方便吗？"/"怎么样？"」

今晩はお暇ですか。
今晚 您 有 空儿 吗？
Jīnwǎn nín yǒu kòngr ma?

明日お時間がありますか。
明天 您 有 时间 吗？
Míngtiān nín yǒu shíjiān ma?

週末、ご都合はいかがですか。
周末 你 方便 吗？
Zhōumò nǐ fāngbiàn ma?

来週はどうですか。
下周 怎么样？
Xiàzhōu zěnmeyàng?

(2) ～に招待したいです、～に来てほしいんです
① 「"想请你参加"＋催し（パーティー・誕生日会・コンパ・女子会など）」

クリスマスパーティーに招待したいです。
想 请 你 参加 圣诞 晚会。
Xiǎng qǐng nǐ cānjiā shèngdàn wǎnhuì.

② 「"想请你"＋具体的な活動」

うちに遊びに来てほしいんです。
想 请 你 来 我 家 玩。
Xiǎng qǐng nǐ lái wǒ jiā wán.

コンサートに招待したいです。
想 请 你 去 听 音乐会。
Xiǎng qǐng nǐ qù tīng yīnyuèhuì.

基礎編

Track 256

訪問に関する基礎表現を押さえておきましょう。

▶ 1. 誘う

中国人は客好きです。友達になったら、必ず家に招待して手料理でもてなしてくれます。その時に中国語で少しでも会話できたら、いいですね。

(1) 相手の都合を聞く

明日、空いている？	明天 你 有 空儿 吗？ Míngtiān nǐ yǒu kòngr ma?
明日、暇ですか。	你 明天 有 时间 吗？ Nǐ míngtiān yǒu shíjiān ma?
いつがいいですか。	什么 时候 方便？ Shénme shíhou fāngbiàn?
今はいかがですか。	现在 你 方便 吗？ Xiànzài nǐ fāngbiàn ma?
今週の土曜日はどうですか。	这个 星期六 怎么样？ Zhège xīngqīliù zěnmeyàng?

(2) 相手を誘う

Track 257

食事をごちそうしましょう。	我 想 请 你 吃饭。 Wǒ xiǎng qǐng nǐ chīfàn.
コーヒーをおごらせてください。	想 请 您 喝 杯 咖啡。 Xiǎng qǐng nín hē bēi kāfēi.
うちに招待したいです。	想 请 你 来 我 家 做客。 Xiǎng qǐng nǐ lái wǒ jiā zuòkè.
うちに招待します。	欢迎 你 来 我 家 做客。 Huānyíng nǐ lái wǒ jiā zuòkè.
一緒に食事をしましょう。	一起 吃饭 吧。 Yìqǐ chīfàn ba.

暇な時は遊びに来てください。	有空儿来坐坐。 Yǒu kòngr lái zuòzuo.
今週末に遊びに来てください。	这个周末来玩儿吧。 Zhège zhōumò lái wánr ba.
コーヒーをおごらせていただけますか。	可以请您喝杯咖啡吗？ Kěyǐ qǐng nín hē bēi kāfēi ma?
その時は迎えに行きます。	到时候我去接你们。 Dào shíhou wǒ qù jiē nǐmen.
私は6時にお迎えに行きます。	我六点去接您。 Wǒ liù diǎn qù jiē nín.

(3) 誘いを受ける

Track 258

ありがとうございます。	谢谢。 Xièxie.
いいですよ。	好啊。 Hǎo a.
— いいですよ。	没问题。 Méi wèntí.
— もちろんいいですよ。	当然可以。 Dāngrán kěyǐ.
お招きありがとう。	谢谢邀请。 Xièxie yāoqǐng.
どうもすみません。	那就打扰了。 Nà jiù dǎrǎo le.
じゃ、お願いします。	那就麻烦你了。 Nà jiù máfan nǐ le.
じゃ、お言葉に甘えて。	那我就不客气了。 Nà wǒ jiù bú kèqi le.
必ず参ります。	我一定来。 Wǒ yídìng lái.
必ず行きます。	我一定去。 Wǒ yídìng qù.

ぜひお伺いしたいと思います。	我一定去拜访。 Wǒ yídìng qù bàifǎng.
ご招待いただき恐れ入ります。	谢谢您的邀请。 Xièxie nín de yāoqǐng.
お会いできてうれしいです。	很高兴认识你。 Hěn gāoxìng rènshi nǐ.

(4) 誘いを断る　　　　　　　　　　　　　　　　　Track 259

　まず最初に "**对不起** duìbuqǐ" と言って相手に謝った上で、具体的な理由を挙げて断るのが普通です。ただし、その理由は時には嘘の時もあり、相手の面子を立てるためにそのように言うこともよくあります。

その日は都合が悪いです。	那天已经有安排了。 Nà tiān yǐjīng yǒu ānpái le.
本当にその日はだめです。	对不起，那天真的不行。 Duìbuqǐ, nà tiān zhēn de bùxíng.

〈以上の2句は、どんな場合の断り文句としても万能の表現です。〉

すみませんが、今晩は約束がありました。	对不起，今晚我有个约会。 Duìbuqǐ, jīnwǎn wǒ yǒu ge yuēhuì.
土曜日には出張しなければなりません。	星期六我得出差。 Xīngqīliù wǒ děi chūchāi.
今週はもう一杯です。	这个星期都排满了。 Zhège xīngqī dōu páimǎn le.
あいにくその日、もうすでに予定が入っています。	真不巧，那天我有事。 Zhēn bù qiǎo, nà tiān wǒ yǒu shì.
その日、先約があります。	那天已经有别的安排了。 Nà tiān yǐjīng yǒu bié de ānpái le.
また今度誘ってください。	下次我一定去。 Xià cì wǒ yídìng qù.
失礼ですが、お断りいたします。	对不起，我不去。 Duìbuqǐ, wǒ bú qù.

▶ 2. 出迎えを受ける　　　　　　　　　　　Track 260

(1) 訪問のあいさつ

ごめんください。
有 人 吗？
Yǒu rén ma?

⇒ようこそ、いらっしゃいました。
你们 来 了。
Nǐmen lái le.

⇒ようこそいらっしゃいました。
欢迎 欢迎。
Huānyíng huānyíng.

⇒さあ、早くお入りください。
快 请 进！
Kuài qǐng jìn!

おじゃまします。
打扰 了。
Dǎrǎo le.

遅くなってすみません。
不 好意思，我 来晚 了。
Bù hǎoyìsi, wǒ láiwǎn le.

(2) お土産を差し出す　　　　　　　　　　Track 261

これは、ほんの気持ちです。
这 是 一点儿 小 意思。
Zhè shì yìdiǎnr xiǎo yìsi.

これは、ほんの気持ちです。
这 是 一点儿 心意。
Zhè shì yìdiǎnr xīnyì.

これはあなたに。
这 是 送给 您 的。
Zhè shì sònggěi nín de.

どうぞお受け取りください。
请 收下。
Qǐng shōuxia.

⇒どうもご丁寧に。
你们 太 客气 了。
Nǐmen tài kèqi le.

⇒そんなにお気を遣わなくてもいいのに。
你 别 那么 客气。
Nǐ bié nàme kèqi.

⇒ありがとう。散財かけてごめんね。
谢谢，让 你 破费 了。
Xièxie, ràng nǐ pòfèi le.

10 訪問する

269

▶ 3. 接待される　　　　　　　　　　　　　Track 262

(1) 座って、飲み物を出される

⇒ではお掛けください！
快 请 坐！
Kuài qǐng zuò!

⇒何かお飲みになりますか。
您 喝 点儿 什么？
Nín hē diǎnr shénme?

飲み物は何でもいいです。
喝 什么 都 行。
Hē shénme dōu xíng.

⇒お茶をどうぞ。
请 喝 茶。
Qǐng hē chá.

⇒果物ジュースをどうぞ。
请 喝 点儿 果汁儿。
Qǐng hē diǎnr guǒzhīr.

⇒コーヒーをどうぞ。
请 喝 咖啡。
Qǐng hē kāfēi.

⇒お菓子を召し上がって。
请 吃 点心。
Qǐng chī diǎnxin.

⇒お菓子をどうぞ。
吃 点儿 点心 吧。
Chī diǎnr diǎnxin ba.

お構いなく。
您 别 张罗 了。
Nín bié zhāngluo le.

(2) 食事する　　　　　　　　　　　　　　Track 263

誕生日を祝って、乾杯しましょう。
祝 你 生日 快乐。干杯！
Zhù nǐ shēngrì kuàilè. Gānbēi!

乾杯！
干杯！
Gānbēi!

⇒どうぞ召し上がってください。
随便 吃 点儿 吧。
Suíbiàn chī diǎnr ba.

⇒私の得意料理を召し上がってください。
尝尝 我 的 拿手菜。
Chángchang wǒ de náshǒucài.

⇒さあ、さあ、熱いうちに召し上がって。
来，来，趁热 吃 吧。
Lái, lái, chènrè chī ba.

それでは遠慮なく、いただきます。	那我就不客气了。 Nà wǒ jiù bú kèqi le.
いいにおいです。	真香! Zhēn xiāng!
盛りだくさんですね。	这么丰盛呀。 Zhème fēngshèng ya.
⇒味はいかがですか。	味道怎么样? Wèidao zěnmeyàng?
えー。とてもおいしい。	嗯,味道真不错。 Ng, wèidao zhēn búcuò.
私の口に合っています。	很合我的口味。 Hěn hé wǒ de kǒuwèi.
お先にどうぞ。	您先请! Nín xiān qǐng!
これ以上はもう飲めません。	不能再喝了。 Bù néng zài hē le.
もういっぱいです。	我已经吃饱了。 Wǒ yǐjīng chībǎo le.

▶ 4. 部屋を見て回る   Track 264

中国人の家を訪問する時は、家の中をいろいろと見せてもらいましょう。中国人にとって、家に招待するというのは、自分の家を見せたい気持ちも含まれているからです。遠慮せずにその家全体を見て回り、そして、たくさんほめてあげてください。

お家はどれくらいの広さですか。	你家有多大? Nǐ jiā yǒu duō dà?
ちょっと拝見してもいいですか。	可以参观一下吗? Kěyǐ cānguān yíxià ma?
きれいなお宅ですね。	你家真漂亮! Nǐ jiā zhēn piàoliang!
広くて心地がよいですね。	好大好温馨呀。 Hǎo dà hǎo wēnxīn ya.

本当にうらやましいです。	真让人羡慕。 Zhēn ràng rén xiànmù.
日当たりがいいですね。	光照真好。 Guāngzhào zhēn hǎo.
お手洗いも広いですね。	卫生间也很大。 Wèishēngjiān yě hěn dà.

▶ 5. おいとまする　　　　　　　　　　Track 265

もうこんな時間に。	时间不早了。 Shíjiān bù zǎo le.
そろそろおいとましなければ。	我们该回去了。 Wǒmen gāi huíqu le.
ごちそうさまでした。	谢谢您的款待。 Xièxie nín de kuǎndài.
今夜はとても楽しかったです。	今晚玩儿得很开心。 Jīnwǎn wánrde hěn kāixīn.
私はとっても楽しかったです。	我今天过得特别开心。 Wǒ jīntiān guòde tèbié kāixīn.
見送らなくていいですよ。	不用送了。 Búyòng sòng le.
どうぞそのままで。	请留步吧。 Qǐng liúbù ba.
見送らなくても大丈夫。	别送了。 Bié sòng le.
もう戻ってください。	请回吧。 Qǐng huí ba.
⇒道中お気をつけて。	路上小心。 Lùshang xiǎoxīn.

発展編　　　　　　　　　　　　　　　　　　　　　Track 266

訪問に関する言い方をもっと知っておきましょう。

▶ 1. 誘う

(1) 相手の都合を聞く

ご都合はどうですか。	你 方 不 方便？ Nǐ fāng bu fāngbiàn?
こちらに来ていただけますか。	你 能 来 吗？ Nǐ néng lái ma?
来週はいかがですか。	下 个 星期 怎么样？ Xià ge xīngqī zěnmeyàng?
来月はどうですか。	下 个 月 怎么样？ Xià ge yuè zěnmeyàng?
今週の日曜日はどうですか。	这个 星期天 怎么样？ Zhège xīngqītiān zěnmeyàng?
なら、来週の日曜日は？	那 下 星期天 呢？ Nà xià xīngqītiān ne?
来週の土曜日の晩はお暇ですか。	下 星期六 晚上，你 有 空 吗？ Xià xīngqīliù wǎnshang, nǐ yǒu kòng ma?
お供してもいいですか。	一起 去 行 吗？ Yìqǐ qù xíng ma?
ついて行きたいのですが、いいですか。	我 想 跟 你 去，行 吗？ Wǒ xiǎng gēn nǐ qù, xíng ma?
これからお邪魔してもいいですか。	我 现在 去 打扰 一下，可以 吗？ Wǒ xiànzài qù dǎrǎo yíxià, kěyǐ ma?

10 訪問する

273

関連単語 語彙を増やしましょう。（時間を表すことば）

平日	平常 / 平日 píngcháng píngrì	10日後	10 天 后 shí tiān hòu
週末	周末 zhōumò	先週	上周 shàngzhōu
今週末	本 周末 běn zhōumò	今週	这 周 zhè zhōu
今週の月曜日	本 周一 běn zhōuyī	来週	下周 xiàzhōu
昨日	昨天 zuótiān	3週間後	三 周 后 sān zhōu hòu
今日	今天 jīntiān	先月	上 个 月 shàng ge yuè
明日	明天 míngtiān	今月	这个 月 zhège yuè
明後日	后天 hòutiān	来月	下 个 月 xià ge yuè

(2) 相手を誘う　　　　　　　　　　　Track 268

誕生日パーティーに来てほしいんです。	我 想 请 你 参加 我 的 生日 晚会。 Wǒ xiǎng qǐng nǐ cānjiā wǒ de shēngrì wǎnhuì.
家に遊びに来ていただきたいです。	我 想 请 你 来 我 家 作客。 Wǒ xiǎng qǐng nǐ lái wǒ jiā zuòkè.
コンパに来てほしいです。	想 请 你 参加 我们 的 聚会。 Xiǎng qǐng nǐ cānjiā wǒmen de jùhuì.
夕食にお招きしたいのですが。	我 想 请 你 吃 晚饭。 Wǒ xiǎng qǐng nǐ chī wǎnfàn.
私のところに遊びに来てください。	来 我 这儿 玩儿玩儿 吧。 Lái wǒ zhèr wánrwanr ba.
家にちょっと寄っていってください。	到 我 家 坐 会儿 吧。 Dào wǒ jiā zuò huìr ba.

ちょっとお寄りになりませんか。	要不要进去坐坐？ Yào bu yào jìnqu zuòzuo?
お茶を飲みに来てください。	来喝杯茶吧。 Lái hē bēi chá ba.
今晩一緒に食事をしませんか。	今晚一起吃个饭，好吗？ Jīnwǎn yìqǐ chī ge fàn, hǎo ma?
一緒に一杯やりませんか。	一起去喝几杯怎么样？ Yìqǐ qù hē jǐ bēi zěnmeyàng?
家へ夕食にいらっしゃってください。	请来我家吃晚饭吧！ Qǐng lái wǒ jiā chī wǎnfàn ba!
奥さまと一緒に来てください。	带你爱人一起来吧。 Dài nǐ àiren yìqǐ lái ba.
私たちのパーティーに来てくれる？	你能来参加我们的晚会吗？ Nǐ néng lái cānjiā wǒmen de wǎnhuì ma?
ご家族で来てください。	你们全家都来吧。 Nǐmen quánjiā dōu lái ba.
週末に集まりがあるけど、来られる？	周末我们有个聚会，你能来吗？ Zhōumò wǒmen yǒu ge jùhuì, nǐ néng lái ma?

(3) 誘いを受ける

Track 269

ぜひお伺いしたいと思います。	我一定去拜访。 Wǒ yídìng qù bàifǎng.
その時にお伺いします。	到时侯我去拜访。 Dào shíhou wǒ qù bàifǎng.
明日は空いています。	明天我有时间。 Míngtiān wǒ yǒu shíjiān.
来週の土曜日なら問題ありません。	下星期六我没事儿。 Xià xīngqīliù wǒ méi shìr.
来週の週末なら都合がいいです。	下周末的话我有时间。 Xià zhōumò dehuà wǒ yǒu shíjiān.

お招きいただきありがとうございます。	非常 感谢 您 的 邀请。 Fēicháng gǎnxiè nín de yāoqǐng.
喜んで参加させていただきます。	很 高兴 受到 您 的 邀请。 Hěn gāoxìng shòudào nín de yāoqǐng.
せっかくですから、よろこんで。	你 这么 客气，那 我 就 不 推辞 了。 Nǐ zhème kèqi, nà wǒ jiù bù tuīcí le.
会えてよかった。	幸会 幸会。 Xìnghuì xìnghuì.
すみません、少し遅れそうです。	对不起，我 要 晚到 一会儿。 Duìbuqǐ, wǒ yào wǎndào yíhuìr.
私はあと10分したら行きますから、どうぞお先に。	我 过 十 分钟 后 去，你 先 请 吧。 Wǒ guò shí fēnzhōng hòu qù, nǐ xiān qǐng ba.

(4) 誘いを断る   Track 270

本当に申し訳ありませんが、このあと用事がありますから。	真 对不起，我 还 有 事儿。 Zhēn duìbuqǐ, wǒ hái yǒu shìr.
すみませんが、今晩ちょっと用事があります。	对不起，今晚 我 有 点儿 事。 Duìbuqǐ, jīnwǎn wǒ yǒu diǎnr shì.
その日、もうすでに予定が入っています。	那 天 已经 有 安排 了。 Nà tiān yǐjīng yǒu ānpái le.
あいにく、その日は用事があって。	那 天 不巧 有 点儿 事。 Nà tiān bùqiǎo yǒu diǎnr shì.
行きたいのは山々ですが、あいにく時間が取れなくて。	我 特别 想 去，可 就 是 挤不出 时间 来。 Wǒ tèbié xiǎng qù, kě jiù shì jǐbuchū shíjiān lái.
申し訳ない。私はたぶん行けません。	对不起，恐怕 我 去不了 了。 Duìbuqǐ, kǒngpà wǒ qùbuliǎo le.

残念だが、明日はちょっと行くところがあるんだ。	真 可惜，明天 要 去 别的 地方。 Zhēn kěxī, míngtiān yào qù bié de dìfang.
明日にしてもいいですか。	明天 行 吗？ Míngtiān xíng ma?
失礼ですが、お断りいたします。	对不起，我 不 去。 Duìbuqǐ, wǒ bú qù.

▶ 2. 出迎えを受ける   Track 271

（1）訪問のあいさつ

ごめんください。	有 人 吗？ Yǒu rén ma?
⇒お待ちしておりました。	正 等着 你 呢。 Zhèng děngzhe nǐ ne.
⇒あなたの噂をしていたところです。	正 说着 你 呢。 Zhèng shuōzhe nǐ ne.
そのスリッパを履いてください。	请 穿 那 双 拖鞋。 Qǐng chuān nà shuāng tuōxié.
気軽にお掛けください。	请 随便 坐。 Qǐng suíbiàn zuò.
お掛けください。	请 坐。 Qǐng zuò.
ご紹介します。	我 来 介绍 一下。 Wǒ lái jièshào yíxià.
こちらは同僚の山田さんです。	这 是 我 的 同事 山田 先生。 Zhè shì wǒ de tóngshì Shāntián xiānsheng.
山田と申します。	我 叫 山田。 Wǒ jiào Shāntián.
どうぞよろしくお願いします。	请 多 关照。 Qǐng duō guānzhào.
お目にかかれてうれしいです。	见到 你 很 高兴。 Jiàndào nǐ hěn gāoxìng.

(2) お土産を差し出す　　　　　　　　　　　　Track 272

ちょっとした土産物です。	一点 小 土产，请 收下。 Yìdiǎn xiǎo tǔchǎn, qǐng shōuxia.
ほんの気持ちなので、どうぞ。	一点 小 意思，别 客气。 Yìdiǎn xiǎo yìsi, bié kèqi.
日本のお菓子です、どうぞ。	这 是 日本 的 点心，送给 您 的。 Zhè shì Rìběn de diǎnxin, sònggěi nín de.
これ、誕生日プレゼント。	这 是 送给 你 的 生日 礼物。 Zhè shì sònggěi nǐ de shēngrì lǐwù.
記念におさめてください。	做 个 纪念 吧！ Zuò ge jìniàn ba!
お気に召していただければ。	但愿 能 合 你 的 意。 Dànyuàn néng hé nǐ de yì.
⇒こんな高価なものを。	你 真 是，这 太 贵重 了。 Nǐ zhēn shi, zhè tài guìzhòng le.
⇒そんなに気を遣わせてすみません。	真 对不起，让 你 费心 了。 Zhēn duìbuqǐ, ràng nǐ fèixīn le.
⇒来てくださされば十分なのに、お土産まで。	来 就 来 了，还 带 什么 礼物 呀！ Lái jiù lái le, hái dài shénme lǐwù ya!

▶ 3. 接待される　　　　　　　　　　　　　　Track 273

(1) 座って、飲み物を出される

何を飲みますか。	喝 点儿 什么？ Hē diǎnr shénme?
何をお飲みになりたいですか。	想 喝 点儿 什么？ Xiǎng hē diǎnr shénme?
飲み物は何になさいますか。	您 喝 什么 饮料？ Nín hē shénme yǐnliào?
お茶でもよろしいですか。	喝 点儿 茶，怎么样？ Hē diǎnr chá, zěnmeyàng?

コーヒーにしますか、それとも紅茶にしますか。	喝咖啡，还是喝红茶？ Hē kāfēi, háishi hē hóngchá?
お菓子をどうぞ。	吃点儿点心吧。 Chī diǎnr diǎnxin ba.
⇒お酒は飲めますか。	你会喝酒吗？ Nǐ huì hē jiǔ ma?
少しなら飲めます。	能喝一点儿。 Néng hē yìdiǎnr.
全然飲めません。	一点儿也不能喝。 Yìdiǎnr yě bù néng hē.

Track 274

関連単語 語彙を増やしましょう。（家庭によくある飲み物）

ミルク	牛奶 niúnǎi	ジャスミン茶	花茶 huāchá
コーヒー	咖啡 kāfēi	緑茶	绿茶 lǜchá
りんごジュース	苹果汁 píngguǒzhī	烏龍茶	乌龙茶 wūlóngchá
葡萄ジュース	葡萄汁 pútaozhī	ミネラルウォーター	矿泉水 kuàngquánshuǐ
オレンジジュース	橙汁 chéngzhī	冷やしたもの	冰的 bīng de
紅茶	红茶 hóngchá		

(2) 食事する

Track 275

なにもありませんが、どうぞ召し上がってください。	没什么好吃的，随便吃点儿吧。 Méi shénme hǎochī de, suíbiàn chī diǎnr ba.
母の手料理を味わってください。	尝尝我妈的手艺。 Chángchang wǒ mā de shǒuyì.

⇒どうぞ、召し上がって。	吃吧！ Chī ba!
⇒お好きなものを選んで。	挑你爱吃的。 Tiāo nǐ ài chī de.
⇒みなさん熱いうちにお召し上がりください。	请各位趁热吃吧。 Qǐng gèwèi chèn rè chī ba.
おいしそうです。	真香。 Zhēn xiāng.
ちょっと味見をします。	尝一尝。 Cháng yi cháng.
⇒どうですか。	怎么样？ Zěnmeyàng?
⇒お味はどうですか。	味道还行吗？ Wèidao hái xíng ma?
ええ。とてもおいしい。	嗯，味道真不错。 Ng, wèidao zhēn búcuò.
とってもおいしいです。	太好吃了。 Tài hǎochī le.
お料理がお上手ですね。	你真会做菜。 Nǐ zhēn huì zuòcài.
⇒それなら、たくさん召し上がってね。	那就多吃点儿。 Nà jiù duō chī diǎnr.
⇒遠慮しないでね。	千万别客气。 Qiānwàn bié kèqi.
⇒自分の家だと思ってね。	就像在自己家里一样。 Jiù xiàng zài zìjǐ jiāli yíyàng.
⇒ご遠慮なく、たくさん食べてください。	别客气，多吃一点。 Bié kèqi, duō chī yìdiǎn.
⇒お口に合うかどうかわかりませんが。	不知合不合您的口味儿。 Bù zhī hé bu hé nín de kǒuwèir.
遠慮なくいただきます。	我不会客气的。 Wǒ bú huì kèqi de.

⇒どうぞ、飲んでください。	请 喝 吧！ Qǐng hē ba!
私はあまりお酒が飲めません。	我 不 太 会 喝 酒。 Wǒ bú tài huì hē jiǔ.
りんごジュースをください。	给 我 苹果汁 吧。 Gěi wǒ píngguǒzhī ba.
⇒もう少し赤ワインをどうぞ。	再 喝 点儿 红酒 吧。 Zài hē diǎnr hóngjiǔ ba.
けっこう飲みました。	我 喝了 不少 了。 Wǒ hēle bùshǎo le.
⇒紹興酒を少しどうですか。	来 点儿 绍兴酒 怎么样？ Lái diǎnr shàoxīngjiǔ zěnmeyàng?
⇒白酒を味わってみませんか。	要 不 要 尝 点儿 白酒？ Yào bu yào cháng diǎnr báijiǔ?
白酒のような強いお酒は飲めません。	白酒 度数 太 高，我 喝不了。 Báijiǔ dùshu tài gāo, wǒ hēbuliǎo.
お酒を飲むとすぐに顔が赤くなります。	我 一 喝 酒，脸 就 红。 Wǒ yì hē jiǔ, liǎn jiù hóng.
彼はいくら飲んでも酔いません。	他 喝 多少 都 不 会 醉。 Tā hē duōshao dōu bú huì zuì.
家内が飲ませてくれません。	我 太太 不 让 我 喝。 Wǒ tàitai bú ràng wǒ hē.
⇒ご飯、もう少しいかがですか。	再 添 点儿 饭 吧。 Zài tiān diǎnr fàn ba.
もう結構です。	不 要 了。 Bú yào le.
十分です。	够 了。 Gòu le.
もう十分いただきました。	我 吃饱 了。 Wǒ chībǎo le.
⇒最後に少し果物をどうぞ。	最后 再 吃 点儿 水果 吧。 Zuìhòu zài chī diǎnr shuǐguǒ ba.

訪問する

もうお腹がいっぱいで食べられません。	我 实在 吃不了 了。 Wǒ shízài chībuliǎo le.		
本当に食べられません。	我 真 的 吃不下去 了。 Wǒ zhēn de chībuxiàqù le.		

Track 276

関連単語 語彙を増やしましょう。（お酒の種類）

ビール	啤酒 píjiǔ	赤ワイン	红酒 / 干红 hóngjiǔ　gānhóng
生ビール	扎啤 / 生啤 zhāpí　shēngpí	カクテル	鸡尾酒 jīwěijiǔ
青島ビール	青岛 啤酒 Qīngdǎo píjiǔ	ウイスキー	威士忌 wēishìjì
中国の焼酎	白酒 báijiǔ	ブランディー	白兰地 báilándì
紹興酒	绍兴酒 shàoxīngjiǔ	シャンパン	香槟酒 xiāngbīnjiǔ
白ワイン	白葡萄酒 báipútaojiǔ	日本酒	日本 清酒 Rìběn qīngjiǔ

▶ 4. 部屋を見て回る

Track 277

お宅を拝見してもいいですか。	可以 参观 一下 你 的 房间 吗？ Kěyǐ cānguān yíxià nǐ de fángjiān ma?
⇒案内しますよ。	我 带 你 看看。 Wǒ dài nǐ kànkan.
⇒こちらへどうぞ。	这边儿 请。 Zhèbianr qǐng.
⇒我が家は 150 平方メートルの 3LDK です。	我 家 是 150 平米 的 三 室 一 厅。 Wǒ jiā shì yìbǎiwǔshí píngmǐ de sān shì yì tīng.
⇒この家は 6 つの部屋があります。	这 套 房子 一共 有 6 个 房间。 Zhè tào fángzi yígòng yǒu liù ge fángjiān.

⇒ 2LDKです。	两室一厅。 Liǎng shì yì tīng.
部屋の配置が合理的です。	房子设计得很合理。 Fángzi shèjìde hěn hélǐ.
どの部屋も南向きですね。	每个房间都朝阳呀。 Měi ge fángjiān dōu cháoyáng ya.
きれいに部屋を飾ってありますね。	你家布置得真漂亮！ Nǐ jiā bùzhìde zhēn piàoliang!
応接間の家具も特色ありますね。	客厅的这些家具都很有特色。 Kètīng de zhèxiē jiājù dōu hěn yǒu tèsè.
⇒こちらはキッチンとダイニングルームです。	这里是厨房和餐厅。 Zhèlǐ shì chúfáng hé cāntīng.
キッチンの設計が合理的です。	厨房设计得真合理。 Chúfáng shèjìde zhēn hélǐ.
⇒この部屋はベッドルームです。	这个房间是主卧。 Zhège fángjiān shì zhǔwò.
ベッドルームのインテリアがとても落着ける感じです。	卧室布置得好温馨。 Wòshì bùzhìde hǎo wēnxīn.
トイレを拝借してもいいですか。	能用一下厕所吗？ Néng yòng yíxià cèsuǒ ma?
トイレは広いですね。窓まであります。	卫生间好大呀，还带窗户。 Wèishēngjiān hǎo dà ya, hái dài chuānghu.
家の前には小さな花園があります。	房子前边是一个小花园。 Fángzi qiánbiān shì yí ge xiǎo huāyuán.
窓の外の景色もきれいですね。	窗外的风景也很漂亮。 Chuāngwài de fēngjǐng yě hěn piàoliang.
この団地の環境は本当にいいですね。	这个小区的环境真不错。 Zhège xiǎoqū de huánjìng zhēn búcuò.
このあたりの交通も便利です。	这附近的交通也很方便。 Zhè fùjìn de jiāotōng yě hěn fāngbiàn.

10 訪問する

▶5. おいとまする　　　　　　　　　　　　　　Track 278

別れるときには、感想と感謝のことばを忘れずに。

（1）別れのあいさつ

もうこんな時間ですか。失礼しなくてはいけませんね。	已经 这么 晩 了，我 得 回去 了。 Yǐjīng zhème wǎn le, wǒ děi huíqù le.
本当にもう行かなければなりません。	真 的 得 走 了。 Zhēn de děi zǒu le.
明日朝早いですから。	明天 早上 我 还要 早起 呢。 Míngtiān zǎoshang wǒ hái yào zǎoqǐ ne.
今日は本当に楽しかったね。	今天 过得 真 愉快。 Jīntiān guòde zhēn yúkuài.
⇒もう少しいてください。	再 坐 一会儿 吧。 Zài zuò yíhuìr ba.
今晩はとても楽しかったです。	今晚 玩儿得 太 开心 了。 Jīnwǎn wánrde tài kāixīn le.
今日の誕生日パーティー、とても雰囲気がよかったです。	今天 的 生日 晚会 很 温馨。 Jīntiān de shēngrì wǎnhuì hěn wēnxīn.
みんな楽しかったです。	大家 都 很 开心。 Dàjiā dōu hěn kāixīn.
このような集まりはとても意義があるわね。	这样 的 聚会 太 有 意义 了。 Zhèyàng de jùhuì tài yǒu yìyì le.
ご家族と知り合いになれて非常にうれしいです。	我 很 高兴 认识 你 的 家人。 Wǒ hěn gāoxìng rènshi nǐ de jiārén.
お誘い、どうもありがとうございました。	非常 感谢 您 的 邀请。 Fēicháng gǎnxiè nín de yāoqǐng.
おもてなし、ありがとう。	谢谢 你们 的 盛情 款待。 Xièxie nǐmen de shèngqíng kuǎndài.

(2) 見送られる

⇒今では、お見送りします。

那 我 送送 你们。
Nà wǒ sòngsong nǐmen.

⇒お気を付けてね。

慢 走。
Màn zǒu.

⇒また遊びに来てください。

以后 常 来 玩儿。
Yǐhòu cháng lái wánr.

今度は私の家に遊びに来てください。

下次 欢迎 你来我家 玩儿。
Xià cì huānyíng nǐ lái wǒ jiā wánr.

今度は、私の家においでください。

下次 请 你们 到 我 家 做客。
Xià cì qǐng nǐmen dào wǒ jiā zuòkè.

⇒いいですね、約束しましょう。

太 好 了，一 言 为 定。
Tài hǎo le, yì yán wéi dìng.

実践編

場面を想定して実践しましょう。

Track 280

1 〔誘う①〕今週の土曜日はどうですか (Aは日本人、Bは中国人)

B： 家に遊びに来てください。

想 请 你 到 我 家 来 玩儿。
Xiǎng qǐng nǐ dào wǒ jiā lái wánr.

A： ほんとうですか。

真 的?!
Zhēn de?!

B： はい。奥さまと来てください。

嗯。带 你 爱人 一起 来 吧。
Ng. Dài nǐ àiren yìqǐ lái ba.

A： よかった。妻は中国人の家をとても見たがっていました。

太 好 了。她 很 想 到 中国人
Tài hǎo le. Tā hěn xiǎng dào Zhōngguórén
家里 去 看看。
jiāli qù kànkan.

B： 今週の土曜日はどうですか。

这个 星期六 怎么样？
Zhège xīngqīliù zěnmeyàng?

A： あいにく、今週の土曜日は出張が入っています。

真 不巧, 这个 星期六 我 得
Zhēn bùqiǎo, zhège xīngqīliù wǒ děi
出差。
chūchāi.

B： なら、来週の土曜日は？

那 下 星期六 呢？
Nà xià xīngqīliù ne?

A： 来週の土曜日なら問題ありません。

下 星期六 我 没 事儿。
Xià xīngqīliù wǒ méi shìr.

B： その日はお迎えに行きます。

到 时候 我 去 接 你们。
Dào shíhou wǒ qù jiē nǐmen.

A： いえ、けっこうです。
自分たちで行きます。

不用, 我们 自己 去 就 行。
Búyòng, wǒmen zìjǐ qù jiù xíng.

B： そうですか。では、わからなかったら電話をください。迎えに行きますから。

好 吧。找不到 的话, 给 我 打
Hǎo ba. Zhǎobudào dehuà, gěi wǒ dǎ
电话。我 去 接 你们。
diànhuà. Wǒ qù jiē nǐmen.

2 〔誘う②〕誕生日パーティーに来てほしい（A・B は同僚）

Track 281

A： 明日、あいている？

明天 你 有 空儿 吗？
Míngtiān nǐ yǒu kòngr ma?

B： うん、何か用？

有，有什么 事儿 吗？
Yǒu, yǒu shénme shìr ma?

A： 明日は私の誕生日なの。誕生日パーティーに来てほしいんだけど。

明天 是 我 的 生日，想 请 你
Míngtiān shì wǒ de shēngrì, xiǎng qǐng nǐ
参加 我 的 生日 晚会。
cānjiā wǒ de shēngrì wǎnhuì.

B： 誘ってくれてありがとう。必ず行くよ。

谢谢 你 的 邀请，我 一定 参加。
Xièxie nǐ de yāoqǐng, wǒ yídìng cānjiā.

3 〔出迎えを受ける①〕ほんの気持ちです（A は日本人、B は中国人、C は A の妻）

Track 282

B： ようこそ、いらっしゃいました。さあ、お入りください。

你们 来 了。快 请 进！
Nǐmén lái le, Kuài qǐng jìn!

C： おじゃまします。

打扰 了。
Dǎrǎo le.

A： ほんの気持ちです。どうぞお受け取りください。

这 是 一点儿 小 意思。请 收下。
Zhè shì yìdiǎnr xiǎo yìsi. Qǐng shōuxia.

B： どうもご丁寧に。どうぞお掛けください！お二人は何をお飲みになりますか。

你们 太 客气 了。快 请 坐！
Nǐmen tài kèqi le. Kuài qǐng zuò!
二 位 想 喝 点儿 什么？
Èr wèi xiǎng hē diǎnr shénme?

A： お構いなく。何でも結構です。

您 别 张罗 了，什么 都 行。
Nín bié zhāngluo le, shénme dōu xíng.

B： では、お茶をどうぞ。ジュースもあります。あとで私の得意料理を召し上がってください。

请 喝 茶，还 有 果汁儿。
Qǐng hē chá, hái yǒu guǒzhīr.
待 会儿 尝尝 我 的 拿手菜。
Dāi huìr chángchang wǒ de náshǒucài.

A：	お招き、どうもありがとうございます。	非常 感谢 您 的 邀请。 Fēicháng gǎnxiè nín de yāoqǐng.
C：	ご招待、ありがとうございます。	谢谢 您 的 款待。 Xièxie nín de kuǎndài.

Track 283

4 〔出迎えを受ける②〕これ、誕生日プレゼント（A・B は同僚）

A：	いらっしゃい。みんなであなたの噂をしていたところよ。	你 来 了，大家 正 念叨着 你 呢。 Nǐ lái le, dàjiā zhèng niàndaozhe nǐ ne.
B：	遅くなってごめん。	不 好意思，我 来晚 了。 Bù hǎoyìsi, wǒ láiwǎn le.
A：	そのスリッパを履いてください。	请 穿上 那 双 拖鞋。 Qǐng chuānshang nà shuāng tuōxié.
B：	これ、誕生日プレゼント。受け取って。	这 是 送给 你 的 生日 礼物。 Zhè shì sònggěi nǐ de shēngrì lǐwù. 请 收下。 Qǐng shōuxia.
A：	ありがとう。散財させてごめんね。	谢谢，让 你 破费 了。 Xièxie, ràng nǐ pòfèi le.

Track 284

5 〔接待される〕誕生日を祝って、乾杯しましょう（A・B は同僚、C は A の母親）

B：	さあ、暁倩さんの誕生日を祝って、乾杯しましょう。	来，让 我们 干 一 杯，祝 晓倩 Lái, ràng wǒmen gān yì bēi, zhù Xiǎoqiàn 生日 快乐。干杯！ shēngrì kuàilè. Gānbēi!
みんな：乾杯！		干杯！ Gānbēi!
A：	ありがとう。さあ、さあ、熱いうちに召し上がって。母の手料理を味わって。	谢谢！来，来，趁热 吃 吧。 Xièxie! Lái, lái, chènrè chī ba. 尝尝 我 妈 的 手艺。 Chángchang wǒ mā de shǒuyì.

B: 盛りだくさんね。じゃ、ちょっと味見を。

这么 丰盛 呀。尝 一 尝。
Zhème fēngshèng ya. Cháng yí cháng.

C: どう？味はいかが？

怎么样？味道 还 行 吗？
Zěnmeyàng? Wèidao hái xíng ma?

B: ええ。とてもおいしい。私の口に合っています。

嗯，味道 真 不错，很 合 我 的 口味。
Ňg, wèidao zhēn búcuò, hěn hé wǒ de kǒuwèi.

C: それなら、たくさん召し上がってね。遠慮しないで、自分の家にいるようにね。

那 就 多 吃 点儿，可 千万 别 客气，就 像 在 自己 家里 一样。
Nà jiù duō chī diǎnr, kě qiānwàn bié kèqi, jiù xiàng zài zìjǐ jiāli yíyàng.

B: ありがとうございます。遠慮なくいただきます。

谢谢！我 不 会 客气 的。
Xièxie! Wǒ bú huì kèqi de.

A: もう少し赤ワインをどうぞ。

再 喝 点儿 红酒 吧？
Zài hē diǎnr hóngjiǔ ba?

B: ありがとう。でも、けっこう飲んだから、これ以上はもう飲めないよ。

谢谢！我 喝了 不 少 了，不 能 再 喝 了。
Xièxie! Wǒ hēle bù shǎo le, bù néng zài hē le.

C: さあ、最後に少し果物をどうぞ。

来，最后 再 吃 点儿 水果 吧。
Lái, zuìhòu zài chī diǎnr shuǐguǒ ba.

B: ありがとうございます。でも、もうお腹がいっぱいで食べられません。

谢谢。我 实在 吃不下去 了。
Xièxie. wǒ shízài chībuxiàqù le.

訪問する

Track 285

6 〔部屋を見て回る〕広くて心温まるつくりですね（Aは日本人、Bは中国人、CはAの妻）

C：	きれいに部屋を飾ってありますね。ちょっと見てもいいですか。	你家布置得真漂亮！可以参观一下吗？ Nǐ jiā bùzhìde zhēn piàoliang! Kěyǐ cānguān yíxià ma?
B：	もちろんです。案内しますよ。	当然可以。我带你们看看。 Dāngrán kěyǐ. Wǒ dài nǐmen kànkan.
C：	よかった。	太好了。 Tài hǎo le.
B：	こちらへどうぞ。	这边儿请。 Zhèbianr qǐng.
C：	この部屋は何平米ですか。	这套房子有多少平米？ Zhè tào fángzi yǒu duōshao píngmǐ?
B：	我が家は150平方メートルの3LDKです。こちらはキッチンとダイニングルームです。	我家是150平米的三室一厅。这里是厨房和餐厅。 Wǒ jiā shì yībǎiwǔshí píngmǐ de sān shì yì tīng. Zhèlǐ shì chúfáng hé cāntīng.
A：	キッチンは対面式で、広いですね。	厨房是对面式的,很宽敞。 Chúfáng shì duìmiànshì de, hěn kuānchang.
B：	この部屋はベッドルームです。	这个房间是主卧。 Zhège fángjiān shì zhǔwò.
C：	広くて心温まるつくりですね。本当にうらやましいです。	好大好温馨呀。真让人羡慕。 Hǎo dà hǎo wēnxīn ya. Zhēn ràng rén xiànmù.
B：	こちらは娘の部屋です。	这是我女儿的房间。 Zhè shì wǒ nǚ'ér de fángjiān.
C：	可愛いですね。日当たりがいいですね。娘さんはおいくつですか。	真可爱。光照真好。您女儿多大了？ Zhēn kě'ài. Guāngzhào zhēn hǎo. Nín nǚ'ér duó dà le?

B：	10歳、5年生です。もうすぐ学校から帰ってきますよ。	10岁了，上 五 年级。一会儿 Shí suì le, shàng wǔ niánjí. Yíhuìr 就 放学 了。 jiù fàngxué le.
C：	娘さんはきっと可愛いでしょうね。	您 女儿 一定 很 可爱。 Nín nǚ'ér yídìng hěn kě'ài.
B：	わんぱくです。女の子らしくなくてね。お手洗いはこちらです。	可 顽皮 了，不 像 个 女孩子。 Kě wánpí le, bú xiàng ge nǚháizi. 卫生间 在 这儿。 Wèishēngjiān zài zhèr.
A：	お手洗いも広いですね。	卫生间 也 很 大。 Wèishēngjiān yě hěn dà.
C：	応接間の家具も特色ありますね。	客厅 的 这些 家具 都 很 有 Kètīng de zhèxiē jiājù dōu hěn yǒu 特色。 tèsè.
B：	私たちは北欧の家具を注文しました。北欧の家具はデザインに人間味があると思います。	我们 订购 的 是 北欧 家具。 Wǒmen dìnggòu de shì Běi'ōu jiājù. 因为 我 觉得 北欧 家具 的 Yīnwèi wǒ juéde Běi'ōu jiājù de 设计 很 人性化。 shèjì hěn rénxìnghuà.
C：	確かにそうです。	的确 如此。 Díquè rúcǐ.
A：	窓の外の景色もきれいですね。	窗外 的 风景 也 很 漂亮。 Chuāngwài de fēngjǐng yě hěn piàoliang.
C：	この団地の環境は本当にいいですね。	这个 小区 的 环境 真 不错。 Zhège xiǎoqū de huánjìng zhēn búcuò.
B：	おほめに預かり、どうもありがとうございます。ここあたりは交通も便利ですので、気に入っています。	谢谢 夸奖。这 附近 的 交通 也 Xièxie kuājiǎng. Zhè fùjìn de jiāotōng yě 很 方便，我 挺 满意 的。 hěn fāngbiàn, wǒ tǐng mǎnyì de.

10 訪問する

7 〔おいとまする①〕もう少しいてください（AとBは同僚。CはAの妻）

Track 286

A: もう遅いので。そろそろおいとまし なければ。

时间 不早 了，我们 该 回去 了。
Shíjiān bù zǎo le, wǒmen gāi huíqù le.

B: まだよいじゃありませんか。

再 坐 一会儿 吧。
Zài zuò yíhuìr ba.

C: 本当にもうおいとましなければなりません。

真的 得 走 了。
Zhēnde děi zǒu le.

B: では、お見送りします。

那 我 送送 你们。
Nà wǒ sòngsong nǐmen.

A: 見送らなくていいですよ。

不用 送 了。
Búyòng sòng le.

C: どうぞそのままで。

请 留步 吧。
Qǐng liúbù ba.

B: わかりました。お気を付けてね。 また遊びに来てください。

那 好 吧，请 慢走。以后 常
Nà hǎo ba, qǐng mànzǒu. Yǐhòu cháng
来 玩儿。
lái wánr.

8 〔おいとまする②〕私もとっても楽しかった（AとBは同僚）

Track 287

B: 今日の誕生日パーティー、とても 雰囲気がよくて楽しかった。招待 してくれて、ありがとう。

生日 晚会 很 温馨，大家 也 很
Shēngrì wǎnhuì hěn wēnxīn, dàjiā yě hěn
开心，谢谢 你们 的 盛情 款待。
kāixīn, xièxie nǐmen de shèngqíng kuǎndài.

A: 私もとっても楽しかった。

我 今天 也 过得 特别 开心。
Wǒ jīntiān yě guòde tèbié kāixīn.

B: 今度は私の家に遊びに来て。

下次 欢迎 你 来 我 家 玩儿。
Xià cì huānyíng nǐ lái wǒ jiā wánr.

A: そうね、そうしましょう。

太 好 了，一言 为 定。
Tài hǎo le, yì yán wéi dìng.

B: 見送らなくても大丈夫。もう戻って。

别 送 了，请 回 吧。
Bié sòng le, qǐng huí ba.

❾ 〔珍客が到来する〕どういう風の吹き回しだ（AとBは古い友人）

Track 288

A： 君が来るとはどういう風の吹き回しだ。

是 什么 风 把 你 吹来 了？
Shì shénme fēng bǎ nǐ chuīlái le?

B： 近くに用事があって、ついでに会いに来たよ。

我 到 附近 办 点儿 事儿，顺便
Wǒ dào fùjìn bàn diǎnr shìr. shùnbiàn
来 看看。
lái kànkan.

A： どうぞ上がって。本当に珍しい。

快 请 进，真 是 稀客。
Kuài qǐng jìn, zhēn shì xīkè.

B： これは実家の特産品だよ。食べてくれ。

这 是 我 老家 的 特产，请
Zhè shì wǒ lǎojiā de tèchǎn, qǐng
你们 尝尝。
nǐmen chángchang.

A： これはご丁寧に。お茶をどうぞ。お菓子もつまんで。

你 太 客气 了。请 喝 茶。吃
Nǐ tài kèqi le. Qǐng hē chá. Chī
一点儿 点心。
yìdiǎnr diǎnxin.

B： すぐに帰るから、お構いなく。

我 坐 一会儿 就 走，你 别 忙 了。
Wǒ zuò yíhuìr jiù zǒu, nǐ bié máng le.

A： 何を言うんだ。長い間会っていないのだから、今日は長くいてもいいだろう。

你 说 什么 呀，我们 这么 长
Nǐ shuō shénme ya, wǒmen zhème cháng
时间 没 见面 了，今天 你 一定
shíjiān méi jiànmiàn le, jīntiān nǐ yídìng
得 多 坐 会儿。
děi duō zuò huìr.

B： わかった。じゃ、お言葉に甘えて。

那 好 吧。那 就 多 坐 一会儿。
Nà hǎo ba. Nà jiù duō zuò yíhuìr.

A： もう10年会ってないよな。

有 10 年 没 见面 了 吧。
Yǒu shí nián méi jiànmiàn le ba.

B： そうだなぁ。あっという間に10年経ったか。子供がもう、お醤油が買える年になっちゃった。
（注：" 孩子都会打酱油了 " は「子供はもう醤油が買える」つまり、お使いに行けるほど大きくなったのたとえです。）

可不，一 晃 就是 十年，
Kěbù, yí huàng jiù shì shí nián,
孩子 都 会 打 酱油 了。（注）
háizi dōu huì dǎ jiàngyóu le.

10 訪問する

A： でも、ちっとも変わりないな。

你 一点儿 都 没 变。
Nǐ yìdiǎnr dōu méi biàn.

B： よせよ！この顔の皺を見てくれ。
ああ、時間には逆らえないよ。

得了 吧，你 瞧 我 这 脸上 的
Déle ba, nǐ qiáo wǒ zhè liǎnshang de
褶子 … 唉，岁月 不 饶 人 啊。
zhězi … Ài, suìyuè bù ráo rén a.

A： 仕事はうまく行っているんだろ。

事业 还 顺利 吧。
Shìyè hái shùnlì ba.

B： 可もなく不可もなくふつうかな。毎日楽しければ何よりさ。

嗨，就 那么 回 事儿 吧。天天
Hāi, jiù nàme huí shìr ba. Tiāntiān
开心，比 什么 都 强。
kāixīn, bǐ shénme dōu qiáng.

A： お茶のお変わりはどうだ。

来，再 喝 杯 茶 吧。
Lái, zài hē bēi chá ba.

B： いや、もう遅いから、
そろそろ帰らなくちゃ。

不 了，时间 不 早 了，我 该
Bù le, shíjiān bù zǎo le, wǒ gāi
告辞 了。
gàocí le.

A： 何をそんなに急ぐんだ。もう少しいいじゃないか。

忙 什么，再 坐 一会儿 嘛。
Máng shénme, zài zuò yíhuìr ma.

B： いや、本当に他に用事があるから。

不 了、不 了。我 真 的 还 有
Bù le、bù le. Wǒ zhēn de hái yǒu
事儿。
shìr.

A： じゃあ、これからも暇な時は遠慮なく遊びに来いよ。

那 以后 有 空儿 常 来 玩儿
Nà yǐhòu yǒu kòngr cháng lái wánr
啊。
a.

11 電話する

打电话　dǎ diànhuà

基本文型　　　　　　　　　　　　　　　　　　　Track 289

(1) 電話番号は何番ですか
　　「～ "号码是多少？"」

あなたの携帯番号は何番ですか。　　你的手机号码是多少？
　　　　　　　　　　　　　　　　　Nǐ de shǒujī hàomǎ shì duōshao?

(2) ～を教えてください
　　「"告诉我" ＋知りたいこと」

携帯番号を教えてください。　　　　告诉我你的手机号码。
　　　　　　　　　　　　　　　　　Gàosu wǒ nǐ de shǒujī hàomǎ.

メールアドレスを教えてください。　告诉我你的邮件地址。
　　　　　　　　　　　　　　　　　Gàosu wǒ nǐ de yóujiàn dìzhǐ.

(3) ～してください
　　「"请" ＋してほしいこと」

もう少しゆっくり話してください。　请慢点儿说。
　　　　　　　　　　　　　　　　　Qǐng màn diǎnr shuō.

もう少し大きい声で言ってください。请大声说。
　　　　　　　　　　　　　　　　　Qǐng dàshēng shuō.

少々お待ちください。　　　　　　　请等一下。
　　　　　　　　　　　　　　　　　Qǐng děng yíxià.

基礎編　　　　　　　　　　　　　　　　　　　　Track 290

電話についての基礎表現を押さえておきましょう。

▶ 1. 電話番号を尋ねる

あなたの電話番号は何番ですか。	你的电话号码是多少？ Nǐ de diànhuà hàomǎ shì duōshao?
携帯番号を教えてください。	告诉我你的手机号码。 Gàosu wǒ nǐ de shǒujī hàomǎ.
携帯番号を交換しましょう。	交换一下手机号码吧。 Jiāohuàn yíxià shǒujī hàomǎ ba.
もしもし、(電話の)番号案内ですか。	喂，是查号台吗？ Wéi, shì cháhàotái ma?
全聚徳飯店の電話番号をお調べ願います。	请查一下全聚德饭店的电话号码。 Qǐng chá yíxià Quánjùdé fàndiàn de diànhuà hàomǎ.
⇒メモのご用意をお願いします。	请记录。 Qǐng jìlù.

▶ 2. 呼びかけのあいさつ　　　　　　　　　　Track 291

もしもし。	喂。 Wéi.
もしもし、おはようございます。	喂，早上好！ Wéi, zǎoshang hǎo!
もしもし、こんにちは。	喂，你好！ Wéi, nǐ hǎo!
劉さんいらっしゃいますか。	请问，刘先生在吗？ Qǐngwèn, Liú xiānsheng zài ma?

▶ 3. 電話口に出る　　　　　　　　　　　　　　　　Track 292

どちら様ですか。	您是哪位？ Nín shì nǎ wèi?
私です。	我就是。 Wǒ jiù shì.
ご用件は何でしょうか。	请问您有什么事？ Qǐngwèn nín yǒu shénme shì?
理恵はおります。少々お待ちください。	理惠在。请等一下。 Lǐhuì zài. Qǐng děng yíxià.
今はおりません。	他现在不在。 Tā xiànzài bú zài.
すぐに戻ってきます。	他一会儿就回来。 Tā yíhuìr jiù huílai.
佐藤は話し中です。	佐藤的电话占线。 Zuǒténg de diànhuà zhànxiàn.
間違い電話です。	您打错了！ Nín dǎcuò le!

▶ 4. 用件を伝える　　　　　　　　　　　　　　　　Track 293

急用です。	我有急事。 Wǒ yǒu jíshì.
話しがあるんですが。	我有件事想跟您谈谈。 Wǒ yǒu jiàn shì xiǎng gēn nín tántan.
佐藤さんをお願いします。	我找佐藤女士。 Wǒ zhǎo Zuǒténg nǚshì.
私の携帯に電話ください。	请打我的手机。 Qǐng dǎ wǒ de shǒujī.
後で電話します。	我等一会儿再给你打。 Wǒ děngyí huìr zài gěi nǐ dǎ.

11　電話する

▶ 5. 聞き返す

Track 294

もう少しゆっくり話してください。
请 慢点儿 说。
Qǐng màndiǎnr shuō.

よく聞こえません。
我 听不清楚。
Wǒ tīngbuqīngchu.

もう少し大きい声で言ってください。
请 大声 说。
Qǐng dàshēng shuō.

もう一度言ってください。
请 再 说 一 遍。
Qǐng zài shuō yí biàn.

発展編

Track 295

電話についての言い方をもっと知っておきましょう。

▶ 1. 電話番号を尋ねる

番号案内は何番ですか。
查号台 是 多少 号？
Cháhàotái shì duōshao hào?

⇒ 114 にかけてください。
请 打 114。
Qǐng dǎ yāoyāosì.

電話番号を教えてください。
请 把 你 的 电话 号码 告诉 我。
Qǐng bǎ nǐ de diànhuà hàomǎ gàosu wǒ.

お宅の電話番号は何番ですか。
你 家 的 电话 号码 是 多少？
Nǐ jiā de diànhuà hàomǎ shì duōshao?

携帯番号を交換しましょう。
咱们 交换 一下 手机 号码 吧。
Zánmen jiāohuàn yíxià shǒujī hàomǎ ba.

携帯番号を教えていただけませんか。
可以 告诉 我 你 的 手机 号码
Kěyǐ gàosu wǒ nǐ de shǒujī hàomǎ
吗？
ma?

彼の電話番号をご存じですか。
你 知道 他 的 电话 号码 吗？
Nǐ zhīdao tā de diànhuà hàomǎ ma?

鈴木さんの携帯番号を知っている？	你 知道 铃木 的 手机 号码 吗？ Nǐ zhīdao Língmù de shǒujī hàomǎ ma?
知っている。	我 知道。 Wǒ zhīdao.
知らない。	我 不 太 清楚。 Wǒ bú tài qīngchu.
佐藤さんに尋ねてみたら。	你 可以 问 一下 佐藤。 Nǐ kěyǐ wèn yíxià Zuǒténg.
佐藤さんが知っているかもしれない。	佐藤 也许 知道。 Zuǒténg yěxǔ zhīdao.

Track 296

関連単語 語彙を増やしましょう。（緊急の電話番号）

警察へ通報： 110	报警 电话： bàojǐng diànhuà: 110 yāoyāolíng	電話番号案内： 114	电话 查号： diànhuà cháhào: 114 yāoyāosì
火災の通報： 119	火警 电话： huǒjǐng diànhuà: 119 yāoyāojiǔ	天気予報： 12121	天气 预报： tiānqì yùbào: 12121 yāo'èryāo'èryāo
救急電話： 120	急救 电话： jíjiù diànhuà: 120 yāo'èrlíng		

▶ 2. 相手を呼び出す

Track 297

(1) 呼びかけのあいさつ

もしもし、李明さんのお宅ですか。	喂，是 李 明 家 吗？ Wéi, shì Lǐ Míng jiā ma?
李明さんはいらっしゃいますか。	李 明 在 家 吗？ Lǐ Míng zài jiā ma?

張旭さんはいらっしゃいますか。	请问 张 旭 在家 吗？ Qǐngwèn Zhāng Xù zài jiā ma?
佐藤さんはいらっしゃいますか。	请问 佐藤 先生 在 吗？ Qǐngwèn Zuǒténg xiānsheng zài ma?
中山さんはご在宅ですか。	中山 先生 在家 吗？ Zhōngshān xiānsheng zài jiā ma?
張小紅さんでしょう？	是 张 小红 吧？ Shì Zhāng Xiǎohóng ba?
私は鈴木さんの同僚です。	我 是 铃木 的 同事。 Wǒ shì Língmù de tóngshì.
もしもし、日本語が話せる人はいますか。	喂，有 人 会 说 日语 吗？ Wéi, yǒu rén huì shuō Rìyǔ ma?

(2) 会社に電話する　　　　　　　　　　　　　　Track 298

鈴木商事の鈴木と申します。	我 是 铃木 商事 的 铃木。 Wǒ shì Língmù shàngshì de Língmù.
もしもし、佐藤事務所の張です。	喂，我 是 佐藤 办事处 的 小 张。 Wéi, wǒ shì Zuǒténg bànshìchù de Xiǎo Zhāng.
趙と申しますが。	我 姓 赵。 Wǒ xìng Zhào.
先ほど林さんからお電話をいただいた張です。	我 姓 张，刚才 林 先生 给 我 Wǒ xìng Zhāng, gāngcái Lín xiānsheng gěi wǒ 打过 电话。 dǎguo diànhuà.
山田さんを願いします。	麻烦 请 接 山田 先生。 Máfan qǐng jiē Shāntián xiānsheng.
佐藤さんをお願いします。	请 找 一下 佐藤 先生。 Qǐng zhǎo yíxià Zuǒténg xiānsheng.
そちらに山田さんとおっしゃる方がいらっしゃいますか。	请问 你们 那儿 是 不 是 有 位 Qǐngwèn nǐmen nàr shì bu shì yǒu wèi 叫 山田 的 人？ jiào Shāntián de rén?
課長とお話できるでしょうか。	请 找 科长 听 电话。 Qǐng zhǎo kēzhǎng tīng diànhuà.

部長は今お手すきでしょうか。	请问 部长 现在 有 空 吗？ Qǐngwèn bùzhǎng xiànzài yǒu kòng ma?
お仕事中、申し訳ありません。	对不起，打搅 你 工作 了。 Duìbuqǐ, dǎjiǎo nǐ gōngzuò le.
お忙しいところ、申し訳ございません。	百忙 之中 打搅 你，对不起。 Bǎimáng zhīzhōng dǎjiǎo nǐ, duìbuqǐ.
今、ちょっとよろしいでしょうか。	现在 方便 吗？ Xiànzài fāngbiàn ma?
今、ご都合よろしいでしょうか。	您 现在 方便 接听 电话 吗？ Nín xiànzài fāngbiàn jiētīng diànhuà ma?
急ぎの用があるんですが。	我 有 急事 找 您。 Wǒ yǒu jíshì zhǎo nín.

(3) 内線の接続を頼む　　　　　　　　Track 299

すみません、この電話を社長室につないでください。	劳驾，请 接 经理室。 Láojià, qǐng jiē jīnglǐshì.
山田さんは内線で何番ですか。	山田 先生 的 内线 是 多少 号？ Shāntián xiānsheng de nèixiàn shì duōshao hào?
内線819をお願いします。	请 转 819。 Qǐng zhuǎn bāyāojiǔ.
内線の102をお願いします。	劳驾，请 转 分机 102。 Láojià, qǐng zhuǎn fēnjī yāolíng'èr.
もしもし、東京ホテルですか。	喂，请问 这里 是 东京 饭店 吗？ Wéi, qǐngwèn zhèli shì Dōngjīng fàndiàn ma?
120号室をお願いします。	请 转 120 房间。 Qǐng zhuǎn yāo'èrlíng fángjiān.

▶ 3. 電話口に出る　　　Track 300

(1) 応答のあいさつ

私が山田です。ご用件はなんですか。	我就是山田，您有什么事？ Wǒ jiù shì Shāntián, nín yǒu shénme shì?
私は佐藤です。李さんですか。	我是佐藤。您是李先生吧？ Wǒ shì Zuǒténg. Nín shì Lǐ xiānsheng ba?
少々お待ちください。	请稍等。 Qǐng shāo děng.
お待たせいたしました。	让您久等了。 Ràng nín jiǔděng le.
彼はいません。どちら様ですか。	他不在，您哪位？ Tā bú zài, nín nǎ wèi?
ちょうどお電話を待っていたところです。	我正等您的电话呢。 Wǒ zhèng děng nín de diànhuà ne.

(2) 間違い電話　　　Track 301

電話番号が間違っています。	电话号码错了。 Diànhuà hàomǎ cuò le.
間違い電話です！	你打错了！ Nǐ dǎcuò le!
かけ間違いでしょう！	你打错了吧！ Nǐ dǎcuò le ba!
番号が間違っています。	你的号码不对。 Nǐ de hàomǎ bú duì.
こちらにそのような人はいません。	这里没有那个人。 Zhèli méiyǒu nàge rén.
すみません、間違いました。	对不起，我打错了。 Duìbuqǐ, wǒ dǎcuò le.
すみません、番号を間違いました。	对不起，号码错了。 Duìbuqǐ, hàomǎ cuò le.

(3) 留守電で応答する
Track 302

現在電話にでることができません。
我 现在 不 能 接 电话。
Wǒ xiànzài bù néng jiē diànhuà.

発信音のあとでメッセージを
お残しください。
请 在 信号 后 留言。
Qǐng zài xìnhào hòu liúyán.

メッセージを聞いたら、
私に連絡してください。
听到 留言，请 跟 我 联系。
Tīngdào liúyán, qǐng gēn wǒ liánxi.

後ほどまた私からかけます。
待会儿 我 再 给 你 打。
Dāihuǐr wǒ zài gěi nǐ dǎ.

▶ 4. 用件を伝える
Track 303

(1) 相手の都合を尋ねる

午後2時でよろしいですか。
下午 两 点 钟 可以 吗？
Xiàwǔ liǎng diǎn zhōng kěyǐ ma?

木曜の午後でいかがでしょう。
星期四 下午，您 方便 吗？
Xīngqīsì xiàwǔ, nín fāngbiàn ma?

今日の午後お時間ありますか。
您 今天 下午 有 时间 吗？
Nín jīntiān xiàwǔ yǒu shíjiān ma?

いつならご都合がよろしいですか。
您 什么 时间 方便？
Nín shénme shíjiān fāngbiàn?

いつなら空いていますか。
您 什么 时间 有 空？
Nín shénme shíjiān yǒu kòng?

月曜日と水曜日なら空いています。
我 星期一 和 星期三 有 空。
Wǒ xīngqīyī hé xīngqīsān yǒu kòng.

来週の火曜日は空いていますか。
您 下 星期二 有 空 吗？
Nín xià xīngqī'èr yǒu kòng ma?

空いています。
我 有 空。
Wǒ yǒu kòng.

すみません。空いていません。
对不起，我 没 空。
Duìbuqǐ, wǒ méi kòng.

水曜の午後、いかがですか。	礼拜三 下午 您 方便 吗？ Lǐbàisān xiàwǔ nín fāngbiàn ma?
申し訳ありません。水曜日には他の予定が入っています。	抱歉，我 礼拜三 有 其他 安排 了。 Bàoqiàn, wǒ lǐbàisān yǒu qítā ānpái le.

（2）不在とその理由などを伝える　　　　　Track 304

彼はいません。どちら様ですか。	他 不 在，您 哪 位？ Tā bú zài, nín nǎ wèi?
彼は外出中です。	他 出去 了。 Tā chūqu le.
彼は今日出勤していません。	他 今天 没 来 上班。 Tā jīntiān méi lái shàngbān.
彼は出張しました。	他 出差 了。 Tā chūchāi le.
馬主任は今会議中です。	马 主任 正在 开会。 Mǎ zhǔrèn zhèngzài kāihuì.
彼は今日たぶん帰らないと思います。	他 今天 可能 不 回来 了。 Tā jīntiān kěnéng bù huílai le.
本日山田はお休みをいただいております。	今天 山田 先生 请假 了。 Jīntiān Shāntián xiānsheng qǐngjià le.
彼は今出ています、のちほど電話してください。	他 现在 出去 了，请 稍后 再 打 电话 来 吧。 Tā xiànzài chūqu le, qǐng shāohòu zài dǎ diànhuà lái ba.
今話し中ですので、少々お待ちください。	现在 占线，请 稍 等 一下。 Xiànzài zhànxiàn, qǐng shāo děng yíxià.
しばらくしたらまた電話をください。	请 你 过 一会儿 再 打过来。 Qǐng nǐ guò yíhuìr zài dǎguolai.
彼の携帯にかけてみてください。	你 可以 打 他 的 手机。 Nǐ kěyǐ dǎ tā de shǒujī.
お名前を頂戴できますか。	可以 问 一下 您 的 姓名 吗？ Kěyǐ wèn yíxià nín de xìngmíng ma?

1時間後にもう一度おかけ直しください。	请 一 小时 后，再 来 电话。 Qǐng yì xiǎoshí hòu, zài lái diànhuà.
ではそういうことで。	那 就 这样 吧。 Nà jiù zhèyàng ba.
まだ電話を切らないでください。	先 不要 挂断 电话。 Xiān búyào guàduàn diànhuà.
彼の電話がつながりません。	他 的 电话 打不通。 Tā de diànhuà dǎbutōng.
電話は通じましたが、電話に出る人がいません。	电话 通 了，可是 没人 接。 Diànhuà tōng le, kěshì méirén jiē.
私は後でまた電話をします。	我 待会儿 再 打。 Wǒ dāihuǐr zài dǎ.

(3) 伝言を頼む　　　　　　　　　　　　　　Track 305

ご面倒ですが、彼女に伝言をお願いします。	麻烦 您 转告 她 一下。 Máfan nín zhuǎngào tā yíxià.
⇒わかりました。必ず伝えます。	好，我 一定 转告。 Hǎo, wǒ yídìng zhuǎngào.
私の電話番号をメモしてください。	请 记 一下 我 的 电话 号码。 Qǐng jì yíxià wǒ de diànhuà hàomǎ.
私から電話があったと彼に伝えてください。	请 转告 他 我 来过 电话。 Qǐng zhuǎngào tā wǒ láiguo diànhuà.
山田から電話があったとお伝えください。	请 告诉 她 山田 来过 电话。 Qǐng gàosu tā Shāntián láiguo diànhuà.
この件を周さんに伝えていただけませんか。	请 把 这件 事 转告给 周 先生，好 吗？ Qǐng bǎ zhè jiàn shì zhuǎngàogěi Zhōu xiānsheng, hǎo ma?
必ず佐藤さんにお伝えください。	请 一定 转告 佐藤 先生。 Qǐng yídìng zhuǎngào Zuǒténg xiānsheng.

11 電話する

⇒必ず佐藤に伝えます。	我一定转告佐藤。 Wǒ yídìng zhuǎngào Zuǒténg.
私に折り返し電話をくれるよう伝えてください。	请让他给我回个电话。 Qǐng ràng tā gěi wǒ huí ge diànhuà.
戻ったら私に電話するようお伝えください。	请他回来后给我打个电话。 Qǐng tā huílai hòu gěi wǒ dǎ ge diànhuà.
伝言を残してください。	请您留个言。 Qǐng nín liú ge yán.
⇒わかりました。伝言をどうぞ。	好的。请说吧。 Hǎo de. Qǐng shuō ba.
メッセージを残してもいいですか。	可以留言吗？ Kěyǐ liúyán ma?
ちょっと待ってください。書き留めます。	请稍等，我记一下。 Qǐng shāo děng, wǒ jì yíxià.
ちょっと書き留めます。	我拿支笔记一下。 Wǒ ná zhī bǐ jì yíxià.
彼に伝言することはありますか。	有什么要转告他的吗？ Yǒu shénme yào zhuǎngào tā de ma?
彼女はあなたの電話番号を知っていますか。	她知道您的电话号码吗？ Tā zhīdao nín de diànhuà hàomǎ ma?
彼によろしくお伝えください。	请代我向他问好。 Qǐng dài wǒ xiàng tā wèn hǎo.

(4) メールでのやり取りを伝える　　Track 306

メールアドレスを教えてください。	请把你的邮件地址告诉我。 Qǐng bǎ nǐ de yóujiàn dìzhǐ gàosu wǒ.
メールで彼に聞いてみます。	我发伊妹儿问问他。 Wǒ fā yīmèir wènwen tā.
彼女からショートメールを受け取りました。	我收到了她的短信。 Wǒ shōudàole tā de duǎnxìn.

あとでメールを送ります。	待会儿我给你发邮件。
	Dāihuǐr wǒ gěi nǐ fā yóujiàn.
メールで連絡をください。	你给我发邮件吧。
	Nǐ gěi wǒ fā yóujiàn ba.

▶ 5. 長距離電話・国際電話をかける　　　Track 307

国際電話をどうやってかけますか。	怎么打国际电话？
	Zěnme dǎ guójì diànhuà?
東京へ電話をかけたいんですが。	我想往东京打电话。
	Wǒ xiǎng wǎng Dōngjīng dǎ diànhuà.
1分間いくらですか。	一分钟多少钱？
	Yì fēnzhōng duōshao qián?
日本に国際電話をかけたいのですが。	我想往日本打个国际电话。
	Wǒ xiǎng wǎng Rìběn dǎ ge guójì diànhuà.
⇒日本の国番号は81です。	日本的国家号是81。
	Rìběn de guójiāhào shì bāyāo.
指名電話で李さんにつないでください。	我打指名电话,请接李先生。
	Wǒ dǎ zhǐmíng diànhuà, qǐng jiē Lǐ xiānsheng.
コレクトコールでお願いします。	我打对方付款电话。
	Wǒ dǎ duìfāng fùkuǎn diànhuà.
料金は相手払いにしてください。	电话费请对方付。
	Diànhuàfèi qǐng duìfāng fù.
料金着払いでお願いします。	请拨对方付款电话。
	Qǐng bō duìfāng fùkuǎn diànhuà.
⇒カード番号を入力して、シャープを押してください。	请输入卡号，并按"＃"号键。
	Qǐng shūrù kǎhào, bìng àn jǐng hàojiàn.
⇒お掛けになった電話はただいま混み合っています。しばらくしてからお掛け直しください。	您拨打的用户正忙，请稍后再拨。
	Nín bōdǎ de yònghù zhèng máng, qǐng shāohòu zài bō.

11 電話する

⇒お掛けになった電話番号はただ今おつなぎすることができません。	您 拨打 的 电话 暂时 无法 接通。 Nín bōdǎ de diànhuà zànshí wúfǎ jiētōng.
⇒お掛けになった電話番号は現在使われておりません。お確かめの上、もう一度お掛け直しください。	您 拨 的 号码 是 空号，请 核对 后 再 拨。 Nín bō de hàomǎ shì kōnghào, qǐng héduì hòu zài bō.

▶ 6. 聞き返す

Track 308

どうぞ大きな声でお願いします。	请 您 大声 点儿。 Qǐng nín dàshēng diǎnr.
どうぞもっと大きな声でお願いします。	请 再 大声 点儿。 Qǐng zài dàshēng diǎnr.
すみません。よく聞こえません。	对不起，我 听不清楚。 Duìbuqǐ, wǒ tīngbuqīngchu.
はっきり聞こえません。 もう一度言ってください。	听不清楚，请 再 说 一 遍。 Tīngbuqīngchu, qǐng zài shuō yí biàn.
聞こえません。	我 听不见。 Wǒ tīngbujiàn.

実践編 Track 309

場面を想定して実践しましょう。

1 〔電話番号を尋ねる①〕電話番号は何番ですか（Aは尋ねる人、Bは電話番号案内係）

A: すみません、北京飯店の電話番号は何番ですか。

请问，北京 饭店 的 电话 号码
Qǐngwèn, Běijīng fàndiàn de diànhuà hàomǎ
是 多少？
shì duōshao?

B: メモのご用意をお願いします：65137766です。

请 记录： 65137766。
Qǐng jìlù : liùwǔyāosānqīqīliùliù.

Track 310

2 〔電話番号を尋ねる②〕鈴木さんの携帯番号を知っている（A・Bは同僚）

A: 鈴木さんの携帯番号を知っている？

你 知道 铃木 的 手机 号码 吗？
Nǐ zhīdao Língmù de shǒujī hàomǎ ma?

B: 知らない。佐藤さんに聞いてみたら。

我 不 太 清楚，你 问 一下
Wǒ bú tài qīngchu, nǐ wèn yíxià
佐藤，他 可能 知道。
Zuǒténg, tā kěnéng zhīdao.

A: 聞いたけど、知らないって。

我 已经 问过 了，他 说 他 不
Wǒ yǐjīng wènguo le, tā shuō tā bù
知道。
zhīdao.

B: 山本さんは？

那 山本 呢？
Nà Shānběn ne?

A: 山本さんには、まだ。ちょっと聞いてみる。

山本 还 没有 问过，我 去 问
Shānběn hái méiyǒu wènguo, wǒ qù wèn
一下。
yíxià.

11 電話する

309

③ 〔友人に電話する①〕もしもし（A・B は友人） Track 311

A: もしもし。

喂。
Wéi.

B: すみませんが、馬文君さんはいらっしゃいますか。

请问 马 文君 在 家 吗？
Qǐngwèn Mǎ Wénjūn zài jiā ma?

A: 私です。張小亮さんでしょう。今ちょうどお電話を待っていたところ。

我 就 是。是 张 小亮 吧。我
Wǒ jiù shì. Shì Zhāng Xiǎoliàng ba. Wǒ
正 等 你 的 电话 呢。
zhèng děng nǐ de diànhuà ne.

B: ごめん、急用ができて、電話をかけるのが遅れちゃって。

不 好意思，因为 有 点儿
Bù hǎoyìsi, yīnwèi yǒu diǎnr
急事儿，所以 回 电话 晚 了。
jíshìr, suǒyǐ huí diànhuà wǎn le.

A: いいよ、気にしないで。あの件は明日会ってから話しましょう。

没事儿。那 件 事儿 明天 咱们
Méishìr. Nà jiàn shìr míngtiān zánmen
见了面 再 谈 吧。
jiànlemiàn zài tán ba.

B: わかった。じゃ、また明日。

好 吧，那 明天 见。
Hǎo ba, nà míngtiān jiàn.

④ 〔友人に電話する②〕どちら様でしょうか（A は李明の友人、B は李明の母親） Track 312

A: もしもし、李明さんのお宅ですか。

喂，是 李 明 家 吗？
Wéi, shì Lǐ Míng jiā ma?

B: そうですが、どちら様でしょうか。

是，您 是 哪 位？
Shì, nín shì nǎ wèi?

A: 私は李明さんの同僚です。李明さんはいらっしゃいますか。

我 是 李 明 的 同事。李 明
Wǒ shì Lǐ Míng de tóngshì. Lǐ Míng
在 家 吗？
zài jiā ma?

B： います。ちょっと待ってください。
明ちゃん、お電話よ。

在，请 等 一下。小 明，你 的
Zài, qǐng děng yíxià. Xiǎo Míng, nǐ de
电话。
diànhuà.

李明：はい、ただいま。

来 啦。
Lái la.

Track 313

5 〔先生に電話する〕またお電話いたします（Aは学生〈小林〉、Bは佐藤先生の妻）

A： もしもし、小林ですが、佐藤先生はいらっしゃいますか。

喂，我 是 小林，佐藤 老师 在
Wéi, wǒ shì Xiǎo Lín, Zuǒténg lǎoshī zài
家 吗？
jiā ma?

B： 小林さんですか。ただ今主人は出かけています、7時頃には戻ってくると思います。

是 小林 啊。我 丈夫 现在 出去
Shì Xiǎo Lín a. Wǒ zhàngfu xiànzài chūqu
了，大概 7 点 左右 回来。
le, dàgài qī diǎn zuǒyòu huílai.

A： そうですか。

是 吗？
Shì ma?

B： 何か伝えておきましょうか。

有 什么 要 我 转告 的 吗？
Yǒu shénme yào wǒ zhuǎngào de ma?

A： いや、結構です。またお電話いたします。

啊，不用 了。我 回头 再 打。
A, búyòng le. Wǒ huítóu zài dǎ.

B： はい、そうしてください。夜なら大丈夫だと思います。

好 的，晚上 大概 没 问题。
Hǎo de. Wǎnshang dàgài méi wèntí.

A： はい、では、またその時に。

好，到时 我 再 打 电话。
Hǎo, dàoshí wǒ zài dǎ diànhuà.

B： お電話があったことだけ伝えておきます。

我 把 你 来过 电话 的 事 告诉
Wǒ bǎ nǐ láiguo diànhuà de shì gàosu
他。
tā.

A：	はい、お願いします。どうも失礼しました。	麻烦 您 了。再见。 Máfan nín le. Zàijiàn.
B：	いいえ、では。	不 麻烦，再见。 Bù máfan, zàijiàn.

Track 314

6 〔会社に電話する①〕貿易促進協会ですか（Aは鈴木、Bは社員、Cは高橋）

A：	もしもし、貿易促進協会ですか。高橋さんはいらっしゃいますか。	喂，是 贸易促进协会 吗？ Wéi, shì Màoyìcùjìnxiéhuì ma? 请问，高桥 先生 在 吗？ Qǐngwèn, Gāoqiáo xiānsheng zài ma?
B：	高橋はおりますが、どちら様でしょうか。	高桥 在。您 是 哪 位？ Gāoqiáo zài. Nín shì nǎ wèi?
A：	鈴木商事の鈴木と申します。	我 是 铃木商事 的 铃木。 Wǒ shì Língmùshāngshì de Língmù.
B：	少々お待ちください。	请 稍 等。 Qǐng shāo děng.
C：	もしもし、高橋です。	喂，我 就 是 高桥。 Wéi, Wǒ jiù shì Gāoqiáo.
A：	鈴木ですが、ちょっとお尋ねしたいことがあります。よろしいでしょうか。	我 是 铃木。我 有 点儿 事儿 Wǒ shì Língmù. Wǒ yǒu diǎnr shìr 想 请教请教 您，现在 可以 吗？ xiǎng qǐngjiàoqǐngjiào nín, xiànzài kěyǐ ma?

Track 315

7 〔会社に電話する②〕山田さん、お電話です（Aは林、Bは山田、Cは社員）

A：	もしもし、そちらはT会社ですか、恐れ入りますが、山田さんをお願いします。	喂，是 T 公司 吗？对不起，请 Wéi, shì T gōngsī ma? Duìbuqǐ, qǐng 让 山田 先生 接 电话。 ràng Shāntián xiānsheng jiē diànhuà.

C： はい、ちょっとお待ちください。
山田さん、お電話です。

好的，请稍等一下。山田
Hǎo de, qǐng shāo děng yíxià. Shāntián
先生，你的电话。
xiānsheng, nǐ de diànhuà.

B： もしもし、お待たせいたしました。
山田です。

喂，让您久等了。
Wéi, ràng nín jiǔ děng le.
我是山田。
Wǒ shì Shāntián.

A： 林菲です。

我是林菲。
Wǒ shì Lín Fēi.

B： 林さん、こんにちは。私に何か用ですか。

林女士，你好！找我有
Lín nǚshì, nǐ hǎo! Zhǎo wǒ yǒu
什么事吗？
shénme shì ma?

A： 今週末、うちの社長はゴルフに招待したいと言っていますが、ご都合はいかがでしょうか。

这个周末我们经理想请您
Zhège zhōumò wǒmen jīnglǐ xiǎng qǐng nín
去打高尔夫球，不知您方
qù dǎ gāoěrfūqiú, bù zhī nín fāng
不方便？
bu fāngbiàn?

B： いいですよ。ちょうど今週末には何も予定がありませんので。

好啊，刚好这个周末没有
Hǎo a, gānghǎo zhège zhōumò méiyǒu
什么安排。
shénme ānpái.

A： それなら、決まりですね。具体的な事項はメールでご連絡いたしますから。

那就一言为定了。具体
Nà jiù yì yán wéi dìng le. Jùtǐ
事宜我用邮件跟您联系。
shìyí wǒ yòng yóujiàn gēn nín liánxì.

B： わかりました。では、ご連絡をお待ちしております。

好的，那我就等你的
Hǎo de, nà wǒ jiù děng nǐ de
邮件。
yóujiàn.

11 電話する

313

Track 316

8 〔間違い電話〕こちらには胡という者はおりません（A はかけ間違えた人、B は社員）

A： もしもし、すみませんが、販売部の胡経理はいらっしゃいますか。

喂, 劳驾 请 找 一下 销售部 的 胡 经理。
Wéi, Láojià qǐng zhǎo yíxià xiāoshòubù de Hú jīnglǐ.

B： すみません、おかけ間違いではないでしょうか。こちらには胡という者はおりません。

对不起, 你 打错 了, 我们 这里 没有 姓 胡 的。
Duìbuqǐ, nǐ dǎcuò le, wǒmen zhèli méiyǒu xìng Hú de.

A： そちらの番号は 3456-9876 ではなかったですか。

这儿 不 是 34569876 吗？
Zhèr bú shì sānsìwǔliùjiǔbāqīliù ma?

B： 違います。こちらは 3465-9876 です。

不 是, 这儿 是 34659876。
Bú shì, zhèr shì sānsìliùwǔjiǔbāqīliù.

A： そうですか、すみません。お邪魔しました。

哦, 对不起, 打扰 了。
Ò, duìbuqǐ, dǎrǎo le.

12 郵便局で

在邮局　zài yóujú

中国の郵便ポストは色が赤ではなく、深い緑色です。

基本文型

Track 317

(1) ～したいです
「"我要" ＋動詞フレーズ」

手紙を出したいです。　　　　　　我 要 寄 一 封 信。
　　　　　　　　　　　　　　　　Wǒ yào jì yì fēng xìn.

北京に送金したいのです。　　　　我 要 往 北京 汇钱。
　　　　　　　　　　　　　　　　Wǒ yào wǎng Běijīng huìqián.

(2) ～だとどれくらいかかりますか（所要時間を尋ねる時）
「名詞や動詞フレーズ＋"要几天"」

船便だと何日かかりますか。　　　海运 要 几 天？
　　　　　　　　　　　　　　　　Hǎiyùn yào jǐ tiān?

(3) ～だ／するといくらですか
「名詞や動詞フレーズ＋"要多少钱"」

航空便だといくらですか。　　　　空运 要 多少 钱？
　　　　　　　　　　　　　　　　Kōngyùn yào duōshao qián?

EMSで送るといくらですか。　　 特快 专递 要 多少 钱？
　　　　　　　　　　　　　　　　Tèkuài zhuāndì yào duōshao qián?

315

基礎編　　　　　　　　　　　　　　　　　　　　Track 318

郵便局で用いる基礎表現を押さえておきましょう。

▶ 1. 手紙を出す

手紙を出したいです。
我 寄 一 封 信。
Wǒ jì yì fēng xìn.

郵便代はいくらですか。
贴 多少 钱 的 邮票？
Tiē duōshao qián de yóupiào?

書留郵便でお願いします。
寄 挂号信。
Jì guàhàoxìn.

航空便は何日かかりますか。
航空信 要 几 天？
Hángkōngxìn yào jǐ tiān?

日本までいくらですか。
寄到 日本 要 多少 钱？
Jìdào Rìběn yào duōshao qián?

はがきを1枚ください。
买 一 张 明信片。
Mǎi yì zhāng míngxìnpiàn.

5元の切手を10枚ください。
买 十 张 五 块 的 邮票。
Mǎi shí zhāng wǔ kuài de yóupiào.

記念切手がありますか。
有 纪念 邮票 吗？
Yǒu jìniàn yóupiào ma?

▶ 2. 小包を送る

Track 319

この小包を送りたいのですが。
我 寄 个 包裹。
Wǒ jì ge bāoguǒ.

日本に送りたいんですが。
我 想 寄到 日本。
Wǒ yào jìdào Rìběn.

東京に送ります。
往 东京 寄。
Wǎng Dōngjīng jì.

航空便でお願いします。
我 要 空运。
Wǒ yào kōngyùn.

船便でお願いします。　　　　　　　　我 要 海运。
　　　　　　　　　　　　　　　　　　Wǒ yào hǎiyùn.

SAL 便でお願いします。　　　　　　 我 寄 空运 水路 大包。
　　　　　　　　　　　　　　　　　　Wǒ jì kōngyùn shuǐlù dàbāo.

船便だと何日かかりますか。　　　　　海运 要 几 天？
　　　　　　　　　　　　　　　　　　Hǎiyùn yào jǐ tiān?

何日ぐらいで着きますか。　　　　　　几 天 能 到？
　　　　　　　　　　　　　　　　　　Jǐ tiān néng dào?

EMS で送るといくらですか。　　　　 特快 专递 要 多少 钱？
　　　　　　　　　　　　　　　　　　Tèkuài zhuāndì yào duōshao qián?

中身はすべて本です。　　　　　　　　里面 都 是 书。
　　　　　　　　　　　　　　　　　　Lǐmiàn dōu shì shū.

点検しますか。　　　　　　　　　　　要 看 一下 吗？
　　　　　　　　　　　　　　　　　　Yào kàn yíxià ma?

▶ 3. 小包を引き取る　　　　　　　　　　　　　　　Track 320

小包を引き取りたいんですが。　　　　我 要 取 包裹。
　　　　　　　　　　　　　　　　　　Wǒ yào qǔ bāoguǒ.

パスポートを持っています。　　　　　我 有 护照。
　　　　　　　　　　　　　　　　　　Wǒ yǒu hùzhào.

持って来ました。はい。　　　　　　　带来 了，给 您。
　　　　　　　　　　　　　　　　　　Dàilai le, gěi nín.

▶ 4. 送金する　　　　　　　　　　　　　　　　　Track 321

北京に送金したいのですが。　　　　　我 想 汇 一些 钱。
　　　　　　　　　　　　　　　　　　Wǒ xiǎng huì yìxiē qián.

手数料がかかりますか。　　　　　　　要 手续费 吗？
　　　　　　　　　　　　　　　　　　Yào shǒuxùfèi ma?

発展編

Track 322

郵便局でよく用いる表現をもっと知っておきましょう。

▶ 1. 手紙を出す

郵便局はどこですか。	请问，邮局 在 哪儿？ Qǐngwèn, yóujú zài nǎr?
こんにちは。手紙を出したいですが。	你 好。我 要 寄 一 封 信。 Nǐ hǎo. Wǒ yào jì yì fēng xìn.
郵便代はいくらですか。	贴 多少 钱 的 邮票？ Tiē duōshao qián de yóupiào?
⇒書留ですか、それとも普通郵便ですか。	挂号信 还是 平信？ Guàhàoxìn háishi píngxìn?
この手紙はいつ着きますか。	这 封 信 几 天 能 寄到？ Zhè fēng xìn jǐ tiān néng jìdào?
EMSにします。	我 寄 特快 专递。 Wǒ jì tèkuài zhuāndì.
アメリカまでいくらですか。	寄到 美国 要 多少 钱？ Jìdào Měiguó yào duōshao qián?
はがきを出すのにいくらかかりますか。	寄 一 张 明信片 多少 钱？ Jì yì zhāng míngxìnpiàn duōshao qián?
5元の切手を10枚ください。	买 十 张 五 块 的 邮票。 Mǎi shí zhāng wǔ kuài de yóupiào.
こちらの郵便番号は何番ですか。	这儿 的 邮政 编码 是 多少？ Zhèr de yóuzhèng biānmǎ shì duōshao?

▶ 2. 小包を出す

Track 323

ここで郵便小包が送れますか。	这儿 能 寄 包裹 吗？ Zhèr néng jì bāoguǒ ma?
この小包を送りたいのですが。	我 想 寄 个 包裹。 Wǒ xiǎng jì ge bāoguǒ.

これらの物を日本に送りたいんですが。	我想把这些东西寄到日本。 Wǒ xiǎng bǎ zhèxiē dōngxi jìdào Rìběn.
オーストラリアではなく、オーストリアに郵送するのです。	寄到奥地利，不是澳大利亚。 Jìdào Àodìlì, bú shì Àodàlìyà.
EMSで送るといくらですか。	特快专递得多少钱？ Tèkuài zhuāndì děi duōshao qián?
いつ届くのですか。	什么时候能到？ Shénme shíhou néng dào?
これらの物は郵送できますか。	这些东西可以寄吗？ Zhèxiē dōngxi kěyǐ jì ma?
⇒どこに送りますか。	您往哪儿寄？ Nín wǎng nǎr jì?
東京に送ります。	往东京寄。 Wǎng Dōngjīng jì.
⇒まずこの用紙に記入してください。	您先填一下这张单子。 Nín xiān tián yíxià zhè zhāng dānzi.
⇒小包には何が入っていますか。	包裹里面是什么？ Bāoguǒ lǐmiàn shì shénme?
中身はすべて本です。	里面装的都是书。 Lǐmiàn zhuāng de dōu shì shū.
⇒開けて見せてください。	打开看一下。 Dǎkāi kàn yíxià.
⇒航空便で送りますか、それとも船便で送りますか。	空运还是海运？ Kōngyùn háishi hǎiyùn?
船便ではどれくらいの日数がかかりますか。	海运要多长时间？ Hǎiyùn yào duō cháng shíjiān?
⇒たいてい1カ月ぐらいです。	大约一个月左右。 Dàyuē yí ge yuè zuǒyòu.
航空便だといくらですか。	空运要多少钱？ Kōngyùn yào duōshao qián?

12 郵便局で

⇒重さを量りますので、この上に乗せてください。

要 称 一下, 放 这儿 吧。
Yào chēng yíxià, fàng zhèr ba.

⇒この小包は重量オーバーです。

这个 包裹 超重 了。
Zhège bāoguǒ chāozhòng le.

▶ 3. 小包を引き取る　　　　　　　　　　Track 324

小包を引き取りたいんですが。

你 好。我 取 包裹。
Nǐ hǎo. Wǒ qǔ bāoguǒ.

⇒控えを見せてください。

给 我 看 一下 包裹单。
Gěi wǒ kàn yíxià bāoguǒdān.

⇒身分証明書はお持ちですか。

身份证 带来 了 吗？
Shēnfènzhèng dàilai le ma?

⇒これがあなたの小包です。

这 是 您 的 包裹。
Zhè shì nín de bāoguǒ.

⇒ご確認ください。

请 查收。
Qǐng cháshōu.

⇒ここに署名してください。

请 您 在 这儿 签名。
Qǐng nín zài zhèr qiānmíng.

▶ 4. 送金する　　　　　　　　　　　　Track 325

北京に送金したいのですが。

我 要 往 北京 汇钱。
Wǒ yào wǎng Běijīng huìqián.

手数料がかかりますか。

要 不 要 手续费？
Yào bu yào shǒuxùfèi?

⇒お客さんのパスポート番号を記入してください。

请 把 你 的 护照 号码 填上。
Qǐng bǎ nǐ de hùzhào hàomǎ tiánshang.

実践編

Track 326

場面を想定して実践してみましょう。

1 〔切手を買う〕記念切手はありますか（Aは客、Bは郵便局員）

A：	2元の切手を10枚お願いします。	买十张两块的邮票。 Mǎi shí zhāng liǎng kuài de yóupiào.
B：	全部で20元です。	一共二十块。 Yígòng èrshí kuài.
A：	記念切手はありますか。	有纪念邮票吗？ Yǒu jìniàn yóupiào ma?
B：	あります。ワンセットで50元です。	有，一套五十块。 Yǒu, yí tào wǔshí kuài.
A：	では、記念切手を2セットお願いします。	要两套纪念邮票。 Yào liǎng tào jìniàn yóupiào.
B：	こちらはサンプルです。お選びください。	这是样品，请选一下。 Zhè shì yàngpǐn, qǐng xuǎn yíxià.
A：	はい。この2セットにします。	好的。我就要这两套吧。 Hǎo de. Wǒ jiù yào zhè liǎng tào ba.
B：	合わせて120元です。150元お預かりします。30元のおつりです。	一共一百二十块。收您一百五，找您三十。 Yígòng yìbǎi èrshí kuài. Shōu nín yìbǎi wǔ, zhǎo nín sānshí.

Track 327

2 〔手紙を出す〕 EMSで送ります（Aは客、Bは郵便局員）

A：	この手紙をアメリカに送りたいのですが、いくらですか。	这封信要寄到美国，多少钱？ Zhè fēng xìn yào jìdào Měiguó, duōshao qián?
B：	航空便、それともEMSで送りますか。	你是寄航空信，还是寄特快专递？ Nǐ shì jì hángkōngxìn, háishi jì tèkuài zhuāndì?

A：	航空便ではどれくらいの時間がかかりますか。	寄 航空信 要 多 长 时间？ Jì hángkōngxìn yào duō cháng shíjiān?
B：	1週間ぐらいです。	一 个 星期 左右。 Yí ge xīngqī zuǒyòu.
A：	EMSでは？	特快 专递 呢？ Tèkuài zhuāndì ne?
B：	2、3日です。	两 三 天。 Liǎng sān tiān.
A：	それならEMSで送ります。	那 我 寄 特快 专递。 Nà wǒ jì tèkuài zhuāndì.
B：	まず、この用紙に記入してください。	请 先 填 这个 单子。 Qǐng xiān tián zhège dānzi.
A：	わかりました。	好 的。 Hǎo de.
B：	こちらが領収書です。お持ちください。	这 是 收据，请 拿好。 Zhè shì shōujù, qǐng náhǎo.

Track 328

3 〔小包を送る〕壊れやすいものはありますか（Aは客、Bは郵便局員）

A：	小包を送りたいのですが。	我 想 寄 包裹。 Wǒ xiǎng jì bāoguǒ.
B：	国内ですか、それとも海外ですか。	寄 国内 还是 寄 国外？ Jì guónèi háishi jì guówài?
A：	海外です。	国外。 Guówài.
B：	どの国ですか。	哪个 国家？ Nǎge guójiā?
A：	日本です。	日本。 Rìběn.
B：	何を送りますか。	寄 什么 东西？ Jì shénme dōngxi?

A：	日用品です。	一些 日用品。 Yìxiē rìyòngpǐn.
B：	壊れやすいものはありますか。	有 没有 易碎 物品？ Yǒu méiyǒu yìsuì wùpǐn?
A：	ありません。	没有。 Méiyǒu.
B：	では、この箱に全部入れてください。	请 把 东西 装到 这个 箱子 里。 Qǐng bǎ dōngxi zhuāngdào zhège xiāngzi li.
A：	わかりました。ちょうど入りました。	好的。刚好 都 放下。 Hǎo de. Gānghǎo dōu fàngxià.

（入れてみたが、全部は入りきれない場合）

A：	すみません、入りきれません。もっと大きい段ボール箱はありますか。	对不起，装不下。有 没有 更 Duìbuqǐ, zhuāngbuxià. Yǒu méiyǒu gèng 大 一点儿 的 箱子？ dà yìdiǎnr de xiāngzi?
B：	これが一番大きいものです。どうしましょうか。もう一つ小さい箱に入れますか。	那 是 最 大 的 了。怎么 办？ Nà shì zuì dà de le. Zěnme bàn? 要不 再 加 一 个 小 箱子 吧。 Yàobù zài jiā yí ge xiǎo xiāngzi ba.
A：	そうします。	好 吧。 Hǎo ba.

（用紙に記入する）

B：	この用紙に記入してください。	请 填 一下 这个 单子。 Qǐng tián yíxià zhège dānzi.
A：	ボールペンで記入してもいいですか。	用 圆珠笔 填 可以 吗？ Yòng yuánzhūbǐ tián kěyǐ ma?
B：	ボールペンはだめです。はい、この万年筆で記入してください。	圆珠笔 不行。来，用 这个 Yuánzhūbǐ bùxíng. Lái, yòng zhège 钢笔 填。 gāngbǐ tián.

A： ありがとうございます。ここはどのように書けばいいですか。

谢谢。这儿 怎么 填？
Xièxie. Zhèr zěnme tián?

B： そこは書かなくて結構です。私が書きますから。

那儿 不用 填，我 来 填。
Nàr búyòng tián, wǒ lái tián.

A： できました。はい。

填好 了。给 您。
Tiánhǎo le. Gěi nín.

（重さを量る）

B： 小包を秤の上に乗せてください。ちょっと重さを量りますから。

把 包裹 放在 秤上 吧。称一下 重量。
Bǎ bāoguǒ fàngzài chèngshang ba. Chēng yíxià zhòngliàng.

A： どれぐらいですか。

多少 斤？
Duōshao jīn?

B： 16キロです。航空便で送りますか、それとも船便で送りますか。

十六 公斤。空运 还是 海运？
Shíliù gōngjīn. Kōngyùn háishi hǎiyùn?

A： 航空便はいくらですか。

空运 多少 钱？
Kōngyùn duōshao qián?

B： 678元です。

六百 七十八 块 钱。
Liùbǎi qīshíbā kuài qián.

A： そんなに高いのですか。なら、船便は？

这么 贵。那 海运 呢？
Zhème guì. Nà hǎiyùn ne?

B： 船便なら367元です。

海运 三百 六十七 块 钱。
Hǎiyùn sānbǎi liùshíqī kuài qián.

A： 航空便の半分ですね。では、船便で送ります。

比 空运 便宜 一 半，那 就 寄海运 吧。
Bǐ kōngyùn piányi yí bàn, nà jiù jì hǎiyùn ba.

B：	こちらが明細書ですので、大切に保管してください。手続きはすべて終わりました。	这是清单，请保存好。手续都办好了。 Zhè shì qīngdān, qǐng bǎocúnhǎo. Shǒuxù dōu bànhǎo le.
A：	日本に着くまで、だいたいどれぐらいかかりますか。	大约多长时间能到日本？ Dàyuē duō cháng shíjiān néng dào Rìběn?
B：	1カ月ぐらいです。	一个月左右吧。 Yí ge yuè zuǒyòu ba.

4　〔小包を引き取る〕間違いなく私のものです（Aは客、Bは郵便局員）

Track 329

A：	小包を引き取ります。	我取包裹。 Wǒ qǔ bāoguǒ.
B：	小包の伝票をお願いします。	拿包裹单来。 Ná bāoguǒdān lái.
A：	はい、どうぞ。	给你。 Gěi nǐ.
B：	身分証明書を見せてください。	请出示身份证。 Qǐng chūshì shēnfènzhèng.
A：	はい、パスポートです。	给你护照。 Gěi nǐ hùzhào.
B：	はい、パスポートをお返しします。 少々お待ちください。 はい、こちらです。	好的。护照还给你。请稍等。 Hǎo de. Hùzhào huángěi nǐ. Qǐng shāo děng. 这是你的包裹。 Zhè shì nǐ de bāoguǒ.
A：	間違いなく私のものです。 どうもありがとうございました。	没错。是我的。谢谢。 Méicuò. Shì wǒ de. Xièxie.

Track 330

5 〔送金する〕為替送金したいんですが（Ａは客、Ｂは郵便局員）

A: 為替送金したいんですが。

我 想 汇款。
Wǒ xiǎng huìkuǎn.

B: 身分証明書を持っていますか。

您 带 身份证 了 吗？
Nín dài shēnfènzhèng le ma?

A: パスポートを持っています。
これです。

我 有 护照。给 您。
Wǒ yǒu hùzhào. Gěi nín.

B: 送金票に記入してください。

好 的。请 填 一下 汇款单。
Hǎo de. Qǐng tián yíxià huìkuǎndān.

A: できました。これでいいですか。

填好 了。你 看 这样 行 吗？
Tiánhǎo le. Nǐ kàn zhèyàng xíng ma?

B: 結構です。少々お待ちください。
できました。ご確認ください。

行。请 稍 等。（しばらくして）
Xíng. Qǐng shāo děng.

办好 了，请 确认 一下。
Bànhǎo le, qǐng quèrèn yíxià.

A: ありがとう。

没错。谢谢 您。
Méicuò. Xièxie nín.

B: どういたしまして。

不 客气。
Bú kèqi.

13 銀行で

在银行　zài yínháng

中国の銀行は、土曜日も含めて午後5時まで営業しています。

基本文型　　　　　　　　　　　　　　　　　Track 331

(1) …、それとも～（選択する時）
「～"还是"～」

日本円ですか、それともドルですか。　　日元 还是 美元？
　　　　　　　　　　　　　　　　　　　Rìyuán háishi měiyuán?

普通預金ですか、それとも定期預金ですか。　存 活期 还是 定期？
　　　　　　　　　　　　　　　　　　　Cún huóqī háishi dìngqī?

(2) …を～に両替する
「把…换成～」

日本円を人民元に換える。　　　　　　　把 日元 换成 人民币。
　　　　　　　　　　　　　　　　　　　Bǎ rìyuán huànchéng rénmínbì.

ドルを日本円に換えたいんですが。　　　我 想 把 美元 换成 日元。
　　　　　　　　　　　　　　　　　　　Wǒ xiǎng bǎ měiyuán huànchéng rìyuán.

基礎編　　　　　　　　　　　　　　　　　Track 332

銀行で用いる基礎表現を押さえておきましょう。

▶ 1. 口座を開く

口座を開きたいのですが。　　　　　　　我 想 开 个 帐户。
　　　　　　　　　　　　　　　　　　　Wǒ xiǎng kāi ge zhànghù.

これでいいですか。	这样 行 吗？ Zhèyàng xíng ma?
パスポートでいいですか。	护照 可以 吗？ Hùzhào kěyǐ ma?
パスポートを持っています。	我 有 护照。 Wǒ yǒu hùzhào.
キャッシュカードをお願いします。	我 办 一 张 现金卡。 Wǒ bàn yì zhāng xiànjīnkǎ.
クレジットカードを作りたいです。	我 想 办 一 张 信用卡。 Wǒ xiǎng bàn yì zhāng xìnyòngkǎ.
ボールペンでもいいですか。	用 圆珠笔 可以 吗？ Yòng yuánzhūbǐ kěyǐ ma?
万年筆を貸してもらえますか。	借 我 钢笔 用用，可以 吗？ Jiè wǒ gāngbǐ yòngyong, kěyǐ ma?
書きました。	填好 了。 Tiánhǎo le.

▶ 2. お金を預ける

Track 333

預金したいのですが。	我 想 存钱。 Wǒ xiǎng cúnqián.
2万元を預けます。	存 两 万 块。 Cún liǎng wàn kuài.
普通預金でお願いします。	存 活期 的。 Cún huóqī de.
定期預金でお願いします。	存 定期 的。 Cún dìngqī de.
1年の定期預金でお願いします。	存 定期 一 年 的。 Cún dìngqī yì nián de.
利子はいくらですか。	利息 是 多少？ Lìxī shì duōshao?
暗証番号を入力しました。	密码 输好 了。 Mìmǎ shūhǎo le.

▶ 3. お金を引き出す

Track 334

現金を引き出したいのですが。
我 想 取钱。
Wǒ xiǎng qǔqián.

2000元を引き出したいです。
取 两千 块钱。
Qǔ liǎngqiān kuài qián.

500ドルを引き出します。
我 取 五百 美元。
Wǒ qǔ wǔbǎi měiyuán.

現金の引き出しはどこですか。
请问, 在 哪儿 取款?
Qǐngwèn, zài nǎr qǔkuǎn?

近くにATM機はありますか。
附近 有 自动 提款机 吗?
Fùjìn yǒu zìdòng tíkuǎnjī ma?

▶ 4. 両替する

Track 335

両替したいのですが。
我 想 换钱。
Wǒ xiǎng huànqián.

日本円を両替したいのですが。
我 换 日元。
Wǒ huàn rìyuán.

ドルを両替したいのですが。
我 想 换 美元。
Wǒ xiǎng huàn měiyuán.

10万円を換えたいんですが。
我 想 换 十万 日元。
Wǒ xiǎng huàn shíwàn rìyuán.

500ドルを人民元に。
我 换 五百 美元 的 人民币。
Wǒ huàn wǔbǎi měiyuán de rénmínbì.

ちょうどあります。
正好。
Zhènghǎo.

日本円に両替したいんですが。
我 想 兑换 一些 日元。
Wǒ xiǎng duìhuàn yìxiē rìyuán.

両替の窓口はどこですか。
换钱 的 窗口 在 哪儿?
Huànqián de chuāngkǒu zài nǎr?

外貨の両替はどこでできますか。
哪儿 能 换 外币?
Nǎr néng huàn wàibì?

今日のレートはいくらですか。　　　今天 的 汇率 是 多少？
　　　　　　　　　　　　　　　　　Jīntiān de huìlǜ shì duōshao?

今の為替レートはいくらですか。　　现在 的 牌价 是 多少？
　　　　　　　　　　　　　　　　　Xiànzài de páijià shì duōshao?

くずしていただきたいんですが。　　请 帮 我 把 钱 破开。
　　　　　　　　　　　　　　　　　Qǐng bāng wǒ bǎ qián pòkāi.

▶ 5. 送金する　　　　　　　　　　　　　　　　Track 336

海外に送金したいのですが。　　　我 想 汇钱。
　　　　　　　　　　　　　　　　Wǒ xiǎng huìqián.

海外に送金したいのですが。　　　我 想 往 国外 汇钱。
　　　　　　　　　　　　　　　　Wǒ xiǎng wǎng guówài huìqián.

2000元を送りたいんです。　　　　我 想 汇 两千 元。
　　　　　　　　　　　　　　　　Wǒ xiǎng huì liǎngqiān yuán.

パスワードを忘れました。　　　　忘记 密码 了。
　　　　　　　　　　　　　　　　Wàngjì mìmǎ le.

パスワードを忘れました。　　　　我 把 密码 忘 了。
　　　　　　　　　　　　　　　　Wǒ bǎ mìmǎ wàng le.

▶ 6. 口座を解約する　　　　　　　　　　　　Track 337

口座を解約したいのですが。　　　我 想 销户。
　　　　　　　　　　　　　　　　Wǒ xiǎng xiāohù.

この口座を解約したいのですが。　我 要 销掉 这个 帐户。
　　　　　　　　　　　　　　　　Wǒ yào xiāodiào zhège zhànghù.

この口座をストップしてください。　请 冻结 这个 帐户。
　　　　　　　　　　　　　　　　Qǐng dòngjié zhège zhànghù.

発展編 Track 338

銀行でよく用いる言い方をもっと知っておきましょう。

▶ 1. 口座を開く

中国の銀行では、用紙に記入するとき、原則として万年筆かインクペンを用います。

⇒番号札をお取りください。	请 到 取号机 那儿 取 号。 Qǐng dào qǔhàojī nàr qǔ hào.
⇒まずこのフォームに記入してください。	先 填 一下 这 张 表格。 Xiān tián yíxià zhè zhāng biǎogé.
⇒この用紙に記入してください。	请 填 一下 这 张 单子。 Qǐng tián yíxià zhè zhāng dānzi.
記入が終わりました。これでいいですか。	填好 了, 你 看 这样 行 吗？ Tiánhǎo le, nǐ kàn zhèyàng xíng ma?
どのペンで記入しますか。	用 什么 笔 填？ Yòng shénme bǐ tián?
⇒万年筆で記入してください。	请 用 钢笔 填。 Qǐng yòng gāngbǐ tián.
⇒ボールペンはだめです。	圆珠笔 不行。 Yuánzhūbǐ bùxíng.
⇒身分証明書を見せてください。	请 出示 你 的 身份证。 Qǐng chūshì nǐ de shēnfènzhèng.
⇒パスポートをお持ちですね？	您 带 护照 了 吧？ Nín dài hùzhào le ma?
⇒キャッシュカードをつくりますか。	您 要 办 借记卡 吗？ Nín yào bàn jièjìkǎ ma?
⇒6ケタのパスワードを設定してください。	请 设 一 个 六 位 数 的 密码。 Qǐng shè yí ge liù wèi shù de mìmǎ.
⇒10元の手数料がかかります。	请 交 十 块 钱 的 手续费。 Qǐng jiāo shí kuài qián de shǒuxùfèi.

13 銀行で

銀行は何時に開きますか。 　　　银行几点开门？
　　　　　　　　　　　　　　　　Yínháng jǐ diǎn kāimén?

⇒これがあなたの通帳です。 　　这是您的存折。
　　　　　　　　　　　　　　　　Zhè shì nín de cúnzhé.

⇒あなたの証明書と通帳です。　 这是你的证件和存折，请
　お持ちください。 　　　　　　Zhè shì nǐ de zhèngjiàn hé cúnzhé, qǐng
　　　　　　　　　　　　　　　　拿好。
　　　　　　　　　　　　　　　　náhǎo.

▶ 2. お金を預ける　　　　　　　　　　　　　　Track 339

⇒いくら預金しますか。 　　　　您存多少？
　　　　　　　　　　　　　　　　Nín cún duōshao?

⇒いくら貯金しますか。 　　　　请问您要存多少？
　　　　　　　　　　　　　　　　Qǐngwèn nín yào cún duōshao?

⇒普通預金ですか、それとも定期　存活期还是定期？
　預金ですか。 　　　　　　　　Cún huóqī háishi dìngqī?

⇒定期預金ですか。それとも普通　您想开定期还是活期？
　預金ですか。 　　　　　　　　Nín xiǎng kāi dìngqī háishi huóqī?

⇒まずこの何枚かのフォームに記入　请您先把这几张表填
　してください。 　　　　　　　Qǐng nín xiān bǎ zhè jǐ zhāng biǎo tián
　　　　　　　　　　　　　　　　一下。
　　　　　　　　　　　　　　　　yíxià.

⇒ここにサインをお願いします。 　请在这儿签字。
　　　　　　　　　　　　　　　　Qǐng zài zhèr qiān zì.

⇒ここにサインしてください。　 请您在这里签字。
　　　　　　　　　　　　　　　　Qǐng nín zài zhèlǐ qiān zì.

⇒通帳がいいですか、それとも預　你要存折还是存单？
　金証書がいいですか。 　　　　Nǐ yào cúnzhé háishi cúndān?

通帳に記入して預金してください。　请把钱存到存折上。
　　　　　　　　　　　　　　　　Qǐng bǎ qián cúndào cúnzhé shang.

▶ 3. お金を引き出す　　　　　　　　　　　　　Track 340

中国の銀行預金のキャッシュカードの暗証番号は、ふつう6ケタの数字です。暗証番号は普通2回入力することを要求されます。

現金を引き出したいのですが。	我 想 取 一些 钱。 Wǒ xiǎng qǔ yìxiē qián.
6000元引き出します。	我 想 取 六千 块 钱。 Wǒ xiǎng qǔ liùqiān kuài qián.
お金がたりません。	钱 不 够。 Qián bú gòu.
すみません。現金の引き出しはどこですか。	请问, 在 哪儿 取款？ Qǐngwèn, zài nǎr qǔkuǎn?
ATM機はどこですか。	自动 取款机 在 哪儿？ Zìdòng qǔkuǎnjī zài nǎr?
振り込みたいのですか。	我 想 通过 帐户 付钱。 Wǒ xiǎng tōngguò zhànghù fùqián.
⇒入口のATMで手続きしてください。	请 到 门口 的 ATM 机 上 办理。 Qǐng dào ménkòu de ATMjī shang bànlǐ.
ATMを使ったことがありません。	我 没 用过 ATM 机。 Wǒ méi yòngguo ATMjī.
操作方法を教えていただけませんか。	你 能 告诉 我 怎么 用 吗？ Nǐ néng gàosu wǒ zěnme yòng ma?
操作方法を教えてくださいますか。	你 能 告诉 我 操作 方法 吗？ Nǐ néng gàosu wǒ cāozuò fāngfǎ ma?
⇒キャッシュカードを挿入します。	先 把 卡 插进去。 Xiān bǎ kǎ chājinqu.
⇒それから暗証番号を入力します。	然后 输 密码。 Ránhòu shū mìmǎ.
⇒最後に引き出す金額を入力します。	最后 输入 要 取 的 金额。 Zuìhòu shūrù yào qǔ de jīn'é.
⇒暗証番号を入力してください。	请 输入 密码。 Qǐng shūrù mìmǎ.

⇒もう一度入力してください。 　　　　请 再 输 一 遍。
　　　　　　　　　　　　　　　　　　Qǐng zài shū yí biàn.

▶ 4. 両替する　　　　　　　　　　　　　　　　　　Track 341

すみません。ここで両替できますか。　请问，这儿 可以 换钱 吗？
　　　　　　　　　　　　　　　　　　Qǐngwèn, zhèr kěyǐ huànqián ma?

両替はどの窓口ですか。　　　　　　　兑换 人民币 在 哪个 窗口？
　　　　　　　　　　　　　　　　　　Duìhuàn rénmínbì zài nǎge chuāngkǒu?

6番窓口です。　　　　　　　　　　　在 六 号 窗口。
　　　　　　　　　　　　　　　　　　Zài liù hào chuāngkǒu.

日本円を元に換えたいんですが。　　　我 要 把 日元 换成 人民币。
　　　　　　　　　　　　　　　　　　Wǒ yào bǎ rìyuán huànchéng rénmínbì.

人民元に両替したいんですが。　　　　我 想 换 一些 人民币。
　　　　　　　　　　　　　　　　　　Wǒ xiǎng huàn yìxiē rénmínbì.

日本円に両替したいんですが。　　　　我 想 兑换 一些 日元。
　　　　　　　　　　　　　　　　　　Wǒ xiǎng duìhuàn yìxiē rìyuán.

ここでは、ユーロに両替できますか。　这儿 可以 换 欧元 吗？
　　　　　　　　　　　　　　　　　　Zhèr kěyǐ huàn ōuyuán ma?

トラベラーズチェックを両替したい　　我 想 兑换 旅行 支票。
のですが。　　　　　　　　　　　　　Wǒ xiǎng duìhuàn lǚxíng zhīpiào.

トラベラーズチェックを現金に換えて　请 把 旅行 支票 换成 现金。
ください。　　　　　　　　　　　　　Qǐng bǎ lǚxíng zhīpiào huànchéng xiànjīn.

⇒お手持ちの通貨は何ですか。　　　　您 带 的 是 什么 钱？
　　　　　　　　　　　　　　　　　　Nín dài de shì shénme qián?

⇒日本円ですか。ドルですか。　　　　日元 还是 美元？
　　　　　　　　　　　　　　　　　　Rìyuán háishi měiyuán?

⇒いくら両替しますか。　　　　　　　换 多少？
　　　　　　　　　　　　　　　　　　Huàn duōshao?

⇒いくら換えますか。　　　　　　　　你 想 换 多少？
　　　　　　　　　　　　　　　　　　Nǐ xiǎng huàn duōshao?

500ドルを人民元に。	我 换 五百 美元 的 人民币。 Wǒ huàn wǔbǎi měiyuán de rénmínbì.
⇒番号札をとって、お待ちください。	先 取 号，在 旁边儿 等 一下。 Xiān qǔ hào, zài pángbiānr děng yíxià.
今のレートはいくらですか。	现在 的 汇率 是 多少？ Xiànzài de huìlǜ shì duōshao?
⇒1万円が500元に両替できます。	一万 日元 可以 换 五百 人民币。 Yíwàn rìyuán kěyǐ huàn wǔbǎi rénmínbì.
今日、ドルから元に両替する為替レートはいくらですか。	今天 美元 兑换 人民币 的 汇率 是 多少？ Jīntiān měiyuán duìhuàn rénmínbì de huìlǜ shì duōshao?
⇒現在ドルと人民元のレートは1対6です。	现在 美元 兑换 人民币 的 汇率 是 一 比 六。 Xiànzài měiyuán duìhuàn rénmínbì de huìlǜ shì yī bǐ liù.
千元の人民元に換えるのには、ドルはいくら必要ですか。	换 一千 元 人民币，需要 多少 美元？ Huàn yìqiān yuán rénmínbì, xūyào duōshao měiyuán?
ドルを両替するのに手数料がかかりますか。	兑换 美元 要 手续费 吗？ Duìhuàn měiyuán yào shǒuxùfèi ma?
レートが動いたみたいですね。	汇率 好像 变 了。 Huìlǜ hǎoxiàng biàn le.
このところ円高になっています。	最近 日元 升值 了。 Zuìjìn rìyuán shēngzhí le.
ドル安になっています。	美元 贬值 了。 Měiyuán biǎnzhí le.
⇒身分証を持っていますか。	你 有 身份证 吗？ Nǐ yǒu shēnfènzhèng ma?
⇒パスポートを見せてください。	把 您 的 护照 给 我 看 一下。 Bǎ nín de hùzhào gěi wǒ kàn yíxià.

13 銀行で

⇒パスポートを見せてください。	请 出示 一下 护照。 Qǐng chūshì yíxià hùzhào.
⇒このフォームに記入してください。	请 您 把 这 张 表 填 一下。 Qǐng nín bǎ zhè zhāng biǎo tián yíxià.
⇒どうぞお確かめください。	请 数 一下。 Qǐng shǔ yíxià.
新札をください。	请 给 我 新 纸币。 Qǐng gěi wǒ xīn zhǐbì.

▶ 5. お金をくずす

Track 342

くずしてください。	请 换成 零钱。 Qǐng huànchéng língqián.
細かいお金にくずしたいのですが。	请 帮 我 兑换 一些 零钱。 Qǐng bāng wǒ duìhuàn yìxiē língqián.
細かいお金に替えていただけますか。	能 不 能 给 换 点儿 零钱？ Néng bu néng gěi huàn diǎnr língqián?
100元を10元札に替えてください。	请 把 这 张 一百 的 换成 Qǐng bǎ zhè zhāng yìbǎi de huànchéng 十 张 十 元 的。 shí zhāng shí yuán de.
細かいお金に替えていただけますか。	能 不 能 给 换 点儿 零钱？ Néng bu néng gěi huàn diǎnr língqián?
10元札でお願いします。	换成 十 块 一 张 的。 Huànchéng shí kuài yì zhāng de.
コインでください。	我 要 一些 硬币。 Wǒ yào yìxiē yìngbì.
伝票の書き方がわかりません。	不 知道 怎样 写 帐单。 Bù zhīdào zěnyàng xiě zhàngdān.
⇒確認してください。	请 点 一下。 Qǐng diǎn yíxià.

▶6. トラブルが発生した時　　　　　　　　　Track 343

私のキャッシュカードが入ったきり、出てきません。どうしよう？	我的提款卡被吞进去了， Wǒ de tíkuǎnkǎ bèi tūnjinqu le, 怎么办？ zěnme bàn?
クレジットカードをなくしました。	我的信用卡丢了。 Wǒ de xìnyòngkǎ diū le.
紛失届を出したいのですが。	我要办挂失。 Wǒ yào bàn guàshī.
手続きはどのようにしますか。	手续怎么办理？ Shǒuxù zěnme bànlǐ?

実践編

場面を想定して実践しましょう。

Track 344

1 〔口座を開く〕口座を開きたいのですが（A は客、B は銀行員）

A： 口座を開きたいのですが。
我 想 开 个 帐户。
Wǒ xiǎng kāi ge zhànghù.

B： 身分証明書を見せてください
请 出示 你 的 身份证。
Qǐng chūshì nǐ de shēnfènzhèng.

A： パスポートでいいですか。
护照 可以 吗？
Hùzhào kěyǐ ma?

B： いいです。普通預金ですか、それとも定期預金ですか。
可以。要 活期, 还是 定期？
Kěyǐ. yào huóqī, háishi dìngqī?

A： 普通預金でお願いします。
要 活期。
Yào huóqī.

B： デビットカードはどうなさいますか。
要 办 借记卡 吗？
Yào bàn jièjìkǎ ma?

A： お願いします。
请 帮 我 办 一 张 借记卡。
Qǐng bāng wǒ bàn yì zhāng jièjìkǎ.

B： 10 元の手数料がかかります。
请 交 十 块 钱 的 手续费。
Qǐng jiāo shí kuài qián de shǒuxùfèi.

Track 345

2 〔用紙に記入する〕ボールペンでもいいですか（A は客、B は銀行員）

B： この用紙に記入してください。
请 填 一下 这 张 单子。
Qǐng tián yíxià zhè zhāng dānzi.

A： どのペンで記入しますか。
用 什么 笔 填？
Yòng shénme bǐ tián?

B： 万年筆です。
用 钢笔。
Yòng gāngbǐ.

A： ボールペンでもいいですか。
用 圆珠笔 可以 吗？
Yòng yuánzhūbǐ kěyǐ ma?

B：	だめです。	不行。 Bùxíng.
A：	この欄には、ローマ字で書くのですか。	这一栏要用英文填吗？ Zhè yì lán yào yòng Yīngwén tián ma?
B：	そうです。ローマ字で書かなければなりません。 （注：ここでの英文はローマ字表記のこと）	对，必须用英文填。 Duì, bìxū yòng Yīngwén tián.
A：	万年筆を貸してもらえますか。	借我钢笔用用，可以吗？ Jiè wǒ gāngbǐ yòngyong, kěyǐ ma?

Track 346

❸ 〔お金を預ける〕定期預金の利息はいくらですか（Aは客、Bは銀行員）

A：	こんにちは！預金したいのですが。	您好！我存点儿钱。 Nín hǎo! Wǒ cún diǎnr qián.
B：	いくら預金しますか。	存多少？ Cún duōshao?
A：	2万元です。	两万块。 Liǎng wàn kuài.
B：	普通預金ですか、それとも定期預金ですか。	存活期还是定期？ Cún huóqī háishi dìngqī?
A：	1年定期の利息はいくらですか。	定期一年的利息是多少？ Dìngqī yì nián de lìxī shì duōshao?
B：	年利は5%です。	年利息 5%。 Niánlìxī bǎifēnzhī wǔ.
A：	1年の定期預金でお願いします。	存定期一年的。 Cún dìngqī yì nián de.
B：	身分証明書を持っていますか。	带身份证了吗？ Dài shēnfènzhèng le ma?
A：	パスポートを持っています。	我有护照。 Wǒ yǒu hùzhào.
B：	通帳がいいですか、それとも預金証書がいいですか。	你要存折还是存单？ Nǐ yào cúnzhé háishi cúndān?

13 銀行で

A： 通帳に記入して預金してください。 | 请把钱存到存折上。
Qǐng bǎ qián cúndào cúnzhé shàng.

Track 347
4　〔暗証番号を入力する〕入力しました（Aは客、Bは銀行員）

B： 暗証番号を入力してください。 | 请输入密码。
Qǐng shūrù mìmǎ.

A： 入力しました。 | 输好了。
Shūhǎo le.

B： もう一度入れてください。 | 请再输一遍。
Qǐng zài shū yí biàn.

A： はい、入力しました。 | 好的。
Hǎo de.

B： 結構です。あなたの証明書と通帳です。お持ちください。 | 都办好了。这是你的证件和存折，请拿好。
Dōu bànhǎo le. Zhè shì nǐ de zhèngjiàn hé cúnzhé, qǐng náhǎo.

Track 348
5　〔お金を引き出す〕500元おろしてください（Aは客、Bは銀行員）

A： こんにちは！お金を引き出したいのですが。 | 您好！我想取点儿钱。
Nín hǎo! Wǒ xiǎng qǔ diǎnr qián.

B： まず番号札をとって、それからあそこでお待ちください。 | 请您先拿号，再去那边等候。
Qǐng nín xiān ná hào, zài qù nàbian děnghòu.

A： どれぐらい待ちますか。 | 请问，需要等多长时间？
Qǐngwèn, xūyào děng duō cháng shíjiān?

B： およそ10分です。 | 大概十分钟吧。
Dàgài shí fēnzhōng ba.

A： これが私の通帳です。 | 这是我的存折。
Zhè shì wǒ de cúnzhé.

B：	いくら引き出しますか。	您取多少钱？ Nín qǔ duōshao qián?
A：	500元おろしてください。	我要取五百块。 Wǒ yào qǔ wǔbǎi kuài.
B：	暗証番号をどうぞ。	请输入密码。 Qǐng shūrù mìmǎ.
A：	はい。	输好了。 Shūhǎo le.
B：	もう一回お入れください。	请再输一遍。 Qǐng zài shū yí biàn.
A：	はい、わかりました。	好的。 Hǎo de.
B：	はい、500元です。お確かめください。	这是您的五百块钱，请点一下。 Zhè shì nín de wǔbǎi kuài qián, qǐng diǎn yíxià.

Track 349

6 〔両替する①〕ドルを人民元に換えたいんですが（Aは客、Bは銀行員）

A：	両替はどの窓口ですか。	请问，兑换人民币在哪个窗口？ Qǐngwèn, duìhuàn rénmínbì zài nǎge chuāngkǒu?
B：	6番窓口です。	在六号窗口。 Zài liù hào chuāngkǒu.
A：	あのう、ドルを人民元に換えたいんですが。	劳驾，我想把美元换成人民币。 Láojià, wǒ xiǎng bǎ měiyuán huànchéng rénmínbì.
B：	いくら両替しますか。	您换多少？ Nín huàn duōshao?
A：	400ドルを。	我换四百美元。 Wǒ huàn sìbǎi měiyuán.
B：	では、この用紙にご記入ください。	请填一下这张单子。 Qǐng tián yíxià zhè zhāng dānzi.

A： 書きました。

填好 了。
Tiánhǎo le.

B： パスポートをちょっと見せてください。

请 出示 一下 护照。
Qǐng chūshì yíxià hùzhào.

A： どうぞ。ところで、今日の為替レートはいくらですか。

给。今天 的 牌价 是 多少？
Gěi. Jīntiān de páijià shì duōshao?

B： 100ドルで630元です。400ドルは全部で2520元です。

一百 美元 兑换 六百 三十 块
Yìbǎi měiyuán duìhuàn liùbǎi sānshí kuài

人民币。四百 美元 一共 是
rénmínbì. Sìbǎi měiyuán yígòng shì

两千 五百 二十 块。
liǎngqiān wǔbǎi èrshí kuài.

Track 350

7 〔両替する②〕今日の為替相場はどうなっていますか（Aは客、Bは銀行員）

A： あのう、お金を両替したいのですが。

你 好，我 想 换钱。
Nǐ hǎo, wǒ xiǎng huànqián.

B： どの紙幣と両替したいのですか。

您 换 什么 钱？
Nín huàn shénme qián?

A： 日本円を人民元に換えたいのですが、手続きはどうしたらよろしいですか。

我 想 用 日元 兑换 人民币，
Wǒ xiǎng yòng rìyuán duìhuàn rénmínbì,

需要 什么 手续 呢？
xūyào shénme shǒuxù ne?

B： 日本円をいくらお取り替えになりますか。

要 兑换 多少 日元？
Yào duìhuàn duōshao rìyuán?

A： 今日の為替相場はどうなっていますか。

今天 的 牌价 是 多少？
Jīntiān de páijià shì duōshao?

B： 1万円につき530元です。

一万 日元 合 人民币
Yí wàn rìyuán hé rénmínbì

五百 三十 元。
wǔbǎi sānshí yuán.

A： わかりました。すみませんが、旅行為替を取り扱っていますか。

明白 了。请问 这里 办理 旅行 支票 吗？
Míngbai le. Qǐngwèn zhèli bànlǐ lǚxíng zhīpiào ma?

B： 扱っています。

办理。
Bànlǐ.

A： よかったです。すみませんが、先にこの小切手を現金に換えてください。

太 好 了。麻烦 先 把 这 张 支票 兑换成 现金。
Tài hǎo le. Máfan xiān bǎ zhè zhāng zhīpiào duìhuànchéng xiànjīn.

（細かいお金に替える）

B： では、確認してください。

请 点 一下。
Qǐng diǎn yíxià.

A： ちょうどあります。ところで、細かいお金に替えていただけますか。

正好。能 不 能 给 换 点儿 零钱？
Zhènghǎo. Néng bu néng gěi huàn diǎnr língqián?

B： どのように替えますか。

怎么 换？
Zěnme huàn?

A： 100元を10元札に替えてください。

请 把 这 张 一百 的 换成 十 张 十 元 的。
Qǐng bǎ zhè zhāng yìbǎi de huànchéng shí zhāng shí yuán de.

Track 351

8 〔送金する①〕お金を送りたいんです（Aは客、Bは銀行員）

A： お金を送りたいんです。

我 想 汇 点儿 钱。
Wǒ xiǎng huì diǎnr qián.

B： かしこまりました。この用紙に送り先の住所と名前を記入してください。

好 的。请 在 汇款单 上 写上 收款人 的 住址 和 姓名。
Hǎo de. Qǐng zài huìkuǎndān shang xiěshàng shōukuǎnrén de zhùzhǐ hé xìngmíng.

A： これでいいですか。

这样 行 吗？
Zhèyàng xíng ma?

B： いいです。

行。
Xíng.

9 〔送金する②〕まだ届いていないようです（Aは客、Bは銀行員）

Track 352

A： 送金が届いたかどうかを調べていただけますか。

请 帮 我 查查 我 的 钱 汇到 了 没有？
Qǐng bāng wǒ chácha wǒ de qián huìdào le méiyǒu?

B： はい、暗証番号をご入力ください。

好的，请 输入 密码。
Hǎo de, qǐng shūrù mìmǎ.

A： 入力しました。

输好 了。
Shūhǎo le.

B： まだ届いていないようです。2、3日後また来てください。

还 没有 到。过 两 天 你 再 来 看看。
Hái méiyǒu dào. Guò liǎng tiān nǐ zài lái kànkan.

14 理髪店・美容院で

在理发馆・发廊　zài lǐfàguǎn・fàláng

　中国にも、日本と同様、理髪店、美容院は数多くあります。技術もサービスも少しずつ向上しつつあります。また、それぞれの店には値段表が表示されていますが、少しは割引も可能です。繰り返しますが、中国では値段の掛け引きもコミュニケーションの一環です。いい機会と捉えて、異文化を体験してみましょう。

基本文型

Track 353

(1) ちょっと～する（動作的に言い表す時）
　　「動詞＋"一下"」

ちょっとカットしたいですが。　　　我 想 剪 一下 头发。
　　　　　　　　　　　　　　　　　Wǒ xiǎng jiǎn yíxià tóufa.

ちょっと前髪を整えてほしいですが。　我 想 修 一下 刘海儿。
　　　　　　　　　　　　　　　　　Wǒ xiǎng xiū yíxià liúhǎir.

(2) 少し～する（量的に言い表す時）
　　「形容詞＋"一点儿"」（"一"は省略可）

少し短くカットしてください。　　　请 剪短 一点儿。
　　　　　　　　　　　　　　　　　Qǐng jiǎnduǎn yìdiǎnr.

前髪は少し長めにしてほしい。　　　刘海儿 留长 一点儿。
　　　　　　　　　　　　　　　　　Liúhǎir liúcháng yìdiǎnr.

基礎編

理・美容院で使う基礎表現を押さえておきましょう。

Track 354

理・美容院に入って、美容師に自分の意思を伝えましょう。

▶ 1. カットする

カットしたいです。	我想剪头发。 Wǒ xiǎng jiǎn tóufa.
カットしたいです。	我想剪发。 Wǒ xiǎng jiǎnfà.
カットをお願いします。	我想理发。 Wǒ xiǎng lǐfà.
少し整えるだけでいいです。	修一下就可以了。 Xiū yíxià jiù kěyǐ le.
髪を少し切ってください。	请少剪点儿。 Qǐng shǎo jiǎn diǎnr.
ここをもう少し切ってください。	这边再剪点儿。 Zhè biān zài jiǎn diǎnr.
シャンプーしてもらいたいです。	我想洗洗头。 Wǒ xiǎng xǐxi tóu.
セットでお願いします。	我要做全套的。 Wǒ yào zuò quántào de.

〈他に、こんな言い方もあります〉

ちょっとカットをお願いします。	理一下头发。 Lǐ yíxià tóufa.
ちょっとカットをお願いします。	剪一下头发。 Jiǎn yíxià tóufa.
肩ぐらいまで切ってください。	请剪个齐肩发。 Qǐng jiǎn ge qíjiānfà.

前髪を整えてほしいです。	我想修一下刘海儿。 Wǒ xiǎng xiū yíxià liúhǎir.
真ん中で分けてください。	中分。 Zhōngfēn.
髪を七三に分けてください。	偏分。 Piānfēn.
ドライヤーをお願いします。	请给吹一吹。 Qǐng gěi chuī yi chuī.
ちょっと顔剃りをお願いします。	刮一下脸。 Guā yíxià liǎn.
ちょっとひげを剃りたいですが。	想刮一下胡子。 Xiǎng guā yíxià húzi.

〈してほしくないことを、先に言っておきたいですね〉

あまり短くカットしすぎないように。	别剪太短了。 Bié jiǎn tài duǎn le.
前髪をあまり短く切らないでください。	刘海儿不要剪得太短。 Liúhǎir búyào jiǎnde tài duǎn.

〈特に要望することがなければ、この決め台詞で〉

おまかせします。	你看着剪吧。 Nǐ kànzhe jiǎn ba.

▶ 2. パーマをかける

Track 355

パーマをかけたいです。	我想烫发。 Wǒ xiǎng tàngfà.
ちょっとパーマをかけたいですが。	烫一下头发。 Tàng yíxià tóufa.
軽くパーマしてください。	请稍微烫一下。 Qǐng shāowēi tàng yíxià.
ストレートにしたいのですが。	我要拉直。 Wǒ yào lāzhí.

▶ 3. カラーリングをする
Track 356

髪の毛を染めたいです。	我 想 染发。 Wǒ xiǎng rǎnfà.
ちょっと髪の毛を染めたいですが。	染 一下 头发。 Rǎn yíxià tóufa.
髪の毛を染めたいです。	我 想 染 头发。 Wǒ xiǎng rǎn tóufa.
茶色に染めます。	染 茶色。 Rǎn chásè.

発展編
Track 357

理・美容院で使えそうな表現をもっと知っておきましょう。

さらに細かく自分の意思を伝えましょう。遠慮なく具体的に指示しましょう。

▶ 1. カットする

(1) 全体の髪型について

ちょっとカットしたいです。	我 想 理 一下 头发。 Wǒ xiǎng lǐ yíxià tóufa.
ちょっとカットしたいです。	我 想 剪 一下 头发。 Wǒ xiǎng jiǎn yíxià tóufa.
王さんにカットしてほしいのですが。	请 王 先生 给 我 剪发。 Qǐng Wáng xiānsheng gěi wǒ jiǎnfà.
カットは李さんを指名できますか。	能 请 李 先生 给 我 剪 吗？ Néng qǐng Lǐ xiānsheng gěi wǒ jiǎn ma?
髪型を変えたいのです。	我 想 换 个 发型。 Wǒ xiǎng huàn ge fàxíng.
この髪型にしてください。	请 理成 这 种 发型。 Qǐng lǐchéng zhè zhǒng fàxíng.
この写真のようにカットしてください。	按 这 张 照片 的 式样 剪。 Àn zhè zhāng zhàopiàn de shìyàng jiǎn.

ショートカットにしたいです。	我 想 剪成 短发。 Wǒ xiǎng jiǎnchéng duǎnfà.
角刈りにしてください。	我 想 留 个 小 平头。 Wǒ xiǎng liú ge xiǎo píngtóu.
髪をすいてください。	我 想 把 头发 打薄。 Wǒ xiǎng bǎ tóufa dǎbáo.
全体のボリュームを減らしたいのですが。	想 把 头发 削薄 一些。 Xiǎng bǎ tóufa xiāobáo yìxiē.
今の髪型のままで短くしてください。	这样 剪短 些 就 好 了。 Zhèyàng jiǎnduǎn xiē jiù hǎo le.
今と同じ形で少し短くしてください。	照 原样 理得 稍 短 一些。 Zhào yuányàng lǐde shāo duǎn yìxiē.
少し長めにカットしてください。	请 理得 稍 长 一些。 Qǐng lǐde shāo cháng yìxiē.
あまり短くしないでください。	请 别 剪得 太 短。 Qǐng bié jiǎnde tài duǎn.
ここをもう少し整えてください。	这里 再 修 一下。 Zhèli zài xiū yíxià.
耳が出るようにしてください。	请 剪高 一点儿。 Qǐng jiǎngāo yìdiǎnr.
耳が出ないようにしてください。	请 剪低 一点儿。 Qǐng jiǎndī yìdiǎnr.
シャギーを入れてください。	请 把 发梢 打散 一些。 Qǐng bǎ fàshāo dǎsǎn yìxiē.
毛先を切ってください。	请 帮 我 剪掉 发梢。 Qǐng bāng wǒ jiǎndiào fàshāo.
私にはどんな髪型が似合うと思いますか。	你 看 我 适合 什么样 的 发型? Nǐ kàn wǒ shìhé shénmeyàng de fàxíng?
ちょっと痒いです。	有点儿 痒。 Yǒudiǎnr yǎng.
ふけ取り効果がほしいです。	要 去 头皮屑 的。 Yào qù tóupíxiè de.

シャンプーして乾かした後、ブローをしてください。	洗完，吹干，做造型。 Xǐwán, chuīgān, zuò zàoxíng.
洗ってドライヤーをかけてください。	洗完头后请给吹干。 Xǐwan tóu hòu qǐng gěi chuīgān.
ブローしないで結構です。	不用吹造型。 Búyòng chuī zàoxíng.

（2）前髪について　　　　　　　　　　　　　　Track 358

前髪をもう少し短くしてください。	前面的头发请再剪短点儿。 Qiánmiàn de tóufa qǐng zài jiǎnduǎn diǎnr.
ちょっと前髪を切りたいです。	我想剪一下刘海儿。 Wǒ xiǎng jiǎn yíxià liúhǎir.
ちょっと前髪を整えてください。	请帮我修一下刘海儿。 Qǐng bāng wǒ xiū yíxià liúhǎir.
前は少し長く残してください。	前面稍长一些。 Qiánmiàn shāo cháng yìxiē.

（3）両側の髪について　　　　　　　　　　　　Track 359

もみあげをもう少し短くしてください。	鬓角的头发请再剪短点儿。 Bìnjiǎo de tóufa qǐng zài jiǎnduǎn diǎnr.
耳を出してください。	我想把耳朵露出来。 Wǒ xiǎng bǎ ěrduo lòuchulai.
両側をあまり切らないでください。	两侧不要剪太多。 Liǎng cè búyào jiǎn tài duō.
少し残します。	留一些。 Liú yìxiē.
サイドをもう少し切ってください。	请把两侧的头发修一下。 Qǐng bǎ liǎng cè de tóufa xiū yíxià.

(4) 後ろ髪について
Track 360

後ろはちょっとカットしてください。　后面 请 剪 一下。
　　　　　　　　　　　　　　　　　Hòumiàn qǐng jiǎn yíxià.

後ろは短くカットしてください。　　后面 请 理得 短 些。
　　　　　　　　　　　　　　　　Hòumiàn qǐng lǐde duǎn xiē.

(5) ひげ剃りなど
Track 361

ひげを剃りたいです。　　我 想 刮 一下 脸。
　　　　　　　　　　　Wǒ xiǎng guā yíxià liǎn.

ひげを剃りたいです。　　我 想 刮 一下 胡子。
　　　　　　　　　　　Wǒ xiǎng guā yíxià húzi.

全部剃ってください。　　全部 剃掉。
　　　　　　　　　　　Quánbù tìdiào.

眉毛を整えてください。　请 帮 我 修修 眉毛。
　　　　　　　　　　　Qǐng bāng wǒ xiūxiu méimao.

▶ 2. パーマをかける
Track 362

ちょっとパーマをかけたいです。　　我 想 烫 一下 头发。
　　　　　　　　　　　　　　　　Wǒ xiǎng tàng yíxià tóufa.

ストレートパーマをかけたいのですが。　我 想 烫成 直发。
　　　　　　　　　　　　　　　　　　Wǒ xiǎng tàngchéng zhífà.

縮毛矯正がしたいのですが。　我 想 做 离子烫。
　　　　　　　　　　　　　Wǒ xiǎng zuò lízǐtàng.

縮毛矯正がありますか。　　有 离子烫 吗？
　　　　　　　　　　　　Yǒu lízǐtàng ma?

まずカットしてから、パーマをお願いします。　先 剪 一 剪, 再 烫。
　　　　　　　　　　　　　　　　　　　　　Xiān jiǎn yi jiǎn, zài tàng.

エクステンションをお願いします。　我 想 接 一下 头发。
　　　　　　　　　　　　　　　　Wǒ xiǎng jiē yíxià tóufa.

私の髪は天然パーマです。　　我 的 头发 是 自来卷儿。
　　　　　　　　　　　　　Wǒ de tóufa shì zìláijuǎnr.

自然な感じにしてください。　　　做得 感觉 自然 一些。
　　　　　　　　　　　　　　　　　Zuòde gǎnjué zìrán yìxiē.

写真と同じようなパーマをお願いします。　要 烫成 和 照片 一样 的 发型。
　　　　　　　　　　　　　　　　　Yào tàngchéng hé zhàopiàn yíyàng de fàxíng.

パーマはくるくるにかけるのではな　　不要 烫成 小 卷儿, 请 烫成
く、少し大きめにかけてもらいたい　Búyào tàngchéng xiǎo juǎnr, qǐng tàngchéng
のです。　　　　　　　　　　　　大 花儿。
　　　　　　　　　　　　　　　　　dà huār.

▶ 3. カラーリングする　　　　　　　　　　　Track 363

白髪染めをお願いします。　　　　　我 想 把 白发 染 一下。
　　　　　　　　　　　　　　　　　Wǒ xiǎng bǎ báifà rǎn yíxià.

茶色に染めたいです。　　　　　　　我 想 染 茶色。
　　　　　　　　　　　　　　　　　Wǒ xiǎng rǎn chásè.

金髪に染めたいのです。　　　　　　我 想 染成 金发。
　　　　　　　　　　　　　　　　　Wǒ xiǎng rǎnchéng jīnfà.

今と同じぐらいの色に染めてください。　染 个 和 现在 差不多 的 颜色。
　　　　　　　　　　　　　　　　　Rǎn ge hé xiànzài chàbuduō de yánsè.

色は少し暗い色をお願いします。　　　颜色 要 深 一点 的。
　　　　　　　　　　　　　　　　　Yánsè yào shēn yìdiǎn de.

ちょっと明るい色に染めたいのです。　想 染 稍微 亮 一点儿 的 颜色。
　　　　　　　　　　　　　　　　　Xiǎng rǎn shāowēi liàng yìdiǎnr de yánsè.

ここにメッシュを入れてください。　　给 这里 挑染 一下。
　　　　　　　　　　　　　　　　　Gěi zhèli tiāorǎn yíxià.

黄色を強めに。　　　　　　　　　　偏黄 一点儿。
　　　　　　　　　　　　　　　　　Piānhuáng yìdiǎnr.

赤みを強めに。　　　　　　　　　　偏红 一点儿。
　　　　　　　　　　　　　　　　　Piānhóng yìdiǎnr.

▶ 4. 美容師がよく使う表現　　　　　　　　Track 364

⇒どのようにカットしましょうか。　怎么 理？
　　　　　　　　　　　　　　　　　Zěnme lǐ?

⇒どういう風にカットしましょうか。	您想怎么剪？	Nín xiǎng zěnme jiǎn?
⇒今日はどうなさいますか。	今天您的头发怎么做？	Jīntiān nín de tóufa zěnme zuò?
⇒ヘアスタイルはどのようにしましょうか。	您要剪什么样的发型？	Nín yào jiǎn shénmeyàng de fàxíng?
⇒どういう風にしましょうか。	您喜欢什么样子的？	Nín xǐhuan shénme yàngzi de?
⇒オールバックにしますか。それとも七三にしますか。	理背头，还是理分头？	Lǐ bēitóu, háishi lǐ fēntóu?
⇒この辺を少し薄くいたしましょうか。	这里削薄一点儿好吗？	Zhèli xiāobáo yìdiǎnr hǎo ma?
⇒もみ上げどうなさいますか。	鬓角怎么办？	Bìnjiǎo zěnme bàn?
⇒お顔を剃りますか。	要刮脸吗？	Yào guāliǎn ma?
⇒ひげを剃りますか。	胡子刮不刮？	Húzi guā bu guā?
⇒ドライヤーをおかけしますか。	要吹干吗？	Yào chuīgān ma?
⇒ブローはしますか。	要吹造型吗？	Yào chuī zàoxíng ma?

Track 365

関連単語 語彙を増やしましょう（理髪店・美容院で用いる単語集）

サインポール	三色柱 sānsèzhù	ブロー	吹风 chuīfēng
料金表	价目表 jiàmùbiǎo	セット	做头发 zuò tóufa
カット	剪头 jiǎntóu	少し短め	稍短些 shāo duǎn xiē
シャンプー	洗头 xǐtóu	少し長め	稍长些 shāo cháng xiē

14 理髪店・美容院で

パーマ（をかける）	烫发 tàngfà	顔を剃る	刮脸 guāliǎn
コールドパーマ	冷烫 lěngtàng	もみ上げ	鬓角 bìnjiǎo
ウェーブ	波浪 bōlàng	トップ	刘海儿 liúhǎir
カーリングブラシ	滚发刷 gǔnfàshuā	シャンプー	香波 xiāngbō
コールドペーパー	冷烫纸 lěngtàngzhǐ	コンディショナー	护发素 hùfàsù
ロッド	烫发杠 tàngfàgàng	ポマード	发蜡 fàlà
外巻きに。	朝外卷 cháo wài juǎn	ヘアローション	发露 fàlù
内巻きに。	朝里卷 cháo lǐ juǎn	ヘアオイル	发油 fàyóu
ストレートパーマ	烫直发 tàngzhífà	くし	梳子 shūzi
縮毛矯正	离子烫 lízǐtàng	ヘアブラシ	发刷 fàshuā
まつ毛パール	睫毛烫 jiémáotàng	ヘアピン	发卡 fàqiǎ
エクステンション	艺术接发 yìshù jiēfà	ヘアカラー	卷发筒 juǎnfàtǒng
髪を染める	染发 rǎnfà	ヘアドライヤー	电吹风 diànchuīfēng
金髪に染める	染金色 rǎn jīnsè	電気バリカン	电推子 diàntuīzi
明るい色	亮色 liàngsè	カットバサミ	削发剪刀 xiāofàjiǎndāo
ひげを剃る	剃胡子・刮脸 tì húzi guāliǎn	キャップ	塑料帽 sùliàomào

実践編

Track 366

場面を想定して実践しましょう。

1 〔カットする①〕前髪も少し短くしてください（A は女性客、B は美容師）

B： いらっしゃいませ。

欢迎 光临。
Huānyíng guānglín.

A： ちょっとカットしたいのですが。

我 想 剪 一下 头发。
Wǒ xiǎng jiǎn yíxià tóufa.

B： どのようにカットなさいますか。

您 想 剪成 什么样 的？
Nín xiǎng jiǎnchéng shénmeyàng de?

A： 少し短くしてください。

稍微 剪短 一点儿 就 行。
Shāowēi jiǎnduǎn yìdiǎnr jiù xíng.

B： 前髪は整えますか。

刘海儿 要 修 吗？
Liúhǎir yào xiū ma?

A： 前髪もちょっと短くしてください。

也 稍微 修短 一点儿。
Yě shāowēi xiūduǎn yìdiǎnr.

B： 終わりました。これでよろしいでしょうか。

剪完 了。您 看 行 吗？
Jiǎnwán le. Nín kàn xíng ma?

A： いいですね。どうもありがとう。

挺 好 的。谢谢。
Tǐng hǎo de. Xièxie.

Track 367

2 〔カットする②〕この写真のようにカットしてください（A は女性客、B は美容師）

B： いらっしゃいませ。今日はどういうふうにしましょうか。

欢迎 光临。今天 想 怎么 剪？
Huānyíng guānglín. Jīntiān xiǎng zěnme jiǎn?

A： この写真のようにカットしてください。

请 按 这 张 照片 的 式样 剪。
Qǐng àn zhè zhāng zhàopiàn de shìyàng jiǎn.

B： かしこまりました。しかし、この髪型はお客様にはあまり似合わないのではないでしょうか。

好 的。不过，我 觉得 这个
Hǎo de. Búguò, wǒ juéde zhège
发型 不 太 适合 您。
fàxíng bú tài shìhé nín.

14 理髪店・美容院で

355

A： じゃ、私に似合う髪型にしてくださいますか。

那 你 能 帮 我 设计 一 个 新 发型 吗？
Nà nǐ néng bāng wǒ shèjì yí ge xīn fàxíng ma?

B： もちろんです。お任せください。絶対気に入ってもらえますから。

没 问题。包在 我 身上。保 您 满意。
Méi wèntí. Bāozài wǒ shēnshang. Bǎo nín mǎnyì.

（カットが終わって）

B： はい、できました。ご覧ください。いかがでしょう。

剪好 了。您 看看，怎么样？
Jiǎnhǎo le. Nín kànkan, zěnmeyàng?

A： 確かに前よりよくなりました。どうもありがとう。

是 比 以前 的 好看。谢谢！
Shì bǐ yǐqián de hǎokàn. Xièxie!

B： どういたしまして。またのご来店をお待ちしております。

不 客气。欢迎 下 次 光临。
Bú kèqi. Huānyíng xià cì guānglín.

Track 368

3 〔カットする③〕無添加シャンプーをお願いします（A は常連の女性客 B は美容師）

B： 髪がずいぶん伸びていますね。

头发 长得 很 长 啊。
Tóufa zhǎngde hěn cháng a.

A： 本当に。2 カ月以上散髪していませんから。

可不，有 两 个 多 月 没 剪 了。
Kěbù, yǒu liǎng ge duō yuè méi jiǎn le.

B： 刈り方はいつものようでよろしいですか。

照 平常 一样 剪 吗？
Zhào píngcháng yíyàng jiǎn ma?

A： いつもより短くしてください。

剪得 比 平常 短 一些。
Jiǎnde bǐ píngcháng duǎn yìxiē.

B： かしこまりました。まずシャンプーしましょう。

好 的。先 洗 一 洗 吧。
Hǎo de. Xiān xǐ yi xǐ ba.

A：	無添加シャンプーをお願いします。	用 天然 香波 洗。 Yòng tiānrán xiāngbō xǐ.
B：	髪の毛をお染めになりますか。	今天 您 染发 吗？ Jīntiān nín rǎnfà ma?
A：	はい、白髪を黒く染めてください。	染发。把 白发 染 一下。 Rǎnfà. Bǎ báifà rǎn yíxià.

④ 〔カットする④〕元の髪型になさいますか（A は男性客 B は理容師）

Track 369

B：	カットですか。	先生，您 理发 吗？ Xiānsheng, nín lǐfà ma?
A：	少し短くしたいです。	我 想 剪短 一点儿。 Wǒ xiǎng jiǎnduǎn yìdiǎnr.
B：	やはり元の髪型になさいますか。	还是 要 原来 的 发型 吗？ Háishì yào yuánlái de fàxíng ma?
A：	元のようにしてください。	完全 一样。 Wánquán yíyàng.
B：	顔を剃りますか。	刮脸 吗？ Guāliǎn ma?
A：	顔剃りはいりません。 カットだけで結構です。	不用 刮脸。剪 一 剪 头发 就 可以 了。 Búyòng guāliǎn. Jiǎn yi jiǎn tóufa jiù kěyǐ le.
B：	お髭を整えましょうか。	胡子 修 一 修 吧？ Húzi xiū yi xiū ba?
A：	はい、お願いします。	行，那 就 修 一下 吧。 Xíng, nà jiù xiū yíxià ba.
B：	できました。気に入りましたか。	理好 了。您 看，满意 吗？ Lǐhǎo le. Nín kàn, mǎnyì ma?
A：	気に入りました。	我 很 满意。 Wǒ hěn mǎnyì.

5 〔カットする⑤〕あまり短くカットしすぎないでください（Aは男性客、Bは理容師）

A： ちょっとカットしたいのですが。それに髭も剃ってください。

我 想 理 个 发，再 刮 个 脸。
Wǒ xiǎng lǐ ge fà, zài guā ge liǎn.

B： かしこまりました。では、まずシャンプーしましょう。お湯の加減はいかがですか。

好 的。先 洗 一下 吧。水温
Hǎo de. Xiān xǐ yíxià ba. Shuǐwēn
可以 吗？
kěyǐ ma?

A： ちょっと熱いです。もう少しぬるくしてください。

有点儿 烫，再 凉 一点儿。
Yǒudiǎnr tàng, zài liáng yìdiǎnr.

B： 申し訳ありませんでした。今度はいかがですか。

对不起。现在 怎么样？
Duìbuqǐ. Xiànzài zěnmeyàng?

A： 大丈夫です。

可以 了。
Kěyǐ le.

（髪の毛を洗い終わって）

B： ここに座ってください。今日はどのようにカットなさいますか。

请 坐 这儿。今天 怎么 理？
Qǐng zuò zhèr. Jīntiān zěnme lǐ?

A： 今の形のまま、少し短めにしてください。

请 保留 原来 的 发型，稍微
Qǐng bǎoliú yuánlái de fàxíng, shāowēi
剪短 一点儿。
jiǎnduǎn yìdiǎnr.

B： かしこまりました。お客様の髪質はいいですね。

好 的。您 的 头发 挺 好 的。
Hǎo de. Nín de tóufa tǐng hǎo de.

A： ありがとう。あまり短くカットしすぎないでください。

谢谢。不要 剪得 太 短。
Xièxie. Búyào jiǎnde tài duǎn.

B： 大丈夫ですよ。

不 会 的。
Bú huì de.

（カットが終わって）

A： いくらですか。

多少 钱？
Duōshao qián?

B： 洗髪、カット、ブロー、あわせて50元です。

洗、剪、吹 一共 五十 块。
Xǐ, jiǎn, chuī yígòng wǔshí kuài.

Track 371

6 〔パーマをかける①〕パーマをかけてもらえますか（A は女性客、B は美容師）

B： いらっしゃいませ。

欢迎 光临。
Huānyíng guānglín.

A： パーマをかけてもらえますか。

烫 个 发，行 吗？
Tàng ge fà, xíng ma?

B： はい。どのようにおかけいたしましょうか。

行，你 想 怎么 烫？
Xíng, nǐ xiǎng zěnme tàng?

A： ごく普通のコールドパーマです。

最 普通 的 冷烫。
Zuì pǔtōng de lěngtàng.

B： かしこまりました。まずシャンプーしますので、こちらへどうぞ。

好 的。先 洗 一下 吧。请 到 这边 来。
Hǎo de. Xiān xǐ yíxià ba. Qǐng dào zhè biān lái.

A： 私は皮膚がアレルギー気味なので、無添加のシャンプーを使ってください。

我 的 皮肤 有些 过敏。请 用 天然 香波。
Wǒ de pífū yǒuxiē guòmǐn. Qǐng yòng tiānrán xiāngbō.

B： リンスのほうは何か特にご指定のものはありますでしょうか。

护发素 您 有 什么 特别 的 要求 吗？
Hùfàsù nín yǒu shénme tèbié de yāoqiú ma?

A： リンスも無添加のものを使ってください。

护发素 也 请 用 天然 的。
Hùfàsù yě qǐng yòng tiānrán de.

B： 承知いたしました。

明白 了。
Míngbai le.

14 理髪店・美容院で

（シャンプが一終わり、カットに入って）

B： 長さはどのぐらいにいたしましょうか。
　　肩ぐらいまででよろしいでしょうか。

大概 要 多 长？齐肩 行 吗？
Dàgài yào duō cháng? Qíjiān xíng ma?

A： もう少し短くしてください。
　　私は髪が多いほうなので、
　　少しすいてくださいますか。

再 短 一点儿。我 的 头发 比较
Zài duǎn yìdiǎnr. Wǒ de tóufa bǐjiào
多，能 给 削薄 一点儿 吗？
duō, néng gěi xiāobáo yìdiǎnr ma?

B： かしこまりました。
　　たしかに多いようですね。
　　少しカットしましょう。

没问题。头发 还 真 挺 多 的，
Méi wèntí. tóufa hái zhēn tǐng duō de,
给 您 削薄 一些。
gěi nín xiāobáo yìxiē.

A： それから、パーマですが、私はあまりくるくるにかかったのは嫌いですから、少し大きめにかけてもらいたいのですが。

还 有，我 不 喜欢 烫成 小
Hái yǒu, wǒ bù xǐhuan tàngchéng xiǎo
卷儿，您 给 烫成 大 花儿。
juǎnr, nín gěi tàngchéng dà huār.

B： かしこまりました。
　　前髪はいかがいたしましょうか。

好 的。刘海儿 怎么 弄？
Hǎo de. Liúhǎir zěnme nòng?

A： 前髪は少し長めにしてほしいわ。

刘海儿 留长 一点儿。
Liúhǎir liúcháng yìdiǎnr.

B： かしこまりました。きっとご期待に添えられると思います。

明白，包 您 满意！
Míngbai, bāo nín mǎnyì!

Track 372

7 〔パーマをかける②〕いい薬剤を使ってください（A は女性客、B は美容師、C はアシスタント）

中国の美容室では、パーマに使う薬剤によって料金が違います。料金の高いパーマに使う薬剤は、髪に与える影響が少ないと信じられています。

A： パーマをかけたいのですが。

我 想 烫 一下 头发。
Wǒ xiǎng tàng yíxià tóufa.

B： かしこまりました。今日はどうなさいますか。

好 的。想 烫成 什么样 的？
Hǎo de. Xiǎng tàngchéng shénmeyàng de?

A： (雑誌を指さして)このようにしてください。

(指着 杂志) 这样 的。
zhǐzhe zázhì Zhèyàng de.

B： かしこまりました。
お客様は、最近ではいつパーマをおかけになりましたか。

好 嘞。小姐，您 这 头发 是
Hǎo lei. Xiǎojiě, nín zhè tóufa shì
什么 时候 烫 的？
shénme shíhou tàng de?

A： 半年ほど前です。

半年 前 吧。
Bànnián qián ba.

B： 当店は現在キャンペーン中ですので、パーマもカラーも3割引きになります。

我们 店 现在 正在 搞 活动，
Wǒmen diàn xiànzài zhèngzài gǎo huódòng,
烫发 和 染发 都 打 七 折。
tàngfà hé rǎnfà dōu dǎ qī zhé.

A： そうですか。割引きした後の料金はいくらですか。

是 吗？打完 折 多少 钱？
Shì ma? Dǎwán zhé duōshao qián?

B： パーマは310元、カラーは150元です。

烫发 是 三百 一，染发 是 一百
Tàngfà shì sānbǎi yī, rǎnfà shì yìbǎi
五。
wǔ.

A： でも、パーマもカラーも髪の毛を痛めますね。

不过，烫发 和 染发 都 很 伤
Búguò, tàngfà hé rǎnfà dōu hěn shāng
头发。
tóufa.

B： 我々があらかじめケアをします。

我们 会 做 事前 护理 的。
Wǒmen huì zuò shìqián hùlǐ de.

A： いい薬剤を使ってください。

请 给 我 用 好 一点儿 的 药水。
Qǐng gěi wǒ yòng hǎo yìdiǎnr de yàoshuǐ.

B： 薬剤が違うと、料金も違います。

药水 不 同，价格 也 不 一样。
Yàoshuǐ bù tóng, jiàgé yě bù yíyàng.

A:	一番髪にダメージの少ない薬剤の場合はいくらですか。	最不伤头发的药水多少钱？ Zuì bù shāng tóufa de yàoshuǐ duōshao qián?
B:	それはちょっと高くなりますが、でも最も髪にダメージの少ない薬剤です。割引して450元になります。	这种稍贵一些，但是对头发的伤害最小，打完折四百五十块。 Zhè zhǒng shāo guì yìxiē, dànshì duì tóufa de shānghài zuì xiǎo, dǎwán zhé sìbǎi wǔshí kuài.
A:	わかりました。それにしてください。	好，就用这种吧。 Hǎo, jiù yòng zhè zhǒng ba.
B:	カラーもなさいますか。	还染吗？ Hái rǎn ma?
A:	私の髪質はあまりよくないので、パーマもカラーも両方すると、ダメージが大きくなります。今回は、カラーは結構です。次回にします。	我的发质不太好，又烫又染的话，可能受不了。这次就不染了，下次再说吧。 Wǒ de fàzhì bú tài hǎo, yòu tàng yòu rǎn dehuà, kěnéng shòubuliǎo. Zhè cì jiù bù rǎn le, xià cì zài shuō ba.
B:	かしこまりました。	没关系。 Méi guānxi.

(薬剤をつけ終わって、Aが待っている時、アシスタントが)

C:	お客様、お茶をどうぞ。	小姐，您喝点儿茶吧。 Xiǎojiě, nín hē diǎnr chá ba.
A:	ありがとう。ちょうど喉が渇いていたところです。	谢谢。我还真有点儿渴了。 Xièxie. Wǒ hái zhēn yǒudiǎnr kě le.
C:	手を出してください、マッサージをさせていただきます。	把您的手伸出来，我给您按摩一下。 Bǎ nín de shǒu shēnchulai, wǒ gěi nín ànmó yíxià.
A:	とても気持ちがいいです。	好舒服。 Hǎo shūfu.

（パーマをかけ終わって）

B： いかがでしょうか。

您 看 怎么样？
Nín kàn zěnmeyàng?

A： いいですね。パーマをかけると、髪の毛が豊かに見えます。

挺 好。烫完 显得 头发 挺 多 的。
Tǐng hǎo. Tàngwán xiǎnde tóufa tǐng duō de.

B： ムースを少しつけましょうか。

要 打 点儿 摩丝 吗？
Yào dǎ diǎnr mósī ma?

A： 少しつけてください。

打 一点儿 吧。
Dǎ yìdiǎnr ba.

B： パーマが本当にお似合いですね。

您 真 适合 烫发。
Nín zhēn shìhé tàngfà.

A： ありがとう。じゃ、さようなら。

谢谢，再见。
Xièxie, zàijiàn.

B： お気をつけください。

慢走。
Mànzǒu.

Track 373

8 〔カラーリングする〕茶色に染めてください（A は女性客、B は美容師）

A： カラーリングしてください。

我 想 染 一下 头发。
Wǒ xiǎng rǎn yíxià tóufa.

B： かしこまりました。どのような色にお染めしますか。

好 的。染成 什么 颜色？
Hǎo de. Rǎnchéng shénme yánsè?

A： 今年の冬の流行は何色ですか。

今冬 的 流行色 是 什么？
Jīndōng de liúxíngsè shì shénme?

B： 茶色だと思います。

应该 是 茶色。
Yīnggāi shì chásè.

A： じゃ、茶色に染めてください。できるだけ明るめの茶色にしてください。

那 就 染 茶色 吧。要 稍微 亮 一点儿 的 茶色。
Nà jiù rǎn chásè ba. Yào shāowēi liàng yìdiǎnr de chásè.

B： かしこまりました。
　　（部下に）色を調節してください。

好的。(对下属)调一下颜色。
Hǎo de. duì xiàshǔ Tiáo yíxià yánsè.

A： ここにメッシュを入れてください。

请给这里挑染一下。
Qǐng gěi zhèli tiāorǎn yíxià.

B： かしこまりました。

好的。
Hǎo de.

（カラーリングを終わって）

B： いかがでしょうか。

你看,怎么样?
Nǐ kàn, zěnmeyàng?

A： ちょっと赤すぎないかしら。

好像 偏红 了点儿。
Hǎoxiàng piānhóng le diǎnr.

B： 光の加減が違うからです。ここに立っていただくと、あまり赤く感じませんから。

这是光线不同的缘故。您站在这儿看,就不觉得红了。
Zhè shì guāngxiàn bù tóng de yuángù. Nín zhànzài zhèr kàn, jiù bù juéde hóng le.

A： あ、本当ですね。

哦,是这样啊。
Ò, shì zhèyàng a.

15 マッサージ・マニキュア・エステ

按摩・美甲・美容　ànmó・měijiǎ・měiróng

中国人も、生活が豊かになるにつれて、美容や健康についての意識が次第に高くなってきています。

基本文型　　　　　　　　　　　　　　　　　Track 374

(1) ～をお願いします（マッサージしたい部分を言う時）
「"请按一下" ＋体の部位」

首のマッサージをお願いします。　　请 按 一下 脖子。
　　　　　　　　　　　　　　　　　Qǐng àn yíxià bózi.

肩のマッサージをお願いします。　　请 按 一下 肩膀。
　　　　　　　　　　　　　　　　　Qǐng àn yíxià jiānbǎng.

(2) …回～する（頻度を言い表す時）
「時間量＋動詞＋回数」

週に1回します。　　　　　　　　　一 周 做 一 次。
　　　　　　　　　　　　　　　　　Yì zhōu zuò yí cì.

月に2回マッサージします。　　　　一 个 月 按摩 两 次。
　　　　　　　　　　　　　　　　　Yí ge yuè ànmó liǎng cì.

基礎編　　　　　　　　　　　　　　　　　　　　　Track 375

マッサージ・美容などについての基礎表現を押さえておきましょう。

▶ 1. マッサージ

揉んでもらいたい部位の指示、揉むときの強さなどを伝えましょう。

マッサージをしたいのですが。	我 想 按摩。 Wǒ xiǎng ànmó.
全身マッサージをお願いします。	我 要 全身 按摩。 Wǒ yào quánshēn ànmó.
首のマッサージをお願いします。	请 按 一下 脖子。 Qǐng àn yíxià bózi.
肩のマッサージをお願いします。	请 按 一下 肩膀。 Qǐng àn yíxià jiānbǎng.
背中のマッサージをお願いします。	请 按 一下 后背。 Qǐng àn yíxià hòubèi.
そうです。そこです。	对，就 是 那儿。 Duì, jiù shì nàr.
もう少し上のほうをお願いします。	再 往 上 一点儿。 Zài wǎng shàng yìdiǎnr.
少し下のほうをお願いします。	往 下 一点儿。 Wǎng xià yìdiǎnr.
そこをよく揉んでください。	请 好好儿 按按 这儿。 Qǐng hǎohāor àn'an zhèr.
もう少し揉んでください。	再 按 一会儿。 Zài àn yíhuìr.
痛くありません。	不 疼。 Bù téng.
ちょっと痛いです。	有点儿 疼。 Yǒudiǎnr téng.
ちょっと強すぎます。	有点儿 重。 Yǒudiǎnr zhòng.

強すぎます。	太 重 了。 Tài zhòng le.
もう少し軽くしてください。	轻 一点儿。 Qīng yìdiǎnr.
もう結構です。	可以 了。 Kěyǐ le.

●揉んだあとの気持ちを伝える

揉まれた後の、さっぱりとした気持ちをことばに出して言えば、揉む側の人もきっとうれしく思うはずです。

とても気持ちがいいです。	太 舒服 了。 Tài shūfu le.
気分爽快です。	太 爽 了。 Tài shuǎng le.
生き返った。	又 活过来 了。 Yòu huóguolai le.

▶ 2. マニキュア　　　　　　　　　Track 376

マニキュアをしてもらいたいです。	我 要 美甲。 Wǒ yào měijiǎ.
シンプルなほうがいいです。	我 喜欢 简单 的。 Wǒ xǐhuan jiǎndān de.
自分で選びたいです。	我 想 自己 挑 一下。 Wǒ xiǎng zìjǐ tiāo yíxià.

▶ 3. エステ　　　　　　　　　　　Track 377

週に1回、顔のマッサージをします。	一 周 做 一 次 脸部 按摩。 Yì zhōu zuò yí cì liǎnbù ànmó.
毎週3回保湿マスクをします。	每周 做 三 次 保湿 面膜。 Měizhōu zuò sān cì bǎoshī miànmó.

月に1回エステに通っています。	我 一 个 月 去 一 次 美容院。(注) Wǒ yí ge yuè qù yí cì měiróngyuàn.
1年中日焼け止めをしなければなりません。	要 常年 防晒。 Yào chángnián fángshài.

(注：中国語の"美容院"は「エステ」のこと、日本語の「美容院」は"发廊"fàláng "发屋"fàwū という。)

Track 378

関連単語 語彙を増やしましょう。（時間量の言い方）

1時間	一 个 小时 yí ge xiǎoshí	2週間	两 周 liǎng zhōu
2日間	两 天 liǎng tiān	3カ月	三 个 月 sān ge yuè
1週間	一 个 星期 yí ge xīngqī	4年	四 年 sì nián

発展編

Track 379

マッサージ・美容などについての言い方をもっと知っておきましょう。

▶1. マッサージ

中国では、足は第二の心臓だと言われるほど大切に考えています。足には多くのツボがあり、足裏マッサージをした後の爽快感はやみつきになります。揉んでもらう時は、遠慮せずにいろいろと要求してみてください。痛気持ちいい程度が一番いいと言われています。

マッサージをしたいのですが。	我 想 按摩 一下。 Wǒ xiǎng ànmó yíxià.
⇒どのコースになさいますか。	你 选 哪 一 种？ Nǐ xuǎn nǎ yì zhǒng?
全身マッサージをお願いします。	我 想 全身 都 按摩 一下。 Wǒ xiǎng quánshēn dōu ànmó yíxià.

肩のマッサージをお願いします。	我 想 按摩 一下 肩膀。 Wǒ xiǎng ànmó yíxià jiānbǎng.
腰のマッサージをお願いします。	我 想 按摩 一下 腰。 Wǒ xiǎng ànmó yíxià yāo.
頭のマッサージをお願いします。	我 想 按摩 一下 头部。 Wǒ xiǎng ànmó yíxià tóubù.
顔のマッサージをお願いします。	我 想 做 脸部 按摩。 Wǒ xiǎng zuò liǎnbù ànmó.
足裏マッサージをお願いします。	我 想 做 足底 按摩。 Wǒ xiǎng zuò zúdǐ ànmó.
首を少し多めにマッサージしてください。	脖子 请 多 按 一会儿。 Bózi qǐng duō àn yíhuìr.
肩を少し多めにマッサージを。	肩膀 多 按 一会儿。 Jiānbǎng duō àn yíhuìr.
肩が痛いです。	我 肩膀 疼。 Wǒ jiānbǎng téng.
腰が特に痛いです。	我 腰 特别 疼。 Wǒ yāo tèbié téng.
背中をよく揉んでください。	请 好好儿 按按 后背。 Qǐng hǎohāor ànan hòubèi.
ここをよく揉んでください。	请 好好儿 按按 这儿。 Qǐng hǎohāor ànan zhèr.
そうです。そこです。	对，就 是 那儿。 Duì, jiù shì nàr.
そこはちょっと痛いです。	那儿 有点儿 疼。 Nàr yǒudiǎnr téng.
痛い、痛い。	疼，疼。 Téng, téng.
もう少し軽くしてください。	再 轻 一点儿。 Zài qīng yìdiǎnr.
気持ちがいいです！	很 舒服！ Hěn shūfu!

15 マッサージ・マニキュア・エステ

そこをよく揉んでください。	那儿 多 按 一会儿。 Nàr duō àn yíhuìr.
少し強く揉んでください。	再 重 一点儿。 Zài zhòng yìdiǎnr.
後、どれぐらいの時間がありますか。	还 有 多 长 时间？ Hái yǒu duō cháng shíjiān?
もう少し揉んでください。	再 按 一会儿。 Zài àn yíhuìr.
いくらお金を足しますか。	要 加 多少 钱？ Yào jiā duōshao qián?
のどが渇きました。	我 口 渴 了。 Wǒ kǒu kě le.
お茶をください。	给 我 一点儿 茶水。 Gěi wǒ yìdiǎnr cháshuǐ.

▶ 2. マニキュア　　　　　　　　　　Track 380

⇒マニキュアなさいますか。	您 要 美甲 吗？ Nín yào měijiǎ ma?
マニキュアをしてもらいたいです。	我 想 做 美甲。 Wǒ xiǎng zuò měijiǎ.
シンプルな方がいいです。	我 喜欢 简单 一点儿 的。 Wǒ xǐhuan jiǎndān yìdiǎnr de.
自分で選べますか。	我 能 不 能 自己 挑 一下？ Wǒ néng bu néng zìjǐ tiāo yíxià?

▶ 3. エステ　　　　　　　　　　　Track 381

フェイシャルメニューはありますか。	有 面部 护理 价目表 吗？ Yǒu miànbù hùlǐ jiàmùbiǎo ma?
アロママッサージはできますか。	有 香薰 按摩 吗？ Yǒu xiāngxūn ànmó ma?
顔パックにはどのようなものがありますか。	都 有 什么样 的 面膜？ Dōu yǒu shénmeyàng de miànmó?

⇒どのコースになさいますか。	您要做哪个项目？ Nín yào zuò nǎge xiàngmù?
顔の2時間コースでお願いします。	我做两个小时的面部护理。 Wǒ zuò liǎng ge xiǎoshí de miànbù hùlǐ.
肌が美しくなるコースでお願いします。	我做嫩肤护理。 Wǒ zuò nènfū hùlǐ.
美白効果のあるコースでお願いします。	我做美白护理。 Wǒ zuò měibái hùlǐ.
二の腕のたるみをなくしたいのですが。	我想去掉蝴蝶臂。 Wǒ xiǎng qùdiào húdiébì.
毛穴の汚れを取りたいのですが。	我想祛黑头。 Wǒ xiǎng qū hēitóu.
古い角質を取り除いてほしいのですが。	我想祛除旧的角质。 Wǒ xiǎng qūchú jiù de jiǎozhì.
脱毛したいですが。	我要脱毛。 Wǒ yào tuōmáo.
顔の保湿コースをお願いします。	我做面部补水。 Wǒ zuò miànbù bǔshuǐ.
顔のシミ抜きをお願いします。	我要做面部祛斑。 Wǒ yào zuò miànbù qūbān.
目尻の小じわを取り除いてください。	我要祛除鱼尾纹。 Wǒ yào qūchú yúwěiwén.
法令線を取り除いてください。	我要祛除法令线。 Wǒ yào qūchú fǎlìngxiàn.
芳香SPA療法を受けたいですが。	我做芳香SPA。 Wǒ zuò fāngxiāng spa.
手の手入れコースをお願いします。	我要做手部护理。 Wǒ yào zuò shǒubù hùlǐ.
週に何回、顔のマッサージをしますか。	你一周做几次脸部按摩？ Nǐ yì zhōu zuò jǐ cì liǎnbù ànmó?

最近は小顔ブームです。 　　最近 时兴 小 脸庞。
　　　　　　　　　　　　　　　Zuìjìn shíxīng xiǎo liǎnpáng.

一緒にエステサロンに行きませんか。 一起 去 美容 怎么样？
　　　　　　　　　　　　　　　　　Yìqǐ qù měiróng zěnmeyàng?

エステの会員カードを作りたいのですが。 我 想 办 一 张 美容卡。
　　　　　　　　　　　　　　　　　　Wǒ xiǎng bàn yì zhāng měiróngkǎ.

Track 382

関連単語 語彙を増やしましょう。（エステで使う単語集）

スキンケア	皮肤 护理 pífū hùlǐ	たるみとり	紧肤 jǐnfū
エステティック	全身 美容 quánshēn měiróng	法令線とり	消减 法令线 xiāojiǎn fǎlìngxiàn
パック	营养 面膜 yíngyǎng miànmó	ニキビとり	排痘 páidòu
漂白パック	增白 面膜 zēngbái miànmó	あざとり	祛痣 qūzhì
顔のお手入れ	脸部 护理 liǎnbù hùlǐ	まつげパーマ	烫 睫毛 tàng jiémáo
リフトアップ	面部 提升 miànbù tíshēng	つけまつげ	嫁接 睫毛 jiàjiē jiémáo
シェイプアップ	塑形 sùxíng	脱毛	脱毛 tuōmáo
美肌	美肤 měifū	マニキュア	修 指甲 xiū zhǐjia
美白	美白 měibái	足のつめの手入れ	修 脚指甲 xiū jiǎozhǐjia
毛穴を小さくする	收缩 毛孔 shōusuō máokǒng	アロマテラピー	芳香 疗法 fāngxiāng liáofǎ
保湿	保湿/补水 bǎoshī bǔshuǐ	オイルマッサージ	精油 按摩 jīngyóu ànmó
シミ抜き	除斑 chúbān	リラクゼーション	放松/休息 fàngsōng xiūxi
シミとり	祛斑 qūbān	SPA	水疗 shuǐliáo
しわとり	祛皱 qūzhòu		

実践編

Track 383

場面を想定して実践しましょう。

1 〔マッサージの店で〕全身マッサージをお願いします（Aは客、Bはマッサージ師）

A： マッサージをしたいのですが。

我 要 按摩。
Wǒ yào ànmó.

B： わかりました。どうぞ、おかけください。こちらは当店のメニューです。どのコースになさいますか。

好 的, 请 坐。这 是 我们
Hǎo de, qǐng zuò. Zhè shì wǒmen
这里 的 服务 项目, 你 选 哪
zhèlǐ de fúwù xiàngmù, nǐ xuǎn nǎ
一 种？
yì zhǒng?

A： 全身マッサージをお願いします。

我 要 全身 按摩。
Wǒ yào quánshēn ànmó.

B： では、こちらへどうぞ。こちらに横になってください。

请 跟 我 来。请 躺 这儿。
Qǐng gēn wǒ lái. Qǐng tǎng zhèr.

A： はい。

好 的。
Hǎo de.

B： いかがですか。強さはいかがですか。

感觉 怎么样？ 重 不 重？
Gǎnjué zěnmeyàng? Zhòng bu zhòng?

A： ちょっと強すぎます。もう少し軽くしてください。

有点儿 重。 轻 一点儿。
Yǒudiǎnr zhòng. Qīng yìdiǎnr.

B： お客様は頸椎の具合があまりよくないようですね。

您 的 颈椎 不 太 好。
Nín de jǐngzhuī bú tài hǎo.

A： そうです。ここ数日、特に痛いです。

是 的, 这 几 天 特别 疼。
Shì de, zhè jǐ tiān tèbié téng.

B： 腹ばいになってもらえませんか。背中を揉みますから。

翻过来 按 一下 背。
Fānguolai àn yíxià bèi.

15 マッサージ・マニキュア・エステ

373

A： 最近肩の調子もあまりよくないんで、よく揉んでください。

最近 肩膀 也 不 太 舒服，你
Zuìjìn jiānbǎng yě bú tài shūfu, nǐ
给 好好儿 按按。
gěi hǎohāor àn'an.

B： お客様は毎日肩を動かしたほうがいいですよ。

您 每天 最好 活动活动 肩膀。
Nín měitiān zuìhǎo huódònghuódòng jiānbǎng.

A： 理屈ではわかっていても、なかなかできません。

道理 都 懂，就 是 做不到。
Dàolǐ dōu dǒng, jiù shì zuòbudào.

B： 最近は首・腰・肩の調子が悪い人がますます多くなってきました。

现在 颈椎、腰椎、肩膀 不
Xiànzài jǐngzhuī、yāozhuī、jiānbǎng bù
舒服 的 人 越 来 越 多 了。
shūfu de rén yuè lái yuè duō le.

A： ふ〜ん、すべてコンピューターのせいかな。毎日座ったまま何時間も動かないから。目もますます悪くなってきたしね。ちょっと科学の進歩が早すぎるよね。

咳，都 是 电脑 惹 的 祸。每天
Hài, dōu shì diànnǎo rě de huò. Měitiān
一 坐 就 是 几 个 小时，眼睛
yí zuò jiù shì jǐ ge xiǎoshí, yǎnjing
也 越 来 越 不行 了。科学
yě yuè lái yuè bùxíng le. Kēxué
发展得 太 快 了。
fāzhǎnde tài kuài le.

B： どんなに社会が進歩しても、健康が永遠に第一ですよね。いい体がなければ何もできませんから。

不管 以后 怎样 发展，健康
Bùguǎn yǐhòu zěnyàng fāzhǎn, jiànkāng
永远 都 是 第 一 位 的。没有
yǒngyuǎn dōu shì dì yī wèi de. Méiyǒu
一 个 好 身体，什么 都 干不好。
yí ge hǎo shēntǐ, shénme dōu gànbuhǎo.

Track 384

2 〔マニキュアサロンで〕シンプルなほうがいいです（A は女性客、B はネイリスト）

B： マニキュアなさいますか。

您 要 美甲 吗？
Nín yào měijiǎ ma?

A： お願いします。

对。
Duì.

B： どうぞお掛けください。デザインを選んでください。

您请坐。请 选 一 个 款式。
Nín qǐng zuò. Qǐng xuǎn yí ge kuǎnshì.

A： シンプルな方がいいです。

我 喜欢 简单 一点儿 的。
Wǒ xǐhuan jiǎndān yìdiǎnr de.

B： このデザインはいかがですか。シンプルでも上品です。

这 种 怎么样？简单 大方。
Zhè zhǒng zěnmeyàng? Jiǎndān dàfang.

A： いいんですが、ほかにありませんか。

还 行，不过，还 有 其他 款式 吗？
Hái xíng, búguò, hái yǒu qítā kuǎnshì ma?

B： こちらはいかがですか。今は２割引きです。可愛くてリーズナブルで、人気ですよ。

这 种 怎么样？这 种 现在 打 八折，既 可爱 又 实惠，很 有 人气。
Zhè zhǒng zěnmeyàng? Zhè zhǒng xiànzài dǎ bā zhé, jì kě'ài yòu shíhuì, hěn yǒu rénqì.

A： いいですね、安いし、でも、私にはちょっと可愛い過ぎるような、私の年齢にはふさわしくないと思いますが。

好 是 好，也 挺 便宜，但 我 觉得 有点儿 太 可爱 了，和 我 的 年龄 不 太 相称。
Hǎo shì hǎo, yě tǐng piányi, dàn wǒ juéde yǒudiǎnr tài kě'ài le, hé wǒ de niánlíng bú tài xiāngchèn.

B： それなら、こちらはいかがでしょうか。

那 这 种 呢？
Nà zhè zhǒng ne?

A： サンプル一覧を見せていただけますか。自分で選びたいです。

你 能 不 能 把 样品本 拿给 我，我 自己 挑 一下。
Nǐ néng bu néng bǎ yàngpǐnběn nágěi wǒ, wǒ zìjǐ tiāo yíxià.

B： もちろんです。どうぞご覧ください。

当然 可以，请 看 吧。
Dāngrán kěyǐ, qǐng kàn ba.

A： 本当に（種類が）多いですね。どっちにしようかしら、え～と、こっちにします。

真 不 少 呀。选 哪 种 呢？嗯，就 是 它 了。
Zhēn bù shǎo ya. Xuǎn nǎ zhǒng ne? Ng, jiù shì tā le.

B： お客様、お目がお高いですね。私もこちらが一番好きです。そして、当店の品の中で最もよく売れている商品です。

小姐，你真有眼光。我也最喜欢这种。这是我们店卖得最好的。
Xiǎojiě, nǐ zhēn yǒu yǎnguāng. Wǒ yě zuì xǐhuan zhè zhǒng. Zhè shì wǒmen diàn màide zuì hǎo de.

A： 本当ですか。やった！

真的？那太好了！
Zhēn de? Nà tài hǎo le!

B： わかりました。では、先に爪を洗います。まず、左手です。

那我先给您洗一下指甲。先洗左手。
Nà wǒ xiān gěi nín xǐ yíxià zhījia. Xiān xǐ zuǒshǒu.

A： 腕がいいですね。

你的技术很好。
Nǐ de jìshù hěn hǎo.

B： ありがとうございます。

谢谢夸奖。
Xièxie kuājiǎng.

Track 385

3 〔エステサロンで〕あなたは肌の手入れのプロだよね（Aは客、BはAの古い友人で、エステの経営者）

A： は～い、元気？

嗨，老同学好！
Hài, Lǎo tóngxué hǎo!

B： あれ？ 売れっ子さんが、どうして来たの？

哟，大忙人，你怎么来了？
Yō, dàmángrén, nǐ zěnme lái le?

A： あれ、私来ちゃいけなかった？

怎么，我不能来么？
Zěnme, wǒ bù néng lái me?

B： そんなことないわ。大歓迎よ。

能，能，太欢迎了。
Néng, néng, tài huānyíng le.

A： ねえねえ、あなたはお肌の手入れのプロだよね。ちょっと教えてくれない。

老同学，你是皮肤护理专家，我想请教一下。
Lǎo tóngxué, nǐ shì pífū hùlǐ zhuānjiā, wǒ xiǎng qǐngjiào yíxià.

B: 今日はまた遠慮深いわね。お肌の手入れに興味を持つようになったの？

今天 怎么 这么 客气？怎么，
Jīntiān zěnme zhème kèqi? Zěnme,
你 也 开始 对 皮肤 护理 感
nǐ yě kāishǐ duì pífū hùlǐ gǎn
兴趣 了？
xìngqù le?

A: 違うのよ。私がオイリー肌だってことは知っているでしょう。近頃ニキビがよく顔にできるのよ。本当に嫌！どうやって治したらいいの？

不 是，你 知道 我 是 油性
Bú shì, nǐ zhīdào wǒ shì yóuxìng
皮肤。最近 总是 有 好 多
pífū. Zuìjìn zǒngshì yǒu hǎo duō
小豆豆 从 我 脸上 冒出来。
xiǎodòudou cóng wǒ liǎnshang màochulai.
讨厌极 了。我 怎么 才能 摆脱
Tǎoyànjí le. Wǒ zěnme cáinéng bǎituō
它们 呢？
tāmen ne?

B: じゃあ、まず顔をきちんと洗うこと。毎晩、ぬるま湯で洗い、手で乾くまで軽く叩いてね。拭くんじゃないのよ。洗う時には、この石鹸を使って。

那 我 建议 你 好好儿 洗 脸。
Nà wǒ jiànyì nǐ hǎohāor xǐ liǎn.
每天 晚上 用 温水 洗 脸，
Měitiān wǎnshang yòng wēnshuǐ xǐ liǎn,
然后 用 手 轻轻 拍干，不 是
ránhòu yòng shǒu qīngqīng pāigān, bú shì
擦干。洗 的 时候，用 这 种
cāgān. Xǐ de shíhou, yòng zhè zhǒng
香皂。
xiāngzào.

A: この石鹸？

这 种 香皂？
Zhè zhǒng xiāngzào?

B: そうよ。これで毛穴の垢も脂もきちんと取り除けるのよ。さらに顔の老化細胞を取り除けるし、細胞の再生にも役立つの。

是 的，它 可以 清除 毛孔 里
Shì de, tā kěyǐ qīngchú máokǒng lǐ
的 污垢 和 油脂，还 能 清除
de wūgòu hé yóuzhī, hái néng qīngchú
脸上 的 死 细胞 并 促进 细胞
liǎnshang de sǐ xìbāo bìng cùjìn xìbāo
再生。
zàishēng.

A: わあ、すごい！

哇，真 棒！
Wa, zhēn bàng!

15 マッサージ・マニキュア・エステ

B: それから、このクリームを使って。脂が出やすいところに、少なめにつけて。それから、塗るときは、軽く叩いてね。

然后再抹一些这种面霜。
Ránhòu zài mǒ yìxiē zhè zhǒng miànshuāng.
容易出油的地方少用一
Róngyì chū yóu de dìfang shǎo yòng yì
点儿,抹的时候,轻轻地拍
diǎnr, mǒ de shíhou, qīngqīngde pāi
一拍。
yi pāi.

A: はい、わかった。

好的,我记住了。
Hǎo de, wǒ jìzhù le.

B: それから、毎月エステで、顔の肌をすみずみまで清潔にすることをおすすめするわ。

还有,我建议你每个月去
Hái yǒu, wǒ jiànyì nǐ měige yuè qù
美容院做一次深层的面部
měiróngyuàn zuò yí cì shēncéng de miànbù
清洁。
qīngjié.

Track 386

4 〔休憩時間に〕整形したいけど、勇気がないわ（AとBは同僚）

A: 張さん、最近整形したそうよ。

听说小张最近整容了。
Tīngshuō Xiǎo Zhāng zuìjìn zhěngróng le.

B: マジで？どこを整形したの？

真的?整哪儿了?
Zhēn de? Zhěng nǎr le?

A: 豊胸したらしいよ。

据说是隆了隆胸。
Jùshuō shì lónglelóng xiōng.

B: そういえば思い出した。確かに前より大きくなったようね。

你这么一说我倒真
Nǐ zhème yì shuō wǒ dào zhēn
想起来了。她的胸的确比
xiǎngqilai le. Tā de xiōng díquè bǐ
以前大多了。
yǐqián dàduō le.

A: 張さん、勇気があるよね。私も整形したいけど、とても勇気がないわ。

小张真勇敢。我也想去
Xiǎo Zhāng zhēn yǒnggǎn. Wǒ yě xiǎng qù
做整形,可总是没有勇气。
zuò zhěngxíng, kě zǒngshì méiyǒu yǒngqì.

B: え？まさか！こんなにきれいなあなたがどこを整形する必要があるのよ？

啊?! 不会 吧。你 那么 漂亮
A?! Búhuì ba. Nǐ nàme piàoliang
还 要 做 什么 整形 啊。
hái yào zuò shénme zhěngxíng a.

A: 下まぶたの垂れがますます大きくなってきたし、上まぶたも下がり始め、それに、顔にしわやシミもますます多くなり、それに…

我 的 眼袋 越 来 越 大, 眼皮
Wǒ de yǎndài yuè lái yuè dà, yǎnpí
也 开始 耷拉 了。还 有 脸上
yě kāishǐ dāla le. Hái yǒu liǎnshang
皱纹儿 和 色斑 也 越 来 越
zhòuwénr hé sèbān yě yuè lái yuè
多, 还 有…
duō, hái yǒu…

B: よしてよ。あなたがそんなに不満を持つなら、他の人はもう生きていけないわよ。顔は親がくれたものなんだから、勝手にいじるものじゃないわよ。

好了 好了。你 要是 这么 抱怨,
Hǎole hǎole. Nǐ yàoshi zhème bàoyuàn,
别人 就 别 活 了。 长相 是
biérén jiù bié huó le. Zhǎngxiàng shì
父母 给 的, 别 乱 改造。
fùmǔ gěi de, bié luàn gǎizào.

A: でも…

可是…
Kěshì…

B: それに、もしも失敗したらどうするのよ。一生後悔するわよ。

再说, 万一 整形 失败 怎么
Zàishuō, wànyī zhěngxíng shībài zěnme
办? 那 可是 要 后悔 一辈子
bàn? Nà kěshì yào hòuhuǐ yíbèizi
的。
de.

A: でも…

可是…
Kěshì…

B: それに、きれいであることは重要だけど、人生にとって最も大切なのはやはり健康な体と穏やかな心じゃない？それ以外はすべて二の次よ。

再说 漂亮 固然 重要, 但是
Zàishuō piàoliang gùrán zhòngyào, dànshì
人生 最 重要 的 还是 身体 的
rénshēng zuì zhòngyào de háishì shēntǐ de
健康 和 心态 的 平和, 其他 的
jiànkāng hé xīntài de pínghé, qítā de
都 是 次要 的。
dōu shì cìyào de.

A: だって…

不过…
Búguò…

16 部屋探し・引越し・クリーニング

租房・搬家・洗衣　zū fáng・bānjiā・xǐ yī

基本文型

Track 387

(1) ～がいいです
　　「～ "比较好"」

地下鉄駅の近くがいいです。　　　地铁站 附近 比较 好。
　　　　　　　　　　　　　　　　Dìtiězhàn fùjìn bǐjiào hǎo.

3階のほうがいいです。　　　　　三 楼 比较 好。
　　　　　　　　　　　　　　　　Sān lóu bǐjiào hǎo.

日当たりのよい部屋がいいです。　向阳 的 房子 比较 好。
　　　　　　　　　　　　　　　　Xiàngyáng de fángzi bǐjiào hǎo.

(2) ～する予定です
　　「"我打算" ＋予定していること」

1年間借りるつもりです。　　　　我 打算 租 一 年。
　　　　　　　　　　　　　　　　Wǒ dǎsuan zū yì nián.

明日中に引越してくる予定です。　我 打算 明天 搬进来。
　　　　　　　　　　　　　　　　Wǒ dǎsuan míngtiān bānjinlai.

基礎編

部屋探し・引越し・クリーニングについての基礎表現を押さえておきましょう。

▶ 1. 部屋探し

部屋を借りたいです。	我想租房。 Wǒ xiǎng zū fáng.
部屋を借りたいです。	我想租一间房子。 Wǒ xiǎng zū yí jiān fángzi.
アジア村近くで。	在亚运村附近。 Zài Yàyùncūn fùjìn.
1LDKの部屋。	一室一厅的。 Yí shì yì tīng de.
南向き。	朝南的。 Cháonán de.
日当たりのいいところ。	向阳的。 Xiàngyáng de.
キッチンとトイレが広い部屋で。	厨房和卫生间大的。 Chúfáng hé wèishēngjiān dà de.
家賃3000元以下の部屋。	三千元以下的。 Sān qiān yuán yǐxià de.
交通が便利なところ。	交通方便的。 Jiāotōng fāngbiàn de.
部屋には家具が備え付けですか。	房间里有家具吗？ Fángjiān li yǒu jiājù ma?
部屋を先に見ます。	先看看房子。 Xiān kànkan fángzi.
この物件は何平米ですか。	这套房子有多大？ Zhè tào fángzi yǒu duō dà?
家賃はいくらですか。	房租多少钱？ Fángzū duōshao qián?
家賃はいくらですか。	房租是多少？ Fángzū shì duōshao?

家賃はどうやって支払いますか。	房租 怎么 付？ Fángzū zěnme fù?
インターネットできますか。	能 上网 吗？ Néng shàngwǎng ma?
いつ契約を結びますか。	什么 时候 签 合同？ Shénme shíhou qiān hétong?

▶ 2. 引越し　　　　　　　　　　　　　　Track 389

引越し用の車を 1 台予約したいのですが。	我 要 订 一 辆 搬家用 的 车。 Wǒ yào dìng yí liàng bānjiāyòng de chē.
私の家は 5 階にあります。	我 家 住 五 楼。 Wǒ jiā zhù wǔ lóu.
何人ぐらい来てくれますか。	你们 能 来 几 个 人？ Nǐmen néng lái jǐ ge rén?

▶ 3. クリーニング　　　　　　　　　　　Track 390

クリーニングをお願いします。	洗 几 件 衣服。 Xǐ jǐ jiàn yīfu.
ドライクリーニングをお願いしたいです。	我 想 干洗。 Wǒ xiǎng gānxǐ.
いくらですか。	多少 钱？ Duōshao qián?
ドライクリーニングでお願いします。	请 干洗。 Qǐng gānxǐ.
この服は純毛です。	这 件 衣服 是 纯毛 的。 Zhè jiàn yīfu shì chúnmáo de.
この服は色が落ちます。	这 件 衣服 掉色。 Zhè jiàn yīfu diàosè.
このシミはとれますか。	这 个 污点儿 能 洗掉 吗？ Zhè ge wūdiǎnr néng xǐdiào ma?

いつ受け取れますか。	什么 时候 能 取？ Shénme shíhou néng qǔ?
明日着たいのですが。	我 明天 要 用。 Wǒ míngtiān yào yòng.
急ぐことができますか。	能 加急 吗？ Néng jiājí ma?
いつごろでき上がりますか。	什么 时候 能 洗好？ Shénme shíhou néng xǐhǎo?
もう一度洗いなおしてください。	请 再 洗 一 遍。 Qǐng zài xǐ yí biàn.

発展編　　　　　　　　　　　　　　　　　Track 391

部屋探し・引越し・クリーニングについての言い方をもっと知っておきましょう。

▶ 1. 部屋探し

（1）住みたい場所を告げる

三環路内に一部屋を借りたいのですが。	我 想 在三 环 以内 租 一 间 房子。 Wǒ xiǎng zài sān huán yǐnèi zū yì jiān fángzi.
アジア村近くに部屋を借りたいのですが。	我 想 在 亚运村 附近 租 一 套 房子。 Wǒ xiǎng zài Yàyùncūn fùjìn zū yí tào fángzi.
北京大学の近くがいいです。	北京 大学 附近 比较 好。 Běijīng dàxué fùjìn bǐjiào hǎo.
郊外がいいです。	郊区 比较 好。 Jiāoqū bǐjiào hǎo.
学院路付近が理想的です。	学院路 附近 比较 理想。 Xuéyuànlù fùjìn bǐjiào lǐxiǎng.
⇒どんな部屋を借りたいですか。	你 想 租 什么样 的 房子？ Nǐ xiǎng zū shénmeyàng de fángzi?

部屋を先に見せてもらえますか。 我能先看看房子吗？
Wǒ néng xiān kànkan fángzi ma?

(2) 希望の広さや家賃を告げる　　　　　　　　　Track 392

3LDKの部屋を借りたいです。 我想租一套三室一厅的。
Wǒ xiǎng zū yí tào sān shì yì tīng de.

ワンルームマンションを借りたいです。 我想租一居室的公寓。
Wǒ xiǎng zū yì jūshì de gōngyù.

家賃3000元までの部屋がいいんですが。 我想租三千元以下的房子。
Wǒ xiǎng zū sān qiān yuán yǐxià de fángzi.

家賃4000元ぐらいの部屋でもいいです。 房租四千元也可以。
Fángzū sì qiān yuan yě kěyǐ.

この物件は何平米ですか。 这套房子有多少平米？
Zhè tào fángzi yǒu duōshao píngmǐ?

(3) 具体的な要望を告げる　　　　　　　　　Track 393

日当たりのいいところをお願いします。 我想要向阳的。
Wǒ xiǎng yào xiàngyáng de.

南向きのほうがいいです。 朝南的比较好。
Cháonán de bǐjiào hǎo.

明るい部屋がいいです。 要亮一点儿的房子。
Yào liàng yìdiǎnr de fángzi.

1階のほうがいいです。 一楼比较好。
Yī lóu bǐjiào hǎo.

できれば高いところがいいです。 最好楼层高一点儿。
Zuìhǎo lóucéng gāo yìdiǎnr.

10階以上のマンションなら理想的です。 十层以上的公寓最理想。
Shí céng yǐshàng de gōngyù zuì lǐxiǎng.

キッチンとトイレはできれば広いほうがいいです。 厨房和卫生间最好大一点儿。
Chúfáng hé wèishēngjiān zuìhǎo dà yìdiǎnr.

ペットを飼ってもいいところ。	可以 养 宠物 的。 Kěyǐ yǎng chǒngwù de.
安全なところがいいです。	安全 的 地方。 Ānquán de dìfang.
買い物するのに便利ですか。	买 东西 方便 吗？ Mǎi dōngxi fāngbiàn ma?
交通さえ便利であればいいです。	只要 交通 方便 就 行。 Zhǐyào jiāotōng fāngbiàn jiù xíng.

(4) 交通の便を尋ねる　　　　　　　　　　　　　　Track 394

ここは交通が便利ですか。	这儿 的 交通 方便 吗？ Zhèr de jiāotōng fāngbiàn ma?
このマンションは駅からどれくらいですか。	这个 公寓 离 车站 多 远？ Zhège gōngyù lí chēzhàn duō yuǎn?
最寄りの駅までどれぐらいかかりますか。	到 最 近 的 车站 多 长 时间？ Dào zuì jìn de chēzhàn duō cháng shíjiān?

(5) 部屋の設備を尋ねる　　　　　　　　　　　　　Track 395

部屋の中の設備も尋ねておきましょう。どんなに些細なことでも思いついたら、事前に確認しておくほうがいいですね。

冷蔵庫はありますか。	有 冰箱 吗？ Yǒu bīngxiāng ma?
バスルーム付きですか。	有 浴室 吗？ Yǒu yùshì ma?
エアコン付きですか。	有 空调 吗？ Yǒu kōngtiáo ma?
エレベーターは付いていますか。	有 电梯 吗？ Yǒu diàntī ma?
部屋には家具が備え付けですか。	房间 里 有 家具 吗？ Fángjiān li yǒu jiājù ma?

トイレはどこですか。	厕所 在 什么 地方？ Cèsuǒ zài shénme dìfang?

(6) 契約や家賃について尋ねる　　　　　　　　　　Track 396

部屋代はいくらですか。	房租 多少？ Fángzū duōshao?
敷金はいくらですか。	押金 是 多少？ Yājīn shì duōshao?
礼金はいくらですか。	礼金 是 多少？ Lǐjīn shì duōshao?
家賃はいくらですか。	房租 是 多少？ Fángzū shì duōshao?
電気代とガス代はどう支払いますか。	水电费 和 煤气费 怎么 交？ Shuǐdiànfèi hé méiqìfèi zěnme jiāo?
家賃は水道代・電気代・ガス代が含まれていますか。	房租 包括 水、电、煤气 等 费用 吗？ Fángzū bāokuò shuǐ、diàn、méiqì děng fèiyòng ma?
⇒すべてが含まれています。	全 包括。 Quán bāokuò.
⇒水道代・電気代・ガス代は別です。	水费、电费、煤气费 等 另算。 Shuǐfèi、diànfèi、méiqìfèi děng lìng suàn.
手渡しですか。	付 现金 吗？ Fù xiànjīn ma?
銀行振込みですか。	银行 转账 吗？ Yínháng zhuǎnzhàng ma?
最初はいくら払うんですか。	先 要 付 多少 钱？ Xiān yào fù duōshao qián?
月末に翌月分を払うんですか。	月底 交 下个月 的 租金 吗？ Yuèdǐ jiāo xiàgeyuè de zūjīn ma?
敷金は1カ月分ですか。	保证金 是 一 个 月 的 租金 吗？ Bǎozhèngjīn shì yì ge yuè de zūjīn ma?

保証人は要りますか。	需要 担保人 吗？ Xūyào dānbǎorén ma?
契約する時には何が要りますか。	签 合同 时 需要 什么 证件？ Qiān hétóng shí xūyào shénme zhèngjiàn?

(7) これで決まり & やめる　　　　　　　　　　Track 397

この部屋に決めます。	我 就 定下 这个 房间 吧。 Wǒ jiù dìngxià zhège fángjiān ba.
⇒どれぐらいの期間、借りますか。	你 要 租 多 长 时间？ Nǐ yào zū duō cháng shíjiān?
2年間借りるつもりです。	我 打算 租 两 年。 Wǒ dǎsuan zū liǎng nián.
長くお借りするつもりです。	我 打算 长期 居住。 Wǒ dǎsuan chángqī jūzhù.
ごめんなさい、もう少し考えさせてください。	对不起，让 我 考虑考虑。 Duìbuqǐ, ràng wǒ kǎolùkǎolù.
知り合いに相談して、決めることにします。	和 朋友 商量 一下 再 做 决定。 Hé péngyou shāngliang yíxià zài zuò juédìng.
今回はやめます。	这 次 不 租 了。 Zhè cì bù zū le.

(8) 引越しの時間を確認する　　　　　　　　　　Track 398

いつ入居できますか。	什么 时候 可以 住进去？ Shénme shíhou kěyǐ zhùjinqu?
⇒いつ引越ししますか。	您 什么 时候 搬进来？ Nín shénme shíhou bānjinlai?
来週中に引越ししたいと思います。	我 打算 下星期 搬进来。 Wǒ dǎsuan xiàxīngqī bānjinlai.

▶ 2. 引越し　　　　　　　　　　　　　　　　Track 399

中国のマンションは6階建てまでなら、エレベーターが付いていないのが普通です。

引越しセンターですか。	是 搬家 公司 吗？ Shì bānjiā gōngsī ma?
引越し用の車を1台予約したいのですが。	我 要 订 一 辆 搬家用 的 车。 Wǒ yào dìng yí liàng bānjiāyòng de chē.
私の家は6階にあります。 エレベーターはありません。	我 家 住 六 楼。没有 电梯。 Wǒ jiā zhù liù lóu. Méiyǒu diàntī.
何人ぐらい来てくれますか。	你们 能 来 几 个 人？ Nǐmen néng lái jǐ ge rén?
⇒貴重品はきちんとしまってください。	请 把 贵重 物品 收好。 Qǐng bǎ guìzhòng wùpǐn shōuhǎo.

▶ 3. クリーニング　　　　　　　　　　　　　Track 400

この2着をお願いします。	我 洗 两 件 衣服。 Wǒ xǐ liǎng jiàn yīfu.
⇒この服は水洗いができません。	这 件 衣服 不 能 水 洗。 Zhè jiàn yīfu bù néng shuǐ xǐ.
この服は純毛ですので、 ドライクリーニングでお願いします。	这 件 衣服 是 纯毛 的, 得 干洗。 Zhè jiàn yīfu shì chúnmáo de, děi gānxǐ.
この服は色が落ちやすいので、 気をつけてください。	这 件 衣服 容易 掉色, 注意 点儿。 Zhè jiàn yīfu róngyi diàosè, zhùyì diǎnr.
ここにシミがありますが、とれますか。	这儿 有 个 污点儿, 能 洗掉 吗？ Zhèr yǒu ge wūdiǎnr, néng xǐdiào ma?

背広のクリーニング代はいくらですか。	洗一套 西装 多少 钱？ Xǐ yí tào xīzhuāng duōshao qián?
いつ受け取れますか。	什么 时候 可以 取？ Shénme shíhou kěyǐ qǔ?
明日受け取ることができますか。	明天 可以 取 吗？ Míngtiān kěyǐ qǔ ma?
明日着たいのですが、急ぐことができますか。	我 明天 要 用，能 加急 吗？ Wǒ míngtiān yào yòng, néng jiājí ma?
少し早くできませんか。	能 快 点儿 洗好 吗？ Néng kuài diǎnr xǐhǎo ma?
この店にはアイロンかけサービスがありますか。	这里 有 熨衣 服务 吗？ Zhèli yǒu yùnyī fúwù ma?
近くにコインランドリーがありますか。	附近 有 自助 洗衣房 吗？ Fùjìn yǒu zìzhù xǐyīfáng ma?
ボタンをつけてくださいますか。	请 帮 我 把 扣子 钉上。 Qǐng bāng wǒ bǎ kòuzi dīngshang.
この服は色落ちしていますが、どういうことでしょうか。	这 件 衣服 褪色 了，是 怎么 回 事？ Zhè jiàn yīfu tuìsè le, shì zěnme huí shì?
この服はボタンが取れてしまいました。	这 件 衣服 扣子 掉 了。 Zhè jiàn yīfu kòuzi diào le.

16 部屋探し・引越し・クリーニング

実践編

場面を想定して実践しましょう。

1 〔部屋探し①〕なるべく交通が便利なところがいい（A・Bは友人）

A： 部屋を借りたいと思っているんだけど。引越すマンションが見つからないんだよ。

我 想 租 一 套 房子。可是
Wǒ xiǎng zū yí tào fángzi. Kěshì
找不到 合适 的 房子。
zhǎobudào héshì de fángzi.

B： どんな部屋を借りたいの？

你 想 租 什么 样 的 ?
Nǐ xiǎng zū shénme yàng de?

A： 2LDK。

两 室 一 厅 的。
Liǎng shì yì tīng de.

B： 他に要望は？

还 有 其他 要求 吗 ?
Hái yǒu qítā yāoqiú ma?

A： なるべく交通の便利なところがいい。

最好 交通 方便 一点儿。
Zuìhǎo jiāotōng fāngbiàn yìdiǎnr.

B： 家賃はいくらぐらい？

你 想 付 多少 钱 ?
Nǐ xiǎng fù duōshao qián?

A： 1カ月2500元から3000元ぐらい。

一 个 月 两千 五 到 三千
Yí ge yuè liǎngqiān wǔ dào sānqiān
左右。
zuǒyòu.

B： わかった。気にとめて探してみるよ。適当な物件があったらすぐ知らせるよ。

好 的，我 帮 你 留意 一下，有
Hǎo de, wǒ bāng nǐ liúyì yíxià, yǒu
合适 的 马上 通知 你。
héshì de mǎshàng tōngzhī nǐ.

❷ 〔部屋探し②〕家賃はいくらですか（Aは部屋を探す人、Bは不動産屋）

A： もしもし、天華不動産ですか。

喂，请问 是 天华 房地产 公司 吗？
Wéi, qǐngwèn shì Tiānhuá fángdìchǎn gōngsī ma?

B： そうです。どのようなご用でしょうか。

是 的。您 有 什么 事？
Shì de. Nín yǒu shénme shì?

A： 新聞で広告を見ましたが、一度、その物件を見てみたいのですが。気に入れば借りたいと考えています。

我 在 报纸 上 看到 一 则 贵公司 的 广告，我 想 看 一 看 房子。如果 满意，我 想 租下来。
Wǒ zài bàozhǐ shang kàndào yì zé guìgōngsī de guǎnggào, wǒ xiǎng kàn yi kàn fángzi. Rúguǒ mǎnyì, wǒ xiǎng zūxiàlai.

B： いつお時間がありますか。ご案内します。

您 什么 时候 有 时间，我们 带 您 去 看。
Nín shénme shíhou yǒu shíjiān, wǒmen dài nín qù kàn.

A： 明日の午後3時はどうですか。

明天 下午 三 点 怎么样？
Míngtiān xiàwǔ sān diǎn zěnmeyàng?

B： いいですよ。明日午後3時に民族飯店の入口でお待ちします。

可以。明天 下午 3 点 我 在 民族 饭店 门口 等 您。
Kěyǐ. Míngtiān xiàwǔ sān diǎn wǒ zài Mínzú fàndiàn ménkǒu děng nín.

A： ちなみに、家賃はいくらですか。

顺便 问 一下，房租 是 多少？
Shùnbiàn wèn yíxià, fángzū shì duōshao?

B： 1カ月3000元です。

一 个 月 三千 块。
Yí ge yuè sānqiān kuài.

A： 仲介手数料はいくらですか。

介绍费 呢？
Jièshàofèi ne?

B： 仲介手数料は家賃の1カ月分です。

介绍费 是 一 个 月 的 房租。
Jièshàofèi shì yí ge yuè de fángzū.

16 部屋探し・引越し・クリーニング

A：	家賃は交渉の余地がありますか。	房租 有 商量 的 余地 吗？ Fángzū yǒu shāngliang de yúdì ma?
B：	どれぐらいの期間、借りるかによります。	这 要 看 您 想 租 多 长 Zhè yào kàn nín xiǎng zū duō cháng 时间。 shíjiān.
A：	気に入れば、最低1年間は借りたいです。	如果 满意 的 话，至少 租 一 Rúguǒ mǎnyì de huà, zhìshǎo zū yì 年。 nián.
B：	1年間借りるだけなら安くなることはありません。2年以上なら、ご相談に応じます。	一 年 可能 便宜不了，两 年 Yì nián kěnéng piányibuliǎo, liǎng nián 以上 的 话，可以 商量。 yǐshàng de huà, kěyǐ shāngliang.
A：	わかりました。物件を見終わってから、また話しましょう。	我 知道 了。看完 房子 以后 Wǒ zhīdao le. Kànwán fángzi yǐhòu 再说 吧。 zàishuō ba.

Track 403

❸〔不動産屋で〕とりあえず1年間借りることにします

（Aは部屋を探す人、Bは不動産屋）

B：	部屋をご覧になって、いかがでしたか。	房子 看完 了，您 觉得 怎么样？ Fángzi kànwán le, nín juéde zěnmeyàng?
A：	いいですね。これにします。	挺 不错 的。我 决定 租 这个 Tǐng búcuò de. Wǒ juédìng zū zhège 房子 了。 fángzi le.
B：	わかりました。どれぐらいの期間お借りになりますか。	好。您 打算 租 多 长 时间？ Hǎo. Nǐ dǎsuan zū duō cháng shíjiān?
A：	とりあえず1年間借りることにします。	先 租 一 年 吧。 Xiān zū yì nián ba.

B：	では、まず「賃貸契約書」を作りますので、ここにお名前とお客様の身分証明書の番号をご記入ください。	那我们先签一个"房屋租赁合同"。请您在这儿填上您的姓名和身份证号。 Nà wǒmen xiān qiān yí ge "Fángwū zūlìn hétong". Qǐng nín zài zhèr tiánshang nín de xìngmíng hé shēnfènzhèng hào.
A：	わかりました。ここですね。	好的,在这儿吧。 Hǎo de, zài zhèr ba.
B：	はい、そうです。領収書を出します。	对。我给您开个收据。 Duì. Wǒ gěi nín kāi ge shōujù.
A：	書き終わりました。	填完了。 Tiánwán le.
B：	いつ引越しますか。	您什么时候搬进来？ Nín shénme shíhou bānjinlai?
A：	来週の土曜日に引越したいと思います。	我打算下周六搬。 Wǒ dǎsuan xià zhōuliù bān.
B：	わかりました。では、まず2カ月分の家賃をお支払いいただきます。その後、毎月5日までに、この銀行口座にお振り込みください。	好的。请您先付两个月的房租。以后每个月的五号之前,把房租打到这个账号上。 Hǎo de. Qǐng nín xiān fù liǎng ge yuè de fángzū. Yǐhòu měi ge yuè de wǔ hào zhīqián, bǎ fángzū dǎdào zhège zhànghào shang.
A：	わかりました。はい、6000元です。確認してください。	好的,这是六千块钱,请点一下。 Hǎo de, zhè shì liùqiān kuài qián, qǐng diǎn yíxià.
B：	ちょうどです。こちらが部屋のキーです。何かあったら、いつでもご連絡ください。	刚好。这是房间的钥匙。以后有什么事儿可以随时跟我们联系。 Gānghǎo. Zhè shì fángjiān de yàoshi. Yǐhòu yǒu shénme shìr kěyǐ suíshí gēn wǒmen liánxì.
A：	ありがとうございます。では、失礼します。	谢谢。好,我告辞了。 Xièxie. Hǎo, wǒ gàocí le.

❹〔引越し業者に電話する〕何人ぐらい来てくれますか
（Aは客、Bは引越し業者）

A： 引越し用の車を1台予約したいのですが。

我 要 订 一 辆 搬家用 的 车。
Wǒ yào dìng yí liàng bānjiāyòng de chē.

B： いつお使いになりますか。

您 哪 天 用 车？
Nín nǎ tiān yòng chē?

A： 来週の土曜日です。

下 周六。
Xià zhōuliù.

B： 来週の土曜日なら、大丈夫です。

下 周六 没 问题。
Xià zhōuliù méi wèntí.

A： 何人ぐらい来てくれますか。

你们 能 派 几 个 人 来？
Nǐmen néng pài jǐ ge rén lái?

B： 住まいは何階ですか。エレベーターがありますか。

您 住 几 层？有 电梯 吗？
Nín zhù jǐ céng? Yǒu diàntī ma?

A： 5階です。エレベーターはありません。

五 层，没有 电梯。
Wǔ céng, méiyǒu diàntī.

B： エレベーターがなければ、2人多く派遣できます。しかし、費用は少し高くなります。

没有 电梯 的 话，可以 多
Méiyǒu diàntī de huà, kěyǐ duō
派 两 个 人，但是 价格 要 贵
pài liǎng ge rén, dànshì jiàgé yào guì
一些。
yìxiē.

A： わかりました、それでお願いします。来週の土曜日にお待ちしております。

行，就 这么 定 了。下 周六
Xíng, jiù zhème dìng le. Xià zhōuliù
等 你们。
děng nǐmen.

B： 品物は全部段ボール箱につめておいてください。

请 先 把 所有 物品 都 装进
Qǐng xiān bǎ suǒyǒu wùpǐn dōu zhuāngjìn
纸箱 里。
zhǐxiāng li.

Track 405

5 〔クリーニング屋で①〕このシミがとれますか（Aは客、Bは店員）

A: この2着をお願いします。

我 洗 两 件 衣服。
Wǒ xǐ liǎng jiàn yīfu.

B: ドライクリーニングですか、それとも水洗いですか。

干洗 还是 水洗？
Gānxǐ háishi shuǐxǐ?

A: ドライクリーニングでお願いします。ここにシミがありますが、とれますか。

干洗。这儿 有 个 污点，能
Gānxǐ. Zhèr yǒu ge wūdiǎn, néng
洗掉 吗？
xǐdiào ma?

B: たぶん大丈夫でしょう。

应该 没 问题 吧。
Yīnggāi méi wèntí ba.

A: 明日受け取ることができますか。

明天 能 取 吗？
Míngtiān néng qǔ ma?

B: 明日はまだできませんが、明後日にはお渡しできます。

明天 还 洗不出来，后天 可以。
Míngtiān hái xǐbuchūlái, hòutiān kěyǐ.

Track 406

6 〔クリーニング屋で②〕急ぎでできますか（Aは客、Bは店員）

A: ワイシャツ、お願いします。

洗 一 件 衬衫。
Xǐ yí jiàn chènshān.

B: かしこまりました。3日後に取りに来てください。

好 的。三 天 后 来 取。
Hǎo de. Sān tiān hòu lái qǔ.

A: すみませんが、今晩デートがあって、このシャツが要ります。急ぎでできますか。

对不起，我 晚上 有 个 约会，
Duìbuqǐ, wǒ wǎnshang yǒu ge yuēhuì,
要 用 这 件 衬衫，可 不 可以
yào yòng zhè jiàn chènshān, kě bu kěyǐ
快点 洗好？
kuàidiǎn xǐhǎo?

B: はい、急げますが、費用は倍になります。よろしいですか。

可以 加急 洗, 不过, 费用 要 加倍, 可以 吗?
Kěyǐ jiājí xǐ, búguò, fèiyòng yào jiābèi, kěyǐ ma?

A: ええ、いいですよ。

没 关系。
Méi guānxi.

B: では、5時以降に取りに来てください。

那 你 下午 5 点 以后 来 取 吧。
Nà nǐ xiàwǔ wǔ diǎn yǐhòu lái qǔ ba.

17 病院・薬局で

在医院・药店 zài yīyuàn・yàodiàn

　旅行中、病気にかかる時もあります。風邪薬や痛み止めなら、薬局で買うこともできますがひどくなった場合には、病院に行って、自分の症状をきちんと伝えましょう。

基本文型

Track 407

(1) ちょっと～します / です（好ましくない出来事を言う時）
「"有点儿"＋形容詞・動詞」

ちょっと咳が出ます。	有点儿 咳嗽。 Yǒudiǎnr késou.
ちょっと緊張しています。	我 有点儿 紧张。 Wǒ yǒudiǎnr jǐnzhāng.
血圧が少し高めです。	血压 有点儿 高。 Xuèyā yǒudiǎnr gāo.

(2) すごく～します / です（病状がひどい時）
「形容詞・動詞＋"得厉害"」

咳がすごく出ます。	我 咳嗽得 厉害。 Wǒ késoude lìhai.
胃がすごく痛いです。	胃 疼得 厉害。 Wèi téngde lìhai.

基礎編

病院・薬局についての基礎表現を押さえておきましょう。

Track 408

▶ 1. 受付で

すみませんが、受付はどこですか。	请问，挂号处 在 哪儿？ Qǐngwèn, guàhàochù zài nǎr?
予約しています。	我 预约 了。 Wǒ yùyuē le.
内科を受診したいのですが。	挂 内科。 Guà nèikē.
婦人科をお願いします。	挂 一 个 妇科。 Guà yí ge fùkē.

▶ 2. 内科で

Track 409

(1) 受診する

どうしましたか。	你 怎么 了？ Nǐ zěnme le?
どこが具合が悪いのですか。	你 哪儿 不 舒服？ Nǐ nǎr bù shūfu?
いつからですか。	什么 时候 开始 的？ Shénme shíhou kāishǐ de?
ちょっと見せてください。	让 我 看 一下。 Ràng wǒ kàn yíxià.
まず体温を測ってください。	先 量 一下 体温。 Xiān liáng yíxià tǐwēn.
38度2分です。	三十八 度 二。 Sānshíbā dù èr.
のどに炎症ができています。	你 的 喉咙 发炎 了。 Nǐ de hóulong fāyán le.

血圧は高いですか。	你有高血压吗？ Nǐ yǒu gāoxuèyā ma?
よく眠れますか。	你睡眠好吗？ Nǐ shuìmián hǎo ma?
あちらのベッドに横になってください。	请躺在那张床上。 Qǐng tǎngzài nà zhāng chuáng shang.
リラックスしてください。	放松一点儿。 Fàngsōng yìdiǎnr.
ここは痛いですか。	这儿疼吗？ Zhèr téng ma?
こちらは検査用シートです。	这是化验单。 Zhè shì huàyàn dān.
血液検査をしてください。	你去验个血。 Nǐ qù yàn ge xuè.
心電図を取ります。	你得做个心电图。 Nǐ děi zuò ge xīndiàntú.
点滴が必要です。	你得输液。 Nǐ děi shūyè.
風邪薬を出しましょう。	我给你开点儿感冒药。 Wǒ gěi nǐ kāi diǎnr gǎnmàoyào.
水分を多くとって、ちゃんと休んでください。	回去多喝水，好好儿休息。 Huíqu duō hē shuǐ, hǎohāor xiūxi.
すぐ治ります。	你很快就会好的。 Nǐ hěn kuài jiù huì hǎo de.
心配しないでください。	不用担心。 Búyòng dānxīn.

(2) 症状を伝える　　　　　　　　　Track 410

症状を述べる場合、あらかじめメモをして、必要な事項を伝えるのもいいですね。

風邪を引きました。	我感冒了。 Wǒ gǎnmào le.

風邪を引いたようです。	我 好像 感冒 了。 Wǒ hǎoxiàng gǎnmào le.
体調がよくありません。	身体 不 舒服。 Shēntǐ bù shūfu.
熱があります。	发烧。 Fāshāo.
寒気がします。	发冷。 Fālěng.
のどが痛いんです。	嗓子 疼。 Sǎngzi téng.
少し咳が出ます。	有点儿 咳嗽。 Yǒudiǎnr késou.
咳が止まりません。	咳嗽 不 止。 Késou bù zhǐ.
鼻水が出ます。	流 鼻涕。 Liú bíti.
鼻が詰まっています。	鼻子 不 通。 Bízi bù tōng.
頭が痛いです。	头 疼。 Tóu téng.
めまいがします。	头晕。 Tóuyūn.
口が渇きます。	口干。 Kǒugān.
吐きたいです。	想 吐。 Xiǎng tù.
吐き気がします。	觉得 恶心。 Juéde ěxīn.
下痢をしています。	有点儿 拉 肚子。 Yǒudiǎnr lā dùzi.
体がだるいです。	浑身 没 劲儿。 Húnshēn méi jìnr.

いつも眠気がするんです。 　　　我 总 想 睡觉。
　　　　　　　　　　　　　　　Wǒ zǒng xiǎng shuìjiào.

▶3. 外科で

Track 411

転びました。　　　　　　　　摔倒 了。
　　　　　　　　　　　　　　Shuāidǎo le.

足をくじきました。　　　　　脚 崴 了。
　　　　　　　　　　　　　　Jiǎo wǎi le.

ねんざしました。　　　　　　崴了脚 了。
　　　　　　　　　　　　　　Wǎile jiǎo le.

骨折したみたいです。　　　　好像 骨折 了。
　　　　　　　　　　　　　　Hǎoxiàng gǔzhé le.

骨折したようです。　　　　　可能 骨折 了。
　　　　　　　　　　　　　　Kěnéng gǔzhé le.

転んで足を怪我しました。　　我 的 腿 摔伤 了。
　　　　　　　　　　　　　　Wǒ de tuǐ shuāishāng le.

手首を捻挫したようです。　　扭着 手腕 了。
　　　　　　　　　　　　　　Niǔzhe shǒuwàn le.

ナイフで指を切りました。　　用 小刀 切着 手 了。
　　　　　　　　　　　　　　Yòng xiǎodāo qiēzhe shǒu le.

出血しています。　　　　　　出血 了。
　　　　　　　　　　　　　　Chūxiě le.

痛いです。　　　　　　　　　很 疼。
　　　　　　　　　　　　　　Hěn téng.

とても痛いです。　　　　　　特别 疼。
　　　　　　　　　　　　　　Tèbié téng.

ちょっと痛みます。　　　　　有点儿 疼。
　　　　　　　　　　　　　　Yǒudiǎnr téng.

痛くないです。　　　　　　　不 疼。
　　　　　　　　　　　　　　Bù téng.

▶ 4. 胃腸科で　　　　　　　　　　　　　　　　　　Track 412

お腹が痛いです。	肚子 疼。 Dùzi téng.
食欲がありません。	没有 食欲。 Méiyǒu shíyù.
胃の調子が悪いです。	胃 不 舒服。 Wèi bù shūfu.
下痢をしています。	我 拉 肚子。 Wǒ lā dùzi.

▶ 5. 目などの痛みや体質を告げる　　　　　　　Track 413

目がかゆいです。	眼睛 很 痒。 Yǎnjing hěn yǎng.
かゆくてたまりません。	痒得 要命。 Yǎngde yàomìng.
耳鳴りがします。	我 耳鸣。 Wǒ ěrmíng.
歯が痛いです。	牙 疼。 Yá téng.
歯茎が腫れています。	牙床 肿 了。 Yáchuáng zhǒng le.
腰が痛いです。	腰 疼。 Yāo téng.
腰が痛くてたまりません。	腰 疼得 厉害。 Yāo téngde lìhai.
肩凝りがひどいです。	肩膀 酸得 厉害。 Jiānbǎng suānde lìhai.
アレルギー体質です。	我 是 过敏性 体质。 Wǒ shì guòmǐnxìng tǐzhì.
アレルギー性鼻炎です。	我 是 过敏性 鼻炎。 Wǒ shì guòmǐnxìng bíyán.

喘息があります。	我 有 哮喘病。 Wǒ yǒu xiàochuǎnbìng.
花粉症です。	我 有 花粉症。 Wǒ yǒu huāfěnzhèng.
心臓が悪いです。	我 心脏 不 好。 Wǒ xīnzàng bù hǎo.

▶ 6. 薬局で　　　　　　　　　　　　　　　Track 414

この近くに薬局はありますか。	这 附近 有 药店 吗？ Zhè fùjìn yǒu yàodiàn ma?
風邪薬を買いたいです。	我 买 感冒药。 Wǒ mǎi gǎnmàoyào.
頭痛薬はありますか。	有 头疼药 吗？ Yǒu tóuténgyào ma?
ばんそうこうをください。	我 要 创可贴。 Wǒ yào chuāngkětiē.
下痢止めの薬がありますか。	有 止泻药 吗？ Yǒu zhǐxièyào ma?
板蓝根(バンランゲン)がほしいのですが。	我 要 板蓝根。 Wǒ yào Bǎnlángēn.

〈"板蓝根"は中国で最も有名な漢方風邪薬です〉

1日に何回飲むのですか。	一 天 吃 几 次？ Yì tiān chī jǐ cì?
1回に何錠飲むのですか。	一 次 吃 几 片？ Yí cì chī jǐ piàn?
⇒毎日3回、3錠ずつ飲みます。	一 天 吃 3 次，一 次 3 片儿。 Yì tiān chī sān cì, yí cì sān piànr.
これをください。	我 要 这个。 Wǒ yào zhège.
栄養ドリンクを1つください。	要 一 个 营养剂。 Yào yí ge yíngyǎngjì.

発展編

病院・薬局についての言い方をもっと知っておきましょう。

▶ 1. 診察を勧める

| 顔色が悪いですね。 | 你 脸色 不 太 好。
Nǐ liǎnsè bú tài hǎo. |

| どこか悪いんじゃない？ | 是 不 是 哪儿 不 舒服？
Shì bu shì nǎr bù shūfu? |

| 風邪じゃないですか。 | 是 不 是 感冒 了？
Shì bu shì gǎnmào le? |

| おそらく何か食べてお腹を壊したのでしょう。 | 是 不 是 吃坏 肚子 了？
Shì bu shì chīhuài dùzi le? |

| 薬はちゃんと飲んでいますか。 | 吃药 了 吗？
Chīyào le ma? |

| 診察してもらいましたか。 | 你 去 看病 了 吗？
Nǐ qù kànbìng le ma? |

| すぐに病院に行って診察してもらいなさい。 | 赶快 去 医院 看看 吧。
Gǎnkuài qù yīyuàn kànkan ba. |

| お医者さんに診察してもらわなければ。 | 你 得 去 看 医生。
Nǐ děi qù kàn yīshēng. |

| 少し、お酒を控えてね。 | 少 喝 点儿 酒 吧。
Shǎo hē diǎnr jiǔ ba. |

▶ 2. 受付で

| ⇒何科ですか。 | 挂 什么 科？
Guà shénme kē? |

| 外科です。 | 挂 外科。
Guà wàikē. |

耳鼻咽喉科を受診したいんですが。	我想挂个耳鼻喉科。 Wǒ xiǎng guà ge ěrbíhóukē.
専門科の受診をしたいのですが。	挂一个专家号。 Guà yí ge zhuānjiā hào.
心電図検査を受けたいのですが。	我要做心电图检查。 Wǒ yào zuò xīndiàntú jiǎnchá.
急診をお願いします。	我看急诊。 Wǒ kàn jízhěn.
日本語ができるお医者さんはいますか。	有没有会日语的医生? Yǒu méiyǒu huì Rìyǔ de yīshēng?
英語がわかる方がいますか。	有没有懂英语的大夫? Yǒu méiyǒu dǒng Yīngyǔ de dàifu?
注射をしてほしいんですが、何科に行けばいいですか。	我要打针,挂什么号? Wǒ yào dǎzhēn, guà shénme hào?
歯科に行きたいんですが、いい病院をご存じですか。	我想看牙,你知道哪儿有好的医院吗? Wǒ xiǎng kàn yá, nǐ zhīdao nǎr yǒu hǎo de yīyuàn ma?

Track 417

関連単語 語彙を増やしましょう。(病院の診療科)

小児科	儿科 érkē	整形外科	矫形外科 jiǎoxíng wàikē
歯科	牙科 yákē	眼科	眼科 yǎnkē
産婦人科	妇产科 fùchǎnkē	皮膚科	皮肤科 pífūkē
泌尿器科	泌尿科 mìniàokē	精神科	精神科 jīngshénkē
神経外科	神经外科 shénjīng wàikē		

17 病院・薬局で

▶ 3. 内科で　　　　　　　　　　　　　　　　Track 418

(1) 受診する

⇒どこが調子悪いんですか。

你 哪儿 不 舒服？
Nǐ nǎr bù shūfu?

⇒何日になりますか。

几 天 了？
Jǐ tiān le?

⇒この症状はいつからですか。

已经 多 长 时间 了？
Yǐjing duō cháng shíjiān le?

2日になります。昨日の朝からです。

两 天 了，昨天 早上 开始 的。
Liǎng tiān le, zuótiān zǎoshang kāishǐ de.

もう1週間になります。

已经 有 一 个 星期 了。
Yǐjing yǒu yí ge xīngqī le.

⇒体温を測りましたか。

你 量 体温 了 没有？
Nǐ liáng tǐwēn le méiyǒu?

⇒まず体温を測ってください。

先 量量 体温 吧。
Xiān liángliang tǐwēn ba.

⇒上着の前をはだけてください。

请 把 上衣 解开。
Qǐng bǎ shàngyī jiěkāi.

⇒体温を測って、測り終わったらお知らせください。

量 一下 体温，量好了 给 我。
Liáng yíxià tǐwēn, liánghǎole gěi wǒ.

⇒時間です。体温計をください。

时间 到 了，把 温度计 给 我。
Shíjiān dào le, bǎ wēndùjì gěi wǒ.

⇒ 38度5分です。

38　度5。
Sānshíbā dù wǔ.

⇒眠れますか。

睡眠 怎么样？
Shuìmián zěnmeyàng?

まあまあです。昨日は8時間寝ました。

还 可以。昨天 睡了 八 个 小时。
Hái kěyǐ. Zuótiān shuìle bā ge xiǎoshí.

⇒何か持病がありますか。

你 本来 有 什么 病？
Nǐ běnlái yǒu shénme bìng?

⇒ここ数日便通はいいですか。

这 几 天 你 的 大便 正常 吗？
Zhè jǐ tiān nǐ de dàbiàn zhèngcháng ma?

⇒のどがかなり腫れていますね。	你的喉咙肿得很厉害。 Nǐ de hóulong zhǒngde hěn lìhai.
⇒インフルエンザです。	你得的是流感。 Nǐ dé de shì liúgǎn.
⇒ウィルスによる感染性胃腸炎です。	是病毒性肠胃炎。 Shì bìngdúxìng chángwèiyán.
注射を打つ必要がありますか。	要打针吗？ Yào dǎzhēn ma?
⇒注射を打つ必要はありません。	不用打针。 Búyòng dǎzhēn.
⇒まず注射を打ちましょう。	先打一针吧。 Xiān dǎ yì zhēn ba.
注射は好きではありません。	我不喜欢打针。 Wǒ bù xǐhuan dǎzhēn.
薬をください。	您给我开点儿药吧。 Nín gěi wǒ kāi diǎnr yào ba.
解熱剤を出していただけませんか。	给我开点儿退烧药好吗？ Gěi wǒ kāi diǎnr tuìshāoyào hǎo ma?
⇒薬を飲めばよくなります。	吃点儿药就会好的。 Chī diǎnr yào jiù huì hǎo de.
⇒水分をたくさんとってください。	要多喝水。 Yào duō hē shuǐ.
ちょっと緊張しています。	我有点儿紧张。 Wǒ yǒudiǎnr jǐnzhāng.
この病気はひどいですか。	这病厉害吗？ Zhè bìng lìhai ma?
私の病気は大丈夫ですか。	我的病严重吗？ Wǒ de bìng yánzhòng ma?
先生、私の病気は重いでしょうか。	大夫，我的病要紧吗？ Dàifu, wǒ de bìng yàojǐn ma?
⇒大丈夫ですよ。すぐに治ります。	不要紧。很快就会好的。 Búyàojǐn. Hěn kuài jiù huì hǎo de.

診断書をください。	请 给 我 开 个 诊断书。 Qǐng gěi wǒ kāi ge zhěnduànshū.

(2) 症状を伝える　　　　　　　　　　　　Track 419

気持ちが悪いです。	我 觉得 不 舒服。 Wǒ juéde bù shūfu.
寒気がします。	我 觉得 发冷。 Wǒ juéde fālěng.
夜、よく眠れません。	我 晚上 睡不好。 Wǒ wǎnshang shuìbuhǎo.
体がだるくて重いです。	我 浑身 酸痛。 Wǒ húnshēn suāntòng.
近頃、体がだるくて、何もやる気がありません。	我 最近 浑身 发懒，什么 也 不 想 干。 Wǒ zuìjìn húnshēn fālǎn, shénme yě bù xiǎng gàn.
ちょっと熱があります。	我 有点儿 发烧。 Wǒ yǒudiǎnr fāshāo.
昨日熱を測ってみたら38度でした。	昨天 量 体温，三十八 度。 Zuótiān liáng tǐwēn, sānshíbā dù.
3日間熱が引かないんです。	我 已经 发了 三 天 烧 了。 Wǒ yǐjīng fāle sān tiān shāo le.
風邪を引きました。	我 着凉 了。 Wǒ zháoliáng le.
私は目眩がして食欲がありません。	我 头 晕，没 胃口。 Wǒ tóu yūn, méi wèikǒu.
頭が痛くてたまりません。	头 疼得 不得了。 Tóu téngde bùdeliǎo.
私は頭がずきんずきんします。	我 一阵儿 一阵儿 地 头疼。 Wǒ yízhènr yízhènr de tóuténg.
頭が痛くて、全身力が入らないんです。	头 疼得 很，浑身 无力。 Tóu téngde hěn, húnshēn wúlì.
のどが少し痛いです。	嗓子 有点儿 疼。 Sǎngzi yǒudiǎnr téng.

のどが炎症を起こしました。	嗓子 发炎 了。 Sǎngzi fāyán le.
鼻が詰まっています。	鼻子 不 通气儿。 Bízi bù tōngqìr.
鼻水が出て、つらいです。	一直 流 鼻涕，真 受不了。 Yìzhí liú bítì, zhēn shòubuliǎo.
昨日から鼻水が止まりません。	从 昨天 开始 不停 地 流 鼻涕。 Cóng zuótiān kāishǐ bùtíng de liú bítì.
私は高血圧です。	我 有 高血压。 Wǒ yǒu gāoxuèyā.
血圧は普段から少し高めです。	血压 一直 有点儿 高。 Xuèyā yìzhí yǒudiǎnr gāo.
小さいころからずっと貧血気味です。	从 小 就 一直 有点儿 贫血。 Cóng xiǎo jiù yìzhí yǒudiǎnr pínxuè.
私は神経衰弱になったことがあります。	我 曾经 有过 神经 衰弱。 Wǒ céngjīng yǒuguo shénjīng shuāiruò.

17 病院・薬局で

Track 420

関連単語 語彙を増やしましょう。（病気の種類）

偏頭痛	偏头痛 piāntóutòng	肝炎	肝炎 gānyán
扁桃腺炎	扁桃体炎 biǎntáotǐyán	糖尿病	糖尿病 tángniàobìng
食中毒	食物 中毒 shíwù zhòngdú	盲腸炎	阑尾炎 / lánwěiyán
消化不良	消化 不良 xiāohuà bùliáng	盲腸炎	盲肠炎 mángchángyán
じんましん	风疙瘩 fēnggēda	不眠症	失眠症 shīmiánzhèng
胃けいれん	胃痉挛 wèijìngluán	心臓病	心脏病 xīnzàngbìng
便秘	便秘 biànmì	伝染病	传染病 chuánrǎnbìng
持病	老病 lǎobìng	白血病	白血病 báixuèbìng
肺炎	肺炎 fèiyán	エイズ	艾滋病 àizībìng
胃潰瘍	胃溃疡 wèikuìyáng	新型インフルエンザ	新型 流感 xīnxíng liúgǎn
胃炎	胃炎 wèiyán	アトピー性皮膚炎	特应性 皮炎 tèyìngxìng píyán
		アルツハイマー病	阿尔茨海默病 Ā'ěrcíhǎimòbìng

▶ 4. 外科で

Track 421

手にやけどをしました。　　手 烫伤 了。
　　　　　　　　　　　　 Shǒu tàngshāng le.

指に怪我をしました。　　　手指 割破 了。
　　　　　　　　　　　　 Shǒuzhǐ gēpò le.

むち打ち症です。　　　　　脖子 扭伤 了。
　　　　　　　　　　　　 Bózi niǔshāng le.

犬に噛まれました。	被狗咬了一口。 Bèi gǒu yǎole yì kǒu.
傷口が化膿しました。	伤口化脓了。 Shāngkǒu huànóng le.
友人がひどいけがをしました。	我朋友受重伤了。 Wǒ péngyou shòu zhòngshāng le.
鈍い痛みです。	隐痛。 Yǐntòng.
鋭い痛みです。	尖痛。 Jiāntòng.
ひりひりする痛みです。	火辣辣地痛。 Huǒlàlà de tòng.
ずきずきする痛みです。	一阵儿一阵儿地痛。 Yízhènr yízhènr de tòng.
痛くて眠れません。	疼得睡不着觉。 Téngde shuìbuzháojiào.
しびれています。	发麻。 Fāmá.
腫れてきました。	肿起来了。 Zhǒngqilai le.

Track 422

関連単語 語彙を増やしましょう。（体の語彙）

口	嘴 zuǐ	腕	胳膊 gēbo
顔	脸 liǎn	手の指	手指 shǒuzhǐ
首	脖子 bózi	足	脚 jiǎo
胸	胸 xiōng	膝	膝盖 xīgài
背中	后背 hòubèi	つま先	脚尖 jiǎojiān

17 病院・薬局で

▶ 5. 胃腸科で　　　　　　　　　　　　　　　Track 423

ちょっと胃の調子が悪いです。
胃 感觉 有点儿 不 舒服。
Wèi gǎnjué yǒudiǎnr bù shūfu.

何も食べたくありません。
什么 东西 都 不 想 吃。
Shénme dōngxi dōu bù xiǎng chī.

胃が痛くて、ご飯も食べたくありません。
胃 疼得 厉害，饭 也 不 想 吃。
Wèi téngde lìhai, fàn yě bù xiǎng chī.

昨日何度も吐きました。
昨天 吐了 好 几 次。
Zuótiān tùle hǎo jǐ cì.

一昨日からお腹を壊しています。
我 从 前天 开始 拉 肚子。
Wǒ cóng qiántiān kāishǐ lā dùzi.

吐くやら、下すやらでした。
我 上 吐 下 泻。
Wǒ shàng tù xià xiè.

ちょっと痛く感じる時もあるし、感じない時もあります。
有时 有点儿 疼，有时 不 觉得。
Yǒushí yǒudiǎnr téng, yǒushí bù juéde.

▶ 6. 検査を受ける　　　　　　　　　　　　Track 424

⇒これからCT検査を受けていただきます。
现在 开始 照 CT。
Xiànzài kāishǐ zhào CT.

わかりました。
知道 了。
Zhīdao le.

こうですか。
这样 行 吗？
Zhèyàng xíng ma?

⇒血圧を計りましょう。
量 一下 血压 吧。
Liáng yíxià xuèyā ba.

⇒尿検査を受けに行ってください。
你 去 做 个 尿检。
Nǐ qù zuò ge niàojiǎn.

⇒ちょっと血液検査をしましょう。
化验 一下 血 吧。
Huàyàn yíxià xiě ba.

私の血液型はA型です。	我是A型血。 Wǒ shì A xíng xiě.
私の血液型はAB型です。	我的血型是AB型。 Wǒ de xuèxíng shì ABxíng.
⇒X線写真を撮りに行ってください。	你去拍一张X光片。 Nǐ qù pāi yì zhāng Xguāngpiàn.
⇒CTスキャン検査を受けてください。	你去照个CT。 Nǐ qù zhào ge CT.
お医者さんに胃カメラを撮るように言われました。	大夫让我去做胃镜。 Dàifu ràng wǒ qù zuò wèijìng.
バリウムを飲むのは一番いやです。	我最讨厌喝钡餐。 Wǒ zuì tǎoyàn hē bèicān.
⇒点滴をした方がいいです。	最好打点滴。 Zuìhǎo dǎ diǎndī.

Track 425

関連単語　語彙を増やしましょう。（検査の用語）

超音波	超声波/B超 shāoshēngbō Bchāo	血管造影	血管 造影 xuèguǎn zàoyǐng
内視鏡	内窥镜 nèikuījìng	マンモグラフィー	乳房X线摄影 rǔfáng X xiànshèyǐng
CT	断层 扫描 duàncéng sǎomiáo	大便	大便 dàbiàn
MRI	核磁 共振 hécí gòngzhèn	小便	小便 xiǎobiàn

▶7. 入院・見舞い

Track 426

少しよくなりましたか。	你好点儿了吗？ Nǐ hǎo diǎnr le ma?
血色がずいぶん良くなったようだけど。	看你的气色好多了。 Kàn nǐ de qìsè hǎoduō le.

すっかり痩せちゃったようですよ。	我看您瘦多了。 Wǒ kàn nín shòuduō le.
手術してから何日になりますか。	手术后有多少天了？ Shǒushù hòu yǒu duōshao tiān le?
不幸中の幸いですね。	真是不幸中之万幸啊！ Zhēn shì búxìng zhōng zhī wànxìng a!
ご無事で何よりです。	您没事了，这比什么都强。 Nín méi shì le, zhè bǐ shénme dōu qiáng.
手術は順調でしたか。	手术过程顺利吗？ Shǒushù guòchéng shùnlì ma?
入院生活は本当につまらないです。	在医院里真没意思。 Zài yīyuàn li zhēn méi yìsi.
ほんの気持ちです。	这是一点儿心意。 Zhè shì yìdiǎnr xīnyì.
気を使わせてしまって本当にすみません。	让您这样费心，实在过意不去。 Ràng nín zhèyàng fèixīn, shízài guò yì bú qù.
体を壊したら、元も子もないですよ。	要是搞坏了身体，可就鸡飞蛋打了。 Yàoshi gǎohuàile shēntǐ, kě jiù jīfēi dàndǎ le.
不摂生な暮らしを続けていたのです。	我平日生活没有规律。 Wǒ píngrì shēnghuó méiyǒu guīlǜ.
自業自得です。	真是自作自受。 Zhēnshì zìzuò zìshòu.
薬を飲んで、早目に寝た方がよいです。	最好吃了药，早些休息。 Zuìhǎo chīle yào, zǎo xiē xiūxi.
たっぷり睡眠をとって。	应该好好儿睡上一觉。 Yīnggāi hǎohāor shuìshang yí jiào.
体を休めなければなりません。	让身体休息休息。 Ràng shēntǐ xiūxixiūxi.
どうかお大事に。	请多保重。 Qǐng duō bǎozhòng.

では、お大事に。	请 多 保重。 Qǐng duō bǎozhòng.
早く回復されるようお祈りします。	祝 你 早日 康复。 Zhù nǐ zǎorì kāngfù.

▶ 8. 回復する　　　　　　　　　　　　　　　　　Track 427

⇒今日は少し気分がよくなりましたか。	今天 感觉 好 点儿 了 吗？ Jīntiān gǎnjué hǎo diǎnr le ma?
少しよくなりました。	稍微 好些 了。 Shāowēi hǎoxiē le.
だいぶよくなりました。	感觉 好多 了。 Gǎnjué hǎoduō le.
薬を飲んだら、熱がひきました。	吃了 药 就 不 发烧 了。 Chīle yào jiù bù fāshāo le.
今ではもう痛くありません。	现在 已经 不 疼 了。 Xiànzài yǐjīng bù téng le.
今週中に退院できますか。	你 这个 星期 能 出院 吗？ Nǐ zhège xīngqī néng chūyuàn ma?
2、3日すれば退院できます。	过 两 天 就 可以 出院 了。 Guò liǎng tiān jiù kěyǐ chūyuàn le.
あと4、5日したら歩いてもいいです。	再 过 四、五 天 就 能 走动 了。 Zài guò sì、wǔ tiān jiù néng zǒudòng le.

▶ 9. 薬局で　　　　　　　　　　　　　　　　　Track 428

　医者が出した処方箋は病院内の薬局でしか使えません。一方、市内の薬局で薬を買うのに処方箋はいりません。漢字表記や英語表記で、有名な風邪薬はすぐにわかります。店員に口頭で注文してみましょう。

(1) 病院の薬局で

薬をもらう場所はどこですか。	取药处 在 哪儿？ Qǔyàochù zài nǎr?

薬をお願いします。	大夫，取 药。 Dàifu, qǔ yào.
こちらは処方箋です。	这 是 药方。 Zhè shì yàofāng.
この処方箋の薬をください。	请 按 这个 药方 配药。 Qǐng àn zhège yàofāng pèiyào.
⇒先に料金を支払ってください。	请 您 先 去 交费。 Qǐng nín xiān qù jiāofèi.
⇒こちらは外用薬です。	这 一 瓶 是 外用 的。 Zhè yì píng shì wàiyòng de.
⇒間違いのないように。	您 别 弄错 了。 Nín bié nòngcuò le.

(2) 市中の薬局で　　　　　　　　　　　　　Track 429

薬局にはスーパー形式と対面販売形式という２つのタイプがあります。対面式では薬剤師と相談して買った方が症状に合った薬が買えます。

風邪薬を買いたいんですが。	我 想 买 点儿 感冒药。 Wǒ xiǎng mǎi diǎnr gǎnmàoyào.
コンタックを１つください。	我 买 一 盒 康泰克。 Wǒ mǎi yì hé Kāngtàikè.
酔い覚ましの薬をください。	要 一点儿 醒酒 药。 Yào yìdiǎnr xǐngjiǔ yào.
頭痛に効くのはどの薬ですか。	什么 药 治 头疼？ Shénme yào zhì tóuténg?
下痢ですが、どんな薬を飲むべきですか。	我 拉 肚子，应该 吃 什么 药？ Wǒ lā dùzi, yīnggāi chī shénme yào?
⇒この薬を試してみてください。	你 试试 这 种 药。 Nǐ shìshi zhè zhǒng yào.
⇒この薬は効果があります。	这 种 药 效果 不错。 Zhè zhǒng yào xiàoguǒ búcuò.

⇒これが漢方薬で、副作用がありません。	这 是 中药，没有 副作用 的。 Zhè shì zhōngyào, méiyǒu fùzuòyòng de.
ここで漢方薬を処方していただけますか。	这儿 可以 配 中药 吗？ Zhèr kěyǐ pèi zhōngyào ma?
⇒これが熱を下げる薬です。	这 是 退烧药。 Zhè shì tuìshāoyào.
⇒この薬はよく効きますよ。	这 药 很 有效。 Zhè yào hěn yǒuxiào.
この薬はどうやって飲むのですか。	这 药 该 怎么 吃？ Zhè yào gāi zěnme chī?
食前に飲むのですか、食後に飲むのですか。	饭前 服，还是 饭后 服？ Fànqián fú, háishi fànhòu fú?
⇒食前に服用してください。	请 饭前 服用。 Qǐng fànqián fúyòng.
⇒食後に服用してください。	请 饭后 服用。 Qǐng fànhòu fúyòng.
毎日何回飲みますか。	一 天 吃 几 次？ Yì tiān chī jǐ cì?
⇒1日3回、1回1錠です。	一 天 三 次，每 次 一 片。 Yì tiān sān cì, měi cì yí piàn.
⇒他に何かご入用ですか。	您 还 要 别 的 吗？ Nín hái yào bié de ma?
他は結構です。	不 要 别 的 了。 Bú yào bié de le.

実践編

Track 430

場面を想定して実践しましょう。

❶ 〔診察を勧める〕顔色がよくありませんね（A、Bは友人）

A：	顔色がよくありませんね。どうしましたか。	你 脸色 不 大 好，怎么 了？ Nǐ liǎnsè bú dà hǎo, zěnme le?
B：	実は、ここ数日、ずっと寝つきが悪くて、よく眠れないんです。	这 几 天 一直 入睡不好，也 Zhè jǐ tiān yìzhí rùshuìbùhǎo, yě 睡不踏实。 shuìbutàshi.
A：	風邪を引いたんじゃないか。熱はありますか。	是 不 是 感冒 了？发烧 吗？ Shì bu shì gǎnmào le? Fāshāo ma?
B：	測っていないけど、たぶん熱があると思います。	没 量 体温，可能 有点儿 发烧。 Méi liáng tǐwēn, kěnéng yǒudiǎnr fāshāo.
A：	この近くに病院はありますか。	这 附近 有 没有 医院？ Zhè fùjìn yōu méiyǒu yīyuàn?
B：	1人で病院に行きたくありません。一緒に病院に行ってくれますか。	我 一 个 人 不 想 去 医院。 Wǒ yí ge rén bù xiǎng qù yīyuàn. 你 能 陪 我 去 医院 吗？ Nǐ néng péi wǒ qù yīyuàn ma?
A：	私がついて行ってあげましょう。	好 吧，我 陪 你 一起 去。 Hǎo ba, wǒ péi nǐ yìqǐ qù.

Track 431

❷ 〔受付で〕内科は何階ですか（Aは患者、Bは受付係）

A：	すみません、内科をお願いします。	小姐，我 挂 内科。 Xiǎojiě, wǒ guà nèikē.
B：	10元です。	10 块。 Shí kuài.

A: 内科は何階ですか。

内科 在 几 楼?
Nèikē zài jǐ lóu?

B: 2階です。

在 二 楼。
Zài èr lóu.

Track 432

3 〔内科で〕どこが具合が悪いですか(Aは患者、Bは医者)

B: どうしましたか。どこが具合が悪いですか。

怎么 了, 哪儿 不 舒服?
Zěnme le, nǎr bù shūfu?

A: 鼻水に、咳に、そして今は頭も痛くなりました。

流 鼻涕、咳嗽、现在 头 也
Liú bítì, késou, xiànzài tóu yě

开始 疼 了。
kāishǐ téng le.

B: ちょっとのどを見せてください。少し腫れていますね。熱はありますか？

让 我 看看 嗓子。有点儿 肿。
Ràng wǒ kànkan sǎngzi. Yǒudiǎnr zhǒng.

发烧 吗?
Fāshāo ma?

A: わかりません。まだ測っていません。

不 知道, 还 没有 量。
Bù zhīdao, hái méiyǒu liáng.

B: では、ちょっと体温を測ってください。38度5分ですね。食欲はいかがですか。

来, 量 一下 体温。三十八 度 五。
Lái, liáng yíxià tǐwēn. Sānshíbā dù wǔ.

食欲 怎么样?
Shíyù zěnmeyàng?

A: あまり食欲がありません。今朝もちょっと水を飲んだだけです。

不 太 想 吃 东西。今天 早上
Bú tài xiǎng chī dōngxi. Jīntiān zǎoshang

就 喝了 点儿 水。
jiù hēle diǎnr shuǐ.

B: では、ボタンを外してください。聴診器を当てますから。お腹は痛いですか。

把 衣服 解开, 让 我 听 一 听。
Bǎ yīfu jiěkāi, ràng wǒ tīng yi tīng.

肚子 疼 不 疼?
Dùzi téng bu téng?

A: お腹は痛くないんですが、ただ胃の調子があまりよくありません。

肚子 不 疼，只是 胃 有点儿 不 舒服。
Dùzi bù téng, zhǐshì wèi yǒudiǎnr bù shūfu.

B: この検査シートを持って、血液検査をしてきてください。

这 是 化验单，你 去 验 一下 血。
Zhè shì huàyàndān, nǐ qù yàn yíxià xiě.

（検査が終わって）

A: 先生、どうでしょうか。

大夫，我 得 的 是 什么 病？
Dàifu, wǒ dé de shì shénme bìng?

B: 検査結果を見た限りでは特に問題はありません。風邪です。帰って、時間どおりに薬を飲んでください。そして、水分を多く取り、ゆっくり休んでください。

化验 结果 没 什么 问题，是 感冒。回去 要 按时 吃 药，多 喝 水，好好儿 休息。
Huàyàn jiéguǒ méi shénme wèntí, shì gǎnmào. Huíqu yào ànshí chī yào, duō hē shuǐ, hǎohāor xiūxi.

A: どうもありがとうございました。

谢谢 大夫。
Xièxie dàifu.

Track 433

4 〔外科で〕階段から転んでしまいました（A は患者、B は医者）

B: どうされましたか。

怎么 了？
Zěnme le?

A: 階段から転んでしまいました。

从 楼梯 上 摔下来 了。
Cóng lóutī shang shuāixialai le.

B: いつのことですか。

什么 时候 的 事？
Shénme shíhou de shì?

A: 一昨日でした。大丈夫だと思いましたが、ますます痛くなってきました。湿布しましたが、やはり痛いです。

前天。我 以为 没事，但是 越 来 越 疼。我 冷敷过 了，可是 还 疼。
Qiántiān. Wǒ yǐwéi méishì, dànshì yuè lái yuè téng. Wǒ lěngfūguo le, kěshì hái téng.

420

B:	ちょっと見せてください。	让 我 看看。 Ràng wǒ kànkan.
A:	ここです。	是 这儿。 Shì zhèr.
B:	ちょっと腫れていますね。レントゲンを撮りましょう。	有点儿 肿。照 个 X光片 吧。 Yǒudiǎnr zhǒng. Zhào ge Xguāngpiàn ba.
A:	わかりました。	好 的。 Hǎo de.

Track 434

⑤〔胃腸科で〕胃カメラ検査をしましょう（Aは患者、Bは医者）

A:	ここ数日、胃の調子がよくないんです。	这 几 天 胃 一直 不 舒服。 Zhè jǐ tiān wèi yìzhí bù shūfu.
B:	どんな症状がありますか。	有 什么 症状？ Yǒu shénme zhèngzhuàng?
A:	主に吐き気がしたりします。	主要 是 恶心、反胃。 Zhǔyào shì èxin, fǎnwèi.
B:	胃カメラ検査をしましょう。	做 个 胃镜 检查 吧。 Zuò ge wèijìng jiǎnchá ba.
A:	わかりました。	好 吧。 Hǎo ba.

（検査が終わって）

B:	胃腸は異常がありません。胃腸薬を処方しますから、毎日時間通りに服用してください。	肠胃 没有 异常。给 你 开 点儿 肠胃药，每天 按时 服用。 Chángwèi méiyǒu yìcháng. Gěi nǐ kāi diǎnr chángwèiyào, měitiān ànshí fúyòng.
A:	わかりました。すぐ直りますか。	好。很 快 就 会 好 吗？ Hǎo. Hěn kuài jiù huì hǎo ma?

B：	4、5日で治ると思います。しかし、少し時間がかかるかもしれません。	我 看 四 五 天 就 能 好，也 Wǒ kàn sì wǔ tiān jiù néng hǎo, yě 可能 时间 再 稍微 长 点儿。 kěnéng shíjiān zài shāowēi cháng diǎnr.
A：	そうですか。	是 吗？ Shì ma?
B：	治るまで刺激の強いものは控えてください。	病 好 之前 不要 吃 辛辣 的 Bìng hǎo zhīqián búyào chī xīnlà de 东西。 dōngxi.
A：	わかりました。どうもありがとうございました。	知道 了。谢谢 大夫。 Zhīdao le. Xièxie dàifu.

Track 435

6 〔診察室で〕ええっ？ 手術するのですか（Aは患者、Bは医者）

B：	病状が重いので、入院する必要があります。	你 的 病 比较 严重，得 住院。 Nǐ de bìng bǐjiào yánzhòng, děi zhùyuàn.
A：	ええっ？ 手術するのですか。	啊，要 动 手术 吗？ Á, yào dòng shǒushù ma?
B：	今はまだはっきり言えません、入院して数日観察してからでないと。	现在 还 说不好，住院 先 观察 Xiànzài hái shuōbuhǎo, zhùyuàn xiān guānchá 几 天 再 说。 jǐ tiān zài shuō.
A：	それではうちに一度帰って荷物を持って、また来ます。	那 我 回去 收拾 一下 东西 再 Nà wǒ huíqu shōushi yíxià dōngxi zài 来。 lái.
B：	精神的にリラックスしてください。治療のためにもなりますから。	精神 要 放松，这样 对 治病 有 Jīngshen yào fàngsōng, zhèyàng duì zhìbìng yǒu 好处。 hǎochù.
A：	わかりました。	知道 了。 Zhīdao le.

（Aの独り言）リラックスなんてできるものか。

（自言自语）我 哪儿 能
　　　zìyán zìyǔ　Wǒ nǎr néng
放得松 呀。
fàngdesōng ya.

Track 436

7　〔漢方医学院の診察室で〕手を出して、脈をとります（Aは患者、Bは漢方医）

B：　どうされましたか。

怎么 啦？
Zěnme la?

A：　夜よく眠れなくて、昼も意識がもうろうとしています。

晚上 老 睡不着觉，白天 却
Wǎnshang lǎo shuìbuzháojiào, báitiān què
昏昏沉沉 的。
hūnhūnchénchén de.

B：　そうですか。舌を出して、見せてください。舌のこけがちょっと厚いですね。食欲はどうですか。

哦。把 舌头 伸出来 让 我
Ò.　Bǎ shétou shēnchulai ràng wǒ
看看。舌苔 有点儿 厚。食欲
kànkan. Shétāi yǒudiǎnr hòu. Shíyù
怎么样？
zěnmeyàng?

A：　あまりありません。それに、脂っぽいものは食べたくありません。

不 太 好。不 能 吃 油腻 的
Bú tài hǎo. Bù néng chī yóunì de
东西。
dōngxi.

B：　手を出して、脈をとります。

把 手 伸出来，我 来 号号 脉。
Bǎ shǒu shēnchulai, wǒ lái hàohao mài.

A：　どうですか。

大夫，怎么样？
Dàifu, zěnmeyàng?

B：　脈から見ると何もないんですが。ふだん運動はしていますか。

从 脉像 上 看，没有 什么 大
Cóng màixiàng shang kàn, méiyǒu shénme dà
问题。你 平时 运动 吗？
wèntí. Nǐ píngshí yùndòng ma?

A：　ほとんど運動はしません。運動するのは好きではありませんから。

基本 不 运动。我 不 喜欢
Jīběn bú yùndòng. Wǒ bù xǐhuan
运动。
yùndòng.

B：	たくさん運動した方がいいですよ。	你 应该 多 运动运动。 Nǐ yīnggāi duō yùndòngyùndòng.
A：	眠れないことと運動しないことは関係がありますか。	睡不着 和 不 运动 有 关系 吗？ Shuìbuzháo hé bú yùndòng yǒu guānxi ma?
B：	直接には関係がありません。でも、眠れないのはプレッシャーがあるからでしょうね。運動することによって免疫力が上がり、プレッシャーが軽くなります。	没有 直接 的 关系。你 睡不着，主要 是 压力 太 大 的 缘故。运动 可以 提高 免疫力，减轻 压力。 Méiyǒu zhíjiē de guānxi. Nǐ shuìbuzháo, zhǔyào shì yālì tài dà de yuángù. Yùndòng kěyǐ tígāo miǎnyìlì, jiǎnqīng yālì.
A：	なるほど、そうですか。	是 这样。 Shì zhèyàng.
B：	運動した後は、ある程度の疲労感が体に生まれ、眠りやすくなります。	运动 以后，身体 会 产生 一 种 疲劳感，比较 容易 入睡。 Yùndòng yǐhòu, shēntǐ huì chǎnshēng yì zhǒng píláogǎn, bǐjiào róngyi rùshuì.
A：	ありがとうございます。帰って運動療法を試してみます。	谢谢 大夫。那 我 回去 试试 运动 疗法。 Xièxie dàifu. Nà wǒ huíqu shìshi yùndòng liáofǎ.
B：	お嬢さん、くよくよしないで。人生には越えられない峠はありませんから。	姑娘，想开 点儿。人生 没有 过不去 的 坎儿。 Gūniang, xiǎngkāi diǎnr. Rénshēng méiyǒu guòbuqù de kǎnr.

Track 437

8 〔病室で①〕怪我のほうはどうですか（A は患者、B は A の後輩）

（トントン）

A：	どうぞ。	请 进。 Qǐng jìn.
B：	こんにちは。	您 好。 Nín hǎo.

A：	ああ、王さん。	是 小 王 啊。 Shì Xiǎo Wáng a.
B：	いいのかな、お邪魔して。	打搅 了, 可以 进来 吗? Dǎjiǎo le, kěyǐ jìnlai ma?
A：	どうぞ、どうぞ。退屈でたまらなかったのよ。	请 进, 请 进。我 正 闷得 Qǐng jìn, qǐng jìn. Wǒ zhèng mènde 难受 呢。 nánshòu ne.
B：	昨日、入院したことを聞いて、びっくりしました。	昨天 听说 你 住院 了, 吓了 我 Zuótiān tīngshuō nǐ zhùyuàn le, xiàle wǒ 一 跳。 yí tiào.
A：	すみません。	不 好意思。 Bù hǎoyìsi.
B：	怪我のほうはどうですか。	伤口 怎么样 了? Shāngkǒu zěnmeyàng le?
A：	もう、痛みはだいぶ収まりました。	已经 不 太 疼 了。 Yǐjīng bú tài téng le.
B：	まだ、動いてはいけないんでしょう。	还 不 能 动 吧。 Hái bù néng dòng ba.
A：	手のほうは幸い擦り剥いただけです。	幸好 手 只 擦破了 点儿 皮。 Xìnghǎo shǒu zhǐ cāpòle diǎnr pí.
B：	まだ痛いでしょう。	还 很 疼 吧? Hái hěn téng ba?
A：	始めの日は、足がずきんずきん痛いし、擦り剥いたところもひりひりするし、たまりませんでした。立って歩いたり、手首を曲げたりすることもできませんでした。	头 一 天, 脚 一 跳 一 跳 的 Tóu yì tiān, jiǎo yí tiào yí tiào de 疼, 擦破 皮 的 地方 火辣辣 téng, cāpò pí de dìfang huǒlàlà 的, 真 难受。不 能 站起来 de, zhēn nánshòu. Bù néng zhànqǐlai 走路, 手腕子 也 弯不了。 zǒulù, shǒuwànzi yě wānbuliǎo.
B：	大変でしたね。 いつごろ退院できそうですか。	真 够 你 受 的 了。什么 时候 Zhēn gòu nǐ shòu de le. Shénme shíhou 能 出院? néng chūyuàn?

A： 順調に行けば3週間ぐらいで退院できるって先生が言ってくれたんですよ。

医生 说，如果 顺利 的话，三 周 左右 就 能 出院。
Yīshēng shuō, rúguǒ shùnlì dehuà, sān zhōu zuǒyòu jiù néng chūyuàn.

B： そうですか。退院してもしばらく杖が必要でしょうか。

是 吗，不过 恐怕 出院 了，还 得 拄 一段 时间 拐杖 吧。
Shì ma, búguò kǒngpà chūyuàn le, hái děi zhǔ yíduàn shíjiān guǎizhàng ba.

A： ええ、仕方ありませんね。しばらくはバスで通うつもりです。

那 也 没有 办法，出院 后 我 打算 坐 一 段 时间 公共 汽车 上学。
Nà yě méiyǒu bànfǎ, chūyuàn hòu wǒ dǎsuan zuò yí duàn shíjiān gōnggòng qìchē shàngxué.

B： あっ、もうこんな時間だ、じゃ、私はこれで。早く元気になってくださいね。

已经 不 早 了，我 该 告辞 了，你 快点儿 把 伤 养好 吧。
Yǐjing bù zǎo le, wǒ gāi gàocí le, nǐ kuài diǎnr bǎ shāng yǎnghǎo ba.

A： はい、お見舞いありがとう。

谢谢 你 来 看 我。
Xièxie nǐ lái kàn wǒ.

Track 438

9 〔病室で②〕退院したら海鮮料理をごちそうするね（Aは患者、BはAの親友）

B： 見舞いに来たよ。

我 来 看 你 了。
Wǒ lái kàn nǐ le.

A： やっときてくれたね。とても会いたかったよ。

你 可 来 了，想死 我 了。
Nǐ kě lái le, xiǎngsǐ wǒ le.

B： 果物を少しもってきた。よかったら食べて。

给 你 带来了 点儿 水果，尝尝 吧。
Gěi nǐ dàilaile diǎnr shuǐguǒ, chángchang ba.

A：	ああ、どうもありがとう。わざわざお見舞いに来てくれて、悪いね。	哦，谢谢。你 特意 来 看 我， Ò, xièxie. Nǐ tèyì lái kàn wǒ, 真 不 好意思。 zhēn bù hǎoyìsi.
B：	胃の手術で入院しているって聞いてびっくりした。	听说 你 因 胃部 手术 住院，我 Tīngshuō nǐ yīn wèibù shǒushù zhùyuàn, wǒ 吓坏 了。 xiàhuài le.
A：	心配をかけたね。	让 你 担心 了。 Ràng nǐ dānxīn le.
B：	今は少し良くなった？	现在 好 点儿 了 吗？ Xiànzài hǎo diǎnr le ma?
A：	だいぶ良くなった。もう痛みもないよ。	好多 了，已经 不 疼 了。 Hǎoduō le, yǐjīng bù téng le.
B：	食欲はどうなの？	胃口 怎么样？ Wèikǒu zěnmeyàng?
A：	問題ないよ。	吃 东西 没 问题。 Chī dōngxi méi wèntí.
B：	お医者さんは毎日検査に来るの？	大夫 每天 都 来 检查 吗？ Dàifu měitiān dōu lái jiǎnchá ma?
A：	来てくれるよ。ここは医者も看護婦もいいよ。	来。这儿 的 大夫 和 护士 都 Lái. Zhèr de dàifu hé hùshì dōu 很 负责。 hěn fùzé.
B：	いつ退院するの？	什么 时候 出院？ Shénme shíhou chūyuàn?
A：	数日で退院できると言われているけど。	大夫 说 过 几 天 就 可以 出院 Dàifu shuō guò jǐ tiān jiù kěyǐ chūyuàn 了。 le.
B：	病院食も飽きるよね。退院したら海鮮料理をご馳走するね。	医院 的 饭菜 吃厌 了 吧，出了 Yīyuàn de fàncài chīyàn le ba, chūle 院 我 请 你 吃 海鲜。 yuàn wǒ qǐng nǐ chī hǎixiān.
A：	そりゃいいな。それでこそ真の親友だね。	太 好 了！你 真 是 我 的 知音。 Tài hǎo le! Nǐ zhēn shì wǒ de zhīyīn.

17 病院・薬局で

10 〔薬局で〕粉薬は苦手です（A は客、B は薬局の店員）

A：	風邪薬を買いたいんだけど、どれがいいですか。	我 想 买点儿 感冒药，哪 种 比较 好？ Wǒ xiǎng mǎidiǎnr gǎnmàoyào, nǎ zhǒng bǐjiào hǎo?
B：	こちらはいかがですか。効きますよ。	这 种 怎么样？很 有效 的。 Zhè zhǒng zěnmeyàng? Hěn yǒuxiào de.
A：	粉薬ですか。粉薬は苦手です。苦さに弱いものだから。	是 粉剂 啊。我 不 喜欢 粉剂，我 怕 苦。 Shì fěnjì a. Wǒ bù xǐhuan fěnjì, wǒ pà kǔ.
B：	では、こちらはいかがですか。こちらは錠剤です。	那 这 种 呢？这 是 片剂。 Nà zhè zhǒng ne? Zhè shì piànjì.
A：	この方がいいです、こちらにします。	这 种 不错，就 要 这 种。 Zhè zhǒng búcuò. Jiù yào zhè zhǒng.
B：	この薬は1日3回、1回2錠です。	这 种 药 一 天 三 次，一 次 两 片。 Zhè zhǒng yào yì tiān sān cì, yí cì liǎng piàn.
A：	食後に飲むのですか。	是 饭后 吃 吗？ Shì fànhòu chī ma?
B：	そうです。食後30分に飲んでください。	对，饭后 三十 分钟 服用。 Duì, fànhòu sānshí fēnzhōng fúyòng.

18 トラブルに遭う

遇到麻烦 yùdào máfan

基本文型
Track 440

(1) ～された（被害を受けた時の表現）
「…被～了」

お金をすられました。　　我的钱被偷了。
　　　　　　　　　　　　Wǒ de qián bèi tōu le.

カバンをとられました。　　我的包被盗了。
　　　　　　　　　　　　Wǒ de bāo bèi dào le.

(2) ～してもらえませんか
「能～吗?」

助けてもらえませんか。　　能帮个忙吗？
　　　　　　　　　　　　Néng bāng ge máng ma?

窓を開けてもらえませんか。　　能帮我打开窗户吗？
　　　　　　　　　　　　　　Néng bāng wǒ dǎkāi chuānghu ma?

基礎編
Track 441

トラブルに遭った時に必要な基礎表現を押さえておきましょう。

▶ **1. 迷子になった**

迷子になってしまいました。　　我迷路了。
　　　　　　　　　　　　　　Wǒ mílù le.

ホテルまで送ってください。　　请送我回酒店。
　　　　　　　　　　　　　　Qǐng sòng wǒ huí jiǔdiàn.

大使館に連絡してください。	请 帮 我 跟 大使馆 联系。 Qǐng bāng wǒ gēn dàshǐguǎn liánxì.
だまされました。	我 被 骗 了。 Wǒ bèi piàn le.

▶ 2. ことばが通じない　　　　　　　　　　　　Track 442

私は中国語が話せません。	我 不 会 说 汉语。 Wǒ bú huì shuō Hànyǔ.
聞き取れません。	我 听不懂。 Wǒ tīngbudǒng.
もう一度言ってください。	请 再 说 一 遍。 Qǐng zài shuō yí biàn.
ゆっくり言ってください。	请 说 慢 点儿。 Qǐng shuō màn diǎnr.
書いてもらえませんか。	请 您 写下来 好 吗？ Qǐng nín xiěxialai hǎo ma?

▶ 3. 忘れ物・落し物をした　　　　　　　　　　Track 443

荷物がなくなりました。	行李 丢 了。 Xíngli diū le.
パスポートをなくしました。	护照 丢 了。 Hùzhào diū le.
鍵をなくしました。	钥匙 丢 了。 Yàoshi diū le.

▶ 4. 援助を頼む　　　　　　　　　　　　　　　Track 444

助けてもらえませんか。	能 帮 我 个 忙 吗？ Néng bāng wǒ ge máng ma?
ちょっと持っていてください。	请 帮 我 拿 一下。 Qǐng bāng wǒ ná yíxià.

お願いがあります。	有件事想请你帮忙。 Yǒu jiàn shì xiǎng qǐng nǐ bāngmáng.
お頼みしたいことがあるのですが。	有件事想麻烦你。 Yǒu jiàn shì xiǎng máfan nǐ.

▶ 5. 緊急の時、大きな声で叫ぶ　　　　Track 445

助けてください。	帮帮我。 Bāngbang wǒ.
助けて！	救命啊！ Jiùmìng a!
誰か来て！	快来人啊！ Kuài lái rén a!
110番に電話して。	快打110。 Kuài dǎ yāoyāolíng.
警官を呼んで、早く！	快叫警察！ Kuài jiào jǐngchá!
早く救急車を呼んで！	快叫救护车！ Kuài jiào jiùhùchē!
病院まで送ってくれますか。	请送我去医院。 Qǐng sòng wǒ qù yīyuàn.
泥棒を捕まえて！	抓小偷！ Zhuā xiǎotōu!
火事だ！	着火了！ Zháohuǒ le!
非常口はどこですか。	紧急出口在哪里？ Jǐnjí chūkǒu zài nǎlǐ?

▶ 6. 援助を申し出る　　　　Track 446

私がしましょう！	我来吧！ Wǒ lái ba.
私がやりましょう！	我来做吧！ Wǒ lái zuò ba!

荷物をお持ちしましょう。	我来帮你拿行李吧。 Wǒ lái bāng nǐ ná xíngli ba.
私に任せてください。	包在我身上。 Bāozài wǒ shēnshang.

発展編　　　　　　　　　　　　　　　　Track 447

トラブルに遭った時に必要な表現をもっと知っておきましょう。

▶ 1. 迷子になった

皆から、はぐれてしまいました。	我跟大家走散了。 Wǒ gēn dàjiā zǒusàn le.
ガイドさんが見あたりません。	我找不到导游了。 Wǒ zhǎobudào dǎoyóu le.
どうすればいいですか。	怎么办才好呢？ Zěnme bàn cái hǎo ne?
⇒どうしましたか。	发生了什么事？ Fāshēngle shénme shì?
私は外国人です。	我是外国人。 Wǒ shì wàiguórén.
私は道に迷っています。	我迷路了。 Wǒ mílù le.
私はよそ者で道がよくわかりません。	我人生路不熟。 Wǒ rén shēng lù bù shú.
私は方向音痴です。	我不识方向。 Wǒ bù shí fāngxiàng.
地図を持っていますか。	你有地图吗？ Nǐ yǒu dìtú ma?
どこでタクシーが拾えますか。	在哪儿可以打到出租车？ Zài nǎr kěyǐ dǎdào chūzūchē?
ホテルへはどのように行きますか。	我怎样回饭店？ Wǒ zěnyàng huí fàndiàn?

432

私は地下鉄の駅を探しているところです。	我 正在 找 地铁站。 Wǒ zhèngzài zhǎo dìtiězhàn.
私はだまされました。	我 上当 了。 Wǒ shàngdàng le.
あの人にだまされました。	我 被 那个 人 骗 了。 Wǒ bèi nàge rén piàn le.
今日はひどい目にあいました。	今天 倒霉透 了。 Jīntiān dǎoméitòu le.

▶ 2. ことばが通じない　　　　Track 448

あなたの話が聞き取れません。	我 听不懂 你 的 话。 Wǒ tīngbudǒng nǐ de huà.
私たちはことばが通じません。	我们 语言 不 通。 Wǒmen yǔyán bù tōng.
彼にわかってもらえません。	我 无法 让 他 明白。 Wǒ wúfǎ ràng tā míngbai.
このことばはどういう意味ですか。	请问，这 是 什么 意思？ Qǐngwèn, zhè shì shénme yìsi?
日本語のできる人はいますか。	有 会 说 日语 的 人 吗？ Yǒu huì shuō Rìyǔ de rén ma?
日本語ガイドをお願いします。	我 想 请 一 位 日语 导游。 Wǒ xiǎng qǐng yí wèi Rìyǔ dǎoyóu.
日本語の通訳がほしいです。	想 请 一 位 日语 翻译。 Xiǎng qǐng yí wèi Rìyǔ fānyì.
私はあまり英語が話せません。	我 不 太 会 说 英文。 Wǒ bú tài huì shuō Yīngwén.
この文は中国語でどう言いますか。	这 句 话 用 汉语 怎么 说？ Zhè jù huà yòng Hànyǔ zěnme shuō?

▶ 3. 忘れ物・落し物をした　　　　Track 449

落し物をしてしまいました。	我 丢了 东西 了。 Wǒ diūle dōngxi le.

パスポートをなくしてしまいました。	我把护照丢了。 Wǒ bǎ hùzhào diū le.
パスポートをなくしました。	我的护照不见了。 Wǒ de hùzhào bú jiàn le.
私のパスポートが見つかりません。	我找不到我的护照了。 Wǒ zhǎobudào wǒ de hùzhào le.
パスポートを盗まれました。	我的护照被偷了。 Wǒ de hùzhào bèi tōu le.
財布をなくしてしまいました。	我的钱包不见了。 Wǒ de qiánbāo bú jiàn le.
財布を落としました。	我的钱包丢了。 Wǒ de qiánbāo diū le.
お金をすられました。	我的钱被偷了。 Wǒ de qián bèi tōu le.
お金が全部なくなりました。	我的钱全都没有了。 Wǒ de qián quándōu méiyǒu le.
財布には現金・免許・クレジットカードが入っていました。	钱包里有现金、驾照、信用卡。 Qiánbāo li yǒu xiànjīn, jiàzhào, xìnyòngkǎ.
切符をなくしてしまいました。	我的车票丢了。 Wǒ de chēpiào diū le.
切符が見つかりません。	我的车票找不到了。 Wǒ de chēpiào zhǎobudào le.
タクシーに携帯電話を忘れたみたいです。	我把手机忘在出租车里了。 Wǒ bǎ shǒujī wàngzài chūzūchē li le.
カメラをホテルに忘れて来ました。	我的照相机忘在酒店了。 Wǒ de zhàoxiàngjī wàngzài jiǔdiàn le.
パスポートをどこに置いたか忘れました。	我忘了把护照放到哪儿了。 Wǒ wàngle bǎ hùzhào fàngdào nǎr le.
どこでなくしたか、覚えていません。	我忘了是在哪儿丢的。 Wǒ wàngle shì zài nǎr diū de.

どこでなくしたか、覚えていません。	我 忘了 丢在 哪儿 了。 Wǒ wàngle diūzài nǎr le.
忘れ物センターはどこですか。	失物 招领处 在 哪儿？ Shīwù zhāolǐngchù zài nǎr?
公安局はどこですか。	公安局 在 哪儿？ Gōngānjú zài nǎr?
この近くの交番にいけばよいのですか。	是 去 附近 的 派出所 吗？ Shì qù fùjìn de pàichūsuǒ ma?
カードの番号を取り消してください。	请 取消 我 的 卡号。 Qǐng qǔxiāo wǒ de kǎhào.
⇒遺失届けに記入してください。	请 填写 报失单。 Qǐng tiánxiě bàoshīdān.
灰色で、このくらいの大きさのです。	灰色 的，这么 大。 Huīsè de, zhème dà.
タクシーのレシートを持っています。	我 有 出租车 的 发票。 Wǒ yǒu chūzūchē de fāpiào.
思い出してみます。	让 我 回忆 一下。 Ràng wǒ huíyì yíxià.
状況はよく覚えています。	情况 我 记得 很 清。 Qíngkuàng wǒ jìde hěn qīng.
状況はよく覚えていません。	情况 我 记不清 了。 Qíngkuàng wǒ jìbuqīng le.
⇒見つかるといいですね。	要是 找到 就 好 了。 Yàoshi zhǎodào jiù hǎo le.
⇒きっと見つかりますよ。	一定 会 找到 的。 Yídìng huì zhǎodào de.

18 トラブルに遭う

Track 450

関連単語 語彙を増やしましょう。（忘れ物リスト）

かさ	雨伞 yǔsǎn	手袋	手套 shǒutào
時計	手表 shǒubiǎo	ネックレス	项链 xiàngliàn
鍵	钥匙 yàoshi	指輪	戒指 jièzhi
財布	钱包 qiánbāo	アタッシュケース	公文包 gōngwénbāo
携帯電話	手机 shǒujī	ハンドバッグ	手提包 shǒutíbāo
スマートフォン	智能手机 zhìnéng shǒujī	リュック	背包 bēibāo
iPad	iPad	紙袋	纸袋 zhǐdài

▶ 4. 援助を頼む

Track 451

どうしたらいいかな。
该 怎么 办 好 呢？
Gāi zěnme bàn hǎo ne?

助けてもらえませんか。
您 能 帮帮 我 吗？
Nín néng bāngbang wǒ ma?

すみませんが、助けてください。
麻烦 你 帮帮 我 吧。
Máfan nǐ bāngbang wǒ ba.

ちょっと手伝っていただけますか。
您 能 帮 我 一 个 忙 吗？
Nín néng bāng wǒ yí ge máng ma?

お願いしたいことがあるんですが。
有 件 事 想 求 你。
Yǒu jiàn shì xiǎng qiú nǐ.

ご協力をお願いしたいのですが。
有 件 事 想 请 您 协助。
Yǒu jiàn shì xiǎng qǐng nín xiézhù.

ちょっと相談したいことがありますが。
有 件 事 想 和 你 商量。
Yǒu jiàn shì xiǎng hé nǐ shāngliang.

何とか解決してください。	麻烦 您 解决 一下。 Máfan nín jiějué yíxià.
何とか手だてを考えていただけませんか。	请 您 务必 想想 办法。 Qǐng nín wùbì xiǎngxiang bànfǎ.
今度のことはぜひお願いします。	这 次 的 事 就 拜托 您 了。 Zhè cì de shì jiù bàituō nín le.
誰に言ったらいいですか。	我 该 告诉 谁？ Wǒ gāi gàosu shéi?
誰に連絡したらいいんでしょうか。	应该 跟 谁 联系？ Yīnggāi gēn shéi liánxì?
どこに取りに行けばよいのですか。	去 哪里 取 好 呢？ Qù nǎli qǔ hǎo ne?
日本大使館はどこですか。	日本 大使馆 在 哪儿？ Rìběn dàshǐguǎn zài nǎr?
ご迷惑をおかけします。	麻烦 您 了。 Máfan nín le.
非常に感謝をしています。	非常 感谢！ Fēicháng gǎnxiè!
本当に優しい方ですね。	你 真 是 太 好 了！ Nǐ zhēn shì tài hǎo le.

▶5. 緊急の時、大きな声で叫ぼう！   Track 452

(1) 事件に遭ったら

早く警察に通報して！	赶快 报警！ Gǎnkuài bàojǐng!
警察を呼んで！	叫 警察！ Jiào jǐngchá!
どこに通報するの？	上 哪儿 报案？ Shàng nǎr bào'àn?
どこに通報するの？	上 哪儿 报警？ Shàng nǎr bàojǐng?

120 番に電話してください。　　　快打　120。
（120 番は中国の救急車を呼ぶ電話　　Kuài dǎ yāo'èr líng.
番号です）

（2）交通事故に出くわしたら　　　　　　　　　　　Track 453

前の方で交通事故が起きた。	前面　出　车祸　了。 Qiánmiàn chū chēhuò le.
怪我人がでました。	有　人　受伤　了。 Yǒu rén shòushāng le.
大至急！	十万　火急！ Shíwàn huǒjí!
車にぶつかりました。	撞车　了。 Zhuàngchē le.
車にひかれました。	被　车　轧　了。 Bèi chē yà le.
車にはねられました。	被　车　撞　了。 Bèi chē zhuàng le.
早くお医者さんを呼んで！	快　叫　大夫！ Kuài jiào dàifu!
ここにお医者さんはいますか。	这里　有　医生　吗？ Zhèli yǒu yīshēng ma?

（3）泥棒・痴漢に遭ったら　　　　　　　　　　　　Track 454

どろぼう！	小偷！ Xiǎotōu!
つかまえて！	抓住　他！ Zhuāzhù tā!
痴漢だ！	流氓！ Liúmáng!
近寄らないで！	别　靠近　我！ Bié kàojìn wǒ!

よせ！	住手！ Zhùshǒu!
やめて！	不要！ Búyào!
おとなしくしろ！	老实 点儿！ Lǎoshi diǎnr!

(4) 災害が起こったら　　　　　　　　　　　Track 455

地震だ！	地震 了！ Dìzhèn le!
火事だ！	起火 了！ Qǐhuǒ le!
ガスくさい！	有 煤气 味儿！ Yǒu méiqì wèir!
洪水だ！	发 洪水 了！ Fā hóngshuǐ le!
津波だ！	海啸 来 了！ Hǎixiào lái le!
危ない！	危险！ Wēixiǎn!
非常口はどこですか。	紧急 出口 在 哪儿？ Jǐnjí chūkǒu zài nǎr?
避難場所はどこですか。	避难所 在 哪儿？ Bìnànsuǒ zài nǎr?
誰か手伝いの人を呼んで。	快 叫人 帮忙。 Kuài jiào rén bāngmáng.

▶6. 援助を申し出る　　　　　　　　　　　Track 456

駅までお乗せしましょう。	坐 我 的 车 去 车站 吧。 Zuò wǒ de chē qù chēzhàn ba.

駅までご案内しましょう。	我带你到车站吧。 Wǒ dài nǐ dào chēzhàn ba.
私の車で行きましょう。	坐我的车去吧。 Zuò wǒ de chē qù ba.
お荷物をお持ちしましょう。	我帮你拿东西吧。 Wǒ bāng nǐ ná dōngxi ba.
お供してもいいですか。	我能陪您吗？ Wǒ néng péi nín ma?
一緒に行ってもいいですか。	我能跟你一起去吗？ Wǒ néng gēn nǐ yìqǐ qù ma?
差し支えなければ一緒に行きたいです。	方便的话，我想和你一起去。 Fāngbiàn dehuà, wǒ xiǎng hé nǐ yìqǐ qù.
ついでですので家までお送りしましょう。	顺路，我把你送回去吧。 Shùnlù, wǒ bǎ nǐ sònghuiqu ba.
私でよければやらせてください。	如果可以的话，让我去做吧。 Rúguǒ kěyǐ dehuà, ràng wǒ qù zuò ba.
この仕事に慣れていますからやらせてください。	我熟悉这个工作，让我做吧。 Wǒ shúxī zhè ge gōngzuò, ràng wǒ zuò ba.
これは私にお任せください。	这件事就包在我身上。 Zhè jiàn shì jiù bāozài wǒ shēnshang.
まず、受付に電話してみたらいかがですか。	先给问讯处打个电话问问吧。 Xiān gěi wènxùnchù dǎ ge diànhuà wènwen ba.

実践編

場面を想定して実践しましょう。

Track 457

1 〔デパートの休憩所で〕カバンをなくしました（A は旅行客、B はガイド）

A： カバンをなくしてしまいました。

我的皮包丢了。
Wǒ de píbāo diū le.

B： そんな、いつなくしましたか。

不会吧,是什么时候丢的?
Bú huì ba, shì shénme shíhou diū de?

A： はっきり覚えていませんが、たぶん買い物をしていた時だと思います。

我也记不清了,可能是买东西的时候。
Wǒ yě jìbuqīng le, kěnéng shì mǎi dōngxi de shíhòu.

B： あわてずに、戻ってもう一度探してみましょう。

你先别急,我们回去再找一找。
Nǐ xiān bié jí, wǒmen huíqù zài zhǎo yi zhǎo.

（数分後）

A： 見つかりませんでした。どうしましょう。

没找到,怎么办?
Méi zhǎodào, zěnme bàn?

B： 交番へ行って、紛失したことを届けましょう。

我们去派出所报案吧。
Wǒmen qù pàichūsuǒ bào'àn ba.

Track 458

2 〔交番で①〕黒くて長方形です（A はカバンをなくした人、B は警察官）

B： あなたのカバンはどんな形ですか。

你的皮包是什么样子的?
Nǐ de píbāo shì shénme yàngzi de?

A： 黒くて長方形です。

是黑色的,长方形的。
Shì hēisè de, chángfāngxíng de.

B： どこのブランドですか。

是什么牌子的?
Shì shénme páizi de?

A：	ピエール・カルダンです。	皮尔・卡丹。 Pí'ěr ・ Kǎdān.
B：	中にはどんな物が入っていましたか。	里面 有些 什么 东西？ Lǐmiàn yǒuxiē shénme dōngxi?
A：	パスポート・財布、それにクレジットカード2枚と現金が少しです。	有 护照、钱包、还 有 两 张 Yǒu hùzhào, qiánbāo, hái yǒu liǎng zhāng 信用卡 和 一些 现金。 xìnyòngkǎ hé yìxiē xiànjīn.
B：	わかりました。我々も極力、カバンを見つけるように頑張ります。	这样 吧，我们 呢，尽量 帮 你 Zhèyàng ba, wǒmen ne, jǐnliàng bāng nǐ 找回 你 的 包。 zhǎohuí nǐ de bāo.
A：	どうもありがとうございます。	谢谢，谢谢。 Xièxie, xièxie.
B：	あなたはすぐに銀行に連絡して、クレジットカードの使用を止めてもらうのがよいでしょう。それから、大使館に行ってパスポート再発行の手続きをしてください	你 呢，赶快 跟 银行 联系，先 Nǐ ne, gǎnkuài gēn yínháng liánxì, xiān 停止 信用卡 的 使用。然后 到 tíngzhǐ xìnyòngkǎ de shǐyòng. Ránhòu dào 大使馆 去 补办 护照。 dàshǐguǎn qù bǔbàn hùzhào.
A：	わかりました。	知道 了。 Zhīdao le.
B：	では、ここに名前と連絡先を書いてください。	那 请 在 这儿 写下 你 的 Nà qǐng zài zhèr xiěxia nǐ de 姓名 和 联系 方式。 xìngmíng hé liánxì fāngshì.

3 〔交番で②〕タクシーの中で落としました　　Track 459
（Aはパスポートをなくした人、Bは警察官）

A：	おまわりさん、パスポートをなくしてしまいました。	警察 先生，我 的 护照 丢 了。 Jǐngchá xiānsheng, wǒ de hùzhào diū le.
B：	あわてないで、ゆっくり話してください。	别 着急，慢慢儿 说。 Bié zháojí, mànmānr shuō.

A：	パスポートをなくしてしまいました。	我的护照丢了。 Wǒ de hùzhào diū le.
B：	どこでなくしたのですか。	在哪儿丢的？ Zài nǎr diū de?
A：	タクシーの中で落としたと思います。	丢在出租车上了。 Diūzài chūzūchē shang le.
B：	車の番号を覚えていますか。	那你记住车牌号了吗？ Nà nǐ jìzhù chēpáihào le ma?
A：	覚えていません。でも、領収書を持っています。	没有，不过，我有发票。 Méiyǒu, búguò, wǒ yǒu fāpiào.
B：	それは助かる。それならパスポートが見つかるかもしれません。	那就好办了，我们会帮你找回你的护照的。 Nà jiù hǎobàn le, wǒmen huì bāng nǐ zhǎohuí nǐ de hùzhào de.
A：	どうもありがとうございます。	太谢谢你们了。 Tài xièxie nǐmen le.
B：	とりあえず今日のところはお帰りください。情報が入れば、すぐにお知らせしますから。	你先回去吧，一有消息我们就通知你。 Nǐ xiān huíqu ba, yì yǒu xiāoxi wǒmen jiù tōngzhī nǐ.
A：	パスポートがなければ、帰国できませんから。	没有护照我就回不了国了。 Méiyǒu hùzhào wǒ jiù huíbuliǎo guó le.
B：	ご安心ください。きっと見つかりますから。	放心吧，一定会找到的。 Fàngxīn ba, yídìng huì zhǎodào de.

◯ 付属の MP3 CD-ROM について

※ご注意ください！

付属のディスクは MP3 データ CD-ROM です。一般的な音声・音楽 CD（CD-DA）ではないので、MP3 未対応の CD プレイヤー等では再生できません。パソコンまたは MP3 対応のプレイヤーにて再生してください。
※ 2015 年 9 月現在の使用方法です。
※ パソコン環境等によって異なることがあります。
※ iPod 等の MP3 携帯プレイヤーへのファイル転送方法、パソコン、ソフトなどの操作方法については、メーカー等にお問い合わせいただくか、取扱説明書をご参照ください。

【再生方法】

① パソコンの CD/DVD ドライブにディスクを挿入してください。
② Windows Media Player・iTunes 等で再生できます。
＊複数のソフトの選択が表示される場合は、画面に再生ソフト一覧が表示されるので使用したいソフトの「再生します」を選択してください。
＊音声・音楽 CD を挿入したときのように、自動的にソフトが立ち上がらない場合があります。その際は手動で再生ソフトを立ち上げてください。

【iTunes に取り込む場合】

※ MP3 CD-ROM は音声・音楽 CD（CD－DA）と違うため iTunes で通常音楽 CD 等を取り込む際の「インポート」では取り込むことができません。そのため、取り込むための設定が必要となります。お手数ですが下記手順にて設定をお願いします。
① パソコンにディスクを挿入してください。
② Windows Media Player 等が自動で立ち上がっている場合は終了させます。
③ iTunes を立ち上げます。
④ iTunes のウインドウ左上にある四角のボタンをクリックするとメニューバーが出ます。その下のほうにある「設定」を選択します。
⑤「一般環境設定」のウインドウが開いたら、上部に並ぶメニュー一番右の「詳細」をクリック、「詳細環境設定」のウインドウになります。
⑥ その中の「ライブラリへの追加時にファイルを [iTunes Media] フォルダーにコピーする」のところにあるボックスにチェックを入れて、さらに下の「OK」をクリックすると設定は完了です。これで、MP3 CD-ROM を取り込んだ時の保存場所が設定されます。（ここにチェックが入っていないと、正常に取り込むことができません）
⑦ 次に iTunes 左上、ツールバーの「ファイル」をクリックします。
⑧ その中の「ファイルをライブラリに追加」を選びます。
⑨ 別のウインドウで MP3 の音声ファイル一覧が表示されます。
（音声ファイルが表示されない場合はディスクが入っているドライブ等の場所を選んで表示させてください）
⑩ MP3 ファイル全てを選択して「開く」をクリックすると保存が始まります。
（ファイル数が多いため多少時間がかかると思います）

著者紹介

蘇 紅（そ こう）

中国語河南省生まれ。河南大学日本語科卒業、北京外国語大学日本学研究センター修士課程修了。1996年来日。2000年立教大学大学院修了、博士（文学）。来日以前は中国の大学で日本語を教え、来日後は中央大学などで中国語を教える。現在、立教大学、国学院大学などで講師を勤める。専攻は日中対照言語学。著書：『しっかり学ぶ中国語文法』『中国語で手帳をつけてみる』（いずれもベレ出版）、『三語で中国語会話ができる本』（学研パブリッシング）、『色彩語の史的研究』（おうふう）。編著：『中国語と日本語』（朝倉書店）。共著：『話してみたい 中国語スピーキング沙龍』『音読中国語 入門編』（いずれも朝日出版社）また、『中国語ジャーナル』（アルク）に中国語文法・作文について2年間連載したほか、特集記事も執筆する。

MP3 CD-ROMの内容
○時間…266分
○ナレーション：李 軼倫／劉 セイラ
○全ての中国語例文と単語を収録

MP3 CD-ROM付き 場面別 中国語会話表現4800
（ばめんべつ ちゅうごくご かいわ ひょうげん）

2015年10月25日	初版発行
2021年 9月16日	第4刷発行
著者	蘇 紅（そ こう）
カバーデザイン	赤谷 直宣
DTP	WAVE 清水 康広

©So Ko 2015. Printed in Japan

発行者	内田 真介
発行・発売	ベレ出版
	〒162-0832　東京都新宿区岩戸町12 レベッカビル
	TEL.03-5225-4790　FAX.03-5225-4795
	ホームページ　https://www.beret.co.jp/
	振替 00180-7-104058
印刷	株式会社 文昇堂
製本	根本製本株式会社

落丁本・乱丁本は小社編集部あてにお送りください。送料小社負担にてお取り替えします。

ISBN 978-4-86064-452-9 C2087　　　　　編集担当　脇山和美

本気で学ぶ中国語

趙玲華 著

A5 並製／本体価格 2900 円（税別）　■ 496 頁
ISBN978-4-86064-247-1 C2087

中国語の学習は「建物を建てる」行為と同じであるというのが著者の主張。基本となる発音と文法と会話の構文をきちんとマスターしておくことが中国語マスターの絶対条件です。中国語の発音はどの言葉よりも音節が多く、さらに四つの声調を身に付けないと通じません。本書は発音・会話・文法の力を基礎から一歩ずつきちんと身に付けるような内容になっています。本気で中国語をものにしたい人におすすめ。CD4 枚付き。

本気で学ぶ中級中国語

趙玲華 著

A5 並製／本体価格 2500 円（税別）　■ 360 頁
ISBN978-4-86064-292-1 C2087

「本気で学ぶ中国語」では基本文法と語順、初級の日常会話を学習しました。本書は中国語の初級レベルを学習した後、次のステップに進むためのものです。レベルは中国検定 3 級レベル。本書ではさらに複雑な文法の要点解説、的確な単語の使い分け、語順およびその変化のルールを体系的に学べるようになっています。会話の例文もより実践的です。丁寧な解説と豊富な練習問題を繰り返し練習することで中国語の中級レベルの力が確実に身につきます。

本気で学ぶ上級中国語

趙玲華 著

A5 並製／本体価格 3300 円（税別）　■ 552 頁
ISBN978-4-86064-369-0 C2087

明確な文法説明と多様な例文で、難しい中国語の仕組みが徹底的に理解できます。また、間違いやすい表現の使い方がきちんと学べるので、上級者の伸び悩みを解消できます。読解・語彙・文法を徹底的にトレーニングして中国語上級学習者の確実な総合力アップを目指します。この一冊で中国語検定試験 2 級とHSK 5 級の合格にらくらくパスできる力をつけます。本書の中国語は基本的にすべてMP 3 に収録。

本気で学ぶ中国語作文

趙玲華 著
A5 並製／本体価格 2000 円（税別） ■ 272 頁
ISBN978-4-86064-411-6 C2087

中国語学習の「読む・書く・話す・聴く」の 4 つの中で最も難しいのは「書く」という技能です。本書は日本人が間違いやすい作文例を挙げ、赤字で添削していきます。そしてその誤用の原因を分析し、文法を解説し、正しい表現を紹介します。中国語の語彙の使い方や適切な語彙の組み合わせ、文法の実践応用力を身につけることができ、豊富な練習問題で「中国語の作文力」を養える、まさに決定版です。

しっかり学ぶ中国語文法

蘇紅 著
A5 並製／本体価格 2400 円（税別） ■ 384 頁
ISBN978-4-86064-260-0 C2087

初めて中国語を学ぶ人から、ある程度中国語を学習したがもう一度文法を基礎からきちんと学習したい人におすすめの一冊。中国語検定試験の 4 級から 3 級までの文法項目をすべて網羅しています。また重要単語が、段階を踏んで繰り返しでてきますので文法知識とともに単語も自然に身に付くように工夫されています。文法項目ごとに解説を読み、豊富な練習問題で知識を定着させ、CD で正しい音を確認しますので確実に力がつきます。

使える中国語単語 8200

紹文周 著
四六並製／本体価格 2800 円（税別） ■ 584 頁
ISBN978-4-86064-058-3 C2087

中国語の学力レベルは文法の知識と単語力で決まります。本書は日常会話、旅行、ビジネスでよく使う中国語単語 8200 を収録しました。ジャンル別に分類しているので知りたい単語と関連する単語が同時に閲覧でき、体系的に暗記することができます。日本語索引、中国語索引の両方から引ける中国語単語集の決定版です。

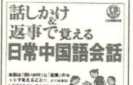

[話しかけ&返事] で覚える日常中国語会話

味園由美 劉暁君 著

四六並製／本体価格 2000 円（税別） ■ 312 頁
ISBN978-4-86064-190-0 C2087

日常よく使う表現から、旅行やビジネスで使う表現まであらゆる場面を想定して、全て［話しかけ&返事］のセットで2900の例文を身につけるようになっています。よく使われる話しかけ、それに応じた返事で覚えるので実践的。話しかけや返事の表現の幅もひろがります。CDで正確な音を繰り返し聞いて練習すると、中国語の話しかけが聞きとれるようになります。

仕事と生活の中国語表現集

筒井紀美 著

四六並製／本体価格 2200 円（税別） ■ 304 頁
ISBN978-4-86064-309-6 C2087

中国の経済発展に伴い、中国で働き、生活する日本人が年々増加しています。簡単な文法と会話を習った程度で派遣された駐在員、職を求めて中国に渡った日本人など中国で仕事をする人のための中国語会話表現集。第1章オフィイス編、第2章ビジネス編、第3章生活編の構成。すべての表現をCD2枚に収録。仕事で使う中国語表現はこれ1冊でOKです。

中国語で手帳をつけてみる

蘇紅 著

四六並製／本体価格 1400 円（税別） ■ 192 頁
ISBN978-4-86064-278-5 C2087

中国語を学習する学生、社会人が増えています。中国語学習者にとって生活の中に自然に組み込める学習方法が手帳を中国語でつけてみること。この方法だと生活のちょっとした時間を使って中国語に触れられます。1章は手帳をつけるときに使う基本単語と表現集、2章は仕事やプライベートでの予定や短期、長期の目標、計画などの行為の表現、3章は感情・気持ちの一言メモに使える表現集。毎日中国語で書き込んで、見て口に出してみる。生活の中で手軽に中国語学習ができます。